KONSTANTINOS BAKOPOULOS

Zuständigkeitsverteilung zwischen tarifvertraglicher und innerbetrieblicher Normsetzung

Schriften zum Sozial- und Arbeitsrecht

Band 110

Zuständigkeitsverteilung zwischen tarifvertraglicher und innerbetrieblicher Normsetzung

Von

Konstantinos Bakopoulos

Duncker & Humblot · Berlin

Die Deutsche Bibliothek – CIP-Einheitsaufnahme

Bakopoulos, Konstantinos:
Zuständigkeitsverteilung zwischen tarifvertraglicher und innerbetrieblicher Normsetzung / von Konstantinos Bakopoulos. — Berlin: Duncker und Humblot, 1991
(Schriften zum Sozial- und Arbeitsrecht; Bd. 110)
Zugl.: Berlin, Freie Univ., Diss., 1989
ISBN 3-428-07170-0
NE: GT

Fremddatenübernahme und Druck:
Berliner Buchdruckerei Union GmbH, Berlin 61
Printed in Germany

ISSN 0582-0227
ISBN 3-428-07170-0

Vorwort

Die vorliegende Arbeit entstand in den Jahren 1986 bis 1989 im Rahmen meines Aufenthalts als Doktorand an der Freien Universität Berlin. Eigentlicher Anstoß zur Wahl dieses Themas war die Verlockung, die ein angehender Arbeitsrechtler spürt, wenn er zum ersten Mal der zweifellos sehr interessanten rechtstechnischen Struktur begegnet, die das gegenseitige Verhältnis von Tarif- und Betriebsautonomie charakterisiert. Eine inzwischen über 20 Jahre währende wissenschaftliche Diskussion über das rechtstechnische Verhältnis der beiden Schlüsselnormen (§§ 77 Abs. 3 und 87 Abs. 1 Halbs. 1 BetrVG) sowie die Tatsache, daß sich darüber zwei gegensätzliche, mit beachtlichen Argumenten ausgestattete Theorien gebildet haben (Zwei-Schranken- und Vorrangtheorie), zeugen von der Brisanz dieser rechtlichen Problematik, deren historische Ansätze schon im Betriebsrätegesetz von 1920 zu finden sind. Wohl zu Recht bekam das Problem das Prädikat eines „Dauerbrenners" der arbeitsrechtlichen Diskussion, ganz zu schweigen von der Prophezeihung *Säckers* aus dem Jahre 1972 (ZfA-Sonderheft 1972, S. 41 ff.), daß mindestens noch 20 Jahre juristische Arbeit nötig sein werden, um Licht in das Dunkel der einschlägigen Probleme zu bringen.

Kennzeichnend ist ferner, daß schon den „Einsteiger" in diese Problematik eine Reihe von Begriffen und Definitionen treffen, wie etwa „Normsetzungsprärogative" oder „Regelungsprimat der Tarifvertragsparteien", „Sperrwirkung des Tarifvertrags gegenüber Betriebsvereinbarungen", die wegen ihrer langjährigen Benutzung in Schrifttum und Rechtsprechung gleichsam eo ipso als Aussagequellen fungieren, ohne daß ihr konkreter Sinngehalt oder ihre Funktion in einer Gesamtsystematik näher untersucht worden waren. Dazu kommt, daß das Thema sich nicht nur als rechtlich, sondern auch als politisch brisant entpuppt. Jegliche rechtliche Beurteilung der Frage der Zuständigkeits- und somit auch Gewichtsverteilung zwischen Tarif- und Betriebsautonomie impliziert eine deutliche rechtspolitische Wertung, nämlich ob man den grundsätzlichen Vorrang der Tarifautonomie für wünschens- und darum auch erhaltenswert hält oder aber der betriebsnäheren Gestaltung des Arbeitsverhältnisses durch Arbeitgeber und Betriebsrat den Vorzug gibt. Wagt man, solche Wertungen in die eine oder die andere Richtung vorzunehmen, dann werden nicht wenige unvermeidlich dabei denken, daß dies keine, nur von der juristischen Rationalität gebotene, objektive Beurteilung sei. Betriebliche Friedenspflicht der innerbetrieblichen Arbeitnehmervertretungen auf der einen Seite und tarifliches Arbeitskampfrecht der überbetrieblichen auf der anderen, „verräterische Kompromißbereitschaft", aber auch „systemgefährdende

Kampflust" sind Elemente und letztlich auch Denkweisen, die sich aus diesem Zusammenhang nicht so einfach eliminieren lassen.

Die Gewerkschaften waren es, die m. E. dabei die schwierigere Rolle übernommen haben. Das besonders in der zweiten Hälfte der achtziger Jahre diskutierte Postulat der Flexibilisierung und betriebsnäheren Gestaltung des Arbeitsverhältnisses hatte die Gewerkschaften als seine Hauptadressaten. Wenn es darum geht, einen — bewährten? — Kurs zu behalten oder zu ändern, sind sie diejenigen, die das Steuer in der Hand halten. Man darf also die Bemerkung wagen, daß für sie diese Kursfrage auch eine Herausforderung, für die Arbeitgeberseite dagegen eher eine Frage betriebswirtschaftlicher Kalkulation war.

Grundgedanke der vorliegenden Arbeit ist, daß es nicht zwingend notwendig ist, in absoluter Weise für den Vorrang oder für den „Abschied" von der Tarifautonomie zu plädieren. Vielmehr bietet sich die Möglichkeit an, das Spannungsverhältnis zwischen Tarif- und Betriebsautonomie aufgrund der Erkenntnis seines komplementären Charakters *funktional* auszulegen. Das muß auch für das Rangverhältnis zwischen Tarifvertrag und Betriebsvereinbarung gelten, damit jedes Regelungsinstrument in seinem spezifischen Aufgabenbereich effizient zum Tragen kommen kann. Als fundamentale Lösungsansätze sind dabei die Teleologie der Doppelgleisigkeit der kollektiven Interessenwahrnehmung sowie die Natur der zu vertretenden Interessen (materielle und immaterielle) der Arbeitnehmer zu betrachten. Die Unterschiedlichkeit des Schutzzwecks rechtfertigt somit die unterschiedliche Konzeption beider Interessenvertretungsformen. Im Lichte dieser Erkenntnis läßt sich weiterhin der unlösbare, Kollisionen verheißende Gegensatz zwischen Arbeitnehmer- und Institutionenschutz erklären und austarieren. Die daraus zu ziehenden Ergebnisse werden gleichzeitig das Verhältnis von § 77 Abs. 3 BetrVG zu § 87 Abs. 1 Halbs. 1 BetrVG bestimmen.

Die vorliegende Arbeit wurde dem Fachbereich Rechtswissenschaft der Freien Universität Berlin im Sommersemester 1989 als Dissertation vorgelegt. Sie wurde, hauptsächlich in sprachlicher Hinsicht, bis Ende 1989 korrigiert und verbessert. Später erschienene Literatur konnte nur in den Fußnoten berücksichtigt werden. Mein großer Dank gilt an erster Stelle meinem verehrten Doktorvater Prof. Dr. Klaus Adomeit. Er stand mir immer mit Rat und Tat nicht nur als Wissenschaftler, sondern auch als Mensch zur Seite. Es soll mir an dieser Stelle erlaubt sein, ihn einen wahren Lehrer zu nennen. Für die engagierte Erstattung des Zweitgutachtens möchte ich Herrn Prof. Dr. Dieter Heckelmann meinen Dank aussprechen. Bei der sprachlichen Überarbeitung der Arbeit haben mir meine Freunde und Kollegen Anke Albrecht und Axel Schack geholfen. Dafür bin ich ihnen dankbar. Dasselbe gilt für Frau Annette Bak, die die Druckfahnen sorgfältig durchgesehen hat. Ferner möchte ich der Alexandros-Onassis-Stiftung in Griechenland für die finanzielle Unterstützung eines großen Teils meines Studiums in Deutschland sowie Herrn Prof. Norbert Simon vom Verlag Duncker &

Humblot für die Aufnahme der Arbeit in die Reihe „Schriften zum Sozial- und Arbeitsrecht" meinen sehr herzlichen Dank aussprechen.

Dieses Vorwort wurde im März 1991 geschrieben. Zwangsläufig mußte es sich bei seinen Aussagen — wie jedes Vorwort — auf die inzwischen fast zwei Jahre alte Arbeit beziehen. So könnte es sein, daß in einer heute deutlich veränderten Welt, in der wichtige Wertungen erneut überprüft und überdacht werden, manches überholt erscheinen mag. Wäre dies der Fall, dann bittet Verf., die fragwürdigen Textstellen als Teile einer Abhandlung zu betrachten, die er als eine — seine — Momentaufnahme eines arbeitsrechtlichen Problems im Deutschland der späten achtziger Jahre versteht. Immerwährend bleibt dagegen seine Dankbarkeit gegenüber den oben angeführten Personen.

Dieses Buch widme ich meiner Mutter.

Athen, im März 1991

Konstantinos Bakopoulos

Inhaltsverzeichnis

Kapitel 1

Einleitung

Kapitel 2

Verfassungsrechtliche Grundlagen der Zuständigkeitsverteilung

Kapitel 3
Die institutionelle Trennung von gewerkschaftlicher und betrieblicher Interessenvertretung

Kapitel 4

Das Verhältnis zwischen tarifvertraglicher und innerbetrieblicher Normsetzung aus teleologischer Sicht

Kapitel 5

Das Verhältnis des § 77 Abs. 3 BetrVG zu § 87 Abs. 1 Halbs. 1 BetrVG

Kapitel 6

Die einfachgesetzliche Gestaltung der Sperrwirkung

Für die in dieser Arbeit verwendeten Abkürzungen wird auf das Abkürzungsverzeichnis der Rechtsprache, bearb. von H. Kirchner und F. Karstner, 3. Auflage 1983, verwiesen.

Kapitel 1

Einleitung

A. Bestandsaufnahme

I. Die Doppelgleisigkeit tarifvertraglicher und innerbetrieblicher Normsetzung

Es ist eine Besonderheit der Arbeitsrechtsordnung der Bundesrepublik Deutschland, daß die kollektive Interessenwahrnehmung der Arbeitnehmer doppelgleisig angelegt ist [1]. Die parallele Betätigung beider Formen der Interessenvertretung — der Koalitionen einerseits und der betrieblichen Vertretungen andererseits —, deren Hauptanliegen die Verhandlung und Normierung arbeitsrechtlicher Vertragsinhalte auf kollektiver Ebene ist, weist zahlreiche Ordnungsprobleme auf. Das dadurch entstandene Spannungsfeld zwischen der tarifvertraglichen und der innerbetrieblichen Normsetzung bereitet durch seine Vielschichtigkeit und z. T. auch Unübersichtlichkeit jedem Versuch einer wissenschaftlichen Annäherung erhebliche Schwierigkeiten. Diese Schwierigkeiten sind sowohl rechtstechnischer als auch rechtspolitischer Natur.

Ein unbeteiligter Beobachter würde sich womöglich fragen, worin eigentlich der Sinn dieser Zweispurigkeit besteht und wie sich Tarifautonomie und betriebliche Mitbestimmung zueinander verhalten. Der Sinn dieser Vielfalt erschließt sich aus der Zweckbestimmung der einzelnen kollektivrechtlichen Institute. Ungeachtet etwaiger weiterer Zwecke dienen Tarifautonomie und Betriebsverfassung zuallererst dem Schutz und der Förderung des einzelnen Arbeitnehmers [2]. Ausgehend von dieser Zweckverfolgung erscheint die Existenz der jeweiligen Form der kollektiven Interessenwahrnehmung gerechtfertigt. Die daraus resultierende Kompetenzverteilung erscheint auf den ersten Blick ebenso eindeutig zu verlaufen.

---

1 Mit Ausnahme Österreichs und neuerdings in den Ansätzen Griechenlands gibt es in den westlichen Industriestaaten keine gleichzuachtenden Rechtseinrichtungen. Vgl. die Übersicht bei *Schregle,* in Hueck / Nipperdey, Arbeitsrecht II/2, S. 1548 ff. (Stand 1967); ferner *Däubler,* Grundrecht auf Mitbestimmung, S. 476 ff.; *Gast,* Arbeitsvertrag und Direktion, S. 86 ff.; *Rüthers,* Arbeitsrecht und politisches System, S. 27 ff., mit Hinweisen zu den gegenwärtig praktizierten Modellen in den sozialistischen Staaten.

2 Vgl. für die Tarifautonomie *Wiedemann / Stumpf,* TVG, Einleitung Anm. 2 f.; für die Betriebsverfassung § 2 Abs. 1 BetrVG sowie *Jahnke,* Tarifautonomie und Mitbestimmung, S. 1 f.

Die Gewerkschaften sind die herkömmlichen, traditionellen — man könnte wohl sagen, ureigenen — Vertreter der Interessen der Arbeitnehmer. Sie sind befugt, mit dem Arbeitgeber Arbeitsbedingungen frei auszuhandeln und verbindlich festzusetzen, diese notfalls im Wege des Arbeitskampfes durchzusetzen. Vergütung, Arbeitszeit, Urlaub, alles was zum harten inhaltlichen Kern des Arbeitsverhältnisses gehört, umschreibt ihr Hauptbetätigungsfeld. Der materielle Wesensgehalt dieses Aufgabenbereichs rechtfertigt zudem den freiwilligen Charakter des Gewerkschaftsbeitritts. Betrachtet man diesen Aufgabenbereich aus einem anderen Blickwinkel, schlägt er zum *Kampffeld* um; die Tarifabschlüsse sind dann Errungenschaften, die einen gewissen Preis vom Arbeitnehmer verlangen — seinen Beitritt zur Organisation.

Dennoch erschöpfen sich die Belange des Arbeitnehmers nicht nur in der Steigerung seiner Kaufkraft oder in der Maximalisierung seiner Freizeit. Der Prozeß der Humanisierung der Arbeitswelt verlangt nach der Berücksichtigung seiner ideellen Interessen[3]. Gefordert wird eine Arbeitswelt, in der mündige Individuen nicht lediglich Produktionsfaktoren sind. Seit jeher galt die Gewährung von Mitspracherechten für Arbeitnehmer im Betrieb als der Weg zur Erreichung dieses Ziels. Somit kommt man auf den tieferen Rechtfertigungsgrund der institutionellen Mitbestimmung[4]. Diese ebengenannten Gründe verlangen zudem nach einer universellen Erfassung der Arbeitsverhältnisse im Betrieb[5]. Lange Zeit begnügte man sich mit der Vorstellung, daß dadurch die erwünschte Komplementarität beider Institutionen erreicht worden war, die Kompetenzüberschneidungen zumindest weitgehend vermied, wenn nicht gänzlich ausschloß. Diese optimistische Haltung wurde durch zwei weitere Faktoren weiterhin bestärkt. Bei den Betriebsratswahlen des Jahres 1981 waren mehr als 80% der gewerkschaftlich organisierten Betriebsräte vorwiegend aus einer Gewerkschaft des DGB gewählt worden. Weniger als 18% der Betriebsräte waren nicht organisiert[6]. Diese Zahlen zeigen die enge Verbindung zwischen Betriebsräten und Gewerkschaften. Betriebsratsmitglieder, die einer Gewerkschaft angehören, nehmen i. d. R. wichtige Funktionen in ihren Organisationen wahr. Oft organisieren sie die Mitgliederwerbung und überwachen die Beitragszahlungen. Andererseits sind die Betriebsräte bei ihrer Arbeit auf die Gewerkschaften angewiesen, etwa

---

3 Dazu s. Näheres bei *Zöllner,* RdA 1973, S. 212; ferner *Vilmar / Sattler,* Wirtschaftsdemokratie und Humanisierung der Arbeit, S. 51, 119 ff.

4 Vgl. *Matthöfer,* in: „Humanisierung der Arbeit und Produktivität in der Industriegesellschaft", S. 177 f.; ferner die These *Vitts,* Humanisierung der Arbeit durch Mitbestimmung, in: „Humanisierung der Arbeitswelt und menschengerechte Arbeitsgestaltung", Bd. 32, S. 32, daß Humanisierung der Arbeitswelt ein integrierter Bestandteil dessen sei, was man Mitbestimmung letztlich nenne. Wegen der fehlenden Relevanz für das hier behandelte Thema wird die Mitbestimmung auf Unternehmensebene insoweit ausgeklammert bleiben.

5 Dazu s. ausführlich unten Kap. 3, C.

6 Vgl. GewMH 1981, S. 650 ff. mit den Ergebnissen der Einzelgewerkschaften. Zu den Wahlergebnissen aus gewerkschaftlicher Sicht, s. *Schneider,* GewMH 1981, S. 645.

in Form von gewerkschaftlich organisierten Schulungsveranstaltungen oder Rechtsberatung. Man könnte fast sagen, Betriebsräte seien Gewerkschaftsabteilungen, die mit speziellen Aufgaben betraut sind. Als zweiter Faktor kommt dazu, daß in früheren Zeiten mit hoher wirtschaftlicher Konjunktur und relativer Arbeitsplatzsicherheit die Betätigung der Betriebsräte die Spanne zwischen Tarif- und Effektivlöhnen stets vergrößert hatte[7].

Diese Situation könnte womöglich zu der Annahme führen, daß eine bloße Addition von Befugnissen der Arbeitnehmerseite die optimale Befriedigung ihrer Interessen herbeiführen könnte. Dadurch bliebe jedoch offen, ob und gegebenenfalls in welcher Weise die Tarifautonomie und die betriebliche Mitbestimmung sinnvoll ineinandergreifen oder ob sie im Grunde überflüssigerweise miteinander konkurrieren. Zu einer solchen Fragestellung gab die spätere Entwicklung genug Anlaß. Die arbeitsmarktpolitischen Entwicklungen der letzten Jahre sowie die Novellierung des Betriebsverfassungsgesetzes im Jahre 1972 haben das zuvor erwähnte intakte Bild der gegenseitigen Abgrenzung gestört. Nicht so sehr der oft behauptete, jedoch keineswegs unumstrittene, negative Verlauf der wirtschaftlichen Konjunktur[8], sondern die andauernde hohe Arbeitslosigkeit trugen zu einer Umorientierung hinsichtlich der Funktion der betrieblichen Vertretungen bei. Verlangt wird eine zunehmende Verlagerung materieller Kompetenzen auf die Betriebspartner[9], die bis jetzt zum klassischen tarifpolitischen Bereich gehört haben. Angespielt wird dabei auf die Betriebsnähe, die die Betriebsvertretungen haben und auf ihre gesetzlich auferlegte Friedenspflicht, die angeblich eine Schlüsselrolle für den Aufbau partnerschaftsorientierter Unternehmen spielt[10]. Diese Forderung korrespondiert mit der Erweiterung des obligatorischen Mitbestimmungsrechts des Betriebsrats im sozialen Bereich des Betriebsverfassungsgesetzes auf sog. materielle Arbeitsbedingungen. Die einschlägige Diskussion dauert jedoch weiterhin an, wobei ganz deutlich wird, daß das Gesetz weder einen Schlußpunkt unter die rechtspolitische Diskussion gesetzt hat, noch zu einer Beruhigung der rechtsdogmatischen Auseinandersetzungen beigetragen hat. Insofern scheint sich nunmehr die Prognose *Säckers*[11] aus dem Jahre 1972 zu bewahrheiten, daß auch nach Inkrafttreten des Betriebsverfassungsgesetzes von 1972

---

[7] Dazu ausführlicher *Heyer*, Betriebliche Normsetzung und Tarifautonomie, S. 1 ff.

[8] Vgl. exemplarisch *Beuthien*, BB 1983, S. 1992 ff.; andererseits aus jüngster Zeit die Zeitschrift „Der Spiegel", Nr. 13, 1989, S. 106, nach der Gewinne und Renditen der Unternehmen erheblich zunehmen.

[9] *Gast*, Tarifautonomie und die Normsetzung durch Betriebsvereinbarung, S. 2 Anmerkung 2, stellt diesen Begriff in Frage. Eine umfassende Betrachtung der Mitbestimmungsrechte des Betriebsrats mache deutlich, daß keinesfalls von einer Gleichstellung (Parität) mit dem Arbeitgeber in den betrieblichen Entscheidungsprozessen gesprochen werden könne. Er weist ferner auf dessen ideologische Dimension hin, scheint ihn aber als eingebürgerten wissenschaftlichen Terminus zu akzeptieren.

[10] Dazu insbesondere *Vollmer*, Entwicklung partnerschaftlicher Unternehmensverfassungen, S. 209 ff.

[11] ZfA 1972-Sonderheft, S. 44 f.

mindestens genauso viele Abhandlungen und Gerichtsurteile wie vorher erforderlich sein würden, um Licht in das Dunkel des Problemfeldes zu bringen. Fest steht allenfalls, daß das vormals ausgeglichen erscheinende Ergänzungsverhältnis zwischen Tarifautonomie und betrieblicher Mitbestimmung bisweilen als Vernichtungswettbewerb zu Lasten der Tarifautonomie interpretiert wird. Um diese vermeintliche Gefahr abzuwenden, wird die gesetzliche Regelung des gegenseitigen Verhältnisses hermeneutisch entsprechend akzentuiert: Die These vom generellen Vorrang der Tarifautonomie hat sich durchgesetzt, was oft mit Art. 9 Abs. 3 GG begründet wird[12]. Diese Denkweise prägte auch jeden Interpretationsversuch der Vorschriften, die das gegenseitige Verhältnis der entsprechenden Regelungsinstrumente, Tarifvertrag und Betriebsvereinbarung, betreffen. Demzufolge könne die Betriebsverfassung nur die Fläche strukturieren und ordnen, die die Koalitionen nicht oder üblicherweise nicht mit ihren Regelungen bedecken[13].

Diese kurze Skizzierung sollte nicht zu der irrigen Annahme führen, daß durch die Novellierung des Betriebsverfassungsgesetzes gleichsam ein zweiter Weg eröffnet wurde, das Arbeitsverhältnis in seiner vollen Bandbreite auf alternative Weise zu regeln. Bei allen Gemeinsamkeiten unterscheiden sich Tarifautonomie und Betriebsverfassung in der Reichweite ihrer Kompetenzen. Ihre genaue Erfassung zeigt daher auch ihr Überschneidungsfeld, auf das sich die vorliegende Untersuchung beschränken wird. Präzise Konturen des Verhältnisses beider Institutionen zueinander lassen sich mithin erst durch einen systematischen Problemaufriß gewinnen, der die denkbaren Kollisionsfälle aufzeigen wird.

II. Darstellung der Kollisionsbereiche

Die tarifvertragliche Normsetzung beruht auf Art. 9 Abs. 3 GG, der den Koalitionen die Kompetenz zur Wahrung und Förderung der Arbeits- und Wirtschaftsbedingungen zuweist. Zur Wahrnehmung dieser verfassungsrechtlich garantierten Aufgabe schließen die nach dem Industrieverbandsprinzip[14] organisierten Gewerkschaften mit der Arbeitgeberseite Tarifverträge ab (§ 2 TVG), die mit unmit-

[12] Besonders übersichtlich zu dieser These *Jahnke,* Tarifautonomie und Mitbestimmung, S. 4 ff.

[13] So bildhaft *Säcker,* ZfA 1972-Sonderheft, S. 43 f.

[14] Das Industrieverbandsprinzip bedeutet die Vereinigung von Arbeitnehmern eines bestimmten Industriezweigs ohne Rücksicht auf die Art der Beschäftigung. Diese Organisationsform der Koalitionen hat sich nach dem Zusammenbruch von 1945 durchgesetzt, im Gegensatz zu dem sog. Berufsverbandsprinzip (Vereinigung von Mitgliedern einer bestimmten Tätigkeitsart), nach dem die Gewerkschaften der Weimarer Zeit organisiert waren. Vgl. dazu *Flatow,* Gewerkschaften und Betriebsräte, S. 157. Ein weiteres Merkmal der Organisationsform der Gewerkschaften der Nachkriegszeit ist die Einheitsgewerkschaft, als Gegenform der Richtungsgewerkschaft, die in der Weimarer Zeit vorherrschend war. Der Begriff „Einheitsgewerkschaft" kann kurz als der Zusammenschluß aller Arbeitnehmer, unabhängig von ihrer politischen oder konfessionellen Bindung oder Herkunft, angegeben werden.

telbarer und zwingender Wirkung (Unabdingbarkeit) den Inhalt, den Abschluß und die Beendigung von Arbeitsverhältnissen regeln (§§ 1 Abs. 1; 4 Abs. 1 TVG). Diese Normsetzungsbefugnis der Tarifvertragsparteien erfaßt wegen der Freiwilligkeit des Koalitionsbeitritts nur die tarifgebundenen Parteien (§ 3 TVG). Innerhalb dieser Grenzen nehmen die Tarifvertragsparteien diese Befugnis wahr; nach einer im Schrifttum vertretenen Meinung können sie sogar auf dem arbeitsrechtlichen Sektor eine Angelegenheit nach eigenen Wertvorstellungen regeln[15]. Das Tarifvertragsgesetz von 1949 begnügt sich mit der Regelung weniger Grundfragen. Auf dieser Grundlage baut sich ein fast beliebig ausdehnbarer Regelungsbereich zur Wahrung und Förderung der Arbeits- und Wirtschaftsbedingungen der Arbeitnehmer auf, so daß man behaupten kann, daß die funktionelle Zuständigkeit der Tarifvertragsparteien das Feld des Spannungsverhältnisses zwischen Arbeit und Kapital weitgehend abdeckt.

Das im Jahre 1972 noch wesentlich ausgebaute Betriebsverfassungsgesetz schafft dagegen eine eigene, an Einzelheiten reiche innerbetriebliche Ordnung. Die Betriebsverfassung räumt den Betriebsräten als gewählten Repräsentanten der Belegschaft gleichfalls die Befugnis ein, Arbeitsbedingungen durch Vereinbarung mit dem Arbeitgeber zu gestalten; zusätzlich gewährt sie dem Betriebsrat breit gestreute Mitwirkungs- und Mitbestimmungsrechte einschließlich der Möglichkeit der Zwangsschlichtung. Die Betriebsvereinbarung[16], ein Vertrag, der schriftlich zwischen Arbeitgeber und Betriebsrat im Rahmen ihrer Zuständigkeit zur normativen Regelung der Arbeitsbedingungen im Betrieb abgeschlossen wird, ist das klassische und zugleich wichtigste Mittel, um den Betriebsrat an der Gestaltung der betrieblichen Ordnung teilhaben zu lassen[17]. Sie ist rechtstechnisch — gemeint ist die unmittelbare und zwingende Wirkung[18] — nach dem Vorbild des Tarifvertrags konzipiert und erfaßt, anders als beim Koalitionsrecht, fast

---

[15] So *Säcker,* ZfA 1972-Sonderheft, S. 48; vgl. auch *Biedenkopf,* Grenzen der Tarifautonomie, S. 279 ff. Es darf nicht der Eindruck entstehen, daß diese Befugnis der Tarifvertragsparteien grenzenlos sei. Wichtige inhaltliche Grenzen werden der Tarifautonomie sowohl „nach oben“ durch die Grundrechte und die arbeitsrechtlichen Gesetze, als auch „nach unten“ (kollektivfreier Individualbereich) gesetzt. Umstritten ist die Frage nach der Gemeinwohlbindung der Tarifvertragsparteien; vgl. insgesamt *Hanau / Adomeit,* Arbeitsrecht, S. 68 ff.; *Zöllner,* Arbeitsrecht, S. 342 ff.

[16] Der Begriff der Betriebsvereinbarung stammt nicht von einem Gesetzestext. Er war dem Betriebsrätegesetz von 1920 noch nicht bekannt. Als Urheber gilt *Flatow,* der ihn in seiner Schrift „Betriebsvereinbarung und Arbeitsordnung“, 1921, geschaffen hat, um mit ihm die verschiedenen Formen einer betrieblichen Gesamtregelung zwischen dem Arbeitgeber und dem Betriebsrat zu bezeichnen. Begriff und normative Wirkung der Betriebsvereinbarung wurden seither allgemein anerkannt; *Flatow,* a. a. O., S. 64 ff.

[17] Vgl. v. *Hoyningen-Huene,* Betriebsverfassungsrecht, S. 139.

[18] Vgl. § 77 Abs. 4 BetrVG; die normative Wirkung der Betriebsvereinbarung ist zugleich das wesentlichste Abgrenzungsmerkmal, das sie von der Regelungsabrede unterscheidet. Damit ist die formlose Einigung zwischen den Betriebspartnern gemeint, als alternative Ausübungsform des Mitwirkungs- oder Mitbestimmungsrechts des Betriebsrats; vgl. statt aller *Adomeit,* Die Regelungsabrede, 1961; ferner *Dietz / Richardi,* BetrVG, § 77 Anm. 158 m. w. N.

sämtliche Arbeitsverhältnisse im Betrieb[19]. Freilich sind die Fälle prinzipiell zulässiger Betriebsvereinbarungen und damit auch deren mögliche Kollision mit tariflichen Abmachungen abschließend aufzählbar. Dies erklärt sich daraus, daß die den Betriebspartnern vom Gesetz zugewiesene Normsetzungskompetenz mit Ausnahme des § 88 BetrVG nicht generalklauselartig ist (so z. B. § 1 TVG), sondern durch eine erschöpfende Aufzählung erfolgt.

Hierher gehören zunächst alle Fälle, in denen die mit Hilfe der Einigungsstelle erzwingbare Mitbestimmung durch Betriebsvereinbarung ausgeübt werden kann, nämlich § 47 Abs. 5 BetrVG über die Festsetzung der Mitgliederzahl des Gesamtbetriebsrats, § 91 BetrVG über Maßnahmen zur Abwendung, Milderung oder zum Ausgleich von Belastungen am Arbeitsplatz, die arbeitswissenschaftlichen Erkenntnissen widersprechen, §§ 94, 95 BetrVG bei der Aufstellung von Personalfragebögen und Auswahlrichtlinien für personelle Angelegenheiten, § 98 BetrVG bei der Berufsbildung und § 112 BetrVG beim Sozialplan. Bei den meisten dieser Angelegenheiten handelt es sich entweder um betriebliche oder betriebsverfassungsrechtliche Fragen, die freilich Gegenstand einer tariflichen Rechtsnorm sein können (vgl. § 4 Abs. 1 Satz 2 TVG), oder um Fragen, die erfahrungsgemäß nicht bei jedem Tarifvertrag vorkommen.

Eine viel größere Gewichtung als Kollisionsgegenstand zwischen Tarifvertrag und Betriebsvereinbarung kommt den sozialen Angelegenheiten zu. Diese Bezeichnung ist eigentlich irreführend und nur historisch erklärbar. Anfangs war damit der klassische innerbetriebliche Mitbestimmungsbereich gemeint, etwa Angelegenheiten, die das Verhalten der Arbeitnehmer oder die Verwaltung sozialer Einrichtungen betrafen. Inzwischen bezieht sich diese Bezeichnung auf alles, was nicht zu den personellen oder den wirtschaftlichen Angelegenheiten im engeren Sinne gehört. So fallen unter diese Rubrik, neben dem Gegenstandsbereich der ehemaligen Arbeitsordnung und dem Gesamtkomplex der sozialen Einrichtungen, die Arbeitsbedingungen im weitesten Sinne[20]. Ein Teil dieses umfassenden Regelungsbereichs wird im enumerativen Katalog des § 87 Abs. 1 BetrVG hervorgehoben. Darüber besitzt der Betriebsrat ein Mitbestimmungsrecht — den oft bezeichneten Höhepunkt seiner paritätischen Beteiligung im Betriebsgeschehen. Im übrigen erwähnt § 88 BetrVG exemplarisch drei soziale Angelegenheiten, worüber die Betriebspartner freiwillig zu einer Einigung kommen können. Es entspricht aber der einhelligen Meinung in der Literatur, daß die Betriebspartner dadurch nicht beschränkt sind, ihre fakultative Regelungsbefugnis auf den gesamten sozialen Bereich auszudehnen. Diese extensive Interpretation hat weiterhin zur Folge, daß im Bereich der sozialen Angelegenheiten die Regelungsbreite von Tarifvertrag und betrieblichen Abmachungen deckungsgleich

---

19 Ausnahmen s. § 5 Abs. 2 und 3 BetrVG.

20 So *Weiss*, BetrVG, § 87 Anm. 1; s. aber *Heinze*, NZA 1989, S. 41 ff., der einen abweichenden Interpretationsversuch der sozialen Angelegenheiten des § 87 Abs. 1 BetrVG unternimmt; dazu s. eingehender Kap. 3, C.

ist[21], was wiederum den wichtigsten Teil des angesprochenen Spannungsverhältnisses von tariflicher und betrieblicher Regelbefugnis räumlich absteckt. Auf diesen Bereich wird daher die vorliegende Untersuchung ihren Schwerpunkt legen.

III. Maßgebliche Normen und Rechtsfolgen

Die vorangegangene Darstellung der sich überschneidenden Befugnisse beider Rechtsinstitute macht evident, daß es grundsätzlich einer Abstimmung des gegenseitigen Verhältnisses ihrer Hauptinstrumente bedarf. Dazu kommt zunächst die das Arbeitsrecht prägende Vorstellung einer hierarchisch gegliederten Ordnung der verschiedenen rechtlichen Bestimmungsgründe für Arbeitsbedingungen in Betracht. Die Rangfolge beginnt mit der Verfassung und dem einfachen Gesetz, gefolgt von den kollektivrechtlichen Gestaltungsfaktoren, wie dem Tarifvertrag und der Betriebsvereinbarung, und endet in den arbeitsvertraglichen Regelungen. Nach einhelliger Auffassung geht die Tarifautonomie der Betriebsverfassung ganz allgemein im Range vor, so daß der Tarifvertrag gegenüber der Betriebsvereinbarung als höherrangige Rechtsquelle gilt[22]. Demnach erschiene das Zusammentreffen der tarifvertraglichen und der mitbestimmungsrechtlichen Gestaltung von Arbeitsbedingungen nicht sonderlich problematisch, weil die wichtigsten Überschneidungen im Sinne des Tarifrechts geregelt wären. Die arbeitsrechtliche Dogmatik hält für solche Fälle einen Mechanismus parat: das Günstigkeitsprinzip, das prinzipiell in § 4 Abs. 3 TVG zum Ausdruck kommt[23]. Sein Sinn ist, daß beim Zusammentreffen mehrerer arbeitsrechtlicher Gestaltungsfaktoren verschiedenen Ranges die rangniedere Regelung weiterbesteht, sofern sie zugunsten des Arbeitnehmers von der ranghöheren Norm abweicht. In einer anderen Formulierung kann man hier von einseitig zwingenden arbeitsrechtlichen Schutzregeln sprechen. Die innere Rechtfertigung des Günstigkeitsprinzips kann man von verschiedenen Blickwinkeln betrachten[24]. Festhalten aber läßt sich zweierlei: Zum einen findet das Günstigkeitsprinzip seine Verankerung in dem die gesamte

---

21 So auch *Säcker*, ZfA 1972-Sonderheft, S. 45; *Eickelberg*, Probleme der Betriebsvereinbarung, S. 3, der zutreffend darauf hinweist, daß durch die Erweiterung des exemplarischen Katalogs des § 88 BetrVG gegenüber § 57 BetrVG 1952 um die Regelungen zur Förderung der Vermögensbildung, erstmals im Rahmen der freiwilligen Betriebsvereinbarungen ein Teilbereich der Betriebsvereinbarungen über das Arbeitsentgelt und die sonstigen Arbeitsbedingungen vom Betriebsverfassungsgesetz angesprochen werde; vgl. ferner *Löwisch*, AuR 1978, S. 97 ff.

22 s. statt vieler *Jahnke*, Tarifautonomie und Mitbestimmung, S. 5 ff. mit zahlreichen Nachweisen.

23 s. *Wiedemann / Stumpf*, TVG, § 4 Anm. 211 ff.

24 Vgl. sporadisch *Müller*, DB 1967, S. 903, 905 f. (Konsequenz des Sozialstaates); *Ramm*, JZ 1966, S. 214, 218 (Realisation des Sozialstaatsprinzips); *Säcker*, Gruppenautonomie, S. 293 f. (Zuordnung zu den freiheitlich-rechtsstaatlichen Elementen der geltenden Wirtschafts- und Sozialverfassung); *Siebert*, FS Nipperdey; 1955, S. 119, 126 (Zusammenhang mit dem Leistungsprinzip).

Sozialordnung prägenden arbeitsrechtlichen Schutzprinzip[25], dem es widerspräche, wenn die durch Gesetz, Tarifvertrag oder Betriebsvereinbarung gesetzten Arbeitsbedingungen Festbedingungen wären, die dadurch verwehren würden, daß eine Gestaltung durch eine sachnähere, rangniedere Abrede zum Tragen kommt. Zum anderen — dies speziell für das Verhältnis des Tarifvertrags zum Einzelarbeitsvertrag — beläßt das Günstigkeitsprinzip dem sog. „kollektivfreien Individualbereich" *(Siebert)* reichlich Spielraum und garantiert die Freiheit der individuellen Selbstbestimmung der Vertragspartner.

Das Günstigkeitsprinzip könnte demnach auch das Verhältnis zwischen Tarifvertrag und Betriebsvereinbarung bestimmen[26]. Regelungen einer Betriebsvereinbarung, die im Vergleich zum Tarifvertrag den rangniederen Kollektivvertrag darstellt, könnten vor den tariflichen den Vorrang haben, wenn sie von diesen zugunsten der Arbeitnehmer abwichen. Dem aber ist nicht so. Das Verhältnis zwischen Tarifvertrag und Betriebsvereinbarung wird *nicht* durch das tarifliche Günstigkeitsprinzip des § 4 Abs. 3 TVG bestimmt, so daß man hier von der vielleicht größten und bestimmt bedeutendsten Ausnahme der arbeitsrechtlichen Dogmatik sprechen kann. Vielmehr regeln in erster Linie die §§ 77 Abs. 3 BetrVG und 87 Abs. 1 Halbs. 1 BetrVG die Konkurrenz zwischen beiden Kollektivverträgen. Gemäß § 77 Abs. 3 BetrVG können Arbeitsentgelte und sonstige Arbeitsbedingungen, die durch Tarifvertrag geregelt sind oder üblicherweise geregelt werden, nicht Gegenstand einer Betriebsvereinbarung sein. Demgegenüber schließt § 87 Abs. 1 Halbs. 1 BetrVG für den Bereich der sozialen Angelegenheiten die Mitbestimmung des Betriebsrats aus, soweit eine (gesetzliche oder) tarifliche Regelung besteht. Nach dem Vorbild dieser Bestimmungen soll die mitbestimmungsrechtliche Regelungsbefugnis im Falle einer tarifvertraglichen oder tarifüblichen Regelung schlechthin zurücktreten[27]. Sinngemäß spricht man hier von der Gewährleistung einer Normsetzungsprärogative zugunsten der Tarifvertragsparteien[28].

Diese beiden Vorrangvorschriften sind allerdings nicht als Fremdkörper im Gesamtsystem des Betriebsverfassungsgesetzes anzusehen. Ihre Funktion er-

---

25 Vgl. dazu *Wiedemann,* Das Arbeitsverhältnis als Austausch- und Gemeinschaftsverhältnis, S. 13 ff.

26 Eine nähere Auseinandersetzung mit der Anwendbarkeit des Günstigkeitsprinzips im Verhältnis des Tarifvertrags zur Betriebsvereinbarung s. unten Kap. 3, A.

27 Vgl. *Biedenkopf,* Grenzen der Tarifautonomie, S. 282, 286; *Galperin / Löwisch,* BetrVG, § 2 Anm. 15; *Hanau,* Anm. AR-Blattei D, Arbeitskampf I: Entscheidung 18, Bl. 8 R; *Hueck,* FS Molitor, S. 203, 220; *Hueck / Nipperdey,* Arbeitsrecht II/1, S. 58 f.; *Jahnke,* Tarifautonomie und Mitbestimmung, S. 6; *Richardi,* Kollektivgewalt, S. 266 ff., 323 ff.; *Säcker,* ZfA 1972-Sonderheft, S. 41, 48.

28 Diese Normsetzungsprärogative ist von der Tatsache, daß der Tarifvertrag eine im Vergleich zur Betriebsvereinbarung höherrangige Rechtsquelle ist, scharf zu unterscheiden; insbesondere darf das Regelungsvorrecht der Tarifparteien nicht etwa als Ausfluß dieser Höherrangigkeit aufgefaßt werden. Denn in einem solchen Fall stünde der Anwendbarkeit des Günstigkeitsprinzips nichts entgegen.

schöpft sich in der Abgrenzung der Befugnisse der Betriebspartner gegenüber den Tarifparteien und in der Sanktionierung ihres eventuell abweichenden Verhaltens. Als ihre Prämissen und zugleich als Ausgangspunkt aller juristischen Überlegungen über das Verhältnis der Betriebspartner zu den Koalitionen sind vielmehr die verfassungsrechtliche Gewährleistung der Tarifautonomie durch Art. 9 Abs. 3 GG[29] und die Vorschrift des § 2 BetrVG auf einfachgesetzlicher Ebene anzusehen. § 2 Abs. 1 BetrVG verpflichtet die Betriebsparteien zur Beachtung der bestehenden Tarifverträge, während Abs. 3, in Vollzug der verfassungsrechtlichen Garantie der Koalitionen, festlegt, daß ihre Aufgaben durch das Betriebsverfassungsgesetz nicht eingeschränkt werden. Zur Ergänzung dieses umfassenden Schutzes der Tarifautonomie dienen ferner § 74 Abs. 2 Halbs. 2 BetrVG, der nochmals deutlich macht, daß Arbeitskämpfe tariffähiger Parteien vom innerbetrieblichen Arbeitskampfverbot nicht berührt werden, sowie auch § 74 Abs. 3 BetrVG, der Betriebsratsmitgliedern, die zugleich auch Gewerkschaftsmitglieder sind, die uneingeschränkte Wahrnehmung beider Funktionen garantiert. Die gesetzliche Gestaltung offenbart, daß hier keine herkömmliche, mit Hilfe der arbeitsrechtlichen Dogmatik erklärbare Einordnung des Verhältnisses zweier arbeitsrechtlicher Gestaltungsfaktoren vorliegt. Sie wird nur dann erklärbar, wenn man in der Zweispurigkeit von tarifvertraglicher und betrieblicher Normsetzung die Ansätze eines Konkurrenzverhältnisses erblickt, dessen gefährlichen Auswirkungen auf die Tarifautonomie der Gesetzgeber derart vorbeugt. Einen weiteren Beleg dafür liefert schon die Lektüre der in § 87 Abs. 1 BetrVG aufgezählten sozialen Angelegenheiten. Trotz Erweiterung des Katalogs der mitbestimmungspflichtigen Angelegenheiten im Vergleich zu § 56 BetrVG 52 sind die Höhe des Arbeitsentgelts, die Länge der üblichen Arbeitszeit und des Urlaubs oder die Entgelthöhe bei der Festsetzung der Akkord- und Prämiensätze (§ 87 Abs. 1 Ziff. 2, 4, 5 und 11 BetrVG) mitbestimmungsfrei[30]. Diese Angelegenheiten, die zum größten Teil das Kernstück der Tarifverträge darstellen, sollen auch weiterhin das Privileg der Tarifparteien sein.

Im Einklang zu diesem Gesamtkonzept steht auch die Sanktionierung des Verstoßes gegen die beiden Vorrangvorschriften. Betriebsvereinbarungen, die trotz § 77 Abs. 3 BetrVG oder § 87 Abs. 1 Halbs. 1 BetrVG abgeschlossen werden, sind gem. § 134 BGB nichtig[31]. Gleichwohl ist mit dieser Ausgangsthese von der Normsetzungsprärogative der Tarifvertragsparteien, von der Subsidiarität betriebsverfassungsrechtlicher Normsetzung, Mitwirkung und Mitbestimmung solange noch nichts Wesentliches gewonnen wie Umfang und Grenzen dieser

---

29 So zuletzt *Heinze*, NZA 1989, S. 41 ff.; vgl. ferner *Maunz / Dürig / Herzog / Scholz*, GG, Art. 9 Anm. 332; *Kissel*, NZA 1986, S. 79; *Gnade / Kehrmann / Schneider / Blanke*, BetrVG, § 77 Anm. 29; anders *Hablitzel*, DB 1971, S. 2158 ff.

30 Vgl. statt aller *Dietz / Richardi*, BetrVG, § 87 Anm. 203 ff., 274 ff., 291 ff., 555 ff., insbes. 591 ff., mit umfassender Literaturübersicht.

31 s. *Dietz / Richardi*, BetrVG, § 77 Anm. 235 ff.

Subsidiarität unbestimmt sind, insbesondere soweit ungeklärt bleibt, welche Regelungsinhalte dieser Subsidiarität unterliegen. Die folgenden Ausführungen sollen einen schematischen Überblick über die einzelnen Arbeitsschritte geben.

B. Gang der Untersuchung

Die einfachgesetzliche Gestaltung des Spannungsverhältnisses von Tarifautonomie und betrieblicher Mitbestimmung weist eine lange Tradition auf. Die Vorrangstellung des Tarifvertrags war bereits im Betriebsrätegesetz von 1920 in §§ 66 Nr. 5, 78 Nr. 2 geregelt[32]. Sie war als Bestimmung rechtspolitisch immer umstritten[33] und bisweilen wird sie als systemwidrig beurteilt, weil sie das sonst im Arbeitsrecht maßgebende Strukturprinzip der Günstigkeit durchbricht. Vielmehr wird auf Grund der Einschätzung, daß die Mitbestimmung grundsätzlich weder durch mehr rechtlichen Zwang noch durch mehr Fremdbestimmung, noch durch eine geringere Richtigkeitsgewähr gegenüber der Tarifautonomie gekennzeichnet ist, die Gleichstellung von Tarifautonomie und Mitbestimmung angenommen[34]. Diese Überlegungen sollen vorerst den rechtlichen Weg zeigen, um Kompetenzverlagerungen von der Tarifautonomie auf die Betriebspartner vorzunehmen, die zuweilen, wenn man streng die Gesetzesfassung zugrundelegt, den Charakter einer de lege ferenda-Behauptung bekommen. Sieht man dennoch von einer voreiligen rechtlichen Bewertung dieser Argumentation zunächst einmal ab, so muß immerhin der gelegentlich zu hörende Einwand erwähnt werden, daß der geforderten Flexibilisierung der arbeitsrechtlichen Beziehungen die Zweispurigkeit von Tarifautonomie und betrieblicher Mitbestimmung mit ihrem unterschiedlichen personellen Geltungsumfang und vor allem die statuierte Tarifprivilegierung entgegenstehen, was sicherlich einen deutlichen rechtspolitischen Anstoß darstellt.

Die vorliegende Untersuchung wird einen anderen Ausgangspunkt nehmen. Sie nimmt für sich als zentralen Gedanken in Anspruch, daß trotz mancher Unstimmigkeiten oder Defizite, das duale System von überbetrieblicher und innerbetrieblicher Interessenwahrnehmung sich insgesamt bewährt hat[35], und daß sich dadurch wieder einmal die Gelegenheit bietet, nicht über die Entschärfung oder sogar Abschaffung der Vorrangvorschriften, sondern über ihre zweck- und wirklichkeitsgerechte Interpretation nachzudenken.

---

[32] Vgl. dazu *Wlotzke*, Das Günstigkeitsprinzip, S. 110 ff.

[33] Vgl. zum alten Recht *Hablitzel*, DB 1971, S. 2158; zum neuen Recht *Gast*, Tarifautonomie und die Normsetzung durch Betriebsvereinbarung, S. 35 ff.; *Vollmer*, DB 1979, S. 308 ff.; ferner übersichtlich *Bender*, BB 1987, S. 1119 ff.

[34] *Jahnke*, Tarifautonomie und Mitbestimmung, S. 44, 114 ff., 203; *Gast*, Tarifautonomie und die Normsetzung durch Betriebsvereinbarung, S. 38; *Hablitzel*, DB 1971, S. 2158.

[35] *Jahnke*, Tarifautonomie und Mitbestimmung, S. 2, 202 ff.; anders aber *Adomeit*, Das Arbeitsrecht und unsere wirtschaftliche Zukunft, S. 14, 33.

Gleichwohl wird die Untersuchung zunächst das gegenseitige Verhältnis beider Kollektivautonomien aus der Sicht der Verfassung einander annähern[36]. Die tarifvertragliche Normsetzungsprärogative gegenüber der innerbetrieblichen Normsetzung wird oft damit begründet, daß im Vergleich zu der tarifvertraglichen Normsetzung, die von der Verfassung (Art. 9 Abs. 3 GG) vorgezeichnet sei, die innerbetriebliche erst vom Betriebsverfassungsgesetz eröffnet werde[37]. Dem wird entgegengehalten, daß das Verhältnis von Mitbestimmung und Tarifautonomie nach der Verfassung durch Offenheit und nicht durch eine verbindliche Rangfolge gekennzeichnet sei. Die Rechtsordnung zeige den Beteiligten zwei verschiedene Wege auf, ihre Interessen auszugleichen, überlasse ihnen aber grundsätzlich die Wahl, welchen Weg sie einschlagen wollen[38]. Die sog. Kerngewährleistung der Tarifautonomie umfasse demnach nicht das Handlungsprivileg des Tarifvorranges, vielmehr belasse sie es dem Gesetzgeber, bis zur Grenze des Funktionserhalts das Konzept „Wahrung und Förderung der Arbeits- und Wirtschaftsbedingungen", dynamisch zu gestalten[39].

Die weitere Verfolgung der Problematik wird sich dann den Hauptfunktionen jeder Institution zuwenden[40]. Es soll untersucht werden, ob sich aufgrund der unterschiedlichen Ausgestaltung des Instrumentariums und ihrer tragenden Grundsätze eine erste Aufgabenteilung zwischen Tarifautonomie und Betriebsautonomie gewinnen läßt. Unausweichlich wird in diesem Zusammenhang auch die umstrittene Richtigkeitsgewähr beider Institute unter die Lupe genommen werden.

Die gewonnenen Erkenntnisse werden des weiteren die Grundlage bieten, die zentrale Frage der ratio von § 77 Abs. 3 BetrVG und § 87 Abs. 1 Halbs. 1 BetrVG zu erörtern[41]. Dieser Abschnitt gewinnt insofern besonderes Gewicht, weil die Zweckbestimmung beider Vorrangvorschriften die notwendigen Weichen stellt, sowohl für ihr gegenseitiges Verhältnis als auch für die Voraussetzungen und die Reichweite ihrer Geltung.

Der nächste Schritt befaßt sich mit einer Kernfrage der einschlägigen Diskussion: der Anwendbarkeit des § 77 Abs. 3 BetrVG im Rahmen des § 87 Abs. 1 BetrVG[42]. Ein Grundgedanke bestimmt die daraus zu ziehenden Ergebnisse sowie die Abgrenzung der Voraussetzungen und der Reichweite beider Vorrangvor-

---

36 Unten Kapitel 2.

37 *Dietz / Richardi,* BetrVG, § 77 Anm. 173 ff.; *Säcker,* ZfA 1972-Sonderheft, S. 41 ff.; *Konzen,* BB 1977, S. 1307; ablehnend *Vollmer,* DB 1979, S. 308 ff.; vgl. auch insgesamt *Kübler / Schmidt / Simitis,* Mitbestimmung als gesetzgebungspolitische Aufgabe, 1978.

38 *Kübler / Schmidt / Simitis,* Mitbestimmung, S. 44 ff., 197 ff.; vgl. ferner BVerfGE 50, S. 290, 371; in dieser Richtung neuerdings auch *Bender,* BB 1987, S. 1119 f.

39 BVerfGE 50, S. 290, 371 f.

40 Unten Kapitel 3.

41 Unten Kapitel 4.

42 Unten Kapitel 5.

schriften[43]: daß eher eine prämissengerechte Auslegung als die institutionelle Entschärfung oder praktische Umgehung der Normsetzungsprärogative die Ausgewogenheit der gesetzlichen Regelung sowie die Herstellung eines funktionierenden Schutzmechanismus für die Arbeitnehmerinteressen gewährleisten können.

In dem abschließenden Kapitel wird die gesamte Problematik im Lichte der gewonnenen Erkenntnisse komprimiert als Untersuchungsgegenstand aufgenommen. Eine solche Betrachtung schließt notgedrungen rechtspolitische Aspekte mit ein. Es wird davon ausgegangen, daß das Gesetz das notwendige Instrumentarium für solche Überlegungen und Vorschläge bereithält. Den Tarifvertragsparteien reservierte Regelungsinhalte, deren Zuweisung zur Zuständigkeit der Betriebspartner an der Schranke des § 77 Abs. 3 BetrVG oder des § 87 Abs. 1 Halbs. 1 BetrVG scheitern würde, können durch eine tarifliche Dispenserteilung „freiwerden". Daher wird die Problematik der tariflichen Öffnungsklausel in den Mittelpunkt des Abschlusses rücken.

43 Unten Kapitel 6.

Kapitel 2

Verfassungsrechtliche Grundlagen der Zuständigkeitsverteilung

A. Gegenstand und Ziel der Untersuchung

Das deutsche Arbeitsrecht verfügt über eine Reihe von kollektivrechtlichen Gestaltungsfaktoren. Insbesondere stehen der Arbeitnehmerseite zwei Gestaltungsmechanismen zu, der Tarifvertrag und die Betriebsvereinbarung, deren Wirkungsweise und Regelungsbereich zum großen Teil identisch sind. Beides ist bereits an anderer Stelle kurz skizziert worden[1]. Dabei wurde ebenfalls angedeutet, daß die Problematik der Regelung ihrer Zuständigkeitskollision sich nicht lediglich in der Auslegung von § 77 Abs. 3 und § 87 Abs. 1 Halbs. 1 BetrVG erschöpft. Diese beiden Vorschriften grenzen zwar die Zuständigkeitsbereiche beider Gesamtvereinbarungen gegeneinander ab, vermögen jedoch nur begrenzt von sich selbst, den Sinn und Zweck der getroffenen gesetzgeberischen Entscheidung wiederzugeben. Sie sind sozusagen der Tenor eines Urteils, dessen Begründung anderswo zu finden ist. Der Sinn der angedeuteten Zweispurigkeit des kollektiven Arbeitsrechts ist bislang nicht völlig deutlich geworden. Ihre historische Tradition und ihre gesetzliche Ausgestaltung bilden zwar zwei hilfreiche Quellen für die Ermittlung ihrer Funktion, sind aber allein nicht ausreichend für die Entwicklung einer überzeugenden Systematik des kollektiven Arbeitsrechts, die die Existenz und die aktuelle Ausgestaltung mehrerer Formen der kollektiven Interessenwahrnehmung erklären kann[2].

Der Sinn dieser Zweispurigkeit könnte sich eventuell aus der Zweckbestimmung beider Institutionen erschließen, die keine andere ist, als der Schutz des einzelnen Arbeitnehmers einerseits und die Wahrung und Förderung der Arbeitsbedingungen andererseits. Ein solches System würde jedoch die Frage nahelegen, ob durch diese Zweispurigkeit die parallele Existenz von Tarifautonomie und Mitbestimmung erschwert würde, indem eine Art Konkurrenz zwischen den beiden Instituten entstünde, die sicherlich eine Zersplitterung der kollektiven Kräfte zur Folge hätte[3].

---

1 s. oben Kap. 1, A I II.

2 Ebenso *Jahnke*, Tarifautonomie und Mitbestimmung, S. 2.

3 So richtig *Jahnke*, Tarifautonomie und Mitbestimmung, S. 2 f.

Die vorliegende Untersuchung wird als erstes die einschlägigen Normen des Grundgesetzes aufgreifen. Art. 9 Abs. 3 GG stellt unter seinen verfassungsrechtlichen Schutz das Recht, zur Wahrung und Förderung der Arbeits- und Wirtschaftsbedingungen Vereinigungen zu bilden. Adressaten dieses Grundrechts sind nicht nur einzelne Personen — "jedermann" —, sondern auch die Koalitionen — d. h. die Gewerkschaften und die Arbeitgeberverbände — selbst. Man pflegt daher von einem „Doppelcharakter" des Art. 9 Abs. 3 GG zu sprechen. Die durch dieses Grundrecht gewährleistete kollektive Koalitionsfreiheit bedarf nach einhelliger Meinung in Wissenschaft und Rechtsprechung eines Unterbaus in Form organisatorischer („instrumenteller") Kernbereichsgarantien[4]. Das heute bestehende Tarifvertragssystem wird als die Verwirklichung dieser ebengenannten Kernbereichsgarantie betrachtet und fällt demzufolge unter den Schutz des Art. 9 Abs. 3 GG. Von dieser Prämisse ausgehend, hat sich bislang die Literatur vorwiegend mit der Erörterung der Grundfrage befaßt, inwiefern die kollektivrechtliche Gestaltungsmacht von der individualvertraglichen Regelungsmöglichkeit abzugrenzen ist. Präziser formuliert, versuchte das Schrifttum, vor allem in Zeiten einer fortschreitenden Kollektivierung der Arbeitsverhältnisse, einen kollektivfreien Individualbereich abzustecken und — darüber hinaus — zu schützen[5]. Einen ähnlichen Weg hat auch die Rechtsprechung eingeschlagen[6]. Dabei wurde stets der Vorstellung einer festen Rangordnung innerhalb des kollektiven Arbeitsrechts gefolgt. In Anlehnung an den Stufenbau der arbeitsrechtlichen Gestaltungsfaktoren[7] wird auch das Verhältnis von Tarifautonomie und Mitbestimmung bestimmt. Entsprechend ihrem systematischen Standort zwischen Gesetz und Individualvertrag werden sie „von oben nach unten" geordnet, mit der Folge, daß die Tarifautonomie einen generellen Vorrang vor der innerbetrieblichen und der unternehmerischen Mitbestimmung genießt. Darin hat man auch u. a. die ratio legis von § 77 Abs. 3 und § 87 Abs. 1 Halbs. 1 BetrVG erblickt. Wenig Beachtung fand dabei der Aspekt der Einbeziehung der Mitbestimmung unter

---

[4] Die einschlägige Literatur zum hiesigen Problem ist die wohl umfangreichste im Rahmen der Arbeitsrechtsdisziplin. Kein anderes arbeitsrechtliches Thema hat Anlaß zu mehr Stellungnahmen der Wissenschaft gegeben als die gesamte Problematik um Art. 9 Abs. 3 GG. Nur paradigmatisch werden hier die grundlegenden Arbeiten von *Säcker,* Grundprobleme der kollektiven Koalitionsfreiheit, 1969, und *Scholz,* Koalitionsfreiheit als Verfassungsproblem, 1971, genannt. Vgl. aber auch neuerdings *Meik,* der Kernbereich der Tarifautonomie, 1987. Aus der ebenso reichhaltigen Rechtsprechung s. BVerfGE 4, S. 96 ff.; 19, S. 303 ff.; 28, S. 295 ff.; 50, S. 290 ff.

[5] Vgl. *Richardi,* Kollektivgewalt und Individualwille, 1968 ; *Säcker,* Gruppenautonomie und Übermachtkontrolle, 1972, mit der Differenzierung, daß sich seine Arbeit präziser mit den Allgemeinen Arbeitsbedingungen befaßt ; *Travlos-Tzanetatos,* Die Regelungsbefugnis der Betriebspartner, 1973, der vorwiegend die innerbetriebliche Kollektivierung unter die Lupe nimmt. Etwas modifizierter auch *Gast,* Arbeitsvertrag und Direktion, 1978.

[6] Mit Ausnahme des Bundesverfassungsgerichts, BVerfGE 50, S. 290 ff. (Mitbestimmungsurteil). Über den Inhalt dieses Urteils wird andernorts (s. unten Kap. 2, C II) ausführlich gesprochen.

[7] s. dazu statt aller *Adomeit,* Rechtsquellenfragen, insbes. S. 121 ff.

den Schutz des Art. 9 Abs. 3 GG[8]. Die vorliegende Untersuchung wird daher zunächst der Frage nachgehen, ob Art. 9 Abs. 3 GG nur aus dem Aspekt der Tarifautonomie zu interpretieren ist oder ob auch Betriebsverfassung und Mitbestimmung hier eine verfassungsrechtliche Verankerung haben. Dies hätte u. a. auch eine praktische Bedeutung, weil die Bejahung dieser Frage zwangsläufig eine Relativierung der Merkmale der Tarifautonomie zur Folge hätte. Wäre dies zu verneinen, könnte man bei der überkommenen These des Vorrangs der Tarifautonomie bleiben. Man sieht sich zu dieser Untersuchung gezwungen, nicht nur wegen der neuesten Entwicklungen auf dem Arbeitsmarkt, die oft eine stärkere Einbeziehung der Betriebspartner fordern[9]. Es gibt auch ein Urteil des Bundesverfassungsgerichts, das von einer Offenheit der Verfassung bei der Rangfrage zwischen beiden Institutionen spricht[10]. Es wird auch Gegenstand einer ausführlichen Untersuchung sein[11].

Nach der Erläuterung dieses Problembereichs müssen die verschiedenen Ordnungsgrundsätze berücksichtigt werden, auf denen Tarifautonomie und innerbetriebliche Normsetzung beruhen. Während im Rahmen der Tarifautonomie die Verbände der Arbeitnehmer und Arbeitgeber Arbeitsbedingungen frei aushandeln und verbindlich festsetzen können, notfalls sogar im Wege des Arbeitskampfes, sind den Betriebsräten als gewählten Repräsentanten der Belegschaft sog. „immanente Schranken" bei ihrer Normsetzungsbefugnis gezogen, die an die Wertmaßstäbe des § 2 Abs. 1 BetrVG (vertrauensvolle Zusammenarbeit zwischen Arbeitgeber und Betriebsrat — Bindung an das Betriebswohl) und § 74 Abs. 2 BetrVG (absolute innerbetriebliche Friedenspflicht) gebunden sind. In diesem Zusammenhang taucht die „Richtigkeitsgewähr" der innerbetrieblichen Normsetzung als zentraler Begriff auf. Die Lösungen, die aus der Behandlung dieser Problematik gewonnen werden, sind für die Beurteilung der Notwendigkeit bzw. der Zulässigkeit betriebsverfassungsrechtlicher Tarifvorbehalte von großer Bedeutung[12].

An dieser Stelle erweist es sich als erkenntnistheoretisch, rechtstheoretisch und methodisch unumgänglich, nach der Herkunft der kollektivrechtlichen Regelungsmacht zu fragen. Es ist zu prüfen, ob diese Normsetzungsmacht originären Charakter hat[13], den der Gesetzgeber lediglich anerkannt hat, oder ob sie allein durch staatliche Verleihung (delegatarisches Modell) ins Leben gerufen wurde. Freilich kann die Antwort auf diese Frage für jede einzelne Form der kollektiven Interessenwahrnehmung verschieden ausfallen. Ihre Beantwortung setzt aber vor-

---

8 Vgl. aber *Jahnke,* Tarifautonomie und Mitbestimmung, S. 3 ff.

9 s. dazu *Bender,* BB 1987, S. 1117 ff. mit zahlreichen Nachweisen; *Adomeit,* Das Arbeitsrecht und unsere wirtschaftliche Zukunft, 1985, S. 14, 33.

10 BVerfG 50, 290 ff., insbes. S. 366 ff.

11 s. unten Kap. 2, C II.

12 Dazu s. unten Kap. 3, C II III, D.

13 *Adomeit,* Rechtsquellenfragen, S. 127, nennt es „kollektivistisches" Moment, weil die Interessenvertretungen der Arbeitnehmer als vorjuristische Eigenschöpfungen des Arbeitslebens ihren Selbstwert und ihre Eigenständigkeit zur Geltung bringen.

aus, daß bereits geklärt ist, ob und inwiefern es neben dem Staat auch andere nichtstaatliche Rechtsetzungsmächte gibt[14]. In diesem Punkt scheint daher eine kurze Klärung des Autonomiebegriffes angebracht zu sein.

B. Die Herkunft der kollektivrechtlichen Regelungsmacht

I. Der Autonomiebegriff

Die Regelungsbefugnis der Kollektivpartner wird sehr oft als „Autonomie" bezeichnet, als eine „autonome" Rechtsetzungsmacht. Will man den Begriff der Autonomie bestimmen, ist nach dem Wortsinn zu fragen. Autonomie bedeutet: handeln nach eigenen Regeln[15]. Diese ist jedoch nicht die einzige Bedeutung. Wie *Adomeit*[16] richtig meint, werden mit dieser Bezeichnung „vielerlei höchst verschiedenartige Assoziationen geweckt." Damit ist die Gefahr verbunden, daß man nicht von Anfang an wissen kann, ob ein Autor seine Argumentation auf diese oder jene Bedeutung des Autonomiebegriffes aufbaut, mit der Folge, daß einer wissenschaftlichen Auseinandersetzung Verwirrung und Mißverständnisse drohen. Eine Katalogisierung aller möglichen Deutungen des Autonomiebegriffes hat zuerst *Zöllner*[17] unternommen. Sein Katalog umfaßt fünf verschiedene, in der Literatur verwendete Autonomiebegriffe und ist von *Adomeit*[18] um weitere vier erweitert worden. Die folgenden Ausführungen sollen zeigen, ob und inwieweit einer von ihnen zur Klärung des Charakters der Normsetzungsbefugnis der Kollektivpartner beitragen kann. Dabei wird nicht der Reihenfolge des Katalogs von *Adomeit* gefolgt werden, so daß manche Autonomiebegriffe nicht berücksichtigt, andere dagegen nur komprimiert dargestellt werden. Nur diejenigen Autonomiebegriffe werden verhältnismäßig ausführlich analysiert werden, die wegen ihrer gravierenden Aussagekraft m. E. imstande sind, aus verschiedenen Blickwinkeln den Autonomiebegriff zu beschreiben.

1. Die Bedeutung der Autonomie als „Handeln nach eigenen Regeln" kann im weitesten Sinne als Synonym zum Begriff *Rechtsetzungsmacht* verstanden werden. Darüber hinaus kann man darin die Verwirklichung des Prinzips der Selbstverwaltung, insbesondere der sozialen *Selbstverwaltung*, sehen. Da es hier — konkreter — um die Selbstverwaltung von *Verbänden* in Bezug auf ihre Mitglieder geht, kann Autonomie als Rechtsetzung eines Verbandes für die Verbandsmitglieder verstanden werden[19]. Das Verständnis der Autonomie als

---

[14] So auch *Travlos-Tzanetatos*, Die Regelungsbefugnis, S. 29 f.

[15] Der Sinn des griechischen Ursprungswortes läßt sich wörtlich als „Selbst-Gesetzgebung" übersetzen.

[16] Rechtsquellen, S. 129.

[17] Die Rechtsnatur der Tarifnormen nach deutschem Recht, S. 13 ff.

[18] Rechtsquellen, S. 128 ff.

Rechtsetzungsmacht mag vielleicht für die Beantwortung der Frage nach dem Inhalt und dem Ursprung der Kollektivautonomie nützlich sein sowie auch der Begriff der Selbstverwaltung zur Beschreibung der Funktion arbeitsrechtlicher Institute gut geeignet sein kann. Beide weisen aber einen großen Nachteil auf: Sie vermögen nichts Zuverlässiges darüber auszusagen, ob diese Regelungsmacht originär oder vom Staate übertragen ist.

2. Die enge Verbindung zwischen dem *Urheber* einer Regelung und ihren *Adressaten* kann als Kerngehalt der Autonomie betrachtet werden. Diese enge Verbindung setzt nicht unbedingt die Identität von Normschöpfer und Normunterworfenen voraus, verlangt aber als notwendiges Element die Legitimation des Normurhebers durch die Regelungsadressaten[20]. In diesem Sinne setzt sich die Autonomie der Heteronomie entgegen. Unter diesem Gesichtspunkt läßt sich die Entwicklung des modernen Rechtsbewußtseins als der allmähliche Übergang von heteronomen zu autonomen Regelungen definieren. Was insbesondere die Entwicklung des Arbeitsrechts anbelangt, wird der Versuch deutlich, die überkommene Heteronomie bei der Gestaltung der Arbeitsverhältnisse durch Autonomie in höchstmöglichem Maße zu ersetzen. Als deutliches Beispiel dafür wird der Mitbestimmungsgedanke erwähnt[21]. Die Tarifautonomie ist dagegen in modifizierter Form in diesen Zusammenhang hineinzuinterpretieren. Durch ihren Eingriff wird nicht die bestehende Heteronomie beim Abschluß des Arbeitsvertrages von Autonomie ersetzt, sondern die — rechtstheoretisch zumindest — bereits bestehende (formale) Autonomie zu (realer) Autonomie entwickelt. Die Vornahme eines Rechtsgeschäfts, d. h. auch des auf beiderseitigem Leistungsversprechen beruhenden Schuldvertrages (z. B. des Arbeitsvertrages) wird als Akt der (Privat)autonomie bezeichnet, bei dem beide Partner als Einheit verstanden werden. Der Arbeitgeber sowie auch der Arbeitnehmer handeln insofern autonom, es gäbe mithin für die qualitativ schlechtere Heteronomie kaum Platz mehr. Doch die Realität hat bewiesen, daß auch ein autonomer Akt faktisch diktatorisch sein kann, wenn etwa der wirtschaftlich überlegene Vertragspartner dem auf ihn Angewiesenen

---

19 *Adomeit*, Rechtsquellen, S. 129 f., 132 f.; zu der für die Betriebsgemeinschaft konstruierten Verbandstheorie s. schon Otto *v. Gierke*, Deutsches Privatrecht, Bd. I, S. 701; *Oertmann*, Die rechtliche Natur der Arbeitsordnung, 1905, S. 20; später *Herschel*, RdA 1948, S. 47; *Bogs*, RdA 1956, S. 5; *Galperin*, RdA 1959, S. 321; dagegen ließ sich aus der Natur der Sache kein beide Tarifpartner umfassender Verband konstruieren. Dazu *Bogs*, RdA 1956, S. 5; Otto v. *Gierke*, Die Zukunft des Tarifvertragsrechts, ArchSozWiss Bd. 42, S. 821 ff.

20 Die erforderliche Legitimation liegt dann vor, entweder wenn der Auftrag zur Normsetzung von den Normunterworfenen selbst stammt oder wenn „jedenfalls die Normbetroffenen gewisse demokratische Garantien bei der Konstituierung des Normsetzungskörpers besitzen"; s. *Adomeit*, Rechtsquellen, S. 130; die Identität von Normschöpfer und Normunterworfenen ist nur dann erforderlich, wenn von *unmittelbarer* Autonomie die Rede ist; stattdessen genügt die bloße Zurückführbarkeit der Zuständigkeit des Normurhebers auf den Willen des Normadressaten für die Bejahung des Vorliegens einer *mittelbaren* Autonomie. s. *Travlos-Tzanetatos*, Die Regelungsbefugnis, S. 31.

21 So auch *Adomeit*, Rechtsquellen, S. 130 f.

die Vertragsbedingungen oktroyiert. Die Tarifautonomie wird daher als das notwendige Korrektiv betrachtet, um dem schon existierenden Autonomiebegriff einen realen Moment, d. h. *Glaubwürdigkeit* beizumessen[22]. Dieser Autonomiebegriff zeichnet sich durch seine Geeignetheit für die Beschreibung und Kritik der Rechtsordnung im allgemeinen aus. Er erweist sich jedoch für unsere Zwecke als untauglich, da er die Frage nach seiner Herkunft unbeantwortet läßt; besser gesagt, er postuliert die Geltung einer von ihm beschriebenen Regelung[23].

3. Ferner kann nach h. M. Autonomie als die den Trägern der Rechtsetzungsbefugnis gegebene Garantie verstanden werden, diese Befugnis zu behalten. Diese Interpretation schränkt m. E. den Autonomiebegriff erheblich ein. Schon das Schlüsselwort „Garantie" impliziert die etatistische Herkunft dieser Regelungsbefugnis, d. h. es setzt an die Stelle des Autonomiemodells das delegatarische Modell ein[24]. Im Grunde handelt es sich hier um die den Kollektivpartnern erteilte Befugnis, sich innerhalb des heteronom (etatistisch) abgesteckten Rahmens, autonom zu bewegen. Unter diesem Blickwinkel wird entsprechend die Kernfrage verlagert. Man fragt nunmehr nicht nach der Herkunft der Regelungsbefugnis, sondern nach der *Qualität* der gegebenen Garantie. Eine auf einfachem Gesetz beruhende Garantie kann dementsprechend durch eine ranggleiche Norm auch entzogen werden. Die Qualität der Garantie wird erst dann aufgewertet, wenn die Ermächtigungsnorm zur Rechtsetzung und die Beibehaltungsnorm dieser Befugnis auf rangverschiedenen Stufen beruhen. Das Schulbeispiel dafür ist die rechtliche Ausgestaltung des Tarifwesens, dessen Gewährleistung durch Art. 9 Abs. 3 GG statuiert wird, die Ermächtigung aber zur konkreten Gestaltung der Arbeitsverhältnisse auf einfachgesetzlicher Ebene beruht. Dadurch wird ebenfalls das Problem der Kollision zwischen rechtlichem Können und Dürfen gelöst. Obwohl der einfache Gesetzgeber theoretisch in der Lage wäre, das Tarifvertragsgesetz aufzuheben, würde er bei diesem Unterfangen gegen die verfassungsrechtlich garantierte Tarifautonomie verstoßen und sich den dafür vorgesehenen Sanktionen aussetzen[25].

4. Die letzte und vielleicht wichtigste Interpretation des Autonomiebegriffes ist diejenige, die auf die „Genossenschaftstheorie" Otto *v. Gierkes* zurückgeht. Otto *v. Gierke* geht von der Prämisse aus, daß „das Recht eine Manifestation

---

22 *Adomeit,* Rechtsquellen, S. 131, geht von der richtigen Prämisse aus, daß die Entwicklung des Arbeitsrechts ohne diese Erweiterung des Blickfeldes auf das Faktische nicht denkbar ist. Die Eigenartigkeit des realen Autonomiebegriffes bestehe darin, daß „er im Gegensatz zum fixierbaren formalen Begriff je nach den ökonomischen und gesellschaftlichen Verhältnissen oszilliert." Daher ist auch sein Vorschlag konstruktiv, daß es in dieser Richtung einer Vergrößerung des terminologischen Instrumentariums bedarf.

23 Ebenso *Adomeit,* Rechtsquellen, S. 132; *Meik,* Der Kernbereich der Tarifautonomie, S. 31; *Travlos-Tzanetatos,* Die Regelungsbefugnis, S. 31.

24 *Adomeit,* Rechtsquellen, S. 132; *Meik,* Der Kernbereich der Tarifautonomie, S. 31; *Travlos-Tzanetatos,* Die Regelungsbefugnis, S. 32.

25 So richtig *Adomeit,* Rechtsquellen, S. 132.

des menschlichen Gemeinlebens nicht des Einzellebens ist"[26]. Ferner könne nur der Gemeingeist, der in der Gemeinüberzeugung und dem Gemeinwillen wurzele, Recht erzeugen. Seine Theorie greift deswegen die Autonomie — bezogen auf die Verbände[27] — als eine originäre, naturgegebene Rechtsetzungsmacht auf, die der Staat duldet, jedoch nicht geschaffen hat[28]. Diese Auslegung kommt dem wahren Gehalt des Autonomiebegriffes am nächsten, weil sie sich nicht im internen Verhältnis zwischen Regelungsurheber und Regelungsadressaten erschöpft, sondern ausschließlich den Regelungsurheber ins Visier nimmt. Der unter 2. erörterte Autonomiebegriff, der nach der Legitimation des Normurhebers fragte, mit der Folge, daß bei fehlender Legitimation keine Autonomie, sondern Heteronomie vorläge, hat den Nachteil aufgewiesen, daß er die Frage nach der Herkunft dieser legitimationsbedürftigen Rechtsetzungsmacht unbeantwortet gelassen hat. Diese Lücke versucht, die vorliegende Theorie zu schließen, indem sie die Unabhängigkeit des Normurhebers — d. h. dessen Selbstbestimmung — untersucht[29]. Ist diese Selbstbestimmung bei den Handlungen des Rechtserzeugers zu bejahen, dann handelt er autonom. Wenn der Rechtserzeuger sogar ein Verband ist, der demzufolge autonom handelt, spielt es dann keine Rolle mehr, ob eine freiwillige Unterwerfung oder eine Eingliederung der Normadressaten in einen Zwangsverband vorliegt oder nicht (*Gierkes* „Autonomie des Herrschaftsverbandes"). Anders formuliert: Die von dem unter 2. erörterten Autonomiebegriff erforderliche Legitimation ist dabei völlig entbehrlich.

Der Argumentationsansatz dieser Theorie macht die Erkenntnis evident, daß sie vor allem das absolute Rechtsetzungsmonopol des Staates in Frage stellt. Sie schränkt es ein, indem sie auch anderen Institutionen des gesellschaftlichen Lebens eine originäre Rechtsetzungsbefugnis zuspricht. Die Vertreter dieser Theorie sahen sich am ehesten an der Entwicklung und der Funktion des Tarifvertrages bestätigt. Der Tarifvertrag ist dann „eine eigenständige und tief im organischen Denken verwurzelte, eine naturrechtlich begründete Lebensbetätigung und Lebensform der sozialen Autonomie"[30]. Seine historische Entwicklung zeigt, daß er aus dem gesellschaftlichen Faktum entstand, daß die Machtposition des einzelnen Arbeitnehmers beim Vertragsabschluß gegenüber dem Arbeitgeber in der Regel schwach war. Diese individuelle schwache Machtposition wird gebündelt und auf kollektiver Ebene gestärkt. Der Tarifvertrag ist ein Produkt gesellschaftlicher Ursachen, da er als faktische Erscheinung existierte, obwohl ihm für eine

---

26 Otto *v. Gierke,* Deutsches Privatrecht, Bd. I, S. 119.

27 s. *Travlos-Tzanetatos,* Die Regelungsbefugnis, S. 32, mit Hinweis auf *v. Gierke,* ebenda.

28 Otto *v. Gierke,* Deutsches Privatrecht, Bd. I, S. 142; ebenso *Adomeit,* Rechtsquellen, S. 133 f.; *Travlos-Tzanetatos,* Die Regelungsbefugnis, S. 32.

29 Zutreffend *Adomeit,* Rechtsquellen, S. 134; *Travlos-Tzanetatos,* Die Regelungsbefugnis, S. 32.

30 *Herschel,* FS Bogs, 1959, S. 125, 130; ebenso Otto *v. Gierke,* Deutsches Privatrecht, S. 142; *Schneider,* FS Möhring, 1965, S. 524.

geraume Zeit jegliche positivrechtliche Anerkennung und Institutionalisierung gefehlt hat. Dies vor allem deshalb, weil der Tarifvertrag nicht in das politische Konzept des damaligen Staates paßte. Er wurde nur dann staatlicherseits rechtlich institutionalisiert, als seine tiefe gesellschaftliche Verwurzelung sowie auch seine bedeutende volkswirtschaftliche Regulierungsfunktion weder weiterhin übersehbar noch unterdrückbar waren. In diesem Sinne ist der Tarifvertrag dem Staate *abgetrotzt*[31].

Dieses Abtrotzungsmerkmal, das — dies muß auch hinzugefügt werden — die Tarifautonomie eher als die innerbetriebliche Mitbestimmung charakterisiert, hat das kollektive Arbeitsrecht stark beeinflußt, indem es der sozialen Autonomie rechtserzeugende Kraft beigemessen hat[32]. Ein weiterer Verdienst der „Genossenschaftstheorie" ist, daß sie auf die Gesellschaftsbezogenheit des Rechts und die ausschlaggebende Rolle der sozialen Selbstbestimmung hingewiesen hat[33]. Außerdem ist sie geeignet, die meisten Konturen des Autonomiebegriffes zu erfassen. Jedoch kann dadurch die Bevorzugung der Originär- oder der Delegationstheorie nicht präjudiziert werden. Die Beantwortung der Frage nach der Herkunft der kollektivrechtlichen Regelungsmacht hängt auch von anderen Faktoren ab. Vor allem darf nicht die *Genesis* einer Institution, ihre gesellschaftshistorische Vergangenheit, mit ihrer Rechtszugehörigkeit bzw. Rechtsverbindlichkeit verwechselt werden.

II. Theoretische Grundlagen der kollektiven Regelungsmacht

Nachdem der Autonomiebegriff aus verschiedenen Blickwinkeln untersucht worden ist, muß auch eine theoretische Erklärungsgrundlage für die Herkunft der kollektivrechtlichen Regelungsmacht herausgearbeitet werden. Von den gegebenen relevanten Theorien durchbricht die Originärtheorie das Rechtsetzungsmonopol des Staates, indem sie bei der kollektivrechtlichen Gestaltungsmacht eine autonome, d. h. dem Staate vorgegebene Befugnis erblickt, während die Delegationstheorie den Staat als Quelle jedweder Rechtsetzungsbefugnis ansieht, der lediglich einen Teil seiner Souveränität abgespalten und an die Kollektivpartner delegiert hat. Eine Antwort läßt sich unter Berücksichtigung von drei Gesichtspunkten folgendermaßen geben:

---

31 So *Adomeit*, Rechtsquellen, S. 134, mit Hinweis auf *Brecher*, FS Nipperdey, 1965, Bd. II, S. 32

32 S. vor allem *Galperin*, FS Molitor, 1962, S. 143 ff. insbes. S. 155, der aus dem Abtrotzungsargument den originären Charakter der Tarifautonomie herleitet; vgl. schon *Sinzheimer*, Grundzüge des Arbeitsrechts, S. 48 ff.; *Kaskel*, Arbeitsrecht, S. 19 f.; auch *Richardi*, Kollektivgewalt, S. 15 ff. m. w. N.; *Meik*, Der Kernbereich der Tarifautonomie, S. 32, sieht die rechtserzeugende Macht der sozialen Selbstbestimmung nur dann verwirklicht, wenn dies der Staat zuläßt. Insoweit handelt es sich um eine Ermächtigung zur Regelsetzung, die qualitativ verschieden vom Autonomiemodell *v. Gierkes* ist.

33 So *Travlos-Tzanetatos*, Die Regelungsbefugnis, S. 32, mit Nachweisen.

1. Die Originärtheorie

Aus historischer Perspektive *(genetisch)* ist der Originärtheorie zu folgen. Wie bereits erläutert wurde, war es anfangs nicht der Staat, sondern die aus Selbsthilfezwecken entstandenen Berufsverbände, die die Regelung der kollektiven Beziehungen wahrnahmen. Dies war ein soziales Faktum, das viel später einen rechtlichen Niederschlag gefunden hat. Nach anfänglicher Ächtung und Verfolgung staatlicherseits gewannen die Berufsverbände nicht nur staatliche Anerkennung. Sie wurden im Laufe der Zeit eine wichtige Komponente des sozialen Rechtsstaates. Daher kann in diesem Zusammenhang von einer Machtdelegation staatlicherseits auf die Kollektivpartner kaum die Rede sein.

2. Die Delegationstheorie

Rechtstheoretisch ist die Delegationstheorie zutreffend. Diese Ansicht teilt auch der überwiegende Teil der Literatur und die Rechtsprechung[34]. Es ist eine nicht zu verleugnende Tatsache, daß „durch soziale Selbsthilfe viel erreichbar sein mag, aber nicht die Verbindlichkeit der geschaffenen Regeln im Rechtssinne, insbesondere für die staatlichen Gerichte“[35]. Ein sehr wichtiges Argument, das für die Delegationstheorie spricht, ist die Auffassung von der „selektiven“ Haltung der Rechtsordnung gegenüber sozialen Gegebenheiten oder faktischen Institutionen[36]. Dies bedeutet, daß die Rechtsordnung sich das Recht vorbehält, Institutionen zu schaffen, die keinen gesellschaftlichen i. S. v. entwicklungshistorischen Bezug haben (z. B. die Zulassung von Tarifverträgen über Vermögensbildung der Arbeitnehmer), zum anderen aber auch de facto Institutionen als rechtswidrig abzulehnen und demnach ihre Einbürgerung ins rechtliche Gefüge zu sperren (z. B. die Bewertung des wilden Streiks durch das BAG als rechtswidrig)[37]. Diese Haltung der Rechtsordnung, die deutlich ein Element von Selbstherrlichkeit aufweist, macht den Akt der Rezeption und nicht die faktische Entwicklung zum entscheidenden Nachweis der Zugehörigkeit einer Institution zur Rechtsordnung[38]. Die Vertreter der Originärtheorie, die den Gewerkschaften und den Ar-

34 *Adomeit,* Rechtsquellen, S. 136 ff.; *Biedenkopf,* Grenzen der Tarifautonomie, S. 103 ff.; *Karakatsanis,* Die kollektivrechtliche Gestaltung des Arbeitsverhältnisses und ihre Grenzen, S. 26, 57 ff., 74, 123; *Müller,* Die Grenzen der normativen Gestaltungswirkung der Betriebsvereinbarung, S. 71 ff.; *Säcker,* RdA 1969, S. 297; *Zöllner,* Die Rechtsnatur der Tarifnormen, S. 24 ff.; aus der Rechtsprechung vgl. BVerfGE 4, S. 96, 102, 108; 17, S. 319, 333; 19, S. 303, 321; 20, S. 312, 317; BAG AP Nr. 1 zu § 399 BGB.

35 Zutreffend *Adomeit,* Rechtsquellen, S. 137; vgl. auch *Hueck / Nipperdey,* Arbeitsrecht II/1, S. 346.

36 Dazu *Adomeit,* Rechtsquellen, S. 134 ff. m. w. N.

37 Vgl. dazu BAG (1. Senat) vom 20.12.1963, AP Nr. 32 zu Art. 9 GG Arbeitskampf.

38 Vgl. auch dazu *Travlos-Tzanetatos,* Die Regelungsbefugnis, S. 37 f., der darauf hinweist, daß man nicht die rechtsphilosophische Frage nach der Legitimierung, die rechtssoziologische Frage nach dem entwicklungshistorischen Grund und die positivrechtliche Frage nach dem Geltungsgrund einer Institution miteinander verwechseln dürfe.

beitgeberverbänden die Befähigung und Berechtigung zum Abschluß von Kollektivvereinbarungen auch ohne jeden geschriebenen Rechtssatz, ja selbst bei Fehlen jeder effektiven Staatsgewalt, zubilligen[39], setzen sich dem Vorwurf aus, soziale Wirklichkeit und Rechtsordnung unverbunden nebeneinander zu stellen. Auch der Vorwurf gegen die Delegationstheorie, daß hoheitliche Rechtsbefugnisse durch das Tarifvertragsgesetz nicht übertragbar seien, weil das Gesetz die Norm des Art. 80 GG nicht erfülle[40], erweist sich als unhaltbar. Sie übersieht, daß Art. 80 Abs. 1 GG, der zum Erlaß von Rechtsverordnungen ermächtigt, auf die eigenständige Rechtsetzung der Kollektivpartner nicht anwendbar ist. Im Gegenteil, die kollektive Normsetzung hat in Art. 9 Abs. 3 GG eine besondere Rechtsgrundlage gefunden[41].

Die Entscheidung für die etatistische Begründung der kollektivrechtlichen Gestaltungsmacht ist nicht nur von theoretischer Bedeutung. Deutliche rechtspolitische Aspekte, die vor allem den Umfang und die Schranken dieser Macht betreffen, werden durch die Bevorzugung der Delegationstheorie berührt. Dies bedeutet zweierlei: erstens wird eine extensive Interpretation der sich aus Art. 9 Abs. 3 GG ergebenden Grenzen der Kollektivmacht abgefangen; zweitens ist die delegierte Macht an dieselben Schranken gebunden wie die *delegierende Macht*[42].

---

[39] Vgl. *Herschel,* Verhandlungen des 46. DJT, S. D 11 ff.; *Radke,* Verhandlungen des 46. DJT, S. D 52; *Söllner,* AuR 1966, S. 260; *Thon,* Verhandlungen des 46. DJT, S. D 46, 48; auch *Mayer-Maly,* Verhandlungen des 46. DJT, S. D 57.

[40] So Hans *Schneider,* FS Möhring, 1965, S. 524.

[41] BVerfGE 34, S. 307, 316 ; BVerfG AP Nr. 17 zu § 5 TVG (Bl. 448 R) mit zust. Anmerkung von *Wiedemann;* so auch *Meik,* Der Kernbereich der Tarifautonomie, S. 32.

[42] Vgl. dazu *Hueck / Nipperdey,* Arbeitsrecht II/Die kollektivrechtliche Gestaltung, S. 58 f.; *Rüthers,* Streik und Verfassung, S. 43; *Travlos-Tzanetatos,* Die Regelungsbefugnis, S. 39. Neuerdings ist von *Meik,* Der Kernbereich der Tarifautonomie, S. 33 f., der Versuch unternommen worden, das Delegationsmodell aus eher „rechtsstaatlichen" Gründen zu begründen. Eine Umverteilung der Befugnisse zur Rechtsetzung aufgrund der historischen Entwicklung zugunsten privatautonomer Gruppierungen anzunehmen und in Art. 9 Abs. 3 GG lediglich die verfassungsrechtliche Festschreibung zu sehen, entspräche nicht dem Verständnis der parlamentarischen Demokratie. Ein außerhalb der staatlichen Ordnung bestehendes Gefüge, dem kraft seiner gesellschaftlichen Bedeutung eine eigenständige Normsetzungsbefugnis zukomme, sei mit der geltenden Rechtsordnung aus zwei Gründen nicht vereinbar: Es wäre dem Individuum unmöglich, seine Grundrechte gegenüber den Machthabern durchzusetzen, da sie bekanntlich nur gegen den Staat gerichtet seien; sogar wenn dies der Fall wäre, stünde ihm keine Einrichtung zur Verfügung, um gegen das gefällte „Urteil" vorzugehen. Zweitens wären alle von den Koalitionen getroffenen Regelungen „aus sich heraus" injustiziabel. Die Koalitionen wären demnach so selbstständig wie der Staat, obwohl ihnen dafür die erforderliche Legitimation fehle. *Meik* verwechselt dabei die unterschiedlichen Strukturmerkmale des Staates und einer Interessenvertretung. Die Gesellschaft, der die Institution des Staates eine sinnvolle Ordnung herbeizuführen versucht, ist eine Zusammensetzung von sozialen Gruppen, die alles andere als identische Interessen haben. Sie verfolgen Ziele, deren Erfüllung sich oft nur auf Kosten anderer erreichen lassen. Soziale Spannungen und Kollisionen sind eher die Regel als die Ausnahme. Das moderne Arbeitsrecht sowie auch die gegenwärtige Lage auf dem deutschen und internationalen Arbeitsmarkt machen dies mehr als deutlich. Auch die immanenten Strukturen des Staates legen den Schluß nahe, daß er selbst nicht

Der einzige Nachteil der Delegationstheorie ist, daß sie die zwei Komponenten des kollektiven Gestaltungsmechanismus — die Tarif- und die Betriebsautonomie — gleichstellt. Bei der Beurteilung der *Originalität* ihrer Gestaltungskraft berücksichtigt sie das die Tarifautonomie prägende Abtrotzungsmerkmal nicht. Die Einbeziehung dieses Merkmals in die einschlägige Problematik würde m. E. schwerwiegende Folgen hinsichtlich der Schranken, der „Richtigkeitsgewähr" und letztendlich auch des Vorrangs der Tarifautonomie vor der Betriebsautonomie haben. Schließlich bleibt jedoch festzuhalten, daß die Kollektivpartner rechtstheoretisch ihre Befugnisse direkt vom Staate herleiten, der allein objektives Recht schaffen und deshalb übertragen kann[43].

III. Denkbare Gefahren des staatlichen Rechtsetzungsmonopols

Das tariflich gesetzte „Recht" steht als partikuläre Ordnung gewiß nicht allein. Auch in anderen Bereichen sind Sonderordnungen entstanden, die imstande wären, das staatliche Rechtsetzungsmonopol faktisch zu durchbrechen. Der Unterschied all dieser Ordnungen vom „gewöhnlichen" Vertrag besteht darin, daß sie — wie der Tarifvertrag — ihre Wirkung nicht lediglich auf den Vertragspartner beschränken, sondern auch — de jure oder nur de facto — die Rechtspositionen Dritter gestalten. Neben den als „selbstgeschaffenes Recht der Wirtschaft"[44] bezeichneten Allgemeinen Geschäftsbedingungen, sind die internationalen Kartelle ein deutliches Beispiel dafür. Im Schrifttum wird teilweise ihre weitgehende Emanzipierung von der staatlichen Rechtsordnung angeprangert[45]. Diese soll durch die Möglichkeit der Auswahl einer beliebigen — und damit kartellfreundlichen — Rechtsordnung erreicht worden sein. Gegenstand derselben Kritik ist weiterhin, daß diesen Partikularordnungen der bequeme Ausweg eines gesetzesungebundenen Schiedsrichters offenstehe, während sich der Staat gegenüber den

---

für das „absolute" Allgemeininteresse handeln kann. Bestenfalls kommen seine Handlungen einer Mehrheit zugute, nicht aber *allen*. Die Diskrepanz der Gruppeninteressen — auch gegenüber dem Staat — ist ein strukturnotwendiges Merkmal der modernen Gesellschaften. Auch unter bürgerlich-liberaler Auffassung bräuchten sonst die Bürger nicht ihre Grundrechte i. S. v. Abwehr- oder Leistungsrechten. Das durch die Gewaltenteilung gewährleistete Kontrollsystem, das den privatautonomen Verbänden fehlt, spricht auch für diese Auffassung. Dagegen sind die Interessenvertretungen durch weniger innere Spannungen gekennzeichnet, da die Interessen ihrer Mitglieder in großem Maße gleichgerichtet sind. Man begeht sicherlich einen Fehler, wenn man die aus Selbsthilfezwecken entstandenen Berufsverbände innerlich-strukturell dem bürgerlichen Staat gleichsetzt. Schließlich spricht auch ein weiterer Grund gegen *Meiks* Auffassung. Der Willkürlichkeit des Verbandes kann sich das andersgesinnte Mitglied entziehen, indem es ihm fernbleibt. Gegenüber dem Staat hat niemand diese Möglichkeit; vgl. auch *v. Arnim,* Gemeinwohl und Gruppeninteressen, 1977.

43 Zu den unter Anmerkung 39 genannten Autoren s. auch *Adomeit,* Rechtsquellen, S. 136 ff., 146; *Floretta,* FS Nipperdey, 1965, S. 193; *Säcker,* Gruppenautonomie, S. 344.

44 Vgl. dazu *Däubler,* Das Grundrecht auf Mitbestimmung, S. 115, mit Nachweisen.

45 So *Däubler,* Das Grundrecht auf Mitbestimmung, S. 115; *Kronstein,* Internationale Kartelle, S. 212 ff., 321 ff.

Tarifverträgen durch den Ausschluß der Schiedsgerichtsbarkeit (§ 101 ArbGG) ein umfangreiches Kontrollrecht vorbehalte[46]. Es kann an dieser Stelle auf die gesellschaftliche Funktion dieser Ordnungen nicht näher eingegangen werden[47]. Auf rechtlicher Seite läßt sich jedoch dieser Meinung einiges entgegenhalten. Sie verkennt hinsichtlich der Möglichkeit der Auswahl einer beliebigen kartellfreundlichen Rechtsordnung die Schutzfunktion des § 98 II GWB. Ebenso unberücksichtigt bleibt § 91 GWB, der die Unwirksamkeit von Schiedsverträgen in bestimmten Fällen normiert. Dem Erfordernis einer Vertiefung kann hier nicht entsprochen werden. Es soll nur auf die Tatsache hingewiesen werden, daß das Rechtsetzungsmonopol des Staates faktisch nicht allseitig abgesichert ist. Diese Entwicklung wird umso bedenklicher, wenn man berücksichtigt, daß es sich dabei, mit Ausnahme des Tarifvertrages, dem letztendlich eine gewisse Richtigkeitsgewähr einzuräumen ist, um herrschaftlich strukturierte Partikulareinheiten handelt, deren Kernsubstanz die Verfolgung und Durchsetzung jeweils einseitiger, wirtschaftlicher Interessen ist[48].

C. Das Verhältnis zwischen Tarifautonomie und Mitbestimmung aus der Sicht des Grundgesetzes

I. Das Problem

Es ist bereits dargestellt worden, daß sich das Verhältnis von Tarifautonomie und Mitbestimmung, insbesondere die Abgrenzung ihrer Zuständigkeitsbereiche, nicht auf einfachgesetzlicher Ebene erschöpfend erklären läßt. Die Zuständigkeitsverteilung, die durch § 77 Abs. 3 und § 87 Abs. 1 BetrVG vorgenommen wird, wird sich dann verstehen und handhaben lassen, wenn ihre ratio mit Argumenten verfassungsmäßigen Ranges untermauert werden kann. Daher muß die Verankerung von Tarifautonomie und Mitbestimmung in der Verfassung untersucht werden. Art. 9 Abs. 3 GG, der zunächst ins Blickfeld rückt, gewährleistet u. a. die kollektive Koalitionsfreiheit, deren wichtigste Erscheinungsform und vom Gesetzgeber vollzogene Konkretisierung die Tarifautonomie ist. Diese einhellig akzeptierte Erkenntnis allein sollte aber nicht die Subordination der innerbetrieblichen Mitbestimmung in der Verfassungsordnung präjudizieren. Der Schutz der Menschenwürde und die freie Entfaltung der Persönlichkeit (Art. 1 Abs. 1, Art. 2 Abs. 1 GG), deren bisher wichtigste Verwirklichung auf breiter gesellschaftlicher Ebene die Institutionalisierung von Mitspracherechten der Arbeitnehmer auf betrieblicher und unternehmerischer Ebene ist sowie auch das Sozialstaats-

---

46 *Däubler*, Das Grundrecht auf Mitbestimmung, S. 118.

47 Vgl. dazu die scharfe Kritik *Däublers*, Das Grundrecht auf Mitbestimmung, S. 114 ff.; ablehnend gegen diesen eher politischen Ansatz *Adomeit*, JZ 1986, S. 1104 ff.

48 Anläßlich dieser Umstände spricht *Habermas*, Strukturwandel, S. 157 ff., von einer Refeudalisierung der Gesellschaft.

prinzip (Art. 20 Abs. 1, Art. 28 Abs. 1 GG), geben der Mitbestimmung als erste einen verfassungsrechtlichen Rang. Dazu kommt auch Art. 74 Nr. 12 GG, „der in seinem materiellen Gehalt als sozialpolitisches Bekenntnis zur Betriebsverfassung als Grundlage einer innerbetrieblichen Mitbestimmung bezeichnet worden ist“[49]. Selbst Art. 9 Abs. 3 GG wird zuweilen weitgehend „offen“ verstanden, etwa in dem Sinne, daß die Norm die Tarifautonomie nicht als ausschließliches Instrument zur Wahrnehmung von Gruppeninteressen zur Verfügung stelle, sondern auch anderweitige Formen der Interessenwahrnehmung in seinen Kernbereichschutz aufnehmen könne[50]. Daher kann sich die vorliegende Untersuchung nicht damit begnügen, von der Prämisse eines generellen Vorrangs der Tarifautonomie auszugehen. Es muß geprüft werden, ob die Verfassung und insbesondere Art. 9 Abs. 3 GG diesen Vorrang gebieten oder ob eher von einer verfassungsrechtlichen Gleichberechtigung beider Formen der Interessenwahrnehmung auszugehen ist.

Die beabsichtigte Untersuchung erscheint umso mehr unumgänglich, als das Betätigungsfeld von Tarif- und Betriebsautonomie sich kaum sachlich voneinander abgrenzen läßt. Dafür sprechen grundsätzlich zwei Argumente. Zum einen kann man sich nicht mehr auf das „bequeme“ Argument berufen, daß den Tarifvertragsparteien ausschließlich die Regelung von Leistung und Gegenleistung im Arbeitsverhältnis sowie der sonstigen finanziellen Verpflichtungen des Arbeitgebers obliege — kurzum der materiellen Arbeitsbedingungen —, während den Betriebspartnern nur die Zuständigkeit für die Regelung der formellen Arbeitsbedingungen zukomme. Das unter der Geltung des § 56 BetrVG 52 vertretene Argument ist nach heute geltendem Recht unhaltbar geworden[51]. Ein weiterer Versuch, dem Tarifvertrag und der innerbetrieblichen Mitbestimmung unterschiedliche Sachaufgaben zuzuweisen, bestünde darin, die Mitbestimmung an den wirtschaftlichen Besonderheiten des konkreten Betriebes bzw. Unternehmens zu orientieren, während dem Tarifvertrag vor allem die Festlegung allgemeiner Arbeitsbedingungen, unabhängig von den speziellen wirtschaftlichen Verhältnissen des konkreten Betriebes oder Unternehmens obliegen solle[52]. Demgemäß wären mittels Mitbestimmung jene Interessenkonflikte beizulegen, die aus der individuellen Situation jedes einzelnen Unternehmens als autonomer Leistungseinheit erwachsen, ohne Differenzierung wegen der Gewerkschaftszugehörigkeit, nur unter Beachtung der tariflichen Rahmenbedingungen. Diese Ansicht — abge-

---

49 *Scholz,* Koalitionsfreiheit, S. 7; zust. *Kübler / Schmidt / Simitis,* Mitbestimmung, S. 44.

50 S. dazu *Kübler / Schmidt / Simitis,* Mitbestimmung, S. 227 ff.; BVerfG 50, S. 290, 336 ff., 366 ff.

51 Vgl. § 87 Abs. 1 Zif. 3, 10, 11 BetrVG; ebenso *Meik,* Der Kernbereich der Tarifautonomie, S. 108 ff.; ausführlich dazu sowie auch zu der Unterscheidung von „formellen“ und „materiellen“ Arbeitsbedingungen überhaupt s. unten Kap. 4, C III.

52 Dazu etwa *Vollmer,* DB 1979, S. 308 ff., 355 ff.; ders., Entwicklung partnerschaftlicher Unternehmensverfassungen, S. 209 ff.; *Hablitzel,* DB 1971, S. 2158 ff.

sehen von ihrer grundsätzlichen Unvereinbarkeit mit der Vorschrift des § 77 Abs. 3 BetrVG — ist schon deshalb nicht überzeugend, weil die sachliche Unterscheidung der Funktionsbereiche, von der sie ausgeht, in Wahrheit nicht besteht. Eine in der Praxis existierende Differenzierung zwischen allgemeinen Arbeitsbedingungen und solchen, die nur die konkrete Situation eines Betriebes oder Unternehmens betreffen, ist nicht einzusehen. Es gibt nur eine wechselseitige Verflechtung und Beeinflussung: „Allgemeine" Arbeitsbedingungen sind mittels Anpassung zugleich „betriebliche" Arbeitsbedingungen; andererseits spiegelt ihr Niveau die konkrete wirtschaftliche Situation einer Vielzahl von Betrieben wider[53].

1. Der Vorrang der Tarifautonomie als Ausgangsthese

Das Verhältnis zwischen Tarifautonomie und innerbetrieblicher Mitbestimmung bekommt deutliche Konturen anhand der Einordnung ihrer Hauptinstrumente in die Dogmatik des Arbeitsrechts. Der Tarifvertrag und die Betriebsvereinbarung finden in der von einem Stufenbau der Rechtsquellen geprägten Arbeitsrechtsordnung ihren festen Platz. Bei einer — bildhaft gesprochen — Pyramide der arbeitsrechtlichen Rechtsquellen beginnt die Rangfolge mit der Verfassung und dem einfachen Gesetz an der Spitze, gefolgt von den kollektivvertraglichen Gestaltungsfaktoren, d. h. dem Tarifvertrag und der Betriebsvereinbarung, und endet mit dem arbeitsrechtlichen Individualvertrag. In diesem Gefüge rangiert der Tarifvertrag höher als die Betriebsvereinbarung, so daß bei all ihren Kollisionen das *Ordnungsprinzip* eingreift. Insoweit gilt nach fast einhelliger Auffassung der Tarifvertrag gegenüber der Betriebsvereinbarung als höherrangige Rechtsquelle[54].

Für die soziale Ordnung des Arbeitslebens ist vor allem die Tarifautonomie die prägende Kraft. Nach einer verbreiteten Auffassung wird sie als Bestimmungsgrund des *freiheitlichen* Charakters der deutschen Arbeitsverfassung[55] angese-

---

53 Richtig *Jahnke*, Tarifautonomie und Mitbestimmung, S. 12 f.

54 Vgl. etwa *Biedenkopf*, Grenzen der Tarifautonomie, S. 303 ff.; *Dietz*, BetrVG, § 49 Anm. 7 f., § 52 Anm. 30; *ders.*, RdA 1949, S. 161, 164 f.; *ders.*, BB 1954, S. 349; *Dietz / Richardi*, BetrVG, § 2 Anm. 14, § 77 Anm. 173; *Galperin / Löwisch*, BetrVG, § 77 Anm. 70; *Gast*, Tarifautonomie, S. 14; *G. Hueck*, Betriebsvereinbarung, S. 90 ff.; *ders.*, FS Molitor, S. 203, 219, 220 f.; *Hueck / Nipperdey*, Arbeitsrecht II/1, S. 59, 545, II/2, S. 1296, 1341; *Konzen*, BB 1977, S. 1307 f.; *Löwisch*, AuR 1978, S. 97, 106; *Meinert*, BB 1976, S. 1615; *Nikisch*, Arbeitsrecht II, S. 231, 295; *Richardi*, Kollektivgewalt, S. 327 f.; *ders.*, Betriebs- und Unternehmensmitbestimmung, S. 100 f.; *Säcker*, Gruppenautonomie, S. 359 ff.; *ders.*, ZfA 1972, Sonderheft S. 41, 48; *Söllner*, Arbeitsrecht, S. 167; *Thiele*, GK-BetrVG, § 77 Anm. 59 ff.; *Travlos-Tzanetatos*, Die Regelungsbefugnis, S. 60 ff.; *Wiedemann / Stumpf*, TVG, § 4 Anm. 303; *Wiese*, GK-BetrVG, § 86 Anm. 1; *Wlotzke*, Günstigkeitsprinzip, S. 105 f.; *Zöllner*, Arbeitsrecht, S. 65 f.

55 Mit Arbeitsverfassung ist nicht die einfach-rechtliche Arbeitsordnung gemeint. Die Arbeitsverfassung bildet den staatsverfassungsrechtlichen Rahmen für die Ordnung arbeitsrechtlicher Fragen. Sie enthält die Wertungen, nach denen staatliche Normsetzung

hen[56]. Die Folge dieser Betrachtungsweise ist, daß die Institutionalisierung und der weitere Ausbau der Betriebsverfassung sich an der Tatsache messen lassen müssen, daß von ihnen keine ungünstigen Impulse auf die Funktionsvoraussetzungen der Tarifautonomie ausgehen[57]. In der Tat nehmen die Sozialpartner durch Tarifvertrag sehr wichtige gesellschaftliche und wirtschaftliche Funktionen wahr[58]:

Erstens kompensiert der Tarifvertrag das unterstellte wirtschaftliche Übergewicht des Arbeitgebers und sorgt für eine realistisch angemessene Vertragsparität bei der Gestaltung der Arbeitsbedingungen. Zugleich verlagert er den Schwerpunkt der Entscheidungsfindung vom Staat zu den Sozialpartnern und übernimmt deswegen eine im öffentlichen Interesse liegende *Dezentralisierungsfunktion.*

Zweitens nimmt er eine bedeutende wirtschaftliche Funktion wahr, indem er in seinem Geltungsbereich und für seine Laufzeit die Arbeitsbedingungen festsetzt, so daß er sie für eine zumindest mittelfristige wirtschaftliche Planung kalkulierbar macht. Dies gilt umso mehr, als er über seinen Geltungsbereich hinaus für die Arbeitsverhältnisse nichttarifgebundener Arbeitsvertragsparteien als Orientierungsmaßstab dient *(Leit-* bzw. *Kartellfunktion).*

Drittens schafft der Tarifvertrag einen soziologisch und wirtschaftlich nützlichen *Interessenausgleich* in dem brisantesten Spannungsfeld unserer Gesellschaft durch die Friedenspflicht, die jedem Tarifabschluß folgt, und bringt, wenigstens zeitweilig, den sozialen Frieden im Arbeitsmarkt.

Diese, wenn auch nur kurz skizzierten Aufgaben des Tarifvertrages, mögen den einhellig eingeräumten Vorrang der Tarifautonomie vor der Betriebsautonomie deutlicher und plausibler machen. Auch die Kompetenzabgrenzung, die § 77

---

und autonome Regelungen möglich sind. Dazu *Biedenkopf,* Grenzen der Tarifautonomie, S. 2 ff.; *ders.,* Gutachten zum 46. DJT, 1966, Bd. I, S. 97, 102; *Richardi,* Kollektivgewalt, S. 111: „Sie stellt die rechtliche Grundordnung dar, durch die die abhängige Arbeit rechtlich in die Wirtschaftsgemeinschaft integriert wird." Die Arbeitsverfassung ist somit die Widerspiegelung der verfassungsmäßigen Ordnung des Staates auf dem Gebiet des Arbeitsrechts.

56 Grundlegend in dieser Richtung *Richardi,* Kollektivgewalt, S. 309 ff.; ders. Betriebsverfassung und Privatautonomie, S. 13 ff.; *Rüthers,* Arbeitsrecht und politisches System, S. 23, der in der Tarifautonomie die Aufrechterhaltung der freiheitlichen Komponente der Privatautonomie sieht.

57 So *Richardi,* Betriebsverfassung und Privatautonomie, S. 13, der eine weitgehende Absicherung dieser Funktionsvoraussetzungen in der Festlegung der Tätigkeit der Betriebspartner innerhalb einer rechtlichen *Friedensordnung* sieht. Nach ihm seien bei Interessengegensätzen die Grundsätze der verbandsrechtlichen *Kampfordnung* der soziologisch bevorzugte Weg der Konfliktlösung.

58 Vgl. die übersichtliche Aufzählung bei *Badura / Rittner / Rüthers,* Mitbestimmungsgesetz 1976 und Grundgesetz, S. 137, der auch hier prinzipiell gefolgt wird. Die folgenden Funktionsaspekte des Tarifvertrages haben sich zur h. M. verfestigt. Sie setzen eine „harmonische", gesellschaftliche Interessengegensätze dämpfende, integrative Funktion des kollektiven Arbeitsrechts voraus; vgl. schon *Kahn-Freund,* Das soziale Ideal des Reichsarbeitsgerichts, wiederabgedruckt bei Ramm (Hrsg.), S. 149 ff.

Abs. 3 und § 87 Abs. 1 BetrVG vornehmen, ist zum großen Teil auf diese Argumentation zurückzuführen. Der hierdurch vermittelte Eindruck darf aber nicht darüber hinwegtäuschen, daß sich das Verhältnis beider Institutionen des kollektiven Arbeitsrechts auch auf andere Weise als mittels des Vorrangprinzips darstellen läßt. Die Vollständigkeit der Untersuchung gebietet daher die Prüfung auch derjenigen Argumenten, die nicht den Vorrang, sondern die *Subsidiarität* der Tarifautonomie gegenüber der Betriebsautonomie als Ausgangsthese haben.

2. *Abweichende Ordnungsgrundsätze*

a) Subsidiaritätsprinzip

Eine Untersuchung des Rangverhältnisses zwischen Tarifautonomie und betrieblicher Mitbestimmung ist durch die Heranziehung des *Subsidiaritätsprinzips* unternommen worden. Das aus der katholischen Soziallehre[59] herrührende Prinzip gebietet generell, jeder untergeordneten Gemeinschaft zur eigenen Erledigung zu überlassen, was in ihren Fähigkeiten steht; die übergeordnete Gemeinschaft soll sie hierbei unterstützen und erst dann in den Aufgabenbereich der engeren Gemeinschaft eingreifen, wenn sie ihre Aufgaben nicht aus eigenen Kräften erledigen kann. Anders ausgedrückt verwirklicht das Subsidiaritätsprinzip den Grundsatz „des ersatzweisen Beistandes der höheren Einheit, wenn die Kräfte der unteren Einheit nicht ausreichen“[60].

Das Subsidiaritätsprinzip wurde von der katholischen Soziallehre in die Rechtswissenschaft übertragen, um vor allem das Verhältnis zwischen dem Staat und den privatrechtlichen Verbänden zu regeln, indem es den Staat, lediglich hilfsweise, an letzter Stelle als Ordnungsmacht wirken läßt[61]. Als natürliche Folge dieser Argumentation sah man das Subsidiaritätsprinzip auch im gesamten Bereich des Arbeits- und Sozialrechts verankert; darüber hinaus hat man versucht es als *Zuständigkeitsprinzip* für das Verhältnis von Tarifvertrag und Betriebsvereinbarung zu betrachten[62]. Nach konsequenter Anwendung dieses Prinzips sollte der

---

[59] Vgl. die päpstlichen Sozialenzykliken „Rerum novarum“ von Papst *Leo* XIII aus dem Jahre 1891, „Quadragesimo anno“ des Papstes *Pius* XI vom 15.5.1931, „Mater et Magistra“ von Papst *Johannes* XXIII, 1961.

[60] So *Maunz / Dürig / Herzog / Scholz,* GG, Art. 1 Abs. II, Anm. 54; *Misera,* Tarifmacht und Individualbereich, S. 15; vgl. auch *Küchenhoff,* RdA 1959, S. 201 ff.; *Herzog,* Staat 1963, Bd. II, S. 399 ff.; *Hueck / Nipperdey,* Arbeitsrecht II/1, S. 28, 44.

[61] So vor allem *Küchenhoff,* RdA 1959, S. 201 f.; vgl. auch *Maunz / Dürig / Herzog / Scholz,* GG, Art. 1 Abs II, Anm. 54, die die *mittelbare* Verankerung des Subsidiaritätsgedanken im Grundgesetz bejahen.

[62] Grundlegend für dieses Verständnis, *Küchenhoff,* RdA 1959, S. 202 ff., insbes. 203; auch *Hablitzel,* DB 1971, S. 2159 f., der aus diesem Grund den Vorrang des Tarifvertrages vor der Betriebsvereinbarung bezweifelt, wobei er auch verfassungsrechtliche Bedenken gegen § 59 BetrVG 52 aufwirft; ferner *Misera,* Tarifmacht und Individualbereich, S. 18, der mitbestimmungsrechtlichen Vereinbarungen grundsätzlich den Vorrang vor den tarifvertraglichen Regelungen zuspricht.

Tarifvertrag der untergeordneten Betriebsvereinbarung den Vorrang bei der Regelung der Arbeitsbedingungen einräumen, genauso wie der staatliche Gesetzgeber dem ihm untergeordneten Tarifvertrag ein solches *Vorrecht* beimißt. Stattdessen gäbe es nur den umfassenden Tarifvorbehalt nach oben und unten und hieraus eine Konzentration der Ordnungsgewalt für Lohn- und Arbeitsbedingungen auf die Tarifvertragsparteien[63].

Die Auffassung von der allgemeinen Geltung des Subsidiaritätsprinzips — auch im Verhältnis der beiden Institutionen — läßt mehrere Fragen offen und an manchen Stellen erweist sie sich als widersprüchlich. Zunächst kann das Subsidiaritätsprinzip als *Rechtsprinzip* nur dann betrachtet werden, wenn es aus der Rechtsordnung *direkt* zu entnehmen ist. Durch seine Herkunft und vor allem mit seiner grundsätzlich *naturrechtlichen* Argumentation kann seine Zugehörigkeit zur positiven Rechtsordnung nicht bewiesen werden[64]. Abgesehen davon kann der Subsidiaritätsgrundsatz nur unter bestimmten Voraussetzungen als Ordnungsprinzip für das Verhältnis zwischen Tarifautonomie und innerbetrieblicher Mitbestimmung verwendet werden. Seine Verfechter selbst räumen ein[65], daß dieser Grundsatz nur dann zum Tragen kommen kann, wenn *Homogenität des Mitgliederkreises* und *Homogenität des Aufgabenkreises* beider „Gemeinschaften“ bestehe[66]. Man braucht an dieser Stelle nicht zu wiederholen, daß zwischen beiden Institutionen höchstens eine *Ähnlichkeit,* keineswegs aber Homogenität besteht. Um beim Thema der Aufgabenkreise zu bleiben, bedeutet die von den Anhängern dieser Theorie geforderte Subsidiarität der kollektiven Interessenwahrnehmung mittels Tarifvertrag gegenüber der innerbetrieblichen Normsetzung eine Verkennung der vor kurzem geschilderten Aufgaben des Tarifvertrages und wird so der wichtigen Funktion der Tarifautonomie nicht gerecht. Ferner setzt sie sich in einen weiteren Widerspruch mit ihrer eigenen eben genannten These der Subsidiarität der Tarifautonomie, wenn sie an anderer Stelle[67] lediglich das Günstigkeitsprinzip im Verhältnis des Tarifvertrages zur Betriebsvereinbarung als Ausfluß des Subsidiaritätsgrundsatzes anerkennt. Aus all diesen Gründen ist daher das Subsidiaritätsprinzip als Versuch einer Umkehrung des Rangverhältnisses zwischen Tarifautonomie und innerbetrieblicher Mitbestimmung abzulehnen.

---

63 *Küchenhoff,* RdA 1959, S. 203

64 Richtig *Coester,* Vorrangprinzip des Tarifvertrages, S. 45 ff., der das Subsidiaritätsprinzip im Verhältnis zwischen dem Staat und den privatrechtlichen Verbänden untersucht und zum Ergebnis kommt, daß es, wegen seiner inhaltlichen Unbestimmtheit sowie seiner Unverträglichkeit mit der Struktur und der Funktion des Staates in einer pluralistischen Gesellschaft, als Rechtsprinzip abzulehnen sei; vgl. auch *Meik,* Kernbereich der Tarifautonomie, S. 43 ff., 45

65 *Herzog,* Staat, Bd. II, S. 399, 402 f.

66 Vgl. zur Kritik, *Richardi,* Kollektivgewalt, S. 55 ff.

67 *Küchenhoff,* RdA 1959, S. 203; *ders.,* DB 1963, S. 765 f.

b) Funktionale Vorrangigkeit der Betriebsautonomie?

Tarifautonomie und Betriebsautonomie verfolgen zwar ähnliche Ziele, die — vereinfacht gesagt — auf die Berichtigung des gestörten Synallagmas der §§ 611 ff. BGB gerichtet sind, haben aber eine verschiedene Legitimationsbasis, verfügen über andere Druckmittel, um die Durchsetzbarkeit ihrer Ziele zu vergrößern und müssen im Prozeß der Verfolgung von Interessen, die sie wahrnehmen, unterschiedliche Grundprinzipien beachten. Die zwei letzteren Unterschiede, nämlich die Qualität bzw. die *Existenz* überhaupt von Druckmitteln, sowie auch das Wesen der tragenden Grundprinzipien werden Gegenstand der späteren Untersuchung sein[68]. Vielmehr soll an dieser Stelle auf den Anknüpfungspunkt und die Legitimationsbasis beider kollektiven Interessenvertretungen näher eingegangen werden.

Nach der Dogmatik ist der Arbeitsvertrag ein Austauschvertrag[69], jedoch nicht wie jeder andere. Das in der Regel auf einem Arbeitsvertrag beruhende Arbeitsverhältnis ist ein Dauerschuldverhältnis besonderer Prägung, d. h. es ist nicht bloß auf einmaligen Leistungsaustausch gerichtet, sondern die aus ihm ergebenden Rechte und Pflichten bestehen für die ganze Dauer des Rechtsverhältnisses weiter fort. Seine besondere Prägung verleiht ihm der *personale Charakter,* der ihm immanent innewohnt. Dies bedeutet, daß es sich hierbei nicht lediglich um irgendeinen Austausch von Vermögenswerten handelt wie bei anderen Verträgen, sondern daß auch die Persönlichkeit des Arbeitnehmers im Schuldverhältnis einbezogen wird, für deren Berücksichtigung die klassischen Regeln des Schuldrechts nicht geeignet sind. Dies ist auch der Erklärungsgrund für zahlreiche, aus streng zivilrechtsdogmatischer Perspektive schwer verständliche Pflichten des Arbeitgebers, wie etwa zur Lohnfortzahlung bei Krankheit des Arbeitnehmers oder zur Gewährleistung eines bezahlten Urlaubs u. v. a.[70].

Man kann also die *Unterlegenheit* des Arbeitnehmers in zwei voneinander zu trennenden zeitlichen Phasen feststellen: erstens beim Abschluß des Arbeitsvertrages und zweitens bei der Abwicklung des Arbeitsverhältnisses im Betrieb[71].

---

68 Unten, Kap. 3, C III, D III.

69 Dazu insgesamt *Wiedemann,* Das Arbeitsverhältnis als Austausch- und Gemeinschaftsverhältnis, 1966; *Motzer,* Die positive Vertragsverletzung des Arbeitnehmers, 1982, S. 159 ff.

70 Dazu *Zöllner,* Arbeitsrecht, S. 128 ff., der in dem Arbeitsverhältnis auch einen gewissen Unterordnungscharakter sieht.

71 Daß auch die tägliche Erbringung der Arbeitsleistung und somit die Abwicklung des Arbeitsverhältnisses der rechtlichen Beachtung und Würdigung bedarf, zeigt sich nicht zuletzt an dem alten Streit zwischen *Vertrags-* und *Eingliederungstheorie.* Zwar ging es dabei vornehmlich um die Tatsache, die entscheidend für die Entstehung des Arbeitsverhältnisses war. Im Gegensatz zu den Vertretern der Vertragstheorie, die den Vertrag als eine solche Tatsache betrachteten, stellten die Anhänger der Eingliederungstheorie auf die Eingliederung des Arbeitnehmers in die Produktionsgemeinschaft ab; dazu *Hueck / Nipperdey,* Arbeitsrecht, Bd. I, S. 44 (Fn. 22); *Molitor,* Wesen des Arbeitsvertrages, S. 82 ff.; *Nikisch,* Arbeitsrecht Bd. I, S. 92, 163 ff., 172 ff., 193 ff,; *Zöllner,*

Wenn man diese Problematik von ihrer kollektivrechtlichen Seite her betrachtet und dabei vorerst die Unterlegenheit des Arbeitnehmers beim Abschluß des Arbeitsvertrages außer acht läßt, kommt man zu folgendem Ergebnis: daß der Betrieb der Ort ist, wo eine kollektive Interessenvertretung der Arbeitnehmer sich einschalten soll. Der Betrieb ist der Austragungsort aller aus dem Arbeitsverhältnis — individualrechtlich oder kollektivrechtlich spielt hier keine Rolle — stammenden Konflikte, unabhängig ob sie „nur" betriebsbedingt oder betriebsübergreifend sind. Er ist der Ort, an dem der Arbeitnehmer „zur rechten Zeit und in der rechten Art und Weise" seine Arbeitsleistung zu erbringen hat und der Ort, wo sich die Belange aller Betriebsangehörigen ohne erhebliche Differenzierungen grundsätzlich unter einen gemeinsamen Nenner bringen lassen. Deswegen ist aus dieser Perspektive die Zugehörigkeit zum Betrieb der Anknüpfungspunkt einer Interessenvertretung der Arbeitnehmer, so daß — soziologisch gesehen — die gewählten Repräsentanten der Arbeitnehmer im Betrieb als die sachgerechtere Kollektivvertretung erscheinen[72]. Die Tätigkeit des Betriebsrats erfaßt alle Betriebsangehörigen, die wiederum ihn für einen bestimmten Zeitraum durch ihre Wahl unmittelbar legitimieren (vgl. § 7 ff., 21 ff. BetrVG).

Die verbandsrechtliche Interessenvertretung beruht dagegen auf völlig anderen Grundsätzen. Die Koalitionen sind Mitgliederverbände, die nur mittelbar Verbindungen oder Bezüge zu irgendeinem Betrieb haben. Ihre Überbetrieblichkeit mag vielleicht aus ihrem Wunsch nach größerer sozialer Mächtigkeit und aus dem Bestreben nach staatlicher Unabhängigkeit herrühren, kann aber nicht die Nähe zum Arbeitsprozeß aufweisen, wie es der Fall beim Betriebsrat ist. Es ist richtig bemerkt worden[73], daß der Anknüpfungspunkt der verbandsrechtlichen Interessenvertretung nicht die Zugehörigkeit des Arbeitnehmers in einem bestimmten Betrieb ist, sondern allein die Arbeitnehmereigenschaft. Anders als der Betriebsrat bietet die Koalition dem einzelnen Arbeitnehmer keinen „notwendigen" kollektiven Schutz, sondern nur einen „optionalen". Nur derjenige, dem es vorteilhafter erscheint, kann sich dieses Schutzes bedienen, indem er der Koalition beitritt. Sein Beitritt ist zugleich auch der Legitimationsgrund für die Vertretung seiner Interessen durch das Kollektivorgan. Abgesehen vom Problem der effektiven Einflußnahme des einzelnen Mitglieds auf die Willensbildung der Koalition sowie auch von der allgemeinen Problematik der Kollisionsfälle zwischen Mitgliedsinteressen und Verbandsinteressen[74], bleibt jedenfalls die mangelnde Verknüpfung

---

Arbeitsrecht, S. 46 f., 123 f. Die Eingliederungstheorie mag vielleicht individualvertraglich zu einer Reihe von Widersprüchen und unhaltbaren Ergebnissen führen, zeigt aber den richtigen Weg, wenn nach dem Ort der Gefährdung der Persönlichkeit des Arbeitnehmers und dem *Anknüpfungspunkt* einer Interessenvertretung gesucht werden soll.

[72] Richtig *Meik*, Kernbereich der Tarifautonomie, S. 112 f., der auch auf die alte Forderung aus dem Jahre 1840 hinweist, die auf die Bildung von Arbeiterausschüssen im Betrieb zielte (S. 114).

[73] *Meik*, Kernbereich der Tarifautonomie, S. 113.

[74] Zur Kritik *Meik*, Kernbereich der Tarifautonomie, S. 116 f.; *Wiedemann / Stumpf*, TVG, § 1 Anm. 376, Einl. Anm. 170 ff., bezeichnet die eigenen Verbandsinteressen als „sekuritätspolitische Ziele" der Gewerkschaften.

des Kollektivvertretungsorgans mit dem einzelnen Arbeitsverhältnis rechtsdogmatisch fragwürdig, da der Verband nicht in unmittelbarer Beziehung mit dem Ort der Abwicklung des Arbeitsverhältnisses steht.

An dieser Stelle ist es dennoch notwendig, einem möglichen Einwand vorzubeugen, nämlich, daß in der Praxis die Koalitionen (sprich Gewerkschaften), wegen ihrer wechselseitigen und engen Beziehungen zu den Betriebsräten, als Institution nicht so fern vom Produktionsprozeß stehen, zumal auch die überwiegende Mehrheit der Betriebsratsmitglieder zugleich Gewerkschaftsmitglieder sind. In der Tat ist diese Verflechtung der gegenseitigen Beziehungen, die u. a. auch die Gewerkschaften näher zur Wirklichkeit jedes einzelnen Betriebes bringt, nicht zu verleugnen. Die vorangegangenen Ausführungen sind aber nicht von der tatsächlich existierenden Situation ausgegangen, sondern vielmehr von der Frage, ob die Koalition als *Institution* aus ihrer *soziologischen* Perspektive die sachgerechtere Kollektivvertretung ist. Daß die Koalitionen nicht die Nähe der Betriebsräte zum Arbeitsprozeß aufweisen können, wird nicht zuletzt auch dadurch belegt, daß der Gesetzgeber es für notwendig gehalten hat, den Gewerkschaften ein *Zugangs*recht zu jenem Ort zu gewährleisten, der ihnen von ihrer Struktur her fern steht: zum Betrieb (§ 2 Abs. 2 BetrVG).

Von der Funktion her gesehen, müßte die Betriebsautonomie sogar der Tarifautonomie vorgehen. Ihre funktionale Vorrangigkeit darf aber nicht das einzige Beurteilungskriterium sein. Ihren Stellenwert in der Arbeitsverfassung muß sie auch an dem Umstand messen lassen, inwiefern sie ihre unbestreitbar sachgerechtere Verbindung zu den Arbeitnehmern, auch in sachgerechteren Ergebnissen umsetzen kann. Dafür spielen — wie anfangs angedeutet — auch die zur Verfügung stehenden Durchsetzungsmittel eine entscheidende Rolle. Vorbehaltlich einer späteren Untersuchung dieses Aspekts, kann an dieser Stelle folgendes festgehalten werden: Der Betriebsautonomie kommt eine größere Bedeutung zu als es zunächst den Anschein hatte[75], so daß man sie bei keinem Kollisionsfall mit der Tarifautonomie leichtfertig verdrängen darf. Wo aber diese Grenzen am Gesetzestext konkret zu setzen sind, wird noch zu zeigen sein.

c) Der praeter legem-Ansatz *Fabricius'*

Fabricius versucht in seinem Aufsatz[76] ein praeter legem Verständnis des Verhältnisses beider Autonomien zu entwickeln. Er stellt den Arbeitnehmer als *Persönlichkeit* in den Mittelpunkt seiner Argumentation und betont dessen *Objektstellung* im Produktionsprozeß. Die kollektivrechtlichen Institute werden daher an der Kernfrage geprüft, inwiefern sie zum Abbau dieser Objektstellung beitragen können. Die Tarifautonomie ist demnach „im Rahmen des Arbeitsver-

---

[75] Vgl. Kap. 1, A II; Kap. 2, C I 1; ebenso *Meik,* Kernbereich der Tarifautonomie, S. 118.

[76] FS *Fechner,* 1973, S. 171 ff.

hältnisses, als patriarchalisches Herrschaftsverhältnis das systemimmanente Mittel, das dem Arbeitnehmer in Ergänzung von staatlicher Fürsorge und Armenpflege sowie Fürsorge des Arbeitgebers ein Mindestmaß an Arbeits- und Wirtschaftsbedingungen sichern soll."[77] Jedoch ändere sie an seiner Objektstellung nichts. Die Mitbestimmung sei dagegen vom Streben gekennzeichnet, ihn zum Mitunternehmer zu machen und den Gleichheitssatz zu verwirklichen[78]. Aus diesem Ansatz wird gefolgert, daß der Mitbestimmung künftig der absolute Vorrang gehöre, bei entsprechender Beschränkung der dann „überholten" Tarifautonomie auf bloße Hilfszwecke (Existenzsicherung).

Diese Thesen sind trotz ihres Wahrheitsgehalts für unsere Zwecke zu unbestimmt und daher unbrauchbar. Sie schildern zunächst einmal nicht die heutige, sondern eher eine zukünftige — ob auch anzustrebende, kann hier dahingestellt bleiben — Situation[79]. Zweitens haben sie ihren Schwerpunkt bei der Unternehmensmitbestimmung, deren Ausbau für die Verwirklichung der genannten Ziele unerläßlich ist. Vor allem aber finden sie keinen Anhaltspunkt im geltenden Rechtszustand, so daß sie in diesem Zusammenhang nicht näher erörtert werden können.

3. Die spezielle Problematik des Art. 9 Abs. 3 GG

Die Auslegung des Art. 9 Abs. 3 GG unter dem Aspekt der Tarifautonomie ist eine Aufgabe, mit der sich die Arbeitsrechtsdisziplin seit Jahren befaßt, so daß die einschlägige Problematik angesichts des umfangreichen Schrifttums und der ebenso reichhaltigen Rechtsprechung fast als ausdiskutiert erscheint. Dasselbe gilt aber nicht mehr, wenn man Art. 9 Abs. 3 GG unter die Lupe nimmt, um darin Anhaltspunkte zu finden, die für das Rangverhältnis zwischen Tarifautonomie und innerbetrieblicher Mitbestimmung von Bedeutung sein könnten. Erste Impulse in diese Richtung hat die Diskussion über die Verfassungsmäßigkeit der unternehmerischen Mitbestimmung gegeben, indem sie im Rahmen der einschlägigen Argumentation auch die Betriebsverfassung einbezogen hat.

Art. 9 Abs. 3 GG gewährleistet jedermann das Recht, Vereinigungen zur Wahrung und Förderung der Arbeits- und Wirtschaftsbedingungen zu gründen, ihnen beizutreten oder fernzubleiben, sich in ihnen zu betätigen und aus ihnen auszutreten[80]. Darüber hinaus gewährleistet Art. 9 Abs. 3 GG, als *Doppelgrundrecht,* auch ein Bestands- und Betätigungsrecht der Koalitionen selbst[81]. Dies bedeutet,

---

77 *Fabricius,* FS Fechner, S. 202.

78 FS Fechner, S. 190 ff., 202 f.

79 Vgl. auch *Jahnke,* Tarifautonomie und Mitbestimmung, S. 10.

80 Vgl. *Maunz / Dürig / Herzog / Scholz,* GG, Art. 9 Anm. 154 ff.; *Leibholz / Rinck,* GG, Art. 9 Anm. 7 ff.; BVerfGE 17, S. 319, 333; 28, S. 295, 304; 44, S. 322, 351 f.; 50, S. 290, 367; 55, S. 7, 21; vgl. auch BAG AP Nr. 10, 14, 24 und 26 zu Art. 9 GG.

81 Auf den Streit, ob die Koalitionsfreiheit eine Instituts- oder eine institutionelle Garantie ist, sowie auch zu dem in der Literatur strittigen Inhalt dieser beiden Begriffe,

daß der Koalition, die als solche geschützt wird (Koalitionsbestandsgarantie), auch das verfassungsrechtlich gewährleistete Recht zusteht, durch spezifisch koalitionsgemäße Betätigung die in Art. 9 Abs. 3 GG genannten Ziele zu verfolgen[82]. Dieser Schutz ist jedoch nicht inhaltlich unbegrenzt — so das herausgearbeitete Ergebnis des Bundesverfassungsgerichts —, da das Grundgesetz die kollektive Koalitionsfreiheit nur in einem *Kernbereich* gewährleistet. Die Bedeutung und Vielzahl der von der Tätigkeit der Koalitionen berührten Belange im Bereich der Wirtschafts- und Sozialordnung machen es erforderlich, daß manchmal durch gesetzliche Regelungen der Koalitionsfreiheit Schranken gezogen werden. Dies erscheint vor allem deshalb erforderlich, weil die zum Betätigungsfeld der Koalitionen gehörenden Angelegenheiten auf sich wandelnde wirtschaftliche und soziale Bedingungen bezogen sind, die typischerweise Modifikationen und Fortentwicklungen unterliegen[83]. Die grundsätzliche Gewährleistung der kollektiven Koalitionsfreiheit wäre aber mangelhaft, wenn der Koalition nicht zugleich die Mittel zur Erreichung der gesteckten Ziele mitgewährleistet wären. Das gilt bereits auch für die durch Art. 2 Abs. 1 GG geschützte Individualautonomie, die dadurch zum Tragen kommt, weil ihr eine ausgebaute Privatrechtsordnung zur Verfügung steht. Wie *Säcker*[84] überzeugend festgestellt hat, bedarf die Koalitionsgarantie ihrerseits des *Unterbaus* durch Gewährleistung organisatorischer („instrumenteller“) Kernbereichsgarantien, die den Koalitionen ihre spezifische Betätigung in der geltenden Rechtsordnung ermöglichen. Diese ist die verfassungsrechtliche Basis, worauf die Gewährleistung des Tarifvertragssystems beruht. Allerdings wird das Tarifvertragssystem nicht in seiner *heute* geltenden Ausformung garantiert. Der Gesetzgeber ist befugt, den Mitteln der kollektiven Interessenwahrnehmung eine den jeweiligen Gegebenheiten und den zeitlichen Umständen konforme Gestalt zu geben. Er ist aber verpflichtet, wenn er überhaupt kollektive Formen der Wahrung und Förderung der Arbeitsbedingungen zur Verfügung stellt, daran auch die Koalitionen zu beteiligen.

---

kann hier nicht eingegangen werden. Zur Auseinandersetzung mit dieser Frage *v. Münch*, Vorbem. Art. 1 - 19 GG, Anm. 23 m. w. N. Allerdings handelt es sich nach der hier vetretenen Ansicht um eine Institutsgarantie. Ebenso *Bonn. Komm. / v. Münch*, Art. 9 Anm. 114; *Meik*, Kernbereich der Tarifautonomie, S. 71 f.; *Wiedemann / Stumpf*, TVG, Einl. Anm. 35; vgl. auch *Maunz / Dürig / Herzog / Scholz*, GG, Art. 9 Anm. 173; dagegen *Biedenkopf*, Grenzen der Tarifautonomie, S. 105; *Schnorr*, RdA 1955, S. 3 ff., die die Koalitionsfreiheit als institutionelle Garantie bezeichnen.

82 BVerfGE 50, S. 290, 367 unter Hinweis auf BVerfGE 19, S. 312; 28, S. 304; vgl. ferner BVerfGE 55, S. 21; 58, S. 246; zur kollektiven Koalitionsfreiheit auch *Däubler / Hege*, Koalitionsfreiheit, S. 91 ff.; *Gester / Kittner*, RdA 1971, S. 161 ff.; *Hueck / Nipperdey*, Arbeitsrecht II / 1, S. 134 ff.; *Säcker*, Grundprobleme der kollektiven Koalitionsfreiheit, S. 33 f. (vor allem die umfassenden Nachweise unter Anmerkung 57); *Wiedemann / Stumpf*, TVG, Einl. Anm. 29 ff.

83 BVerfGE 50, S. 290, 368; 58, S. 233, 247.

84 Grundprobleme der kollektiven Koalitionsfreiheit, S. 70; zust. *Jahnke*, Tarifautonomie und Mitbestimmung, S. 32 f.

Die Regelung der Arbeitsbedingungen auf kollektiver Ebene vollzieht sich aber nicht lediglich über den Weg der Tarifabschlüsse. Die Existenz und die Funktion der Betriebsautonomie machen deutlich, daß sich die kollektive Interessenwahrnehmung auch auf andere Weise als durch Abschluß von Tarifverträgen verwirklichen kann. Daher hat das Bundesverfassungsgericht klargestellt, daß neben der Tarifautonomie auch eine „zweite instrumentelle Kernbereichsgarantie" existiert, die die *Betätigung der Koalitionen* im Bereich der Betriebsverfassung und der Personalvertretung dem Schutz des Art. 9 Abs. 3 GG unterwirft[85]. Das Bundesverfassungsgericht hat bei seiner Entscheidung insbesondere die Eigenartigkeit der historischen Entwicklung des Kollektivvertragswesens in Deutschland berücksichtigt, die stets einen zweispurigen Verlauf genommen hatte. Jedoch wäre dieser Zweispurigkeit nur dann eindeutig Rechnung getragen worden, wenn die Existenz und die Betätigung von gewählten Vertretungen der Arbeitnehmer im Betrieb und bei der Dienststelle unter den Schutz des Art. 9 Abs. 3 GG fiele. Das Bundesverfassungsgericht — dies muß klargestellt werden — hat aber nur die *Erweiterung* der Tätigkeit der Gewerkschaften im betrieblichen Bereich (von der Personalvertretung zunächst einmal abgesehen) durch Art. 9 Abs. 3 GG verfassungsrechtlich abgeschirmt[86].

Ungeachtet dessen vertreten manche Autoren die Meinung, daß Art. 9 Abs. 3 GG nicht nur unter dem Aspekt der Tarifautonomie zu interpretieren ist, sondern daß auch die Betriebsverfassung — die unternehmerische Mitbestimmung kann in diesem Zusammenhang dahingestellt bleiben — hier eine verfassungsrechtliche Verankerung hat, mit der Folge, daß die Tarifautonomie im Rahmen des Art. 9 Abs. 3 GG nicht nur nicht verabsolutiert werden kann, sondern daß sie vielmehr eine Relativierung ihrer Merkmale durch die innerbetriebliche Mitbestimmung notwendig hinnehmen muß[87]. Man lehnt es dabei ab, aus Art. 9 Abs. 3 GG

---

85 BVerfGE 19, S. 303, 313 f.; 28, S. 295, 305 ff.; 50, S. 290, 372; 60, S. 162, 170; BAG AP Nr. 10, Bl. 2 R ff. zu Art. 9 GG; aus der Literatur vgl. *Däubler / Hege*, Koalitionsfreiheit, S. 117 f.; *Dietz / Richardi*, BetrVG, § 2 Anm. 63 f.; *Hueck / Nipperdey*, Arbeitsrecht II/1, S. 146 f.; *Jahnke*, Tarifautonomie und Mitbestimmung, S. 30; *Säcker*, Grundprobleme der kollektiven Koalitionsfreiheit, S. 58 ff., 75 ff.; a. A. früher *Dietz*, BetrVG, § 2 Anm. 29; *Nikisch*, Arbeitsrecht II, S. 58, die nur den Abschluß von Tarifverträgen als verfassungsrechtlich garantierte Koalitionsbetätigung akzeptierten. Zur Kritik vgl. *Kübler / Schmidt / Simitis*, Mitbestimmung, S. 42 f.; *Säcker*, ArbRGegw 12 (1974), S. 17 ff., 32, 37.; allgemein über die Rechte der Gewerkschaften im Rahmen der Betriebsverfassung vgl. *Müller*, ZfA 1972, S. 213 ff.

86 Ebenso *Däubler / Hege*, Tarifvertragsrecht, S. 170 (verfassungsrechtlich garantierter Kernbereich der tariflichen Rechtsetzung im Gebiet der Betriebsverfassung); *Scholz*, Das Grundrecht der Koalitionsfreiheit, S. 38, spricht über die zum verfassungsgeschützten Kernbereich der Funktionsgarantien des Koalitionszwecks zu rechnende *verbandsmäßige* Mitwirkung der Koalitionen in Betriebsverfassung und Personalvertretung; nicht so klar *Zöllner*, AöR 98 (1973), S. 71 ff.; der die Betriebsverfassung im allgemeinen als zweite, neben dem Tarifvertragswesen angesiedelte, Kernbereichsgarantie betrachtet (S. 96).

87 Dazu s. statt aller *Kübler / Schmidt / Simitis*, Mitbestimmung, S. 38 ff., 197 ff.; vgl. auch *Buchner*, NZA 1986, S. 377 ff.

lediglich ein „Prinzip der Konfrontation" zwischen Gewerkschaften und Arbeitgebern abzuleiten, und man argumentiert ferner, daß die Verfassung ein auf prinzipielle Konfrontation gegründetes Verfahren zur Wahrung und Förderung der Arbeitsbedingungen gleichrangig mit einem kooperations- und integrationsorientierten Verfahrensmodell (sprich Betriebsverfassung) zur Verfügung stelle und zugleich eine gegenseitige Wechselwirkung und Einflußnahme gesetzlich statuiere. Mithin müsse das Kooperationsmodell auf das Konfrontationsmodell zurückwirken und dessen Strukturen relativieren[88]. Um diesem Argument Nachdruck zu verleihen, ziehen die Vertreter dieser Theorie ebenfalls die geschichtliche Entwicklung des Kollektivvertragswesens sowie des deutschen Verfassungsrechts überhaupt, heran, die seit den Anfängen ihrer Auseinandersetzung mit dem Problem einer „Arbeitsverfassung" von dem Bemühen gekennzeichnet sei, den Klassenkonflikt zu entschärfen. Diese Entwicklung habe dazu geführt, daß der Verfassungsgeber mit Art. 9 Abs. 3 GG ein „offenes" Grundrecht geschaffen hat, das unter seinem Schutz die Tarifautonomie und die innerbetriebliche Mitbestimmung gleichberechtigt aufgenommen hat, damit sie im Hinblick auf das gemeinsame Ziel der Wahrung und Förderung der Arbeits- und Wirtschaftsbedingungen einander ergänzen können. Diesem *Komplementärverhältnis* entspräche bei Änderungen der Gewichtsverteilung ein *Kompensationsverhältnis:* was dem auf Konfrontation gegründeten Mechanismus verlorengehe (Tarifautonomie), werde durch den Kooperationsmechanismus (Betriebsverfassung) ersetzt und im Gesamtsystem des Art. 9 Abs. 3 GG „kompensiert"[89].

Dieses „offene" Verständnis des Art. 9 Abs. 3 GG tangiert zwangsläufig die oben geschilderte Auffassung von der Existenz einer zweiten Kernbereichsgarantie der kollektiven Koalitionsfreiheit neben der Tarifautonomie. Es muß nämlich klargestellt werden, ob Art. 9 Abs. 3 GG auch Betätigungen — *keine Koalitionsbetätigungen!* — schützt, die auf andere Weise als durch Abschluß von Tarifverträgen die Arbeitsbedingungen wahren und fördern sollen, oder ob er lediglich die Tätigkeit der Gewerkschaften im Sektor der Betriebsverfassung erweitert und schützt. Werden also — im Klartext — auch der Betriebsrat als *Institution* und seine Tätigkeit geschützt oder nur der Einfluß der Verbände im betrieblichen Ablauf gewährleistet? *Kübler / Schmidt / Simitis* vermögen darüber keine eindeutige Antwort zu geben, obwohl aus dem Gesamtzusammenhang ihrer Argumentation eher zu schließen ist, daß sie für eine durch Art. 9 Abs. 3 GG verfassungsrechtliche Gewährleistung der Betriebsverfassung als Institution und ihrer Organe eintreten[90].

---

88 *Kübler / Schmidt / Simitis,* Mitbestimmung, S. 41.

89 *Kübler / Schmidt / Simitis,* Mitbestimmung, S. 43, 45 ff.

90 Es ist dabei kennzeichnend, daß sich die Verfasser an manchen Stellen, bei der Formulierung wenigstens, widersprechen, indem sie die Tarifautonomie einerseits und die Betriebsverfassung andererseits als *Koalitions*betätigungen bezeichnen (Mitbestimmung, S. 42 f.), an anderer jedoch Stelle klarstellen (Mitbestimmung, S. 44), daß Art. 9 Abs. 3 GG das *Betätigungsrecht der Gewerkschaften* im Bereich der Betriebsverfassung

Die Untersuchung der Richtigkeit der These über die Einbeziehung der Betriebsverfassung unter den Schutz des Art. 9 Abs. 3 GG kann nicht an der Tatsache vorbeigehen, daß dieses Grundrecht den Bestand und die Betätigung der Koalitionen gewährleistet[91]. Der Betriebsrat als Organ der Betriebsverfassung kann nicht die Merkmale einer Koalition aufweisen, damit er direkt unter Art. 9 Abs. 3 GG fallen kann. Daher wird die Einbeziehung der Betriebsverfassung als Institution unter den Schutz des Art. 9 Abs. 3 GG von der überwiegenden Mehrheit der Literatur abgelehnt[92]. Die Problemlage ändert sich aber, wenn man bei der Auslegung des Art. 9 Abs. 3 GG nicht die Koalitionsmerkmale, sondern den Gesamtzweck, nämlich die aktive Wahrnehmung der Arbeitnehmer- und Arbeitgeberinteressen als Ausgangspunkt nimmt[93]. Aus dieser Perspektive dient auch die Tätigkeit des Betriebsrats verfassungsrechtlich anerkannten — und zwar direkt durch Art. 9 Abs. 3 GG gewährleisteten — Zwecken, da er die betrieblichen Arbeitsbedingungen seinerseits wahren und fördern soll. Dies sowie die historische Kontinuität sprechen dafür, beide Formen der kollektiven Interessenwahrnehmung verfassungsrechtlich abzusichern. Richtig zieht das Bundesverfassungsgericht[94] die Traditionen der geschichtlichen Entwicklung heran, indem es auf Art. 159 und 165 WRV hinweist, die verschiedene Formen der Ordnung des Arbeitslebens verfassungsrechtlich institutionalisiert hatten. Richtig ist auch, daß ein Kompensationsverhältnis zwischen zwei verfassungsrechtlich gewährleisteten Institutionen, die ähnliche Ziele verfolgen, entwickelt werden muß. Die Frage ist nur, anhand welcher konkreter Verfassungsnormen dies geschehen soll. Daher müssen auch andere Verfassungsgrundsätze kurz erläutert werden, die vor allem für die innerbetriebliche Mitbestimmung von Bedeutung sind. Besondere Aufmerksamkeit muß auch dem Mitbestimmungsurteil des Bundesverfassungsgerichts gewid-

---

gewährleistet. Woher sie aber die Einbeziehung des *Instituts* der Betriebsverfassung unter den Schutz des Art. 9 Abs. 3 GG herleiten, ist nirgendwo ersichtlich.

91 Zum Begriff „Koalition" und ihre Merkmale vgl. *Däubler*, Arbeitsrecht 1, S. 72 ff.; *Zöllner*, Arbeitsrecht, S. 94 ff.

92 *Badura / Rittner / Rüthers*, Mitbestimmungsgesetz 1976 und Grundgesetz, S. 234 ff.; *Biedenkopf*, Grenzen der Tarifautonomie, S. 294; *Heyer*, Betriebliche Normsetzung, S. 84 (Das Grundrecht erfaßt nur freiwillige Zusammenschlüsse); Kissel, NZA 1986, S. 73 ff.; *Richardi*, ArbRGegw 13 (1975), S. 19 ff.; *Säcker*, Gruppenautonomie, S. 342; unklar *Badura*, Paritätische Mitbestimmung und Verfassung, S. 66, der einerseits die Regelungen über die Beteiligung von gewählten Vertretungen der Belegschaft an der Regelung von innerbetrieblichen Angelegenheiten durch Art. 9 Abs. 3 GG garantiert ansieht, andererseits aber die Einrichtung solcher Vetretungen und ihre Tätigkeit für die Belange der Beschäftigten nicht in diesen Schutzbereich einbezieht. Dieser Differenzierung liegt kein ersichtlicher Unterschied zugrunde und sie muß daher als belanglos abgelehnt werden.

93 Vgl. BVerfGE 38, S. 386, 393, „das Grundrecht aus Art. 9 Abs. 3 Satz 1 schützt *anerkanntermaßen nicht nur den Zusammenschluß zu Koalitionen als solchen,* sondern ausdrücklich auch den Zusammenschluß zu einem bestimmten Gesamtzweck, nämlich zu einer aktiven Wahrnehmung der Arbeitgeber- oder Arbeitnehmerinteressen." vgl. auch BVerfGE 4, S. 96, 106.

94 BVerfGE 50, S. 290, 371 f.

met werden, dem eine Kehrtwendung im überkommenen Verständnis des Art. 9 Abs. 3 GG zuzuschreiben ist. Erst dann wird eine verfassungsrechtliche Beurteilung des Verhältnisses zwischen Tarifautonomie und Betriebsautonomie endgültig angebracht sein.

4. Andere Verfassungsgrundsätze

a) Grundsatz der freien Entfaltung der Persönlichkeit (Art. 2 Abs. 1 GG)

Wenn man von der These ausgeht, daß durch Art. 9 Abs. 3 GG ausschließlich die Koalitionsfreiheit gewährleistet wird, muß man folgerichtig zum Ergebnis kommen, daß darunter insbesondere das Recht der Berufsverbände, durch Abschluß von Tarifverträgen die Arbeits- und Wirtschaftsbedingungen zu wahren und zu fördern, sowie auch ihre Betätigung im Rahmen der Betriebsverfassung und der Personalvertretung gemeint sind. Jedoch werden dadurch wichtige Bestandteile der kollektiven Interessenwahrnehmung sowohl im Rahmen der Tarifautonomie als auch in der Betriebsverfassung (vor allem dort!) verfassungsrechtlich nicht berücksichtigt. Gemeint sind etwa die Betätigung des einzelnen — tariffähigen (§ 2 Abs. 1 TVG) — Arbeitgebers im Bereich der Tarifautonomie[95] wie auch die Wahrung und Förderung der Arbeitsbedingungen von den Betriebspartnern durch Abschluß von Betriebsvereinbarungen.

Das vorhandene Normdefizit legt es nahe, auf das Freiheitsrecht des Art. 2 Abs. 1 GG zurückzugreifen, um eine verfassungsrechtliche Grundlage der innerbetrieblichen Mitbestimmung — die verfassungsrechtliche Verankerung der Betätigung des tariffähigen Arbeitgebers kann dahingestellt bleiben — zu gewinnen. Das in Art. 2 Abs. 1 GG enthaltene subjektive öffentliche Recht stellt als *Hauptfreiheitsrecht* des Grundgesetzes eine „lex generalis" zu den anderen speziellen Teilfreiheitsrechten dar, in dem Sinne, daß diese folgenden Teilfreiheitsrechte nur *Konkretisierungen* des Art. 2 Abs. 1 GG sind und sich zu ihm als „leges speciales" verhalten[96]. Dies hat zur Folge, daß Art. 2 Abs. 1 GG „inhaltlich überall dort zurücktritt, wo sein Freiheitsgehalt thematisch von den speziellen Freiheitsrechten 'verbraucht'ist", andererseits aber überall dort direkt zum Tragen kommt, „wo Erscheinungsformen der Freiheit nicht unter *benannte* Spezialfreiheiten subsumiert werden können"[97]. Die Entfaltungsfreiheit übernimmt daher — da im ökonomischen Gebiet ihre Funktion besonders ausgeprägt ist — die

---

[95] Vgl. aber BVerfGE 20, S. 312, 318, wonach die Tariffähigkeit einzelner Arbeitgeber mittelbar auch die Realisierung der Koalitionsfreiheit begünstigt.

[96] *Maunz / Dürig / Herzog / Scholz,* GG, Art. 2 Abs. 1 Anm. 6 f.; ferner *Jahnke,* Tarifautonomie und Mitbestimmung, S. 34; *Scholz,* AöR Bd. 100 (1975), S. 86 ff.; BVerfGE 1, S. 264, 273 f.; 6, S. 32, 36 f.; zuletzt BVerfGE 50, S. 290, 319, 366; 57, S. 29, 36.

[97] Zutreffend *Maunz / Dürig / Herzog / Scholz,* GG, Art. 2 Abs. 1 Anm. 6; zust. *Jahnke,* Tarifautonomie und Mitbestimmung, S. 35.

Funktion eines generellen *Auffangtatbestandes*[98] für die verfassungsrechtliche Verankerung der Institution der Betriebsverfassung, die vom Schutz des Art. 9 Abs. 3 GG nicht gedeckt wird. Immerhin trifft man nur vereinzelt Meinungen in der Literatur, die in der Entfaltungsfreiheit die verfassungsrechtliche Grundlage der betrieblichen Mitbestimmung sehen[99]. Der Grund besteht darin, daß sich ein primär die Individualautonomie gewährleistendes Grundrecht entstehungsgeschichtlich sowie auch dogmatisch schwerlich auf die Kollektivautonomie übertragen läßt, zumal es sich bei der betrieblichen Mitbestimmung eher um eine „korporative Zwangsordnung der Normunterworfenen" handele[100]. Gegen diese Auffassung lassen sich kurz folgende Gesichtspunkte einwenden: Es ist ein allgemein bekannter Topos, daß die Mitbestimmung, da auf dem Grundgedanken der Demokratie aufbauend, zunächst die *Beteiligung* der Betroffenen an den jeweiligen Entscheidungen ermöglichen will, indem sie, gerade mit Mitteln des Privatrechts, die Unterlegenheit des Arbeitnehmers innerhalb des Individualvertrages ausgleicht. Es erweist sich deshalb als inkonsequent, wenn man auf einen künstlichen Gegensatz zwischen einer *teleologisch* interpretierten Kollektivautonomie und der Individualautonomie aufbaut, nicht zuletzt auch deshalb, weil man so einen ganzen Bereich privaten Handelns dem sonst lückenlosen Schutz der Grundrechte entzieht[101]. Übrigens sind beim Charakter der Betriebsverfassung keinerlei Zwangselemente ersichtlich, da sowohl der Zugehörigkeit zur Belegschaft, als auch der Errichtung und der Tätigkeit des Betriebsrates weitgehend Konsens zugrundeliegt (vgl. § 1 ff. BetrVG)[102].

b) Sozialstaatsprinzip (Art. 20 Abs. 1, 28 Abs. 1 GG)

Die letzte allgemeine Verfassungsnorm, unter der die Tarifautonomie und die Mitbestimmung subsumiert werden können, ist das in den Art. 20 Abs. 1 und 28 Abs. 1 GG enthaltene Sozialstaatsprinzip. Damit wird eine Verpflichtung des Gesetzgebers begründet, unter sich wandelnden gesellschaftlichen Verhältnissen für soziale Gerechtigkeit zu sorgen, und kommt im Falle der Tarifautonomie und der Mitbestimmung zum Tragen, da beide Institutionen als Verwirklichung des Sozialstaatsgedankens verstanden werden[103]. Diese Garantie wird in einer

---

98 *Maunz / Dürig / Herzog / Scholz*, GG, Art. 2 Abs. 1 Anm. 8, nennen dies ein „mütterliches" Auffangrecht zur Abwehr aller praktisch werdenden Gefährdungen der Freiheit.

99 s. *Maunz / Dürig / Herzog / Scholz*, GG Art. 9 Abs. 3 Anm. 192, die primär Art. 12 und 14 GG heranziehen; für die Heranziehung des Art. 2 Abs. 1 GG: *v. Hoyningen-Huene*, Betriebsverfassungsrecht, S. 3; *Jahnke*, Tarifautonomie und Mitbestimmung, S. 35.

100 So für die Betriebsverfassung *Richardi*, Betriebsverfassung und Privatautonomie, S. 18; *Säcker*, Informationsrechte, S. 19; ferner zur Betriebsvereinbarung Beuthien, ZfA 1983, S. 141, 164; *Dietz / Richardi*, BetrVG, § 77 Anm. 50; Kreutz, ZfA 1975, S. 65, 67, 80 ff.; *Richardi*, Kollektivgewalt, S. 313, 316.

101 So auch *Jahnke*, Tarifautonomie und Mitbestimmung, S. 37 f.

102 Richtig *Jahnke*, Tarifautonomie und Mitbestimmung, S. 38.

bestimmten Richtung spezialisiert, nämlich als ein Verbot „sozialen Rückschritts." Die Kehrseite dieser Garantie, etwa die Verpflichtung des Gesetzgebers zur Schaffung einer bestimmten Wirtschafts- und Gesellschaftsordnung oder zur progressiven Fortentwicklung der schon Bestehenden, kann einer teleologischen Interpretation nicht entnommen werden, obwohl allenfalls das Sozialstaatsprinzip einen ersatzlosen Abbau einmal erreichter sozialer Sicherungen und Mitwirkungsrechte eindeutig untersagt[104]. Die Einrichtungen, die dadurch vor einer negativen Rückabwicklung geschützt werden, müssen selbstverständliche Bestandteile der gesellschaftlichen Ordnung sein. Diese Eigenschaft genießen sie aber nur dann, wenn ein weitreichender Konsens über ihre tatsächliche Handhabung besteht. Eine historisch gewachsene und verfestigte Ordnung, die allseitige Zustimmung genießt und sich fest im Bewußtsein der Handelnden als *existierende Ordnung* eingebürgert hat, unterliegt dem Schutz des Sozialstaatsprinzips[105].

So sehr auch der Tatbestand des Sozialstaatsprinzips beide Institutionen des Kollektivvertragswesens beinhalten mag, bietet er jedenfalls nicht den geringsten Ansatz für eine unterschiedliche Bewertung der Tarifautonomie und der Mitbestimmung. Beide Institutionen eröffnen lediglich bestimmte Verfahrensweisen zur Festsetzung der Arbeits- und Wirtschaftsbedingungen und sind gleichmäßig tief im öffentlichen Bewußtsein als feste Bestandteile der geltenden Rechtsordnung eingegraben.

5. Zwischenergebnis

Die Heranziehung der allgemeinen Verfassungsgrundsätze (Persönlichkeitsentfaltung, Sozialstaatsprinzip) wurde mit zwei Vorsätzen gemacht. Einerseits um dadurch eventuelle Lücken bei der verfassungsrechtlichen Gewährleistung der betrieblichen Mitbestimmung zu schließen, andererseits um Ansätze für das Rangverhältnis beider Institutionen zu gewinnen. Mit der Feststellung der Verankerung der betrieblichen Mitbestimmung in Art. 2 Abs. 1, 20 Abs. 1, 28 Abs. 1 GG ist das erste Ziel erreicht worden. Eine Antwort aber zu der zweiten Frage kann hier nicht gegeben werden. Die tragenden Grundsätze der Verfassung zeigen keinerlei Präferenz in dieser Richtung. Ihre teleologische Auslegung läßt genügend Spielraum für die Subsumtion *beider* Institute. Darin liegt aber auch die

---

103 *Maunz / Dürig / Herzog / Scholz,* GG Art. 20, VIII, Anm. 1 ff.; *Jahnke,* Tarifautonomie und Mitbestimmung, S. 40; *Söllner,* Arbeitsrecht, S. 40 ff.; *Zöllner,* Arbeitsrecht, S. 93 f.

104 *Däubler,* Grundrecht auf Mitbestimmung, S. 176 ff.; *Jahnke,* Tarifautonomie und Mitbestimmung, S. 41; *Säcker,* Grundprobleme der kollektiven Koalitionsfreiheit, S. 37, jeweils mit Nachweisen; *Söllner,* Arbeitsrecht, S. 41, 76.

105 Die Meinung, die die unternehmerische Mitbestimmung aus dem Schutzbereich des Sozialstaatsprinzips ausklammern wollte, da sie sich damals im Stadium des Experiments und der politischen Auseinandersetzung befunden hatte, gehört mittlerweile — wenigstens aus objektiven zeitlichen Gründen — der Vergangenheit an; zur Kritik s. *Jahnke,* Tarifautonomie und Mitbestimmung, S. 41 mit Fn. 72.

sehr wichtige Erkenntnis: Grundsätzlich akzeptiert die Verfassung beide, als *potenziell gleichrangige* Instrumente, die, jedes für sich und auf seine Art und Weise, verantwortungsvoll die Arbeits- und Wirtschaftsbedingungen wahren und fördern sollen. Es bleiben daher nur Art. 9 Abs. 3 GG als konkretes Teilfreiheitsrecht und der Gesetzgeber, die diesem Verhältnis eine den bestimmten gesellschaftlichen Machtverhältnissen angepaßte Nuancierung geben müssen.

II. Die Auslegung des Art. 9 Abs. 3 GG im Mitbestimmungsurteil (BVerfGE 50, 290)

Das am 1.3.1979 ergangene Urteil des Bundesverfassungsgerichts hat die Vereinbarkeit des Mitbestimmungsgesetzes vom 4.5.1976 (BGBl. I, S. 1153) mit dem Grundgesetz geprüft und bejaht[106]. Obwohl der Schwerpunkt der Argumentation Fragen der unternehmerischen Mitbestimmung gewidmet war, setzte sich das Gericht auch mit der Auslegungsproblematik des Art. 9 Abs. 3 GG auseinander. Die neuen Akzente seiner Interpretation, die es dabei gesetzt hat, werden Gegenstand der folgenden Ausführungen sein.

Art. 9 Abs. 3 GG wird als ein nicht zu den „klassischen" Grundrechten gehörendes *Freiheitsrecht* aufgefaßt, das dem einzelnen sowie auch den Koalitionen das Recht garantiert, die Arbeits- und Wirtschaftsbedingungen, frei von staatlicher Einflußnahme, zu wahren und zu fördern. Das Gericht weist von Anfang an darauf hin, daß die Umstände der Entstehung der Koalitionsfreiheit unter den Bedingungen moderner Industriearbeit im 19. Jahrhundert bei der Auslegung dieses Grundrechts eine wesentliche Rolle spielen. „Deshalb kann nur bedingt auf einen *traditionell* (Anm. d. Verf.) feststehenden Inhalt zurückgegriffen werden. Anhaltspunkte für eine Konkretisierung bietet namentlich die bisherige geschichtliche Entwicklung, die auf den nahezu wortgleichen Art. 159 WRV zurückführt"[107]. Des weiteren bestätigt das Bundesverfassungsgericht, daß Art. 9 Abs. 3 GG die Koalitionsfreiheit nur in ihrem Kernbereich schützt, so daß es Sache des Gesetzgebers ist, durch die nähere Regelung der Befugnisse der Koalitionen die Tragweite der Koalitionsfreiheit zu bestimmen. „Allerdings dürfen dem Betätigungsrecht der Koalitionen nur solche Schranken gezogen werden, die zum Schutz anderer Rechtsgüter von der Sache her geboten sind. Regelungen, die nicht in dieser Weise gerechtfertigt sind, tasten den durch Art. 9 Abs. 3 GG geschützten Kerngehalt der Koalitionsbetätigung an"[108]. Dasselbe gilt auch für die als instrumentelle Kernbereichsgarantie mitgewährleistete Tarifautonomie. Sie umfasse nicht die besondere Ausprägung, die das Tarifvertragssystem in dem

---

106 Dazu allgemein *Schwegler,* AuR 1975, S. 27 ff.

107 BVerfGE 50, S. 290, 367 unter Hinweis auf BVerfGE 4, S. 96, 101, 106, 107; 18, S. 18, 27, 28 f.; 19, S. 303, 314; 38, S. 386, 394; 44, S. 322, 347 f.

108 BVerfGE 50, S. 290, 369 unter Hinweis auf BVerfGE 19, S. 303, 321 f.; 28, S. 295, 306.

zur Zeit des Inkrafttretens des Grundgesetzes geltenden Tarifvertragsgesetz erhalten habe, so daß der Gesetzgeber an einer sachgemäßen Fortbildung des Tarifvertragssystems nicht gehindert sei; „seine Regelungsbefugnis findet ihre Grenzen an dem verfassungsrechtlich gewährleisteten Kernbereich der Koalitionsfreiheit: der Garantie eines gesetzlich geregelten und geschützten Tarifvertragssystems, dessen Partner *frei gebildete Koalitionen* (Anm. d. Verf.) im Sinne von Art. 9 Abs. 3 GG sein müssen"[109].

Diese Kernbereichsgarantie tasten ebenfalls weitere Formen, die parallel zum Tarifsystem die Arbeits- und Wirtschaftsbedingungen fördern, nicht an. Da „das Grundrecht, wie gezeigt, keine Garantie des Bestandes des Tarifvertrags- und Arbeitskampfsystems in seiner konkreten gegenwärtigen Gestalt enthält, läßt sich auch Art. 9 Abs. 3 GG nicht dahin auslegen, daß er ein Tarifsystem als *ausschließliche* Form der Förderung der Arbeits- und Wirtschaftsbedingungen gewährleiste"[110]. Dieses „offene" Verständnis des Art. 9 Abs. 3 GG belegt das Bundesverfassungsgericht mit dem *freiheitlichen* Charakter dieses Grundrechtes, das den Beteiligten in eigener Verantwortung die Wahl überläßt, wie sie die Arbeitsbedingungen fördern wollen. Eine Einschränkung dieser Freiheit, etwa in der Form der Gewährleistung nur der Tarifautonomie, stünde nicht mit dem Sinn dieses Grundrechtes in Einklang. „Vielmehr kann die sinnvolle Ordnung und Befriedung des Arbeitslebens, um die es Art. 9 Abs. 3 GG geht, auf verschiedenen Wegen angestrebt werden: nicht nur durch Gestaltungen, die, wie das Tarifsystem, durch die Grundelemente der Gegensätzlichkeit der Interessen, des Konflikts und des Kampfes bestimmt sind, sondern auch durch solche, die Einigung und Zusammenwirken in den Vordergrund rücken, wenngleich sie Konflikte und deren Austragung nicht ausschließen"[111]. Deshalb sei der Gesetzgeber durch Art. 9 Abs. 3 GG nicht an dem Erlaß von Regelungen gehindert, die eine Mitbestimmung der Arbeitnehmer und ihrer Koalitionen auf betrieblicher und unternehmerischer Ebene vorsehen. Die Gewichtsverlagerungen sowie auch die Konkurrenzen, die aus diesem Nebeneinander von Tarifvertragssystem und Mitbestimmung entstehen, können daher nicht auf verfassungsrechtlicher Ebene verbindlich geregelt werden. Einen Ausgleich herzustellen sei nur der Gesetzgeber auf Grund seiner Regelungskompetenz befugt. „Das schließt die Zulässigkeit von Beschränkungen der Tarifautonomie ein, wenn diese im Prinzip erhalten und funktionsfähig bleibt"[112].

Die Argumentation des Bundesverfassungsgerichts führt ansatzmäßig zu der Annahme, daß Art. 9 Abs. 3 GG in seinem Kerngehalt alle Formen der Wahrung und Förderung der Arbeits- und Wirtschaftsbedingungen beinhaltet. Dann muß er aber folgerichtig von Grundrecht der *Koalitionsfreiheit* in Grundrecht der

---

109 BVerfGE 50, ebenda mit Nachweisen.

110 BVerfGE 50, S,290, 371.

111 BVerfGE 50, ebenda.

112 BVerfGE 50, S. 290, 373.

kollektiven Interessenwahrnehmung umbenannt werden. Dieser wichtige Unterschied wird auch im Mitbestimmungsurteil manchmal übersehen, wenn etwa die Kernbereichsgarantie der *Koalitions*betätigung in den Bereichen der Betriebsverfassung und Personalvertretung als Indiz für die Offenheit des Art. 9 Abs. 3 GG aufgefaßt wird[113].

III. Stellungnahme

Die kollektive Interessenwahrnehmung auf Tarif- und Betriebsebene ist der Oberbegriff, der drei theoretisch voneinander zu trennende Formen der Wahrung und Förderung der Arbeits- und Wirtschaftsbedingungen kennzeichnet:

a) den Abschluß von Tarifverträgen auf Verbandsebene,

b) die Betätigung und den Einfluß der Koalitionen auf Betriebsebene und

c) die zwischen den Betriebspartnern zustandekommenden betrieblichen Einigungen im weiteren Sinne (Betriebsvereinbarungen, Regelungsabreden).

Art. 9 Abs. 3 GG kann in seinem Schutzbereich nicht alle drei Formen aufnehmen. Diese ist die notwendige Folge der Auslegung des Kerngehalts dieses Grundrechts, das die Koalitionseigenschaft als unerläßliche Voraussetzung für seine Anwendung verlangt. Art. 9 Abs. 3 GG gewährleistet eindeutig die *Koalitionsfreiheit* und nicht die *kollektive Interessenwahrnehmung*. Während die Tarifautonomie (unter a) weitgehend der Koalitionsfreiheit zugeordnet werden kann, fällt die innerbetriebliche Mitbestimmung allein hinsichtlich der Befugnisse der Koalitionen im Rahmen der Betriebsverfassung (unter b) in den Schutzbereich des Art. 9 Abs. 3 GG[114]. Dabei ist es unerheblich, ob die Koalitionen diese ihre Aufgabe unmittelbar oder nur mittelbar wahrnehmen. Dieser Unterschied wird an der mittelbaren Interessenwahrnehmung durch die Betätigung im betrieblichen Bereich deutlich, die im Gegensatz zur unmittelbaren Förderung der Arbeitsbedingungen mittels Tarifabschlüssen steht. Aus dieser Perspektive lassen sich auch zwei Kernsätze des Mitbestimmungsurteils interpretieren: Das Freiheitsrecht des Art. 9 Abs. 3 GG soll in dem von staatlicher Regelung freigelassenen Raum gerade gewährleisten, daß die Koalitionen selbst eigenverantwortlich bestimmen können, wie sie die Arbeitsbedingungen fördern wollen. Ferner läßt sich Art. 9 Abs. 3 GG auch nicht dahin auslegen, daß er ein Tarifsystem als ausschließliche Form der Förderung der Arbeits- und Wirtschaftsbedingungen gewährleiste. Eben diese Freiheit soll darin bestehen, daß es dem Ermessen der Koalitionen obliegt, im konkreten Fall zwischen mittelbarer und unmittelbarer Interessenwahrnehmung zu wählen, um das gesteckte Ziel zu erreichen. Mithin kann den Koalitionen

113 BVerfGE 50, S. 290, 372.

114 Ebenso *Jahnke,* Tarifautonomie und Mitbestimmung, S. 30, 44; vgl. auch die Hinweise auf Rechtsprechung und Literatur unter Fn. 80; unklar *Kübler / Schmidt / Simitis,* Mitbestimmung, S. 42 ff.

nicht schon von Verfassungs wegen eine bestimmte Rangfolge der Instrumente der Interessensverfolgung vorgeschrieben sein. Es ist daher verfassungsrechtlich unhaltbar, wenn man die vorgegebene Freiheit des Art. 9 Abs. 3 GG als Instrument benutzen will, um Kompetenzverlagerungen von den überbetrieblichen Sozialpartnern zu den Betriebspartnern vorzunehmen. Dasselbe Ergebnis erzielt man, wenn man auf den Zweck des Art. 9 Abs. 3 GG, nämlich die Wahrung und Förderung der Arbeitsbedingungen abstellt[115]. Er ist kein Indiz für die Einbeziehung jeder Form der kollektiven Interessenwahrnehmung in den Schutzbereich des Art. 9 Abs. 3 GG; er stellt lediglich die *Koalitionszweckgarantie* dar, als Teil des instrumentellen Unterbaus der kollektiven Koalitionsfreiheit[116]. Diese Betrachtungsweise schmälert keineswegs auch die Befugnis des Gesetzgebers, insbesondere im Bereich der Mitbestimmung schöpfend und umgestaltend tätig zu werden. Er kann sie, trotz des Bestehens eines Tarifvertragssystems, weiterhin ausbauen und mit weiterreichenden Gestaltungsbefugnissen ausstatten. Es sind aber immer — das ist das verfassungsrechtliche Gebot aus Art. 9 Abs. 3 GG — daran auch die frei gebildeten Koalitionen in angemessenem Umfang zu beteiligen[117].

Der dritten Form der kollektiven Interessenwahrnehmung — nämlich der Betätigung der Betriebspartner — kommt nach alledem nicht der spezielle Schutz des Art. 9 Abs. 3 GG zugute. Das heißt aber bei weitem nicht, daß sie ohne jegliche verfassungsrechtliche Verankerung bleibt. Sie ist — wie oben gezeigt wurde (C I 4) — im Rahmen der allgemeinen Handlungsfreiheit (Art. 2 Abs. 1 GG) und des Sozialstaatsprinzips (Art. 20 Abs. 1, 28 Abs. 1 GG) verfassungsrechtlich abgesichert[118]. Aus dieser Einbettung im Rahmen der verfassungsrechtlichen Ordnung können die ersten Ansätze für das Rangverhältnis von Tarifautonomie und Betriebsautonomie gewonnen werden. Das Grundrecht der Koalitionsfreiheit und seine Stellung im System des sozialen Rechtsstaats bilden die maßgebende Grundlage der geltenden Arbeitsverfassung und damit auch des geltenden (kollektiven) Arbeitsrechts. Denn sie vermittelt den Gewerkschaften und Arbeitgeberverbänden ihre besondere Legitimation und ihren spezifischen Ordnungsauftrag zur gesellschaftsautonomen Regelung und Befriedung des Arbeitslebens. Um diesem Auftrag gerecht zu werden, ist ihnen mithin der Vorrang vor den anderen Formen der kollektiven Interessenwahrnehmung einzuräumen. Dieser Vorrang ist aber nicht absolut. Er ist nur *relativ* und vor allem *funktional* auszulegen. Er muß seine Grenzen da finden, wo er die Funktionsfähigkeit der innerbe-

---

115 Dazu s. oben Kap. 2, C I 3 am Ende.

116 So auch *Säcker,* Grundprobleme der kollektiven Koalitionsfreiheit, S. 39 ff.; *Scholz,* Das Grundrecht der Koalitionsfreiheit, S. 37 f.

117 Ebenso *Jahnke,* Tarifautonomie und Mitbestimmung, S. 33; *Säcker,* ArbRGegw 12 (1974), S. 17 ff., 55 ff.

118 *Jahnke,* Tarifautonomie und Mitbestimmung, S. 44; *Richardi,* ArbRGegw 13 (1975), S. 19 ff., insbes. 25 f. (Heranziehung des Sozialstaatsprinzips); *Heyer,* Betriebliche Normsetzung, S. 83 ff.; *Kübler / Schmidt / Simitis,* Mitbestimmung, S. 44, sehen Art. 74 Nr. 12 GG als maßgebend an.

trieblichen Mitbestimmung zu gefährden beginnt. Maßgebend für dieses Verständnis soll nicht nur ihre feste Verankerung im Grundgesetz und im Bewußtsein der Beteiligten im Produktionsprozeß sein. Es muß auch ihre bereits erläuterte funktionale Vorrangigkeit als sachgerechte Interessenvertretung mitberücksichtigt werden. An dieser Stelle darf an eine vom Bundesverfassungsgericht wiederholt benutzte Kernthese erinnert werden: daß dem Betätigungsrecht der Koalitionen nur solche Schranken gezogen werden dürfen, die zum Schutz anderer Rechtsgüter von der Sache her geboten sind[119]. Ein solches Rechtsgut ist gewiß die Betriebsverfassung, und die durch ihre Existenz bedingte Einschränkung der Kollektivautonomie ist sicherlich von der Sache her geboten. Daher tastet sie durch ihre Funktion nicht den durch Art. 9 Abs. 3 GG geschützten Kernbereich der Koalitionsbetätigung an. Es ist daher nicht das Gebot des Art. 9 Abs. 3 GG, die Institution der Betriebsverfassung subordinativ in die überbetriebliche koalitive Verbandsverfassung einzubetten. Die Gewerkschaften genießen kein Interessenvertretungsmonopol auf Arbeitnehmerseite. Ihnen kommt aber auch nicht lediglich eine dienende, unterstützende, „ancillarische“ Funktion zugunsten der Betriebsräte zu. Es muß immer eine offene Einflußmöglichkeit geben. „Es besteht ein Korrosions- oder Aushöhlungsschutz, aber keine Gewähr dafür, daß die Gewerkschaften die 'Herren'der Betriebsverfassung sind“[120]. Aus dieser Sicht muß man das Modell des Betriebsverfassungsgesetzes betrachten. Durch eine Fülle von Initiativ-, Beratungs- und Kontrollrechten des Betriebsrats einerseits und durch § 77 Abs. 3, 87 Abs. 1 Halbs. 1 i. V. m. 2 Abs. 1 BetrVG andererseits versucht es, in diesem Spannungsverhältnis eine ausgewogene Lösung zu finden. Was insbesondere die Vorschrift des § 77 Abs. 3 BetrVG anbelangt, gilt sie, aus der Perspektive des funktionalen Vorrangs der Tarifautonomie betrachtet, „zwar als verfassungskonform, nicht aber als unabänderlich von der Verfassung geboten“[121]. Außerdem wird diese funktionale Betrachtungsweise des Verhältnisses von Tarifautonomie und Mitbestimmung durch einen aus der Verfassungslehre herrührenden Grundsatz untermauert: Das Prinzip der praktischen Konkordanz verfassungsrechtlich geschützter Rechtsgüter gebietet, daß sie in der Problemlösung einander so zugeordnet werden, daß jedes von ihnen Wirklichkeit gewinnt[122].

---

119 BVerfGE 19, S. 303, 321 f.; 28, S. 295, 306; 50, S. 290, 369.

120 Richtig *Säcker,* ArbRGegw 12 (1974), S. 17, 55 ff., insbes. 57.

121 So zutreffend *Jahnke,* Tarifautonomie und Mitbestimmung, S. 43; *Thiele,* GK-BetrVG, § 77 Anm. 86 ff.; Wiese, Anmerkung zu BAG AP Nr. 1 zu § 87 BetrVG 1972 Kurzarbeit (Bl. 7).

122 *Hesse,* Grundzüge des Verfassungsrechts, S. 409 ff. Anm. 72.

Kapitel 3

Die institutionelle Trennung von gewerkschaftlicher und betrieblicher Interessenvertretung

A. Allgemeines

Die vorangegangenen Untersuchungen haben gezeigt, daß das Grundgesetz nicht die geeigneten Argumente liefern kann, mit denen man ein eindeutiges Unterordnungsverhältnis der Betriebsautonomie zur Tarifautonomie begründen kann. Art. 9 Abs. 3 GG gewährleistet zwar das Recht, durch *koalitionsunmittelbare* Verbandsbetätigung auf überbetrieblicher Ebene die Arbeits- und Wirtschaftsbedingungen zu wahren und zu fördern, sperrt aber den Weg nicht für eine parallele — wenn auch durch andere Verfassungsgrundsätze[1] gewährleistete — verfassungsrechtliche Verankerung der Betriebsverfassung. Insbesondere läßt sich nicht mehr an der generellen These festhalten, daß es keinen Kernbereich verfassungsrechtlicher Garantie gebe, innerhalb dessen eine Beschränkung der betriebsverfassungsrechtlichen Zuständigkeit verfassungswidrig wäre[2]. Diese Neutralität des Grundgesetzes, anders formuliert, der Mangel an einer ausschließlichen verfassungsrechtlichen Privilegierung der Tarifautonomie in ihrem Verhältnis zur Betriebsautonomie, verlagert die Entscheidung über das Rangverhältnis beider Institutionen auf die einfachgesetzliche Ebene. Dort bekommt dieses Rangverhältnis deutliche Konturen, vor allem an denjenigen Stellen, wo die Zuständigkeiten zur kollektiven Gestaltung des Arbeitsverhältnisses durch Tarifvertrag oder Betriebsvereinbarung aufeinandertreffen. Dabei wird dem Tarifvertrag der generelle Vorrang vor den innerbetrieblichen Abmachungen eingeräumt[3].

---

[1] s. oben, Kap. 2, C I 4, III.

[2] So aber *Biedenkopf,* Grenzen der Tarifautonomie, S. 294 f., der die Auffassung vertritt, daß die Befugnis der Betriebsparteien zur Normsetzung im Rahmen der gesetzlichen Betriebsverfassung sowie auch die Ausgestaltung dieser Befugnis, allein auf gesetzliche Vorschrift zurückgehe. Nichts anderes gilt aber auch für die verfassungsrechtlich garantierte Tarifautonomie, die durch die gesetzlichen Vorschriften des TVG erst dann zum Tragen kommt. *Biedenkopf* ist daher insoweit zuzustimmen, als er von der einfachgesetzlichen Grundlage der konkreten Ausgestaltung der Befugnis zur innerbetrieblichen Normsetzung spricht. Die Institution der Betriebsverfassung selbst hat eine verfassungsrechtliche Verankerung.

[3] In diesem Sinne schon *Hueck,* Betriebsvereinbarung, S. 90; *Hueck / Nipperdey,* Arbeitsrecht II / 2, S. 1296; *Nikisch,* Arbeitsrecht II, S. 399; anders *Hablitzel,* DB 1971, S. 2158 f.; übersichtlich zur damaligen Rechtsauffassung *Wlotzke,* Günstigkeitsprinzip, S. 110 f. m. w. N.

Anhaltspunkte für diese Auffassung liefern Vorschriften sowohl aus dem Tarifvertragsgesetz als auch aus dem Betriebsverfassungsgesetz. Diesen Vorschriften werden gleichsam zwei Gruppen zugeordnet, nach Maßgabe ihrer konkreten Relevanz zum Verhältnis von Tarifvertrag und Betriebsvereinbarung. Zu der ersten Gruppe gehören § 1 Abs. 1 TVG i. V. m. § 3 Abs. 2 TVG und § 4 Abs. 1 und 3 TVG, die dem Tarifvertrag eine dominierende Stellung in der Pyramide der Arbeitsrechtsquellen verleihen und sein Verhältnis zu den anderen Gestaltungsfaktoren des Arbeitsverhältnisses allgemein regeln. So sind die Tarifvertragsparteien befugt, neben ihrer Hauptaufgabe, Rechtsnormen über den Inhalt, den Abschluß und die Beendigung von Arbeitsverhältnissen zu schaffen, betriebliche und betriebsverfassungsrechtliche Fragen zu regeln. Sie dürfen m. a. W. die überbetriebliche Ebene nach Belieben verlassen, um sich mit solchen Angelegenheiten zu befassen, die zum Geltungs- und Funktionsbereich der Betriebspartner gehören und die Subsidiarität mitbestimmungsrechtlicher Regelungen gegenüber dem Tarifvertrag vorsehen. Die Bedingungen dieser Konkurrenz der Tarifvertragsparteien zu den Betriebspartnern werden durch § 3 Abs. 2 TVG erheblich erleichtert: Abweichend vom Grundsatz der beiderseitigen Tarifgebundenheit als Voraussetzung für die Geltung der Tarifnormen (§ 1 Abs. 1, § 3 Abs. 1 TVG), genügt die Tarifgebundenheit des Arbeitgebers, um die Geltung der betrieblichen bzw. betriebsverfassungsrechtlichen Tarifnormen auf die ganze Belegschaft zu erstrekken[4].

Die Vorschrift des § 4 Abs. 3 TVG, die von den Tarifnormen abweichende Abmachungen zur Geltung kommen läßt, wenn sie eine den Arbeitnehmern günstigere Regelung einführt (Günstigkeitsprinzip), wird oft als Beleg des Vorranges des Tarifvertrages gegenüber der Betriebsvereinbarung bezeichnet. Eine in der Literatur verbreitete Meinung rechnet zu solchen „abweichenden Abmachungen" auch die Betriebsvereinbarung[5]. Diese Argumentation, bezogen auf

---

[4] *Biedenkopf,* Grenzen der Tarifautonomie, S. 310, sieht darin die Übertragung einer besonderen Zuständigkeit auf die Tarifvertragsparteien, die statt der Betriebsparteien betriebliche und betriebsverfassungsrechtliche Fragen regeln sollen, um den Vorrang der Koalitionen auch im Betrieb zu wahren. Dies mag im Ansatz richtig sein. Jedoch kann man § 3 Abs. 2 TVG nicht als Begründung dieser Feststellung heranziehen. Die Vorschrift des § 3 Abs. 2 TVG statuiert nicht die Zuständigkeit der Tarifvertragsparteien; sie erweitert lediglich den Wirkungskreis solcher Regelungen auf Außenseiter. Dies steht mit der Natur der betrieblichen und betriebsverfassungsrechtlichen Fragen in einem inneren Zusammenhang, da es sich dabei um solche Angelegenheiten handelt, „die von der Sache her notwendig betriebseinheitlich geregelt werden müssen, die also Differenzierungen zwischen tarifgebundenen und nicht tarifgebundenen Arbeitnehmern schlechthin und nicht lediglich aus Gründen der Gleichbehandlung oder Zweckmäßigkeit ausschließen." So *Jahnke,* Tarifautonomie und Mitbestimmung, S. 81, 44 f., 87 f. Vielmehr ist die einschlägige Zuständigkeit der Koalitionen schon in § 1 Abs. 1 TVG gegeben; vgl. auch die Anmerkungen 39, 61.

[5] *Dietz / Richardi,* BetrVG, § 2 Anm. 118, § 77 Anm. 173; *Gast,* Tarifautonomie, S. 14; G. *Hueck,* FS Molitor, S. 203, 219, 221; *Hueck / Nipperdey,* Arbeitsrecht II / 2, S. 1296, *Richardi,* Kollektivgewalt, S. 312; *ders.,* Betriebs- und Unternehmensmitbestimmung, S. 100 f.; *Schelp,* DB 1962, S. 1242; *Thiele,* GK-BetrVG, § 77 Anm. 59 ff.; *Wiede-*

das Verhältnis des Tarifvertrags zur Betriebsvereinbarung, interpretiert den eigentlichen Sinn des Günstigkeitsprinzips falsch. Dieser besteht darin, dem einzelnen Arbeitnehmer die Möglichkeit zu geben, auf einfachgesetzlicher Ebene und aufgrund der womöglich real existierenden Verhandlungsspielräume bessere als die kollektivvertraglichen Arbeitsbedingungen mit dem Arbeitgeber zu vereinbaren[6]. Das Günstigkeitsprinzip beschränkt die kollektive Koalitionsfreiheit zum Schutz der individuellen Vertragsfreiheit, indem es gegenüber der kollektiven Ebene als Übermaßverbot fungiert. Es fußt somit auf Art. 9 Abs. 3 GG und Art. 2 Abs. 1 GG und ist darauf gerichtet, eine kollektivfreie Individualsphäre zu bewahren[7]. Zugleich trägt es der gestörten Vertragsparität beim Abschluß des Arbeitsvertrages Rechnung und läßt deswegen gleichsam nur die „halbe" Vertragsfreiheit zu, indem es nur die zugunsten des Arbeitnehmers abweichenden einzelvertraglichen Abmachungen vor den kollektivvertraglichen gelten läßt. Diese Vertragsbedingungen sind beim Abschluß einer Betriebsvereinbarung nicht gegeben, weil hier die Arbeitnehmerseite kollektiv mit dem Arbeitgeber verhandelt, so daß die Angemessenheit der zu treffenden Abmachung eher garantiert ist als dies beim Einzelvertrag der Fall ist.

Davon abgesehen würde die Bejahung der Anwendung des Günstigkeitsprinzips im Verhältnis des Tarifvertrages zur Betriebsvereinbarung einen inhaltlichen Widerspruch zu der zentralen Norm des § 77 Abs. 3 BetrVG darstellen, die unter bestimmten Voraussetzungen die Geltung einer Betriebsvereinbarung vor einem Tarifvertrag völlig ausschließt. Auch diese Vorschrift steht mit dem Sinn des Günstigkeitsprinzips in Einklang. Die Betriebsvereinbarung ist ein Akt der Normsetzung und begründet nicht unbedingt ein Rechtsverhältnis, das durch die Inhaltsnormen des Tarifvertrags gestaltet werden könnte. Durch den Ausschluß günstigerer Betriebsvereinbarungen, soweit sie gem. § 4 Abs. 3 TVG zulässig wären, beschränken die Tarifvertragsparteien nicht die Vertragsfreiheit des einzelnen, denn Normsetzung ist keine Ausübung von Privatautonomie[8]. Die Betriebspartner können sich zwar der durch Art. 2 Abs. 1 GG garantierten Vertragsfreiheit bedienen, verwirklichen dabei aber nicht die Privatautonomie, sondern die Betriebsautonomie. Nach alldem bleibt festzuhalten, daß das Verhältnis des Tarifvertrages zur Betriebsvereinbarung nicht durch das Günstigkeitsprinzip des Tarifvertragsgesetzes, sondern ausschließlich im Betriebsverfassungsgesetz durch § 77 Abs. 3 und § 87 Abs. 1 Halbs. 1 geregelt wird.

---

mann / Stumpf, TVG, § 4 Anm. 275, 303; dagegen *Jahnke,* Tarifautonomie und Mitbestimmung, S. 45 ff. m. w. N.; differenzierend *Biedenkopf,* Grenzen der Tarifautonomie, S. 304, 306; s. aber auch S. 280; ferner *Beuthien,* BB 1983, S. 1992.

[6] Richtig *Jahnke,* Tarifautonomie und Mitbestimmung, S. 47.

[7] So *Belling,* Günstigkeitsprinzip, S. 161.

[8] So *Biedenkopf,* Grenzen der Tarifautonomie, S. 304, 306, der aber die Anwendung des § 4 Abs. 3 TVG in diesem Verhältnis nicht eindeutig verneinen, sondern unter dem Vorbehalt der Berücksichtigung der § 56 und § 59 BetrVG 52 akzeptieren will.

Zur zweiten Gruppe gehören Vorschriften aus dem Betriebsverfassungsgesetz, die das konkrete Verhältnis des Tarifvertrages zu den betrieblichen Abmachungen, vornehmlich aber zur Betriebsvereinbarung regeln. Neben den Zentralvorschriften der §§ 77 Abs. 3 und 87 Abs. 1 Halbs. 1 BetrVG werden in dieser Gruppe auch § 2 und § 74 Abs. 2 und 3 BetrVG einbezogen. Die Verpflichtung der Betriebsparteien, unter Beachtung der geltenden Tarifverträge vertrauensvoll miteinander und im Zusammenwirken mit den Vertretern der Koalitionen zu arbeiten, deutet bereits auf die Absicht des Gesetzgebers hin, den garantierten Handlungsspielraum der Koalitionen nicht zu beschneiden. Dies wird nach dem Inkrafttreten des Betriebsverfassungsgesetzes ausdrücklich bekräftigt (§ 2 Abs. 1 BetrVG). Diese Absicht wird besonders in Abs. 3 deutlich, wo ausdrücklich festgelegt wird, daß die Aufgaben der Gewerkschaften und der Arbeitgebervereinigungen durch das Betriebsverfassungsgesetz nicht berührt, d. h. nicht eingeschränkt werden[9]. Die Tarifvertragsparteien sind nach wie vor befugt, die Interessen ihrer Mitglieder zu wahren, und zwar auch, soweit sie sich im Betrieb realisieren. Das zur Wahrnehmung dieser Aufgabe erforderliche Zugangsrecht der Gewerkschaften zum Betrieb, wird auch vom Gesetzgeber garantiert (§ 2 Abs. 2 BetrVG). Durch § 74 Abs. 2 und 3 BetrVG scheint schließlich die Subsidiarität der Betriebsautonomie vor der Tarifautonomie eine letzte und eindeutige Ausprägung zu bekommen. Da wird den Betriebsparteien jegliche Form des Arbeitskampfes als Konfliktlösungsmittel untersagt, offenbar in Anspielung auf die in derselben Vorschrift enthaltene Klarstellung, daß dadurch die Arbeitskampffreiheit tariffähiger Parteien nicht beeinflußt wird. Um schließlich einer vorhersehbaren widersprüchlichen Situation vorzubeugen, gewährt der Gesetzgeber denjenigen Arbeitnehmern, die in einer „Doppelrolle“ als Betriebsratsmitglieder und Gewerkschaftsmitglieder fungieren, eine uneingeschränkte Betätigungsfreiheit für ihren Verband (§ 74 Abs. 3 BetrVG).

Diese kurze Schilderung der einschlägigen Vorschriften könnte den Schluß nahelegen, daß der Gesetzgeber im Gegensatz zum Verfassungsgeber eindeutig zugunsten der Tarifautonomie Partei nimmt. Die überbetriebliche Struktur der Koalitionen, die eine breite Erfassung der Arbeitsverhältnisse ermöglicht, ihre Befugnis, Arbeitsbedingungen frei auszuhandeln, notfalls kampfweise durchzusetzen und die Interessen ihrer Mitglieder nach eigenem Ermessen zu vertreten[10], verleihen den Tarifvertragsparteien diese „Richtigkeitsgewähr“, die angeblich den Betriebspartnern fehlt. Es gibt grundsätzlich kein inhaltliches Nachmessen der Entscheidungen der Koalitionen durch Dritte[11]. Diese überkommene Vorrang-

---

[9] Zustimmend *Säcker,* ZfA 1972, Sonderheft S. 42 ff.; kritisch *Jahnke,* Tarifautonomie und Mitbestimmung, S. 48 ff. m. w. N.

[10] Nach *Säcker,* ZfA 1972-Sonderheft, S. 48, darf die Interessenwahrnehmung der Koalitionen im Einzelfall sogar zum wirtschaftlichen Ruin des sozialen Gegenspielers führen.

[11] Dies gilt aber nicht nach h. M. für die Entscheidungen der Betriebspartner. Danach unterliegt die Betriebsvereinbarung der gerichtlichen Inhaltsprüfung (Billigkeitskontrol-

stellung der Tarifautonomie bereits an dieser Stelle zu akzeptieren, hieße praktisch die soeben genannten Prämissen vorweg als richtig anzunehmen. Die Bedeutung und die Reichweite dieses Vorranges — insbesondere beider Vorrangregelungen (§ 77 Abs. 3 und § 87 Abs. 1 Halbs. 1 BetrVG) — müssen aber solange offen bleiben, bis die erforderliche Klarheit über die strukturellen, inhaltlichen und funktionalen Eigenheiten von Tarif- und Betriebsautonomie erreicht worden ist.

B. Funktion und tragende Grundsätze der Tarifautonomie

I. Einleitung

„Ein Vertrag als Körper und ein Gesetz als Seele", „eine ungewöhnliche Form der Gesetzgebung, mit der sich die unmittelbar Beteiligten durch ihre Verbände in freier Vereinbarung ihr eigenes Berufs- und Sozialrecht, und zwar als jus cogens, selbst schaffen." [12] Die Funktion des Tarifvertrages, der hier gemeint ist, ist bis jetzt sporadisch angedeutet worden. Die verschiedenartigen Nuancierungen in der Literatur [13] kann man in dem Satz zusammenfassen, daß der Tarifvertrag die Mängel ausgleichen soll, die die individuelle Vertragsfreiheit angesichts der intellektuellen und ökonomischen Ungleichheit zwischen Arbeitgeber und Arbeitnehmer im Arbeitsrecht bewirkt [14].

Diese Aussage bedarf der Präzisierung hinsichtlich der Aufgaben, die der Tarifvertrag wahrnehmen muß, um das erwähnte Defizit auszugleichen. Da der

---

le). Allerdings ist diese These lebhaft umstritten. Darüber s. ausführlich unten Kap. 3, D II, III.

[12] So *Biedenkopf,* Grenzen der Tarifautonomie, S. 1 f., mit Hinweis auf *Herschel,* Vom Arbeitsschutz zum Arbeitsrecht, S. 309 f., in: FS zum hundertjährigen Bestehen des deutschen Juristentages 1860-1960, S. 305, Bd. 1.

[13] s. nur *Hueck / Nipperdey,* Arbeitsrecht II / 1, S. 235; *Wiedemann / Stumpf,* TVG, Einl. Anm. 2 ff.

[14] Ebenso *Bunge,* Tarifinhalt und Arbeitskampf, S. 214. Diese Ungleichgewichtsthese ist von *Zöllner,* AcP Bd. 176 (1976), S. 230 f., kritisiert worden. *Zöllner* meint, daß die Funktionseinbuße des individuellen Arbeitsvertrages weniger auf der Unterlegenheit des Arbeitnehmers als auf einer sachlichen Notwendigkeit zur Vereinheitlichung der Arbeitsbedingungen beruhe, die den Individualvertrag rein instrumentell überfordere. Diese These leugnet aber mittelbar jegliche Existenz einer sozialen und wirtschaftlichen Interessenpolarität im Arbeitsverhältnis, indem sie die Dominanz des Tarifvertrags als Regelungsmittel mehr oder weniger auf eine „technische" Notwendigkeit zurückführt. Wenn es aber so wäre, wie wäre dann — um nur ein Beispiel zu nennen — der Arbeitskampf als „eigenartige Verhandlungsstrategie" zu erklären bzw. zu rechtfertigen? Auch rechtsdogmatisch ist der Gedanke *Zöllners* nicht haltbar: Wenn die Unmöglichkeit zur Vereinheitlichung der Arbeitsbedingungen das einzige Defizit des Arbeitsvertrages wäre, hätte es wiederum nicht unbedingt des Tarifvertrags bedurft, solange die arbeitsvertragliche Einheitsregelung diese Funktion übernehmen könnte. Sie erweist zwar einen kollektiven Bezug, bleibt aber fest als Instrument im individuellen Arbeitsrecht verankert, ohne jeglichen „Hauch" an Interessenspannung, die den Tarifvertrag strukturnotwendig charakterisiert. Dazu *Adomeit,* Rechtsquellenfragen, S. 116; vgl. auch *Belling,* Günstigkeitsprinzip, S. 128 ff.

Tarifvertrag an sich keine verselbständigten Ziele verfolgt[15], sondern als Korrektiv des Individualvertrages fungiert, stellt sich die Frage nach den Zielen, die der Individualvertrag ursprünglich hätte verwirklichen sollen, die aber, wegen der Eigenartigkeit des Arbeitnehmer-Arbeitgeber-Verhältnisses, nicht verwirklicht werden können. Nach einer verbreiteten Meinung verfolgt die Vertragsfreiheit des Zivilrechts zwei Hauptziele: die individuelle Selbstbestimmung der Vertragsparteien und die Vertragsgerechtigkeit im Sinne von tendenziell gerechten Vertragsinhalten[16]. Diese beiden Maximen gelten gleichmäßig für beide Vertragsparteien, da im Falle eines beliebigen Vertrages nicht von einem in abstracto bestehenden Machtungleichgewicht einer Vertragspartei ausgegangen werden kann. Diese Ausgangsprämisse kann aber dem Arbeitsvertrag nicht unterstellt werden, weil dort ein gewisses Machtgefälle zwischen den Vertragsparteien augenfällig wird, mit der Folge, daß seine Annahme bei der Mehrzahl dieser Verträge als gerechtfertigt erscheint. Der Gesetzgeber erkennt mit der Aufnahme des Tarifvertrags in das rechtliche Instrumentarium diese Ausgangssituation an und läßt ihn bewußt zu, um die Selbstbestimmung und die Vertragsgerechtigkeit vorwiegend zugunsten einer Vertragspartei zu verwirklichen. Mithin dient die Tarifautonomie ungeachtet etwaiger Hilfs- oder Nebenzwecke zuallererst dem Schutz des einzelnen Arbeitnehmers[17], wobei „Schutz" in diesem Zusammenhang soviel wie bewußte Intervention der Rechtsordnung zugunsten des Arbeitnehmers heißt, in ebenso bewußter Abweichung von der ansonsten dokumentierten Bereitschaft des Gesetzgebers, von Eingriffen in private Beziehungen möglichst abzusehen. Die Identifizierung der Funktion der Tarifautonomie mit dem Schutz des Arbeitnehmers erweist sich weiterhin als unbestimmte These, zumal einerseits dieser Schutz nicht nur Sache der Tarifautonomie ist[18], andererseits weil der Schutzzweck selbst in verschiedene Teilbereiche zerlegt werden kann, nach Maßgabe der Eigenart der zu schützenden spezifischen Interessen der Arbeitnehmer.

---

[15] Die einzige Ausnahme dazu ist seine sog. Ordnungs- und Kartellfunktion, die auch ein theoretisch einwandfrei funktionierender Individualvertrag nicht hätte verwirklichen können. Diese ist die Folge der durch den Tarifvertrag herbeigeführten Kollektivierung der Arbeitsverhältnisse auf brancheneinheitlicher Ebene. Sie entspringt dem *quantitativen* Moment des Tarifvertrags und hat mit seinem hier behandelten *qualitativen* Moment — der Wiederherstellung der Vertragsgerechtigkeit — nichts zu tun. Zu dieser Funktion des Tarifvertrags vgl. *Wiedemann / Stumpf,* TVG, Einl. Anm. 5 ff.; s. auch oben Kap. 2, C I 1.

[16] Siehe statt aller *Bunge,* Tarifinhalt und Arbeitskampf, S. 215 mit umfassenden Nachweisen.

[17] Nichtdestoweniger gilt das auch für die Betriebsverfassung. Ausführlich dazu vgl. unten Kap. 3, C II. Zum Schutzzweck der Tarifautonomie vgl. etwa *Biedenkopf,* Verhandlungen des 46. DJT I / 1, S. 97, 113, 163; *Hueck / Nipperdey,* Arbeitsrecht II / 1, S. 25 f.; *Söllner,* Arbeitsrecht, S. 109; *Wiedemann / Stumpf,* TVG, Einl. Anm. 2 f.; Zöllner, Arbeitsrecht, S. 300 f.; zur Betriebsverfassung vgl. *v. Hoyningen-Huene,* Betriebsverfassungsrecht, S. 5 f.; *Richardi,* Betriebs- und Unternehmensmitbestimmung, S. 19 f.; *Travlos-Tzanetatos,* Die Regelungsbefugnis, S. 26 f.; *Wiese,* GK-BetrVG, Einführung vor § 81 Anm. 3.

[18] Denselben Zweck haben auch die Betriebsautonomie (vgl. die vorige Anmerkung) und die arbeitsrechtliche Schutzgesetzgebung.

Die Präzisierung des Schutzzweckes der Tarifautonomie hinsichtlich eines Teilbereiches der Arbeitnehmerinteressen wird Gegenstand der folgenden Ausführungen sein. Eine kurze Darstellung der beiden Maximen der Selbstbestimmung und der Vertragsgerechtigkeit von ihrer kollektiven Seite muß jedoch aus methodischen Gründen vorangestellt werden.

II. Annäherung des zivilrechtlichen Aspektes

1. Selbstbestimmung

Durch diesen Begriff wird im Zivilrecht die Möglichkeit einer Vertragspartei bezeichnet, ihre privatautonome Gestaltungsfreiheit unter Ausnutzung einer realen Machtsymmetrie in wahre Interessenbefriedigung umzusetzen. Die Verlagerung dieser Zweckverfolgung auf die kollektive Ebene modifiziert deutlich die Merkmale der nunmehr kollektiven Selbstbestimmung von ihrer individuellen Ursprungsform. Der Arbeitnehmer wirkt als Mitglied eines Verbandes nur mittelbar auf den Inhalt der Tarifforderungen und Tarifabschlüssen ein[19]. Der Verband übernimmt seine ureigene Befugnis zur Vertragsgestaltung, mithin auch seinen Selbstbestimmungsprozeß, der gegenüber zwei Machtpolen wirkt: einmal gegenüber dem Staat, indem innerhalb eines staatlich autonomen Gestaltungsraumes verbindliche Normen gesetzt werden, zum anderen gegenüber dem sozialen Gegenspieler, mit dem der Inhalt des Kollektivvertrages verhandelt und vereinbart wird[20]. Dabei kommt es vorwiegend auf das Durchsetzungsvermögen jeder Vertragspartei an, so daß die Verwirklichung der kollektiven Selbstbestimmung entscheidend von der Existenz einer Vertragsgerechtigkeit abhängt, die wiederum die „Richtigkeitsgewähr" des Kollektivvertrages indiziert. Darüber hinaus kann die ebengenannte Möglichkeit eines gerechten Vertragsabschlusses die Mediatisierung des Selbstbestimmungsprozesses im Rahmen der kollektiven Interessenwahrnehmung rechtfertigen.

2. Vertragsgerechtigkeit

Es ist zutreffend bemerkt worden, daß die Tarifautonomie als Verfahren lediglich die *Wahrscheinlichkeit* bzw. die *Möglichkeit* angemessener Arbeitsbedingungen gewährleisten kann[21]. Der Versuch, einen nach „objektiven" Kriterien zu messenden Vertragsinhalt bei jedem Tarifvertrag nachzuweisen, scheitert nicht

---

19 Dies erkennt zutreffend *Bunge*, Tarifinhalt und Arbeitskampf, S. 217, obwohl er diese Beteiligungschance des einzelnen Arbeitnehmers größer veranschlagt als die des Bürgers beim staatlichen Rechtsetzungsverfahren. Paradigmatisch weist er auf dessen Möglichkeit hin, im Rahmen eines Streiks über Annahme oder Ablehnung von Tarifangeboten aus der Arbeitgeberseite mitabzustimmen.

20 Ebenso *Bunge*, Tarifinhalt, S. 217 f.

21 *Bunge*, Tarifinhalt, S. 218.

zuletzt an Praktikabilitätsgründen, da keine solchen objektiven Kriterien überhaupt existieren[22]. Die durch den Tarifvertrag herbeigeführte Vertragsgerechtigkeit kann höchstens anhand eines Vergleichs erschlossen werden, wenn man die Hypothese aufstellt, welche Vertragsinhalte die Individualautonomie im Arbeitsrecht ohne die parallele Existenz der Tarifautonomie hätte erzielen können. Insofern besteht darin Einigkeit, daß der Individualarbeitsvertrag allein weder die Vertragsgerechtigkeit noch die Selbstbestimmung beider Parteien gewährleisten kann[23]. Grundsätzlich mittels eines Umkehrschlusses also gewinnt die Tarifautonomie ihre Legitimation als neben der Privatautonomie notwendiger Bestandteil der Arbeitsverfassung innerhalb des marktwirtschaftlichen Systems. Um einer richtigen Terminologie willen, läßt sich demnach nicht mehr von einer „Richtigkeitsgewähr" des Tarifvertragssystems sprechen, wohl aber von einer *Richtigkeitschance* bei der Regelung von arbeitsrechtlichen Vertragsinhalten. Diese Richtigkeitschance nimmt somit eine zentrale Stellung im System des Kollektivvertrages ein: je größer sie ist, desto näher rückt die Verwirklichung der Selbstbestimmung des einzelnen Arbeitnehmers einerseits sowie des kollektiven Schutzzweckes andererseits. Um welchen Schutzzweck es sich aber in diesem Zusammenhang handelt, muß näher dargelegt werden.

III. Annäherung des kollektiven Arbeitnehmerschutzaspektes

1. Vorbemerkung: Teilbereiche des Arbeitnehmerschutzes

Bei den Ausführungen über die Funktion der Tarifautonomie wurde kurz angedeutet, daß der Schutz des Arbeitnehmers als Einheitszweck in verschiedene Teilbereiche geteilt werden kann, die sich an den jeweils zu schützenden Interessen des Arbeitnehmers orientieren. Anders als bei einem beliebigen Schuldvertrag, wo hauptsächlich die wirtschaftlichen — d. h. materiellen — Belange jeder Vertragspartei im Vordergrund stehen, gebietet die Eingliederung in eine Produktionsgemeinschaft eine Berücksichtigung aller damit zusammenhängender — und somit *potentiell* gefährdeter — Interessen des Arbeitnehmers. Dies gerade deswegen, weil „die Einordnung des Arbeitnehmers nicht nur eine denkbare, zufällige und vorübergehende Modalität der Vertragsdurchführung, sondern eine dem Arbeitsverhältnis immanente und sein Wesen prägende dauernde Folge

22 „Der Beurteilende wird sich dabei wieder am tatsächlich Üblichen orientieren müssen und damit nicht zuletzt an bestehenden Tarifregelungen"; so zutreffend *Bunge,* a. a. O., S. 219 m. w. N.

23 *Biedenkopf,* Grenzen der Tarifautonomie, S. 2 f.; *Bunge,* Tarifinhalt, S. 214; *Hueck / Nipperdey,* Arbeitsrecht II / 1, S. 25 f.; *Käppler,* Voraussetzungen und Grenzen tarifdispositiven Richterrechts, S. 61 ff.; *Nikisch,* Arbeitsrecht I, S. 1 ff.; *Richardi,* Kollektivgewalt, S. 111 f.; *Scholz,* Koalitionfreiheit, S. 11 f.; BAG AP Nr. 1 zu § 242 BGB Ruhegehalt — Unterstützungskassen (Bl. 3); AP Nr. 1 zu § 305 BGB Billigkeitskontrolle (Bl. 2 f.); vgl. auch AP Nr. 54, 57 zu § 611 BGB Gratifikation.

ist"[24]. Die Fremdbestimmtheit der Arbeit oder die oft gesundheitsschädigenden Umstände ihrer Verrichtung — um nur zwei Beispiele zu nennen — tangieren einen breiten Interessenkreis, der die eng verstandenen Vermögensinteressen des Arbeitnehmers weit übertrifft. Diese Feststellung bedeutet bei weitem nicht, daß der Arbeitgeber niemals schutzbedürftig sei. Seine Interessen beschränken sich jedoch vorwiegend im materiell-wirtschaftlichen Bereich[25]. Dagegen können die zu schützenden Interessen des Arbeitnehmers schematisch in drei Funktionsbereiche eingeteilt werden[26]: Den ersten Funktionsbereich bildet die Bannung der Lebens- und Gesundheitsgefahren, die aus der Erbringung der Arbeitsleistung herrühren. Diesen elementaren Schutz, der bald nach dem Beginn der Industrialisierung gefordert worden ist, übernahm schon damals und tut es auch heute der Staat durch seine Arbeitsschutzgesetzgebung (technischer Gefahrenschutz, Arbeitsschutz). Aus verständlichen Gründen ist ein Mindestmaß an sicherer und menschenwürdiger Arbeitsplatzgestaltung der Disposition der Kollektivpartner entzogen und öffentlich-rechtlich ausgestaltet worden[27]. Dem zweiten Funktionsbereich gehört der Schutz aller Vermögensinteressen des Arbeitnehmers im weitesten Sinne an. Dieser Interessenkreis, der auch als *materiell* bezeichnet werden kann, umfaßt insbesondere Lohnfragen und vergleichbare Arbeitsbedingungen (Arbeitszeit, Urlaub). Diese Fragen, die arbeitstechnisch wie auch volkswirtschaftlich eine überbetriebliche Regelung gebieten, gehören seit jeher zum klassischen Themenkreis der Tarifvertragsparteien. Jedoch erweist sich der Umfang dieser Vermögensinteressen als zu eng. Die hohe Arbeitslosigkeit und die mit ihr verbundenen sozialen Probleme haben deutlich gezeigt, daß der Verlust des Arbeitsplatzes nicht nur ideelle, sondern vor allem materielle Konsequenzen mit sich bringt. Aus dieser Perspektive betrachtet, müssen die Tarifparteien nicht nur die Lohntüte des Arbeitnehmers, sondern auch ihn selbst vor Risiken schützen, die im Markt begründet sind und sich über die Rentabilität des Unternehmens auf den Bestand des Arbeitsverhältnisses auswirken[28].

Das Gegenstück der materiellen Interessen, die immateriellen oder ideellen Interessen des Arbeitnehmers bilden den dritten Schutzbereich. Ihm sind vor allem der Schutz der Persönlichkeit des Arbeitnehmers und die Förderung ihrer freien Entfaltung zuzuordnen. Es versteht sich von selbst, daß dieser Zweck nicht etwa durch Lohnerhöhungen auf überbetrieblicher Ebene, sondern durch eine

---

24 *Wiese,* RdA 1973, S. 4.

25 In diese Richtung geht auch die Argumentation *Adomeits,* Schwierigkeiten mit dem Sozialgedanken, in: Das Arbeitsrecht und unsere wirtschaftliche Zukunft, S. 2 f., 1985.

26 s. dazu statt aller *Jahnke,* Tarifautonomie und Mitbestimmung, S. 124 ff.; *Wiese,* ZfA 1971, S. 273 f.; ders. RdA 1973, S. 1, 4 f.

27 Ebenso *Jahnke,* Tarifautonomie und Mitbestimmung, S. 124 m. w. N.; vgl. auch § 81 Abs. 1 Satz 2 und Abs. 2 Satz 2 BetrVG. Eine Erweiterung dieser Perspektive in Richtung einer umfassenden menschengerechten Arbeitsgestaltung unternimmt *Zöllner,* RdA 1973, S. 212 ff.

28 Richtig *Bunge,* Tarifinhalt, S. 221 mit Nachweisen.

menschengerechte Gestaltung des täglichen Arbeitsablaufs innerhalb jedes einzelnen Betriebes erreicht werden kann. Zur Wahrnehmung dieser Aufgabe kommt daher in erster Linie die betriebliche Mitbestimmung in Betracht. Allerdings darf nicht verkannt werden, daß es zu Überschneidungen dieser Funktionsbereiche des Arbeitnehmerschutzes kommen kann. Vorwiegend materielle Interessen können auch immaterielle Elemente enthalten oder umgekehrt, denn letztlich geht es im gesamten Arbeitsrecht um die Achtung des Arbeitnehmers als Menschen[29]. So kann z. B. die Dauer der Arbeitszeit ein vornehmlich materielles Problem sein, tangiert aber auch das immaterielle Moment der Persönlichkeitsentfaltung. Dasselbe gilt auch für die Sicherung des Arbeitsplatzes. Umgekehrt beinhaltet die betriebliche Gestaltung im Bereich des Leistungslohnes neben dem ideellen Schutz vor Überbeanspruchung zugleich deutliche materielle Vergütungsaspekte (§ 87 Abs. 1 Nr. 11 BetrVG)[30].

2. *Präzisierung: Materieller Schutzzweck der Tarifautonomie*

Ein Hauptmerkmal des Arbeitsverhältnisses ist seine Bestimmung durch verschiedenartige Gestaltungsfaktoren. Diese ist u. a. die Folge der Verzahnung der unterschiedlichen schutzbedürftigen Interessen des Arbeitnehmers, die oben skizziert wurde. Jedenfalls kann die Unterscheidung von materiellen (wirtschaftlichen) und immateriellen Interessen brauchbar gemacht werden, indem jedem Gestaltungsfaktor bestimmte Aufgabenschwerpunkte zugewiesen werden.

Die Hauptaufgabe des Tarifvertrages besteht in der Durchsetzung materieller Forderungen der Arbeitnehmer[31]. Die dafür sprechenden Gründe sind hauptsächlich die historische Tradition und die besondere Natur der gesteckten Ziele:

a) Das — aus heutiger Sicht betrachtet — wirtschaftliche und soziale Elend, das durch die Ausbeutung der Arbeiter zu Beginn der Industrialisierung entstand, gab den entscheidenden Anstoß für die Entwicklung des kollektiven Arbeitsrechts. Die damaligen Interessenvertretungen brachten die selbstverständliche Forderung nach einer angemessenen Vergütung der Arbeitsleistung neben dem Gesundheitsschutz in den Vordergrund. Sie waren überbetrieblich organisiert, da damals die überbetriebliche Organisation einer Interessenvertretung die Mindestvoraussetzung war, um nicht in eine Abhängigkeitsposition gegenüber einzelnen Arbeitgebern zu geraten, sowie um ihren Forderungen die erforderliche Durchsetzungskraft zu verleihen. Nachdem der Staat das Gebiet des Gesundheitsschutzes in seine Regelungszuständigkeit übernahm, blieb den Gewerkschaften

---

29 *Wiese*, RdA 1973, S. 4; ebenso *Jahnke*, Tarifautonomie und Mitbestimmung, S. 125; vgl. auch *Wiese*, ZfA 1971, S. 273 f. mit Nachweisen.

30 Vgl. dazu *Dietz / Richardi*, BetrVG, § 87 Anm. 555 ff.; *Wiese*, GK-BetrVG, § 87 Anm. 364; *Jahnke*, Tarifautonomie und Mitbestimmung, S. 125; BAG AP Nr. 2 zu § 87 BetrVG Lohngestaltung (Bl. 4); AP Nr. 1 (Bl. 4), Nr. 2 (Bl. 5) zu § 87 BetrVG Provision.

31 So auch *Jahnke*, Tarifautonomie und Mitbestimmung, S. 126.

die Regelung vorwiegend materieller Arbeitsbedingungen überlassen[32]. Die „Widmung" der Koalitionen zu diesem Bereich setzte sich im Laufe der Zeit fort, nahm sogar ein sehr großes Ausmaß in den Aufbaujahren an als die steigende wirtschaftliche Konjunktur einen breiten Verhandlungsspielraum erlaubte. Heute, vor dem Hintergrund einer ausgebauten Sozialversicherung und eines allgemeinen Wohlstandes, stellen sich die materiellen Forderungen der Interessenvertretungen als Mindestteilhabe am wirtschaftlichen Fortschritt dar[33]. Dies heißt jedoch nicht, daß es bei solchen Forderungen nur um das Problem der Arbeitsvergütung geht. Die allmähliche Lösung dieses Problems erweckt besonders in der jüngsten Zeit die gewerkschaftliche Forderung der Arbeitszeitverkürzung. Dies aber sollte nicht darüber hinwegtäuschen, daß es dabei nicht um ein vornehmlich wirtschaftlich-materielles Problem geht. In der Wirklichkeit ist dies die Kehrseite der ursprünglichen Forderung nach mehr Lohn.

b) Das Wesen der Zielsetzung bei der Wahrung und Förderung der materiellen Interessen der Arbeitnehmer ist der zweite — und wichtigste — Grund, der für die Eignung der Gewerkschaften spricht. Der Tarifvertrag regelt vornehmlich solche Arbeitsbedingungen, die typischerweise zugleich Gegenstand des einzelnen Arbeitsvertrages sind. Die Natur der verschiedenen Entgelt-, Arbeitszeit- und Urlaubsforderungen in einer Industriebranche ist eine rein wirtschaftliche. Dieser Aspekt läßt sich sinngemäß dahin verallgemeinern, daß es sich bei jeder Tarifverhandlung — freilich mit Ausnahme des öffentlichen Dienstes — grundsätzlich um die Verteilung erwirtschafteten gesellschaftlichen Profits unter Privaten handelt. Dieses inhaltliche Merkmal verursacht eine zumindest latente Interessenkonfrontation zwischen den Vertragsparteien, die das gesamte Arbeitsverhältnis charakterisiert und beide Parteien dazu zwingt, ihre Durchsetzungskraft derart auszubauen, um das verfolgte Ergebnis zu erzielen.

Vom Vertragsdenken her könnten die Kollektivvertragsparteien zu einer Einigung kommen, ohne daß es zusätzlich auf die Notwendigkeit eines institutionellen Einigungszwanges, einer besonderen „Konfliktlösung" ankäme. Die bloße Möglichkeit einer kollektiven Einigung kann aber den Arbeitnehmerschutz nicht herbeiführen, insbesondere die angestrebte Vertragsgerechtigkeit verwirklichen. Dieser Umstand verlangt daher einen gewissen Zwang zur Einigung[34], der zugleich der Ausgangsposition beider Vertragsparteien Rechnung tragen sollte. Dem Gesetzgeber blieb es lediglich unbenommen, diese Konfliktaustragung bewußt in eine bestimmte Richtung durch die positiv-rechtliche Institutionalisierung einer Form des Einigungszwanges zu kanalisieren. Dafür standen ihm grundsätz-

---

32 Über die staatliche Regelzuständigkeit vgl. oben Kap. 3, B III 1; ausführlich zum Terminus der materiellen Arbeitsbedingungen und seiner Funktion innerhalb der Vorrangsvorschrift des § 77 Abs. 3 BetrVG s. unten Kap. 4, C III.

33 So *Jahnke*, Tarifautonomie und Mitbestimmung, S. 126, mit Hinweis auf *Fabricius*, FS Fechner, S. 171, 190.

34 Zutreffend betont von *Jahnke*, Tarifautonomie und Mitbestimmung, S. 69.

lich zwei Alternativmodelle zur Verfügung. Das Modell der notwendigen Mitbestimmung der Arbeitnehmer, verbunden mit einer Form der Zwangsschlichtung, und jenes der freiwilligen Schlichtung[35] mit dem Arbeitskampf als ultima ratio. Er hat sich ausdrücklich für das zweite Modell entschieden. Streik und Aussperrung gelten daher als Hilfsinstrumente der Tarifautonomie und beziehen daraus ihre Rechtfertigung[36]. Auch wenn man diese Problematik aus der Perspektive einer „gesellschaftlichen" Autonomie betrachtet, läßt sich diese Entwicklung rechtfertigen: Angesichts der Entscheidung des Gesetzgebers, den sozialen Gegenspielern einen breiten Spielraum für ihre Konfliktaustragung zu belassen, hat das Modell der gegenseitigen Druckausübung — nicht zuletzt wegen der wirtschaftlichen Natur der Tarifforderungen — bessere Chancen der Durchsetzung. Der Arbeitskampf muß daher als strukturnotwendiges Merkmal der Tarifautonomie aufgefaßt werden, da er ein rein wirtschaftliches Druckmittel ist[37]. Diese Gegebenheiten vermögen schließlich auch den Vorrang der Gewerkschaften bei der Wahrung der materiellen Interessen der Arbeitnehmer zu rechtfertigen. Da ohnehin das erforderliche Durchsetzungsvermögen den Arbeitgebern — als Einzelpersonen oder als Vereinigungen — unterstellt werden kann, erfüllen nur die Gewerkschaften auf Arbeitnehmerseite diese Voraussetzung.

Aus der geschilderten Struktur der Konfliktaustragung ergeben sich ferner zwei Merkmale, die für die Tarifautonomie systemprägend sind. Das erste ist der grundsätzlich überbetriebliche Charakter der abgeschlossenen Tarifverträge, während der Firmentarif nur noch eine kleine Minderheit ausmacht. Die Ursache dafür liegt in der bereits geschilderten Notwendigkeit für die Gewerkschaften, sich von Anfang an auf überbetrieblicher Basis zu organisieren. Erwähnenswert ist auch der volkswirtschaftlich nützliche Nebeneffekt, der durch den überbetrieblichen Tarifvertrag im Arbeitsmarkt entsteht. Nicht zuletzt spielt das Wesen der wirtschaftlichen Interessen auch bei diesem Merkmal eine entscheidende Rolle: Einheitliche Arbeitsbedingungen für die Arbeitnehmer eines räumlich und branchenmäßig abgegrenzten Tarifgebiets seien bei der Verfolgung materieller Interessen ohne weiteres, dagegen für die Durchsetzung immaterieller Zwecke nur sehr bedingt möglich[38]. Das zweite Merkmal ist die Beschränkung der Geltung der Inhalts-, Abschluß- und Beendigungsnormen des Tarifvertrages auf die Mitglieder der tarifschließenden Gewerkschaft (§ 3 Abs. 1 TVG). Die Inhaltsnormen des Tarifvertrages dienen vornehmlich materiellen Interessen, selbst wenn zu-

---

35 Vgl. dazu *Hueck / Nipperdey*, Arbeitsrecht II / 1, S. 722 ff.; *Söllner*, Arbeitsrecht, S. 102 f.; *Wiedemann / Stumpf*, TVG, § 1 Anm. 363 ff.; *Zöllner*, Arbeitsrecht, S. 315 f.

36 Vgl. ausführlich *Seiter*, Streikrecht und Aussperrungsrecht, S. 182 ff., 429 ff. mit zahlreichen Nachweisen; zutreffend betont in diesem Zusammenhang das Bundesarbeitsgericht das besondere Interesse der Arbeitnehmer am Abschluß von Tarifverträgen und die Notwendigkeit entsprechender Arbeitskampfmaßnahmen; vgl. BAG AP Nr. 64, 65 zu Art. 9 GG Arbeitskampf.

37 Richtig *Jahnke*, Tarifautonomie und Mitbestimmung, S. 126.

38 *Jahnke*, Tarifautonomie und Mitbestimmung, S. 126.

gleich immaterielle Interessen der Arbeitnehmer betroffen sind. Dasselbe gilt mit gewissen Einschränkungen auch für die Abschluß- und Beendigungsnormen. Durch diese Beschränkung der Tarifwirkung auf die Tarifgebundenen geht der Gesetzgeber vom richtigen Standpunkt aus, daß die Befriedigung wirtschaftlicher Bedürfnisse Sache jedes Einzelnen ist[39]. Es bleibt m. a. W. jedem überlassen, sein eigenes Durchsetzungsvermögen gegenüber dem Arbeitgeber zu beurteilen, um zu entscheiden, ob er sich eventueller wirtschaftlicher Vorteile durch Gewerkschaftsbeitritt bedienen will oder nicht[40].

Die dargestellte Zuordnung der materiellen Interessen der Arbeitnehmer zu der vorrangigen Zuständigkeit der Tarifparteien soll nicht dahin mißverstanden werden, daß etwa die restlichen (z. B. immateriellen) Interessen ihrer Zuständigkeit entzogen sind. Es bleibt ihnen vielmehr unbenommen, sich mit jeder Angelegenheit zu befassen, die nach ihrer Auffassung der Wahrung und Förderung der Arbeits- und Wirtschaftsbedingungen dient (Art. 9 Abs. 3 GG). Ebenso kann ein für die Wahrung vorwiegend immaterieller Interessen gedachtes Instrument (etwa die betriebliche Mitbestimmung) auch materielle Interessen regeln. Eine lupenreine Abgrenzung der gegenseitigen Zuständigkeiten gibt es nicht. Es bleibt aber der durch die vorangegangenen Ausführungen erste gewonnene Ansatz festzuhalten, daß bei der Wahrung materieller Interessen den Tarifparteien der Vorrang strukturnotwendig zuerkannt werden muß.

C. Funktion und tragende Grundsätze der Betriebsverfassung

I. Allgemeines

Das Betriebsverfassungsgesetz gilt für alle Betriebe mit mindestens fünf Arbeitnehmern ohne Rücksicht auf die Rechtsform des Unternehmens (§ 1 BetrVG).

---

39 Dadurch erklärt sich auch die gegenteilige Regelung bei betrieblichen und betriebsverfassungsrechtlichen Normen des Tarifvertrages, deren *immaterieller* Charakter ihre Anwendung bei allen Arbeitsverhältnissen der erfaßten Betriebe, abgesehen von der Koalitionsmitgliedschaft, gebietet. Auf derselben Wertung beruht auch die Entscheidung des Staates, den Lebens- und Gesundheitsschutz gesetzlich zu regeln. Die Übertragung dieses Regelungsbereiches auf die Tarifparteien, mit der Folge, daß dieser elementare Schutz nur den Tarifgebundenen zugute käme, wäre eine menschlich unzumutbare und daher unzulässige Differenzierung; vgl. auch *Wiedemann,* Aufgaben der Koalitionen in einer sich fortentwickelnden Unternehmensrechtsordnung, S. 151, 159.

40 Es wäre sicherlich ein Fehlschluß, nur aus diesem Aspekt den relativ niedrigen Organisationsgrad der Arbeitnehmer (etwa 30% bis 35%) zu erklären. Das Tarifsystem stellt eine Rahmenbedingung für die individuelle Vertragsfreiheit dar; obwohl nur ein Drittel aller Arbeitnehmer gewerkschaftlich organisiert ist, beeinflussen die abgeschlossenen Tarifverträge die Arbeitsbedingungen des bei weitem größten Teils der Arbeitnehmerschaft. Häufig werden die tariflichen Regelungen einfach übernommen, mindestens aber gelten sie als Maßstab für individuelle Vereinbarungen. In erster Linie deshalb ist es dem einzelnen Arbeitnehmer-Außenseiter möglich, angemessene Arbeitsbedingungen zu erzielen. Der Organisationsgrad läßt sich u. a. mit dieser Bedeutung des Tarifsystems erklären.

Mit der Einrichtung eines Betriebsrats wird eine legitimierte, gegliederte Betriebsorganisation für die Arbeitnehmerseite geschaffen, durch welche die Belegschaft kollektiv handlungsfähig wird. Der Betriebsrat ist ein nicht rechtsfähiger Bestandteil der Unternehmensorganisation, ein Repräsentativorgan, das zugleich die Funktion eines ausführenden Organs zur Wahrnehmung der Interessen der Belegschaft übernimmt[41]. Mit der Institutionalisierung der Betriebsverfassung wird primär der gesetzliche Weg zur Statuierung verschiedener Einflußmöglichkeiten der Arbeitnehmer geöffnet, die auf die ihr tägliches Dasein gestaltenden betrieblichen Entscheidungen gerichtet sind. Durch die gewährleisteten Mitwirkungsbefugnisse wird die absolute Herrschaft des Arbeitgebers eingeschränkt, d. h. seine durch § 315 BGB rechtlich begründete Leitungsbefugnis (Direktionsrecht)[42] wird in den gesetzlich vorgesehenen Fällen des Betriebsverfassungsrechts begrenzt[43].

Das Betriebsverfassungsgesetz ist die Rechtsgrundlage der Mitbestimmungs- und Mitwirkungsrechte des Betriebsrats. Sie zielen darauf ab, dem Interesse der Gesamtheit der Arbeitnehmer des Betriebs mit den dafür vorgesehenen Mitteln Gehör zu verschaffen bzw. zum Durchbruch zu verhelfen. Aus dieser Perspektive heraus erweist sich das Betriebsverfassungsgesetz als ein Arbeitnehmerschutzgesetz. Die Festlegung der schutzwürdigen individuellen Rechtsposition des Arbeitnehmers wird einem Verfahren anheimgegeben, in dem individuelle und kollektive Interessen der Belegschaft gegeneinander ausgeglichen und mit den Interessen des Arbeitgebers zu einem Ausgleich gebracht werden sollen. Dies kommt insbesondere in §§ 2 Abs. 1, 80, 81 ff. BetrVG zum Ausdruck[44]. Der in einem Schutzgesetz den Arbeitnehmern gewährleistete Mindeststandard ist im Betriebsverfassungsgesetz darin zu sehen, daß im gesetzlich vorgesehenen Rahmen die Beteiligung des Betriebsrats und somit ein Verfahren sichergestellt wird. Rechtsgewährleistung und Verfahrensgewährleistung seien lediglich unterschiedliche Formen des Arbeitnehmerschutzes[45].

---

41 *Hoffmann*, zum Betriebsräteproblem heute, in: K. Brigl-Matthiaß, Die Betriebsräte in der Weimarer Republik, Einl. XII; *Jahnke*, Tarifautonomie und Mitbestimmung, S. 60. Über die Rechtsnatur des Betriebsrats herrscht zumindest terminologisch heftiger Streit, da er weder Vertreter der Belegschaft i. S. der § 164 ff. BGB, noch Träger eines imperativen Mandats ist. Praktische Bedeutung hat jedoch dieser Streit kaum; vgl. *Hanau / Adomeit*, Arbeitsrecht, S. 105 f.; *v. Hoyningen-Huene*, Betriebsverfassungsrecht, S. 54 f.; *Travlos-Tzanetatos*, Die Regelungsbefugnis, S. 47 f.

42 Dazu besonders *Birk*, Die arbeitsrechtliche Leitungsmacht, 1973; zur dogmatischen Einordnung der Arbeitgeberweisung als rechtsgeschäftliche Gestaltungserklärung vgl. *Söllner*, AcP 171 (1971), S. 560 f. mit umfangreichen Nachweisen; a. A. vor allem *Bötticher*, AuR 1967, S. 321, 325; ansatzmäßig abweichend *Gast*, Arbeitsvertrag und Direktion, 1978.

43 Dazu *v. Hoyningen-Huene*, Betriebsverfassungsrecht, S. 5 f.

44 Das Gesetz sieht mit Recht keinen inhaltlichen Unterschied zwischen dem Wohle des Betriebes und dem Interesse des Arbeitgebers. Das Fehlen einer ausdrücklichen Erwähnung des letzten ist insoweit unerheblich, sofern die Berücksichtigung des Betriebswohls zur Maxime der Betriebsverfassung erhoben worden ist.

45 Richtig *Weiss*, Die Rolle des Betriebsrats im Arbeitskampf tariffähiger Parteien, in: Arbeitskampfrecht, 1983, S. 289.

Die Beteiligungsrechte des Betriebsrats werden im einzelnen positiv festgelegt. Sie sind in sachlich verschiedene Angelegenheiten eingeteilt. Die drei Hauptkomplexe sind soziale, personelle und wirtschaftliche Angelegenheiten[46]. Das Gesetz folgt dem Enumerationsprinzip, d. h. eine Beteiligungsmöglichkeit des Betriebsrats gibt es nur in den vom Gesetz genannten Fällen[47]. Zugleich nimmt das Gesetz eine vorsichtige Differenzierung der Intensität der Beteiligungsformen vor. Dies beginnt mit dem Recht des Betriebsrats auf einfache Information und gipfelt in der notwendigen Mitbestimmung als der stärksten Form der Arbeitnehmerbeteiligung. In solchen Fällen hat die Stellungnahme des Betriebsrats Einfluß auf die Wirksamkeit der Arbeitgebermaßnahmen bzw. kann der Betriebsrat eine Maßnahme auch gegen den Willen des Arbeitgebers durchsetzen[48].

Die Einteilung in soziale, personelle und wirtschaftliche Angelegenheiten entfaltet hier erst ihren eigentlichen Sinn. Die sozialen Angelegenheiten bilden den Kernbereich der betrieblichen Interessenwahrnehmung, da hier die notwendige Mitbestimmung des Betriebsrats als stärkste Form der Arbeitnehmerbeteiligung dominiert (vgl. § 87 BetrVG). Darüber hinaus besteht eine breite, das gesamte Gebiet der sozialen Angelegenheiten umfassende, funktionelle Zuständigkeit der betrieblichen Parteien, da jede von ihnen jederzeit von sich aus tätig werden und mit der anderen eine Regelung herbeiführen kann[49]. Diese Regelung kann aber nicht von einer Seite erzwungen werden, so daß nur eine freiwillige Einigung (Betriebsvereinbarung, Betriebsabsprache) als Regelungsmittel in Betracht kommt. Der Begriff der sozialen Angelegenheiten bestimmt also zum großen Teil das Ausmaß der mitbestimmungsrechtlichen Regelungsbefugnis. Der Ver-

---

46 vgl. den dritten, fünften und sechsten Abschnitt im 4. Teil des Betriebsverfassungsgesetzes. Hinzu kommen die im vierten Abschnitt stehenden §§ 90, 91 BetrVG über die Gestaltung von Arbeitsplatz, Arbeitsablauf und Arbeitsumgebung.

47 Das argumentum e contrario spricht gegen die Beteiligung des Betriebsrats, sofern eine Fallgruppe nicht erfaßt ist. Dazu *Hanau / Adomeit*, Arbeitsrecht, S. 121. Freilich muß hier „Beteiligung" des Betriebsrats, als *notwendige Mitbestimmung* verstanden werden. Sonst käme diese These mit der weitgespannten Zuständigkeit des Betriebsrats, durch fakultative Abmachungen mit dem Arbeitgeber alle nur denkbaren sozialen Angelegenheiten zu regeln, in Widerspruch; vgl. auch unten Kap. 3, C II.

48 Dazu übersichtlich *Hanau / Adomeit*, Arbeitsrecht, S. 122 ff.; vgl. auch *Adomeit*, BB 1972, S. 53 ff.

49 Vgl. *Dietz / Richardi*, BetrVG, Vorbem. vor § 87 Anm. 6, § 88 Anm. 5; *Fitting / Auffarth / Kaiser / Heither*, BetrVG, § 88 Anm. 2; *Galperin / Löwisch*, BetrVG, § 88 Anm. 1; *Hueck / Nipperdey*, Arbeitsrecht II / 2, S. 1354 f.; *Jahnke*, Tarifautonomie und Mitbestimmung, S. 88 f.; *Löwisch*, AuR 1978, S. 97, 99, der § 88 BetrVG plastisch als Generalermächtigung für eine umfassende Zuständigkeit des Betriebsrats in sozialen Angelegenheiten bezeichnet, unter der Voraussetzung, daß sie für den konkreten Fall und nicht abstrakt geregelt wird. Erwähnt wird auch die Möglichkeit durch freiwillige Betriebsvereinbarungen sinnvolle Verfahrensregeln in allen Angelegenheiten aufzurichten; *Nikisch*, Arbeitsrecht III, S. 355, 376; *Richardi*, Betriebs- und Unternehmensmitbestimmung, S. 98; *Säcker*, ZfA 1972 Sonderheft, S. 41, 45; *Söllner*, Arbeitsrecht, S. 155; *Wiese*, GK-BetrVG, Einführung vor § 87 Anm. 3, § 88 Anm. 7; aus der Rechtsprechung vgl. BAG AP Nr. 1 zu § 56 BetrVG 52; AP Nr. 1 zu § 57 BetrVG 52; AP Nr. 1 zu § 88 BetrVG (Bl. 3).

such, ihn zu konkretisieren, ist nicht einfach. Außer einer genauen Umschreibung des Kernbereichs des § 87 BetrVG verzichtet das Gesetz auf eine ins Einzelne gehende Aufzählung und nennt in § 88 BetrVG nur beispielhaft einige möglichen Gegenstände von Betriebsvereinbarungen. Die gesetzliche Ausformung sowie auch die ratio legis lassen jedoch den Schluß zu, daß es Intention des Gesetzgebers gewesen ist, den sozialen Angelegenheiten sämtliche Arbeitsbedingungen im weitesten Sinne zuzuordnen und den Betriebspartnern zur eigenverantwortlichen Regelung zu überlassen, sofern das Gesetz sie nicht dem Bereich der personellen oder wirtschaftlichen Angelegenheiten zuweist[50]. In personellen und wirtschaftlichen Angelegenheiten dagegen gewährt das Gesetz dem Betriebsrat nur vereinzelt Mitbestimmungsrechte[51] und weiterhin bloße Mitwirkungsrechte (Unterrichtungs-, Anhörungs-, Beratungs- und Vorschlagsrechte).

In der Tat erreichen die Beteiligungsmöglichkeiten des Betriebsrats durch ihre von der Dogmatik erreichte hermeneutische Erweiterung ein — zumindest an vergleichbaren westeuropäischen Modellen gemessen — sehr hohes Niveau. An dieser Stelle muß aber einer möglichen Fehlinterpretation vorgebeugt werden: Die ebengenannten Beteiligungsbefugnisse des Betriebsrats dürfen nicht mit seinen reellen Einflußmöglichkeiten verwechselt werden. Beide Begriffe sind nicht deckungsgleich. Die erweiterte Zuständigkeit des Betriebsrats wird nur nach einvernehmlicher Absprache mit dem Arbeitgeber begründet und auf fakultative Basis gestellt. Erzwingen kann der Betriebsrat nur das, was im Gesetz vorgesehen ist. Der Rest basiert eher auf einem zivilrechtlichen Vertragstypus, dessen einwandfreie Geltung im Arbeitsrecht nicht im voraus anzunehmen ist. Sie hängt vielmehr von der gegenseitigen Einstellung der Betriebspartner im jeweiligen Betrieb ab. Nach alldem kann man zusammen mit *Siebert* festhalten, daß „der Bereich der Mitbestimmung da beginnt (und sinngemäß auch da endet! — *Anm. d. Verf.*), wo die Arbeitnehmerschaft an der betrieblichen bzw. der unternehmerischen Entscheidung unmittelbar beteiligt ist und wo diese Beteiligung für die Wirksamkeit und / oder die Rechtsfolgen dieser Entscheidung rechtserheblich ist“[52].

Darüber hinaus bildet das Betriebsverfassungsgesetz, neben dem Tarifrecht, die wichtigste Rechtsgrundlage zur Austragung von Konflikten, die zwischen den Arbeitsvertragsparteien entstehen. Zugleich legt es einen Rahmen fest, in dem sich das Konfliktaustragungsverfahren bewegen muß. Hauptkomponente

---

[50] Ebenso *Dietz / Richardi*, BetrVG, § 88 Anm. 1 ff.; *Hueck / Nipperdey*, Arbeitsrecht II / 2, S. 1353 f.; *Jahnke*, Tarifautonomie und Mitbestimmung, S. 89; *Wiese*, GK-BetrVG, Einführung vor § 87 Anm. 3; *Zöllner*, Arbeitsrecht, S. 443: „Zum Begriff der sozialen Angelegenheiten gehört, was betriebliche Solidarinteressen der Arbeitnehmer berührt und nicht dem Bereich personeller Maßnahmen oder Entscheidungen der wirtschaftlichen Zielfindung zuzurechnen ist“.

[51] Vgl. etwa §§ 94, 95, 98, 99, 103, 112 BetrVG, zusammenfassend dargestellt von *Wiese*, Das Initiativrecht nach dem Betriebsverfassungsgesetz, S. 20 ff.

[52] BB 1952, S. 836.

dieses Rahmens ist die Verpflichtung der Betriebspartner zur vertrauensvollen Zusammenarbeit miteinander (§ 2 Abs. 1 BetrVG) und zur Einhaltung der betrieblichen Friedenspflicht (§ 74 Abs. 2 BetrVG). Anstelle des verwehrten innerbetrieblichen Arbeitskampfes kommt als Mittel der Konfliktlösung bei Regelungsstreitigkeiten zwischen den Betriebsparteien nur ein paritätisch besetztes Organ, die Einigungsstelle, in Betracht, die als eine Form der Zwangsschlichtung fungiert und zwar nur dort, wo ein echtes Mitbestimmungsrecht besteht oder wo das Gesetz dies ausdrücklich vorsieht. Wenn dementsprechend das Gesetz in § 74 Abs. 2 BetrVG Maßnahmen des Arbeitkampfes zwischen Arbeitgeber und Betriebsrat als unzulässig qualifiziert, so unterstreicht es dadurch, daß Konflikte im Rahmen der Betriebsverfassung nur über die Einigungsstelle ausgetragen werden dürfen. Jedoch könnte eine isolierte Lektüre des § 2 Abs. 1 BetrVG und des § 74 Abs. 2 BetrVG den Eindruck erwecken, das Gesetz wolle das Bestehen betrieblicher Konflikte schlechthin leugnen[53]. Diese Annahme wäre völlig unbegründet. Sie kann weder durch die Entstehungsgeschichte und die Auslegung des Betriebsverfassungsgesetzes gerechtfertigt werden, noch verfügt ein Gesetz über die Macht, die gesellschaftlichen Strukturen nach Belieben zu ändern[54]. Vielmehr sind beide Vorschriften in einen Gesamtzusammenhang eingebettet, dessen Komponenten der Bestandsschutz des Betriebes als marktabhängige Leistungseinheit sowie die Wahrung der vorwiegend immateriellen Interessen der gesamten Belegschaft sind. Darin finden auch diese Maximen ihre innere Rechtfertigung, wie die folgenden Ausführungen noch zeigen werden.

II. Schutzzweck der Betriebsverfassung

Es ist bereits gesagt worden, daß die gesellschaftlichen Folgen der Industrialisierung den ersten Anstoß zur Entwicklung des modernen Arbeitsrechts gaben. Die ersten Bemühungen der damaligen Interessenvertretungen der Arbeitnehmer richteten sich auf die Beseitigung der finanziellen Not weiter Teile der Arbeitnehmerschaft. Die doppelgleisig angelegte Interessenwahrnehmung verfolgte ursprünglich dieses Ziel; Tarifautonomie und Mitbestimmung waren lediglich der unterschiedlichen Produktionsweise — Handwerk und Industrie — angepaßte Formen zur Verfolgung ein und desselben Ziels[55]. Fast wie von einem Naturgesetz

---

[53] Vgl. die These, daß der Betrieb den Schauplatz desjenigen sozialpolitischen, systembedingten und stabilisierenden, durch Institutionalisierung gesetzlich geförderten Experiments darstellen solle, das soziale Konflikte durch Integration ihrer Ursachen zu lösen bezwecke. s. dazu kritisch *Travlos-Tzanetatos,* Die Regelungsbefugnis, S. 62 m. w. N. Daß beide Auffassungen dieselbe rechtspolitische bzw. ideologische Basis haben, wird dabei besonders offensichtlich.

[54] Richtig *Travlos-Tzanetatos,* Die Regelungsbefugnis, S. 63; ebenso *Zachert,* Betriebliche Mitbestimmung, S. 67 ff.; vgl. auch *Weiss,* Die Rolle des Betriebsrats im Arbeitskampf, in: Arbeitskampfrecht, S. 288.

[55] Richtig erkannt von *Jahnke,* Tarifautonomie und Mitbestimmung, S. 22 ff., 128.

geregelt, entstand im Laufe der Zeit eine „Arbeitsteilung“ bei der Funktion beider Institutionen: Während die Tarifautonomie weiterhin wirtschaftliche Ziele verfolgte, widmete sich die — ursprünglich betriebliche — Mitbestimmung einer Aufgabe, für deren Übernahme die Tarifautonomie strukturbedingte Unzulänglichkeiten erwies. Diese war die Wahrung der immateriellen Interessen der Arbeitnehmer. Damit werden diejenigen Nachteile und Gefahren umschrieben, die aus der fortgeschrittenen Arbeitsteilung des Produktionsablaufs herrühren und die oftmals beklagte „Entfremdung“ der Arbeit als Folge haben. Solche Folgen liegen offenbar weniger im Bereich der materiellen als im Bereich der immateriellen Interessen der Arbeitnehmer. Dementsprechend ist die anfängliche wirtschaftliche Zielsetzung der betrieblichen Mitbestimmung zugunsten einer vorwiegend menschlich-persönlich orientierten in den Hintergrund getreten. So hat man den Schutzzweck der Mitbestimmung und insbesondere der Betriebsverfassung hauptsächlich in der Achtung des Arbeitnehmers als Persönlichkeit und in der Förderung seiner Persönlichkeitsentfaltung im Arbeitsverhältnis gesehen[56,57].

Nichts anderes bezeugt auch eine flüchtige Lektüre der Mitwirkungs- bzw. Mitbestimmungstatbestände des Betriebsverfassungsgesetzes. Sie greifen in einem Bereich der Gestaltung des Arbeitsverhältnisses ein, der ursprünglich dem einseitigen Ermessen des Arbeitgebers gehörte. Die Mitbestimmung hebe zwar dessen Leitungs- und Organisationsgewalt nicht vollständig auf, gewährleiste jedoch eine Einflußnahme der Arbeitnehmer auf den Inhalt der sie berührenden Entscheidungen, erhebt diese manchmal sogar zu einer Wirksamkeitsvoraussetzung der zu treffenden Entscheidung (vgl. § 87 Abs. 2 BetrVG)[58]. An die Stelle wirtschaftlicher Druckausübung tritt somit eine durch weitreichende Beteiligungsrechte herbeigeführte Kenntnis der innerbetrieblichen Abläufe, die es dem Betriebsrat ermöglicht, die menschlich-persönlichen Belange der im Betrieb tätigen Arbeitnehmer wirksam zu vertreten[59].

Noch zwei Argumente, die für den besonderen Schutzzweck der betrieblichen Mitbestimmung sprechen, scheinen besondere Berücksichtigung zu verdienen.

---

56 *Jahnke*, Tarifautonomie und Mitbestimmung, S. 129; *Söllner*, RdA 1968, S. 437 ff.; *ders.*, Arbeitsrecht, S. 153 f.; *Wiese*, ZfA 1971, S. 273, 275, 316; *ders.*, RdA 1973, S. 1 f.; *ders.*, GK-BetrVG, Einführung vor § 81 Anm. 3 m. w. N.

57 Im Bericht der Mitbestimmungskommission, BT-Drucks. VI / 334, S. 66 f., heißt es, daß die institutionelle Mitbestimmung der Arbeitnehmer dem Wunsch entspringe, die „Objektstellung“ des Arbeitnehmers abzubauen und sie in eine „Subjektstellung“ zu überführen; die Mitbestimmung könne dem Arbeitnehmer das Gefühl des „Ausgeliefertseins“ an eine von ihm nicht beeinflußbare Leitungs- und Organisationsgewalt nehmen und es durch ein Gefühl der Mitwirkung und Mitbestimmung ablösen. Ähnliche Ausführungen in bezug auf §§ 81 ff. BetrVG enthält die Begründung zum Regierungsentwurf, BT-Drucks. VI / 1786, S. 47.

58 So zutreffend *Jahnke*, Tarifautonomie und Mitbestimmung, S. 130. Zur Problematik der Wirksamkeitsvoraussetzung s. exemplarisch Klasen, Tarifvorrang und Mitbestimmung in sozialen Angelegenheiten, S. 2 mit Nachweisen.

59 s. *Jahnke*, Tarifautonomie und Mitbestimmung, S. 131.

Das erste ist bereits im Zusammenhang mit der Funktion der Tarifautonomie kurz angedeutet worden[60] und betrifft das Merkmal der Unterwerfung unter die betriebliche Regelungsbefugnis aller Arbeitsverhältnisse im Betrieb ohne jegliche Differenzierung[61]. Die für die Tarifautonomie geltenden Gesichtspunkte kehren hier in ihrer Kehrseite zurück. Die Verfolgung wirtschaftlicher Ziele hängt vom Willen des einzelnen Arbeitnehmers ab, der gegebenfalls die Vorteile des Tarifabschlusses durch Gewerkschaftsbeitritt sich zu eigen macht (§ 3 Abs. 1 TVG). Die Achtung und die Entfaltung der Persönlichkeit der Arbeitnehmer sind aber keine verfügbaren Güter. Die Rechtsordnung darf sie nicht in demselben Maße wie die wirtschaftliche Interessenverfolgung der Disposition jedes Einzelnen überlassen. Aus diesem Grund spielt die Gewerkschaftszugehörigkeit der Arbeitnehmer im Rahmen der Gestaltungsbefugnis der Betriebspartner keine Rolle[62]. Die auf dieser Eigenartigkeit der Geltung der Betriebsnormen aufbauende neoliberale Konzeption der Charakterisierung der Betriebsverfassung als „korporative Zwangsordnung“ verkennt u. a. schließlich auch diesen Gesichtspunkt[63].

Einen weiteren Beleg für den besonderen Schutzzweck der betrieblichen Mitbestimmung liefert die Verpflichtung des Arbeitgebers zur Übernahme der durch die Tätigkeit des Betriebsrats entstehenden Kosten (§ 40 BetrVG). Diese Vorschrift, betrachtet in einem engen Zusammenhang mit anderen im Gesetz sporadisch auftauchenden ähnlichen Bestimmungen[64], zeigt in aller Deutlichkeit, daß die Finanzierung der Mitbestimmung Sache des Arbeitgebers ist. Eine solche Regelung wäre in einem System wirtschaftlicher Interessenverfolgung strukturfremd; die Stärkung der Streikkasse einer Gewerkschaft durch den Arbeitgeber zur Alimentierung der Streikenden wäre entweder absurde Vorstellung oder würde die Integrität des Verbandes in Frage stellen. Vielmehr hat jede Seite im Rahmen der tariflichen Interessenwahrnehmung, die hauptsächlich wirtschaftliche Ziele verfolgt, strikt die ihr entstehenden Kosten zu tragen. Das Gegenteil ist ein sichtbarer Ausdruck des immateriellen Schutzzweckes der betrieblichen Mitbestimmung, die — erneut betont — nicht den Hauptzweck hat, eine weitere Form wirtschaftlicher Interessenverfolgung neben der Tarifautonomie zu etablieren[65].

---

60 s. oben Kap. 3, B III 2 am Ende.

61 Mit Ausnahme der leitenden Angestellten (vgl. § 5 Abs. 3 BetrVG).

62 Ebenso *Jahnke*, Tarifautonomie und Mitbestimmung, S. 130; unter demselben Aspekt läßt sich auch die ähnliche Wirkung der Tarifnormen über betriebliche und betriebsverfassungsrechtliche Fragen erklären (vgl. § 3 Abs. 2 TVG; s. auch Fußnote 39). Sofern die Tarifparteien in Ausübung ihrer gesetzlich garantierten Regelungsbefugnis zur konkreten innerbetrieblichen Gestaltung beitragen wollen und somit vorwiegend Regelungen immateriellen Inhalts in Kraft setzen, käme die weitere Anwendung der §§ 3 Abs. 1 und 4 Abs. 1 TVG in einen krassen Widerspruch mit dem Sinn der Betriebsverfassung; vgl. auch Anmerkung 4.

63 Grundlegend für diese Auffassung *Richardi*, Kollektivgewalt, S. 316 ff.; zur Kritik s. statt aller *Hanau*, JZ 1969, S. 643; *Travlos-Tzanetatos*, Die Regelungsbefugnis, S. 63 ff.

64 Vgl. etwa §§ 20 Abs. 3; 37 Abs. 2, 3, 6 und 7; 39 Abs. 3; 41; 44 Abs. 1 BetrVG.

Einer besonderen Berücksichtigung bedarf an dieser Stelle die Problematik der sozialen Angelegenheiten (§§ 87, 88 BetrVG). Die Auslegung der meisten Tatbestände der notwendigen Mitbestimmung zeigt, daß sie an den Schutz der immateriellen Interessen der Arbeitnehmer orientiert sind. Das gilt insbesondere für § 87 Abs. 1 Nr. 1 (Ordnung des Betriebes), Nr. 5 (Urlaubsgrundsätze und Urlaubsplan), Nr. 6 (technische Überwachungseinrichtungen), Nr. 8 und 9 (Sozialeinrichtungen) sowie Nr. 12 (betriebliches Vorschlagswesen)[66]. Die Tatbestände, die Fragen der Arbeitszeit der betrieblichen Lohngestaltung und der Festsetzung der Akkord- und Prämiensätze der Mitbestimmung des Betriebsrats unterwerfen (§ 87 Abs. 1 Nr. 2, 3, 10 und 11 BetrVG), tangieren sicherlich auch materielle Interessen der Arbeitnehmer, ohne zugleich ihren immateriellen Charakter zu verlieren[67]. Bei der Auslegung jedoch dieser Mitbestimmungstatbestände entziehen herrschende Lehre und Rechtsprechung der notwendigen Mitbestimmung die klassischen materiellen Fragen, insbesondere die Dauer der regulären Arbeitszeit[68] und die Höhe des Arbeitsentgelts[69]. Summarisch kann man mithin die These formulieren, daß der Betriebsrat durchaus die materielle Interessenverfolgung im Rahmen seiner Mitbestimmung als Ziel haben kann, nur ist das nicht sein Hauptzweck[70].

---

65 s. dazu statt aller *Jahnke,* Tarifautonomie und Mitbestimmung, S. 128 ff.; vgl. auch BT-Drucks. VI / 1786, S. 33: „Das geltende Recht geht davon aus, daß Gewerkschaft und Betriebsrat unterschiedliche Aufgaben und Funktionen haben."

66 Auf die Einzelheiten der Problematik aller Mitbestimmungstatbestände kann hier nicht näher eingegangen werden. Stattdessen wird auf die übersichtlichen Literaturhinweise bei *Jahnke,* Tarifautonomie und Mitbestimmung, S. 131 f., hingewiesen.

67 Paradigmatisch sei auf BAG AP Nr. 2 zu § 87 BetrVG Arbeitszeit hingewiesen, das den Schutzzweck der Mitbestimmung in § 87 Abs. 1 Nr. 3 in der Weise umschreibt, daß sie die Verkürzung mit ihrer Entgeltminderung und die Verlängerung mit ihren physischen und psychischen Belastungen und ihrem Freizeitverlust erfassen solle.

68 Vgl. *Dietz / Richardi,* BetrVG, § 87 Anm. 205 ff., 239; *Galperin / Löwisch,* BetrVG, § 87 Anm. 85; *Wiese,* GK-BetrVG, § 87 Anm. 135 ff., 160 m. w. N.; vgl. auch BAG AP Nr. 2 zu § 87 BetrVG Arbeitszeit. Diese Auffassung des Schrifttums kann m. E. langfristig in Widerspruch mit der tariflichen Wirklichkeit geraten, zumal heute schon die Tendenz der Tarifvertragsparteien zu verzeichnen ist, bei Arbeitszeitfragen die Betriebspartner stärker als vorher zu beteiligen; dazu *Brötzmann,* NZA 1986, S. 593.

69 *Dietz / Richardi,* BetrVG, § 87 Anm. 496 ff.; *Galperin / Löwisch,* BetrVG, § 87 Anm. 218 a; *Wiese,* GK-BetrVG, § 87 Anm. 338; dazu auch *Klasen,* Tarifvorrang und Mitbestimmung in sozialen Angelegenheiten, S. 43 ff.; BAG AP Nr. 2 und 3 zu § 87 BetrVG Lohngestaltung; AP Nr. 1 zu § 87 BetrVG Provision.

70 So zutreffend *Jahnke,* Tarifautonomie und Mitbestimmung, S. 132. Ein anderer Bereich, wo der Betriebsrat befugt ist, sich mit der Wahrung der materiellen Interessen der Arbeitnehmer zu befassen, ist der Sozialplan (vgl. § 112 Abs. 1 Satz 2 BetrVG). Dabei geht es ausdrücklich um den Ausgleich oder die Milderung der infolge einer geplanten Betriebsänderung entstandenen wirtschaftlichen Nachteile für die Arbeitnehmer. Die Mitbestimmung über den Sozialplan ist daher als eine weitere Ausnahmeregelung anzusehen, die mit der allgemeinen Zielsetzung der Mitbestimmung nicht übereinstimmt. Sie wird aber dadurch gerechtfertigt, daß der Betriebsrat im Vergleich zur Gewerkschaft aufgrund seiner Betriebsnähe einen höheren Informationsstand als sie hinsichtlich der betrieblichen Notwendigkeiten besitzt; s. *Jahnke,* Tarifautonomie und Mitbestimmung, S. 134, mit Nachweisen.

Der Bereich der sozialen Angelegenheiten erschöpft sich indes nicht in der Aufzählung der zwölf mitbestimmungspflichtigen Tatbestände des § 87 Abs. 1 BetrVG. Dies bedeutet, daß die *funktionelle Zuständigkeit* des Betriebsrats in diesem Bereich wesentlich weiter reicht als das ihm in § 87 BetrVG verliehene Mitbestimmungsrecht. Die durch § 88 BetrVG den Betriebspartnern eröffnete Möglichkeit, durch fakultative Betriebsvereinbarungen das gesamte Feld der sozialen Angelegenheiten inhaltlich zu regeln, hat einen großen Teil der Lehre und der Rechtsprechung zu der Annahme geführt, daß die Betriebspartner ihre Regelungen auf das gesamte Arbeitsverhältnis erstrecken können[71]. Teilweise begründet man auch mittels Umkehrschlusses aus § 77 Abs. 3 BetrVG, daß sämtliche Arbeitsbedingungen durch Betriebsvereinbarung geregelt werden können[72]. Auf diese heftig umstrittene These kann hier nicht eingegangen werden[73]. Es genügt vielmehr für die weitere Argumentation die gesicherte Erkenntnis, daß der Kompetenz der Betriebspartner ein großer Teil der inhaltlichen Gestaltung des Arbeitsverhältnisses zugänglich ist. Dabei ist aber rechtsdogmatisch das Mitbestimmungsrecht des Betriebsrats von seiner funktionellen Zuständigkeit in sozialen Angelegenheiten scharf zu trennen.

Aus den vorausgegangenen Ausführungen ergeben sich etliche Gesichtspunkte, die ansatzmäßig unter folgenden Thesen subsumiert werden können:

a) § 87 BetrVG ragt als zentrale Vorschrift der betrieblichen Interessenwahrnehmung heraus. An dieser Stelle wird der unbestrittene Vorteil der Sachnähe des Betriebsrats zu den betrieblichen Notwendigkeiten mit seinen real existierenden Durchsetzungschancen mittels der gesetzlichen Zwangsschlichtung verbunden. Diese Durchsetzungschancen mögen vielleicht nicht so groß sein wie die der Träger der Arbeitskampffreiheit, garantieren aber das genügende Maß an Vertragsgerechtigkeit, so daß man von einer relativen Richtigkeitsgewähr der zu treffenden Entscheidung ausgehen kann. Dieser Gesichtspunkt gewinnt vor allem in Anspielung auf den in derselben Vorschrift statuierten Vorrang zugunsten der Tarifvertragsparteien (§ 87 Abs. 1 Halbs. 1 BetrVG) an Bedeutung. Die Tarifpartner müssen diese relative Richtigkeitsgewähr der Betriebspartner im Bereich der notwendigen Mitbestimmung respektieren und von ihrer allgemeinen Normsetzungsprärogative an dieser Stelle die größten Abstriche machen. Das heißt bei weitem nicht, daß dieser Vorrang mittels einer de lege ferenda-Auslegung aus dem Weg geräumt werden muß[74]. *Der Sinn und Zweck des § 87 BetrVG gebietet lediglich , daß der einschlägige Tarifvorrang einer gesonderten, funktionsspezifischen Auslegung unterzogen und nicht undifferenziert in den Funktionsbereich*

---

[71] s. statt aller *Säcker*, Gruppenautonomie und Übermachtkontrolle, S. 341 ff.; *v. Hoyningen-Huene / Meier-Krenz*, NZA 1987, S. 794; dagegen *Dietz / Richardi*, BetrVG, § 77 Anm. 53 mit Nachweisen.

[72] So vor allem *Kreutz*, Grenzen der Betriebsautonomie, S. 222.

[73] Zum Streitstand vgl. eingehend *Heyer*, Betriebliche Normsetzung und Tarifautonomie, S. 30 ff.

[74] In dieser Richtung führt jedoch *Vollmer* seine Argumentation, DB 1979, S. 308 ff.

der allgemeinen Vorbehaltsvorschrift des § 77 Abs. 3 BetrVG integriert werden muß. Ihr gegenseitiges Verhältnis wird jedoch an weiterer Stelle zu erörtern sein[75].

b) Ungeachtet seiner präzisen Reichweite eröffnet § 88 BetrVG den Betriebspartnern den Weg, einvernehmlich wesentliche Teile des Arbeitsverhältnisses autonom zu gestalten. Der mögliche Einwand, daß der fakultative Charakter der abzuschließenden Betriebsvereinbarung, verbunden mit dem absoluten Verbot der Druckausübung im Falle einer Interessenkollision, keine Gewähr der Vertragsgerechtigkeit herbeizuführen vermag, ist richtig aber einseitig. Er berücksichtigt nicht den Aspekt, daß genausogut der *Wille* beider Parteien zur Einigung bestehen kann, so daß im Falle wirtschaftlicher Engpässe dadurch der Weg zur Sanierung des Betriebes eröffnet werden kann. Es muß klargestellt werden, daß *§ 88 BetrVG, neben den tariflichen Öffnungsklauseln (§ 77 Abs. 3 Satz 2 BetrVG)*[76]*, die einzige Vorschrift des Betriebsverfassungsgesetzes ist, die de lege lata eine solche betriebliche Regelung ermöglicht*. Nur eine solche Betrachtungsweise des § 88 BetrVG spiegelt das dialektische Verhältnis von Wirklichkeit und Recht wider und kann zur Lösung zeitgemäßer betrieblicher Probleme beitragen. Die eventuellen rechtstechnischen Probleme aus der Anwendung der Sperrvorschrift des § 77 Abs. 3 BetrVG auch auf § 88 BetrVG müssen mithin innerhalb dieses Sinnzusammenhangs gelöst werden[77].

c) Nach alledem läßt sich schwerlich weiterhin an der überkommenen These festhalten, daß die betriebliche Mitbestimmung die Rolle einer schlichten Vermittlungs- bzw. Informationsinstanz zwischen Arbeitnehmerschaft und überbetrieblichen Koalitionen spielt. Nicht nur das oft angeführte Argument der über 80 %igen Mitgliedschaft der Betriebsratsmitglieder in den Gewerkschaften, sondern auch — und vor allem — die reellen Möglichkeiten der Betriebsräte zur eigenverantwortlichen Interessenwahrnehmung relativieren in der Realität die strikte institutionelle Trennung zwischen Betriebsräten und Gewerkschaften. In einem ähnlichen dialektischen Verhältnis steht auch die überbetriebliche Arbeitskampffreiheit zu der betrieblichen Friedenspflicht, wie die folgenden Ausführungen noch zeigen werden.

III. Kritische Betrachtung der tragenden Grundsätze der Betriebsautonomie

Mit der Institutionalisierung der Betriebsverfassung hat der Gesetzgeber kein zweites Kampffeld neben der Tarifautonomie errichten wollen. Dies wäre sogar theoretisch unsinnig gewesen, weil es sich hier wie dort um die selben Gegenspieler handelt, die nur verschiedene Funktionen wahrnehmen. Als Mindestsicherung

[75] s. unten Kap. 5.

[76] Dazu s. statt aller *Beuthien*, BB 1983, S. 1992 ff.; dazu ausführlich s. auch unten Kap. 6, C.

[77] s. unten Kap. 6, A II 2 c).

seines Konzeptes hat er nicht auf eine eingehende Verrechtlichung des gegenseitigen Verhältnisses der sozialen Gegenspieler nach dem Vorbild der Tarifautonomie verzichtet, sondern dieses in einen detaillierten Rahmen eingeordnet. Nicht nur die enumerative Aufzählung der Verhandlungsgegenstände der Betriebspartner[78], sondern auch § 2 BetrVG, der die Grundsätze ihrer Zusammenarbeit enthält, belegen diese Auffassung. § 2 Abs. 1 BetrVG[79] verpflichtet Arbeitgeber und Betriebsrat zur gegenseitigen vertrauensvollen Zusammenarbeit zum Wohle der Arbeitnehmer und des Betriebes. Diese Formulierung wird zunächst einmal als Programmsatz, sodann als Auslegungsmaßstab für alle im Gesetz enthaltenen Vorschriften, sogar schließlich als unmittelbar anwendbare Norm, aus der sich Rechte und Pflichten der Betriebspartner ergeben, aufgefaßt[80]. In der juristischen Literatur finden sich kaum präzise und juristisch brauchbare Begriffsbestimmungen des sog. „Betriebswohls". Am zutreffendsten erscheint die Erklärung, daß der Betriebsrat seine Interessenverfolgung unter Berücksichtigung der Interessen der Gegenseite ausüben muß, m. a. W., „daß er bei der Durchsetzung von Forderungen die wirtschaftliche Vertretbarkeit für das Unternehmen zu berücksichtigen hat"[81]. Als Ableitung und Konkretisierung dieser Maxime ist die zweite Zentralvorschrift des Betriebsverfassungsgesetzes anzusehen — § 74 Abs. 2 BetrVG —, die eine absolute betriebliche Friedenspflicht statuiert und sie insbesondere durch drei Verbote konkretisiert: das Arbeitskampfverbot zwischen den Betriebsparteien, das Verbot von Betätigungen, die den Arbeitsablauf oder den Betriebsfrieden beeinträchtigen und das Verbot der parteipolitischen Betätigung.

Der Sinngehalt beider Vorschriften wurde von manchen Autoren kritisiert. Angeprangert werden primär die in diesen Normen enthaltenen „Wunschvorstellungen" des Gesetzgebers hinsichtlich eines weitreichenden Partnerschaftsgedankens, der das Arbeitsverhältnis charakterisieren sollte, nicht aber der Wirklichkeit entspreche[82]. Insbesondere wird an § 2 Abs. 1 BetrVG kritisiert, daß er den

---

[78] Mit der Möglichkeit einer beliebigen Extension nach § 88 BetrVG als einzige Ausnahme.

[79] Ein weiterer Grundsatz der Betriebsverfassung, der hier nicht vertieft werden kann, ist die Trennung von Betriebsrat und Gewerkschaft sowie die in Art. 9 Abs. 3 GG gewährleistete Einflußnahme der letzteren im Betriebsgeschehen (§ 2 Abs. 2 und 3 BetrVG). Dazu *Däubler*, Gewerkschaftsrechte im Betrieb, 1985, S. 14, 18 ff.; *Hanau / Adomeit*, Arbeitsrecht, S. 110 ff. m. w. N.; *Müller*, ZfA 1972, S. 213 ff.

[80] So *Hanau / Adomeit*, Arbeitsrecht, S. 114; vgl. insgesamt aus neuerer Zeit *Witt*, Die betriebsverfassungsrechtliche Kooperationsmaxime und der Grundsatz von Treu und Glauben.

[81] *Müller*, ZfA 1972, S. 237; vgl. auch *Däubler*, Gewerkschaftsrechte, S. 27 f.

[82] *Zachert*, Betriebliche Mitbestimmung, S. 69; hinsichtlich des Partnerschaftsgedankens im Arbeitsrecht s. *Galperin*, RdA 1962, S. 366 ff., der aber gleichzeitig die Bedeutung und den Wert der Spannung zwischen den sozialen Gegenspielern betont; auch *Hanau / Adomeit*, Arbeitsrecht, S. 157 ff.; völlig neue Konturen bekam die Partnerschaftsproblematik neuerdings durch die Theorie *Adomeits* über gesellschaftsrechtliche Elemente im Arbeitsverhältnis, Schriftenreihe der Juristischen Gesellschaft zu Berlin, Bd. 100; dagegen *Beuthien*, Das Arbeitsverhältnis im Wandel, in: *ders.* (Hrsg.), Arbeitnehmer oder Arbeitsteilhaber, 1987, S. 27 ff.

Betriebsrat in einen unlösbaren Rollenkonflikt hineinzwinge[83]: Da seine Mitglieder meistens auch Gewerkschaftsmitglieder seien, seien sie auf der einen Seite gegenüber ihrer Organisation verpflichtet, die Interessen aller Arbeitnehmer zu vertreten, auch wenn dies ihrem Betrieb schaden würde; auf der anderen Seite treffe sie die Pflicht, das ihrer Belegschaft und ihrem Arbeitgeber gemeinsame Interesse zu fördern[84].

An § 74 Abs. 2 BetrVG wird darüber hinaus kritisiert, daß er den Betriebsrat auf ein „wirtschaftsfriedliches" Verfahren festlege[85]. Durch diese Vorschrift werden ihm Rechte genommen, da die Rechte aus dem Betriebsverfassungsgesetz nur Rechte des Betriebsrats seien, im Gegensatz zu den Rechten und Machtpositionen des Arbeitgebers, die freilich nicht vom Betriebsverfassungsgesetz geschaffen worden sind[86].

Alle diese Argumente wären m. E. vorbehaltlos zu teilen, wenn die Betriebsautonomie die einzige Form der kollektiven Interessenwahrnehmung wäre. Man vergißt bei der einschlägigen Argumentation die Existenz der — vereinfacht gesagt — konfrontationsorientierten Tarifautonomie, zugleich verkennt man die spezifischen Strukturen und die Zielsetzung der Betriebsverfassung. Das Tarifrecht und der dazugehörende Arbeitskampf korrespondieren mit den austauschrechtlichen Elementen des Arbeitsverhältnisses, vor allem mit dem sog. „harten Kern" (Lohnhöhe, Arbeitszeit), kurzum mit den wirtschaftlichen Interessen der Beteiligten[87]. Solche Interessen setzen ein Mindestmaß an Konfrontation voraus

---

83 Vgl. auch den terminus „Pufferstellung des Betriebsrats" als abwertende Bezeichnung seiner gesetzlich geordneten Doppelloyalität. So *Hoffmann,* Zum Betriebsräteproblem heute, Einl. XV, in: K. *Brigl-Matthiaß,* Das Betriebsräteproblem in der Weimarer Republik.

84 So *Däubler,* Gewerkschaftsrechte, S. 24, der die berechtigte Frage stellt, was eigentlich ein Betriebsrat tun solle, wenn es um Lohnerhöhungen gehe, die seinen Betrieb gefährden und über die er in der gewerkschaftlichen Tarifkommission abstimmt.

85 So *Däubler,* Gewerkschaftsrechte, S. 27; vgl. auch die Bezeichnung *„Harmoniemodell".*

86 *Hoffmann,* Mitbestimmung am Arbeitsplatz, betriebliche Friedenspflicht, gewerkschaftliche Vertrauensleute, in: Huss-Schmidt (Hg.), Kooperation und Mitbestimmung, S. 148, 156, der allgemein diesen Grundsatz scharf angreift, weil er zu einer Entpolitisierung des Arbeitsverhältnisses sowie zur Verrechtlichung bzw. Verfestigung gesellschaftlicher Machtpositionen der Arbeitgeber führe (S. 155 ff.). Freilich ist eine reibungslose Kooperation des Betriebsrats mit dem Arbeitgeber nicht immer selbstverständlich („Kooperation zwischen Betriebsrat und Arbeitgeber ist erwünscht, Streitigkeiten sind möglich" *Adomeit).* Dazu hat *Däubler,* Gewerkschaftsrechte, S. 28, ein Lösungskonzept entwickelt, nach dem dem Betriebsrat nach geltendem Recht zwei Wege der Interessenvertretung offen stehen: Entweder handelt er als Betriebsrat, hält sich dabei an das vorgeschriebene Verfahren und übt eventuell beim Umfang der Forderungen etwas Zurückhaltung. Oder er wählt den Weg über die Gewerkschaften und versucht über deren Mittel und ohne Bindung an das Betriebswohl, jedoch auch ohne die Vergünstigungen des Gesetzes (z. B. Freistellung) seine Ziele durchzusetzen. Ob für die rechtliche Zulässigkeit besonders des zweiten Weges, § 74 Abs. 3 BetrVG eine solide Basis sein kann, bleibt m. E. fraglich. Dies darf jedoch nicht darüber hinwegtäuschen, daß in der Praxis ähnliche Situationen durchaus vorkommen können.

und sind wirkungsvoller im überbetrieblichen Raum durchzusetzen[88]. Sofern dieser Prozeß gewährleistet ist (vgl. § 74 Abs. 2 Satz 2 BetrVG), wäre es sinnlos, sogar auch volkswirtschaftlich schädlich, die Konfrontation auch im Betrieb zu verlangen[89]. Das Verbot des § 74 Abs. 2 BetrVG bezieht sich zunächst auf die Organisation und die Durchführung von Kampfmaßnahmen durch eine der betrieblichen Parteien gegen die andere. Der Betriebsrat darf sich nicht kraft seines Amtes an Arbeitskämpfen der Tarifparteien beteiligen. Das Recht der einzelnen Mitglieder, in ihrer Eigenschaft als Arbeitnehmer, zur Beteiligung bleibt jedoch unberührt[90].

Es ist gezeigt worden, daß die Interessen im Betrieb keineswegs nur materieller Natur sind. Insbesondere wird der Arbeitgeber eher die innere Ordnung des Betriebs gestalten wollen — damit ist freilich nicht nur der wirtschaftlich-unternehmerische Bereich gemeint. Bei einer Reihe von Angelegenheiten kann der Betriebsrat seinen Einfluß auf diese Gestaltung ausüben. Bei den sozialen Angelegenheiten hat er sogar ein Initiativrecht und die Option der Zwangsschlichtung, die ihm da bewußt als Surrogat des Arbeitskampfes gewährleistet wird. So bekommt der Betriebsrat ein einfaches und effektives Druckmittel in die Hand, das den spezifischen Interessen innerhalb der Betriebsverfassung Rechnung trägt und sich im betrieblichen Alltag besser bewährt als der vergleichsweise schwerfällige Arbeitskampf[91]. Dies führt jedoch zwangsläufig zur Feststellung, daß überall dort, wo der Betriebsrat die ebengenannte Möglichkeit nicht hat — das ist bei der Mehrheit der Regelungstatbestände der Fall — von einer zugunsten des Arbeitgebers gestörten Machtsymmetrie ausgegangen werden muß; nicht zuletzt ein Indiz dafür, daß der Gesetzgeber den Betriebspartnern keine weiteren Kompetenzen zur alleinigen und autonomen Gestaltung anvertraut hat.

Ungeachtet dessen wird die Auffassung vertreten, die Bindung der Betriebsparteien an das Betriebswohl enge deren Handlungsspielraum spürbar stärker ein als der allgemeine Leitgedanke jeder kollektiven Interessenwahrnehmung, die Wahrung und Förderung der Arbeits- und Wirtschaftsbedingungen (Art. 9 Abs. 3 GG)[92]. Die zugegebenermaßen schwächere Stellung des Betriebsrats bei der

---

87 So auch *Hanau / Adomeit*, Arbeitsrecht, S. 159. Allerdings sieht er bei der Mitbestimmung gesellschaftsrechtliche Elemente zwischen den Betriebspartnern, die kooperativ *unter bewußter Ausklammerung des Lohnes (Betonung d. Verf.)* — § 77 Abs. 3 BetrVG — geregelt werden sollen. Siehe dazu auch die Hinweise in Anmerkung 82.

88 s. oben Kap. 3, B III 2; vgl. auch *Jahnke*, Tarifautonomie und Mitbestimmung, S. 137.

89 Ebenso *Meik*, Kernbereich der Tarifautonomie, S. 120.

90 Dazu *Jahnke*, ZfA 1984, S. 69, 86 ff.; *Bieback-Mayer*, Mitbestimmung des Betriebsrats während des Arbeitskampfes, S. 202 ff.; *Weiss*, Die Rolle des Betriebsrats im Arbeitskampf tariffähiger Parteien, S. 288 ff., beide in: Arbeitskampfrecht, 1983.

91 Ebenso richtig *Jahnke*, Tarifautonomie und Mitbestimmung, S. 72.

92 In diesem Sinne *Konzen*, BB 1977, S. 1307; *Säcker*, ZfA 1972 Sonderheft, S. 41 ff.; *Thiele*, FS Larenz 1973, S. 1043 ff.; vgl. auch BAG AP Nr. 142 zu § 242 BGB Ruhegehalt.

Aushandlung von Betriebsvereinbarungen bedeutet indessen nicht, daß es nicht ein gewisses „Vertrauen“ zur Richtigkeit der Regelungen der Betriebspartner gäbe. Der Mangel an Durchsetzungsvermögen, gemessen an dem der Gewerkschaft, ist kein hinreichender Grund für die grundsätzliche Bezweiflung des Funktionierens des Vertragsprinzips bei der Betriebsautonomie[93]. Allgemein kann aber kein Vergleich zwischen beiden Institutionen aufgestellt werden, sofern es sich um die Verfolgung unterschiedlicher Interessen handelt. Die Art und die Zuordnung des institutionellen Einigungszwanges seien somit Ausdruck einer unterschiedlichen Aufgabenstellung beider Formen der kollektiven Interessenwahrnehmung[94].

D. Richtigkeitsgewähr kollektivvertraglicher Regelungen

I. Begriffsbestimmung

Im Rahmen der Ausführungen über die Funktion des Tarifvertrages sind die Interessenbefriedigung i. S. v. Vertragsgerechtigkeit und die individuelle Selbstbestimmung der Vertragsparteien als Ziele der Privatautonomie sowie der Vertrag als deren Instrument dargestellt worden[95]. Das Maß der Verwirklichung dieser Ziele läßt sich in concreto anhand des Vertragsinhaltes erschließen und setzt zwangsläufig ein Minimum an Machtgleichgewicht zwischen den vertragsschließenden Parteien voraus. Das deutet auf eine enge Verbindung der Machtlage mit dem konkreten Regelungsinhalt hin, da sie sich zueinander gleichsam in einer Ursache-Folge-Relation befinden. Als Bindeglied zwischen Machtgleichgewicht und den Regelungsinhalten wird häufig — insbesondere im Falle der arbeitsrechtlichen Kollektivverträge — der Gedanke einer erforderlichen Richtigkeitsgewähr angeführt[96].

Der Gedanke der Richtigkeitsgewähr, der zuerst von *Schmidt-Rimpler*[97] entwickelt wurde, hat in der Diskussion über die Grundlagen des Vertragsrechts ein breites Echo gefunden. Er finde seinen Standort dort, wo innerhalb eines Bereichs von Regelungsinhalten den Parteien ein Freiraum zu autonomer Vereinbarung von der staatlichen Normierung gelassen sei. Die Richtigkeitsgewähr bedeute, daß in diesem Raum keine richterliche Kontrolle der Vertragsinhalte

93 Dies räumt sogar *Thiele,* FS Larenz 1973, S. 1057 ff. ein.

94 Richtig *Jahnke,* Tarifautonomie und Mitbestimmung, S. 72.

95 s. oben Kap. 3, B II.

96 Zur Richtigkeitsgewähr vgl. *Lieb,* RdA 1972, S. 129, 134; *Richardi,* Kollektivgewalt, S. 177 ff.; *ders.,* Anmerkung zu BAG AP Nr. 142 zu § 242 BGB Ruhegehalt; *Säcker,* Anmerkung zu BAG 30.1.1970, SAE 1970, S. 273; *Scholz,* Koalitionsfreiheit, S. 262 ff.; *Thiele,* FS Larenz 1973, S. 1057 ff.; M. *Wolf,* Rechtsgeschäftliche Entscheidungsfreiheit und vertraglicher Interessenausgleich, S. 67 ff. m. w. N.

97 Grundlegend AcP Bd. 147 (1941), S. 130, 149 ff.

erfolgen müsse, da wegen der vorhandenen Machtsymmetrie angenommen werden könne, daß die Parteien jeweils ihre eigenen Interessen wahrgenommen, die Vertragsgerechtigkeit verwirklicht und damit für einen richtigen i. S. v. interessengerechten, billigen Vertrag gesorgt hätten[98]. Mit seinen Untersuchungen wollte *Schmidt-Rimpler* vor allem den „Sinn" (den Geltungsgrund) des Vertrages ermitteln. Der Vertrag dient ihm nicht der Anerkennung des Parteiwillens, sondern der Gewährleistung einer „richtigen", d. h. dem Interesse beider Seiten angemessenen Regelung. Wenn mithin die Voraussetzungen für die Interessenwahrung und damit die Richtigkeitsgewähr in Gefahr seien, werde die Zulässigkeit der gerichtlichen Kontrolle des Vertrags auf seine innere Gerechtigkeit, also die Billigkeitskontrolle bejaht[99]. Auf dem Gebiet des Arbeitsrechts muß Billigkeitskontrolle im Gegensatz zur üblichen Rechtskontrolle betrachtet werden; sie geht über diese hinaus, weil sie dem Gericht auch schon dann die Möglichkeit zum korrigierenden Eingreifen gibt, wenn der Inhalt eines Kollektivvertrages nicht gegen die Verfassung, zwingendes Gesetzesrecht, die guten Sitten oder tragende Grundsätze des Arbeitsrechts verstößt, aber nach den Vorstellungen des Gerichts unbillig oder unangemessen ist. Der Richter fungiert somit als „Ersatzgesetzgeber" auf dem Gebiet des Arbeitsrechts, indem er sich nicht auf kassatorische Entscheidungen beschränkt, sondern eine nach seinem Ermessen unbillige, kollektivautonome Regelung durch eine eigene Entscheidung ersetzt.

Interpretiert man den Gedanken der Richtigkeitsgewähr zutreffend, so können aus ihm so weitreichende Folgerungen nicht gezogen werden. Es ist bereits bewiesen worden, daß der arbeitsrechtliche Kollektivvertrag als Verfahren lediglich die Möglichkeit angemessener Vertragsinhalte gewährleisten kann[100]. Der Mangel an objektiven Beurteilungskriterien erschwert die Bestimmbarkeit des konkreten Billigkeitsmaßstabes durch das Gericht. Denn dafür, daß tatsächlich der Kollektivvertrag nach Maßstäben des objektiven Rechts „richtig" ist, kann der Umstand, daß sich gleichstarke Parteien gegenüberstehen, nichts Zwingendes aussagen. Auch ohne Gegendruck kann sich eine Vertragspartei an sie belastende Vereinbarungen binden. Auch wenn es in der Praxis nicht so oft vorkommen wird, ist es gerade ein Grundgedanke der Vertragsfreiheit, daß für den Nachteil eines Partners in einem Teil des Vertrags nicht notwendig ein tatsächlicher Ausgleich an anderer Stelle vereinbart werden muß[101]. Dies wäre bei den Tarif- bzw. Betriebspartnern durchaus vorstellbar, zumal sie bei ihrer Entscheidungsfindung auch mittel- oder langfristige, mit dem konkreten Vertragsabschluß nur mittelbar verbundene Faktoren (z. B. Sicherung der Arbeitsplätze, Einstellungen) berücksichtigen müssen. Es ist deshalb vorgeschlagen worden, den ziemlich unflexiblen Begriff der Richtigkeitsgewähr von Kollektivverträgen durch den

---

98 Ebenso *Käppler,* Voraussetzungen und Grenzen, S. 65 f.

99 Vgl. *Schmidt / Rimpler,* AcP Bd. 147 (1941), S. 130, 155 f.

100 s. oben Kap. 3, B II 2 mit Anmerkungen 21, 22, C I.

101 So auch *Käppler,* Voraussetzungen und Grenzen, S. 66.

einer „Richtigkeitschance" zu relativieren[102]. Ungeachtet dessen sprechen das Bundesarbeitsgericht und eine beträchtliche Zahl von Autoren[103] dem Tarifvertrag diese Eigenschaft zu, während sie der Richtigkeit der innerbetrieblichen Regelungen, insbesondere der Betriebsvereinbarung, skeptisch gegenüberstehen. Die damit zusammenhängende Problematik wird Gegenstand der folgenden Ausführungen sein.

II. Das Erfordernis einer gerichtlichen Billigkeitskonrolle: Indiz einer mangelnden Richtigkeitsgewähr der Betriebsvereinbarung?

Tarifvertrag und Betriebsvereinbarung werden vom Bundesarbeitsgericht unterschiedlich behandelt. Bei den Tarifverträgen erstreckt sich die Prüfung darauf, ob die Rechtsnorm mit dem ihr übergeordneten Recht übereinstimmt. In Anlehnung sogar an die Fälle tarifdispositiven, sonst zwingenden Gesetzesrechts behalten Tarifregelungen auch dann ihren Vorrang, wenn sie den vom Bundesarbeitsgericht aufgestellten Grundsätzen über die Rückzahlung von Gratifikationen und ähnlichen Arbeitgeberleistungen widersprechen und somit in die Sphäre des Vertrauensschutzes der Arbeitnehmer eingreifen[104]. Das Bundesarbeitsgericht hat damit die Rechtskontrolle von Tarifverträgen entscheidend eingeengt. Auf der anderen Seite unterwirft das Bundesarbeitsgericht Betriebsvereinbarungen einer allgemeinen Billigkeitskontrolle am Maßstab des § 2 Abs. 1 BetrVG[105]. Zwischen diesen auseinanderstrebenden Entwicklungen besteht ein enger Zusammenhang. Die Bejahung der Billigkeitskontrolle für Betriebsvereinbarungen ist nicht zuletzt auf die Tatsache zurückzuführen, daß das Bundesarbeitsgericht den Tarifvertragsparteien einen breiten kontrollfreien Spielraum zugesprochen hat. Dies sollte nach seiner Auffassung dem Schutzbedürfnis des einzelnen Arbeitnehmers und der Rechtssicherheit Rechnung tragen[106].

Nach Auffassung des Bundesarbeitsgerichts ist die Billigkeitskontrolle von Betriebsvereinbarungen erforderlich, da sie nicht in demselben Maße autonom seien wie der Tarifvertrag. Dies ergebe sich aus der Stärke und Unabhängigkeit

---

102 Vgl. auch oben Kap. 3, B II 2 am Ende; ebenso *Kreutz,* ZfA 1975, S. 72.

103 *Canaris,* AuR 1966, S. 129, 140; *Dietz-Richardi,* BetrVG, § 77 Anm. 77; *Gast,* Arbeitsvertrag und Direktion, S. 172 f.; *Säcker,* ZfA 1972 Sonderheft, S. 41, 48 f.; *Travlos-Tzanetatos,* Die Regelungsbefugnis, S. 74. Zur Kritik vgl. *Hanau / Adomeit,* Arbeitsrecht, S. 118; *v. Hoyningen-Huene,* Billigkeit im Arbeitsrecht, S. 161 ff.; *ders.,* Betriebsverfassungsrecht, S. 152 f.; *Kreutz,* ZfA 1975, S. 65 ff.; *Zöllner,* Arbeitsrecht, S. 437.

104 Vgl. BAG AP Nr. 54, 57, 68 zu § 611 BGB Gratifikation; zur Problematik vgl. *Thiele,* FS Larenz 1973, S. 1045 ff.; *Wiedemann / Stumpf,* TVG Einl. Anm. 135 ff.

105 Grundlegend BAG AP Nr. 142 zu § 242 BGB Ruhegehalt mit zust. Anmerkung von *Richardi* = SAE 1970, S. 262 mit kritischer Anmerkung von *Säcker* (S. 273); BAG AP Nr. 5 zu § 57 BetrVG 52 = SAE 1972, S. 132 mit Anmerkung von *Richardi;* BAG 13.9.1974, DB 1974, S. 2485; BAG AP Nr. 11 zu § 242 BGB Ruhegehalt-Unverfallbarkeit; BAG AP Nr. 1 zu § 77 BetrVG Auslegung; auch BAG AP Nr. 84 zu § 611 BGB Gratifikation; s. allgemein und ausführlich zu dieser Rechtsprechung *Kreutz,* ZfA 1975, S. 65 ff.

106 Diesen Zusammenhang erkennt insbesondere *Thiele,* FS Larenz 1973, S. 1044.

der Tarifvertragsparteien, die auf den Arbeitskampf als ultima ratio zurückgreifen können, während der Betriebsrat der absoluten Friedenspflicht unterliege, mit der Folge, daß die Erzwingbarkeit von betrieblichen Maßnahmen durch Arbeitskämpfe wegfiele; er habe daher nicht genügend Durchsetzungskraft. Außerdem vermöge die gesetzlich garantierte Unabhängigkeit der Betriebsratsmitglieder ihre Abhängigkeit, in der sie als Arbeitnehmer stünden, weitgehend, jedoch nicht vollständig auszugleichen[107]. Das Erfordernis einer Billigkeitskontrolle begründet das Bundesarbeitsgericht im übrigen mit § 75 BetrVG. Diese Vorschrift verpflichtet die Betriebspartner zur Wahrung von Recht und Billigkeit. Das schließe ein, daß sie auch und gerade bei ihren Vereinbarungen, diese Grundsätze zu beachten haben. Ob das geschehen sei, sei im Streitfall gerichtlich zu überprüfen[108]. Allerdings relativiert das Bundesarbeitsgericht seine These, indem es die Billigkeitskontrolle auf offenbare Unbilligkeit beschränkt, da der Betriebsrat immerhin mehr Macht habe als der einzelne Arbeitnehmer gegenüber dem Arbeitgeber, so daß eine Kontrolle nur bei krassen Fällen durchgeführt werden müsse[109].

Eine genauere Lektüre der bundesarbeitsgerichtlichen Entscheidung macht evident, daß eine präzise dogmatische Untersuchung gemäß der Prüfung am Maßstab von Treu und Glauben (§ 242 BGB) oder einer weitergehenden vertraglichen Inhaltsprüfung nicht gelungen ist. Obwohl das Bundesarbeitsgericht bei seiner Argumentation das Wohl des Betriebes und seiner Arbeitnehmer als Maßstab der Billigkeitskontrolle anführt[110], muß es wenig später einräumen, daß dies eine Prüfung nach dem Maßstab von Treu und Glauben unter besonderer Berücksichtigung des Vertrauensschutzgedankens sei[111]. Das Bundesarbeitsgericht muß sich demnach fragen lassen, worin dann der Unterschied zu den Tarifverträgen besteht, die bekanntlich auch einer Prüfung nach § 242 BGB unterworfen sind.

Weniger glücklich ist der Versuch *Richardis* ausgefallen, die Billigkeitskontrolle von Betriebsvereinbarungen mit § 315 BGB zu begründen[112]. *Richardi* geht davon aus, „daß überall dort, wo ein Recht zu regelnder Gestaltung besteht,

---

[107] BAG AP Nr. 142 (Bl. 6, 7) zu § 242 BGB Ruhegehalt; zustimmend *Dietz / Richardi,* BetrVG § 77 Anm. 77; *Travlos-Tzanetatos,* Die Regelungsbefugnis, S. 74; differenzierend *Säcker,* ZfA 1972 Sonderheft, S. 48; *ders.,* Anmerkung zu BAG, SAE 1970, S. 273.

[108] BAG vom 9.12.1981, DB 1982, S. 908.

[109] BAG AP Nr. 142 zu § 242 BGB Ruhegehalt (Bl. 6).

[110] Diese beiden Gesichtspunkte müssen nach der Auffassung des Bundesarbeitsgerichts in angemessenem Maße berücksichtigt werden. Es wäre ein Irrtum, wenn man davon ausgehen würde, daß sich die Billigkeitskontrolle einer Betriebsvereinbarung *nur* auf eventuelle mangelnde Berücksichtigung der Belegschaftsinteressen erstrecken würde. Das Gegenteil wäre auch möglich.

[111] s. Anmerkung 109; dies erkennt auch *v. Hoyningen-Huene,* Billigkeit im Arbeitsrecht, S. 163 f., der die Billigkeitskontrolle auch deshalb ablehnt, weil das Kriterium der Billigkeit als Einzelfallgerechtigkeit keinen Maßstab für eine Kollektivregelung (z. B. Betriebsvereinbarung) abgeben kann; *ders.,* Betriebsverfassungsrecht, S. 38 f., 153 f.; vgl. dazu auch *Dietz-Richardi,* BetrVG, § 77 Anm. 77.

[112] Urteilsanmerkung zu BAG AP Nr. 142 zu § 242 BGB Ruhegehalt.

die Bestimmung nach billigem Ermessen zu treffen ist und insoweit der gerichtlichen Kontrolle unterliegt (§§ 315, 317 BGB)." Diese Begründung muß schon deshalb ausscheiden, weil sie nur für rechtsgeschäftliche Regelungen anwendbar ist, nicht dagegen für die normativ wirkende Betriebsvereinbarung (vgl. § 77 Abs. 4 Satz 1 BetrVG). Außerdem sind die Betriebspartner keine „Dritten" i. S. des § 317 BGB, dessen Regelungsmacht sich die Belegschaft rechtsgeschäftlich unterworfen hätte[113].

Es hätte an dieser Stelle wenig Sinn, die verschiedenartig nuancierten Begründungen des Schrifttums darzustellen, die zum Ergebnis der Bejahung einer gerichtlichen Billigkeitskontrolle von Betriebsvereinbarungen gelangen. Ebensowenig tragen auch etwa solche Differenzierungen zur Sache bei, die trotz Anerkennung eines gewissen „Vertrauens" des Gesetzgebers zur Richtigkeit der Betriebsvereinbarungen, immerhin eine beschränkte gerichtliche Inhaltskontrolle verlangen, weil jedenfalls die Betriebsvereinbarung weniger „Vertrauensvorschuß" der Arbeitnehmer und der Rechtsgemeinschaft verdiene als der Tarifvertrag[114]. Es ist mithin festzuhalten, daß Zweifel an der effektiven Stärke und Unabhängigkeit des Betriebsrats als Interessenvertretungsorgan der gerichtlichen Billigkeitskontrolle ihre innere Rechtfertigung verleihen. Abgesehen vom inhaltlichen Widerspruch, daß der Gesetzgeber erstmals eine Form der kollektiven Interessenwahrnehmung mit präzise abgesteckten Kompetenzen institutionalisiert, der dann vor allem die Rechtsprechung *in toto* mißtraut, läßt sich doch bereits jetzt — vorbehaltlich der künftigen Entwicklung — bezweifeln, daß die Zukunft des Arbeitsrechts im Institut gerichtlicher Billigkeitskontrolle liegen kann. Dies gilt zumal dann, wenn sie ihre Rechtfertigung in einem oberflächlichen Vergleich des Machtgefälles zwischen Betriebsrat und Gewerkschaft sucht, ohne auf die verschiedenartigen Aufgaben jeder Interessenvertretung Rücksicht zu nehmen.

III. Stellungnahme

Im Betriebsverfassungsgesetz wird der Begriff „Billigkeit" in zwei Vorschriften erwähnt: erstmals als allgemeiner Grundsatz, den Arbeitgeber und Betriebsrat bei der Behandlung der Betriebsangehörigen respektieren müssen (§ 75 Abs. 1), und zweitens als Ermessensrahmen, in dem sich die Beschlüsse der Einigungsstelle bewegen müssen (§ 76 Abs. 5 Satz 3). Weder der Grundsatzcharakter des § 75 Abs. 1 BetrVG noch die enge — auf die Einigungsstelle beschränkte — Formulierung des § 76 Abs. 5 Satz 3 BetrVG lassen den dort angeführten Billigkeitsgedanken zum tragenden Grundsatz der Betriebsverfassung ausdehnen. Daher fehlt es an einer besonderen, im Betriebsverfassungsgesetz verankerten Rechtsgrundlage für die gerichtliche Billigkeitskontrolle von Betriebsvereinbarungen.

---

113 Darstellung und Kritik der Auffassung *Richardis* s. bei *v. Hoyningen-Huene*, Billigkeit im Arbeitsrecht, S. 163; *Thiele*, FS Larenz 1973, S. 1058 f., jeweils mit Nachweisen.

114 So *Thiele*, FS Larenz 1973, S. 1057 ff.

Ungeachtet dessen, könnte eine Billigkeitskontrolle angebracht sein, wenn beim Abschluß einer Betriebsvereinbarung das Machtgleichgewicht zwischen den Betriebspartnern gestört wäre. Dann entsprächen die erzielten Ergebnisse nicht einer materiellen Richtigkeit[115]. Davon geht das Bundesarbeitsgericht offenbar aus, indem es die Abhängigkeit des Betriebsrates und seine Bindung an die absolute betriebliche Friedenspflicht als Hauptgründe für eine Machtasymmetrie anführt. Von daher ist es offenbar nur ein kleiner Schritt bis zur Feststellung, daß die Existenz effizienter Durchsetzungsmittel notwendige Voraussetzung der erwünschten Vertragsparität ist. Sinngemäß muß man also fragen, ob Kampffreiheit im Arbeitsrecht ein solches Mittel darstellt. Diese Frage muß man dann bejahen, wenn keine andere Form des institutionellen Einigungszwanges zwischen den sozialen Gegenspielern existiert. Die Tarifautonomie kann nur unter der Bedingung der Kampffreiheit funktionieren, da andernfalls die Arbeitsverhältnisse kollektiv ungeregelt blieben. Dies würde aber praktisch eine Rückkehr zum Einzelarbeitsvertrag bedeuten, dem die Richtigkeitsgewähr fehlt und zwar aus zwei Gründen: einerseits wegen des unstrittigen, jedenfalls oft behaupteten ökonomischen Machtungleichgewichts zwischen Arbeitgeber als Kapitaleigner und Arbeitnehmer, andererseits weil diese Machtsituation jeden Arbeitnehmer vor die Wahl stellen würde, entweder den angebotenen — eventuell unbilligen — Vertrag abzuschließen oder gänzlich darauf zu verzichten. Dies ist im übrigen die innere Logik des Vertragsprinzips. Das wäre aber eine verdeckte Scheinwahl. Auf den Verzicht könnte sich der Arbeitnehmer offenbar nicht einlassen, da er in der Regel nur seine Arbeitskraft anzubieten hat und zur Existenzsicherung ein Arbeitsverhältnis eingehen muß. Diese Ansicht trägt einer gesellschaftlichen Gesetzmäßigkeit Rechnung. Die neuerdings von mehreren Seiten verlangte Rückkehr zur Vertragsfreiheit im Arbeitsrecht[116] kann nur auf dem Boden einer ausgebauten kollektiven Interessenwahrnehmung als Rückendeckung gedeihen. Das soziale Elend, das während der alleinigen Dominanz des Vertragsprinzips in der Arbeitswelt herrschte, dürfte eine ausreichende Lehre sein.

Die faktische Notwendigkeit einer kollektiven Regelung auf koalitionsmäßiger Ebene sowie die tatsächliche Existenz solcher Regelungen wirken sich mittelbar zugunsten der Betriebsratstätigkeit aus. Bei der Regelung jener betrieblichen Angelegenheiten außerhalb des Katalogs von § 87 Abs. 1 BetrVG, bei denen wegen des Mangels an Druckmitteln eine Machtasymmetrie zwischen den Betriebspartnern unterstellt werden muß, kann der Betriebsrat auf eine Einigung, die ihm — aus welchen Gründen auch immer — unbillig erscheint, jederzeit verzichten. Dies würde schon deswegen keine Nachteile für die Belegschaft bedeuten, weil diese Angelegenheit entweder tariflich geregelt wären oder die

---

[115] Diese Meinung vertritt *Richardi* in: Anmerkung zu BAG AP Nr. 142 zu § 242 BGB Ruhegehalt.

[116] Vgl. dazu die Veröffentlichung des sog. *Kronberger Kreises,* in: Frankfurter Institut für wirtschaftspolitische Forschung e. V., „Mehr Markt im Arbeitsrecht", 1985, S. 16 ff.

Ordnungs- bzw. Kartellwirkung eines einschlägigen Tarifvertrages eingreifen würde. Anders formuliert bedeutet dieser Ansatz, daß die *Möglichkeit* der Verlagerung einer strittigen Angelegenheit auf den „billigen" Tarifvertrag, die Richtigkeitsgewähr einer vor diesem Hintergrund abgeschlossenen Betriebsvereinbarung bereits präjudiziert. Freilich muß das Verhältnis zwischen den Betriebspartnern nicht immer so gespannt sein. Die beschriebene Methode könnte nur als Mindestsicherung im Extremfall gelten. Durchaus vorstellbar wäre ein ernster Wille beider Betriebsparteien zur Einigung auf freiwilliger Basis, ohne daß es unbedingt auf Machtpotential und Durchsetzungsvermögen ankommt. Haben sich Arbeitgeber und Betriebsrat geeinigt und dabei weder Gesetze noch rechtlich geschützte Positionen der Arbeitnehmer (kollektivfreier Individualbereich!) oder — gegebenenfalls — das Tarifprimat verletzt, würde m. E. das weitere Beharren auf eine gerichtliche Billigkeitskontrolle grob unangemessen erscheinen. Am schwersten dürfte dabei wiegen, daß die gerichtliche Billigkeitskontrolle ein untaugliches, ja inadäquates Mittel zur Kompensation einer vorweg unterstellten Vertragsimparität wäre, auf die es im konkreten Fall nicht ankommt. Soll nämlich gerichtliche Billigkeitskontrolle nicht unkontrollierbare Billigkeitsjustiz im Sinne subjektiv-willkürlicher, gefühlsmäßiger Interessenbewertung sein, so muß das Gericht vor seinem korrigierenden Eingreifen das Vorliegen einer konkreten unbilligen Regelung belegen, die bei voller Vertragsparität nicht bestanden hätte. „Denn ein Vertrag ist schon dann richtig, wenn und soweit er von beiderseitiger Selbstbestimmung der Vertragsschließenden getragen wird, selbst wenn er objektiv unangemessene und unbillige Bedingungen enthalten sollte." [117]

Eine abweichende Betrachtung gebietet insbesondere § 87 BetrVG, der dem Betriebsrat ein echtes Mitbestimmungsrecht und im Falle von Meinungsverschiedenheiten die Möglichkeit der Zwangsschlichtung als betriebsspezifische Form des institutionellen Einigungszwanges einräumt. Hier ist die „Gefahr" einer einzelvertraglichen Regelung von Anfang an ausgeschlossen, da der Arbeitgeber weder eine einseitige Regelung kraft seines Weisungsrechts treffen noch die notwendige Mitbestimmung des Betriebsrats durch gleichlautende Einzelvereinbarungen umgehen kann [118]. Wenn Arbeitgeber und Betriebsrat in einer mitbestimmungspflichtigen Angelegenheit zu einer Einigung kommen, dann muß eine gerichtliche Billigkeitskontrolle der abgeschlossenen Betriebsvereinbarung ausscheiden. In diesem Fall kommt nur eine Rechtskontrolle in Betracht, die sich auf die Prüfung der Beachtung der Außen- und Innenschranken der Betriebsautonomie beschränken muß [119]. Wenn es aber nicht zu einer Einigung kommt, braucht der Betriebsrat auch nicht das Problem praktisch auf die Tarifvertragsparteien zu verlagern, indem er auf jegliche Regelung verzichtet. Die Notwendigkeit einer

---

117 *Kreutz,* ZfA 1975, S. 75.

118 Aus der Fülle der Literatur s. nur *Dietz / Richardi,* BetrVG, § 87 Anm. 80 ff., 103 ff.

119 Näheres über die Grenzen der Betriebsautonomie s. bei *v. Hoyningen-Huene,* Betriebsverfassungsrecht, S. 145 ff.

betriebsinternen Regelung hat hier Priorität, so daß die Einigungsstelle jede Meinungsdivergenz durch ihren verbindlichen Spruch beilegt. Freilich tauchen bei der paritätisch besetzten Einigungsstelle selten Machtfragen auf, jedoch kann nicht übersehen werden, daß an dieser Stelle die Betriebsparteien mit dem Ergebnis eines gesonderten Entscheidungsgremiums konfrontiert werden, das zumindest den Selbstbestimmungsprozeß des Vertragsprinzips verändert[120]. Die Tätigkeit der Einigungsstelle stellt einen tiefgreifenden Eingriff in die verfassungsrechtlich abgesicherte Kollektivautonomie dar, der nur durch ihren Beitrag zum betrieblichen Einigungsprozeß kompensiert wird. Gerade daher erscheint eine gerichtliche Inhaltskontrolle ihrer Sprüche als gerechtfertigt[121].

Hauptargument der Verfechter einer Billigkeitskontrolle ist bekanntlich die Schwäche des Betriebsrats. Die Tatsache, daß diese vermeintliche Schwäche durch die Rückendeckung sozial mächtiger, überbetrieblicher Verbände sowie durch das betriebliche Zwangsschlichtungsverfahren weitgehend kompensiert wird, haben dieses Argument bereits erschüttert. Jedoch ist das nicht der einzige Grund; es darf nämlich nicht übersehen werden, daß es im Rahmen der betrieblichen Interessenwahrnehmung nicht einer ähnlichen Machtentfaltung bedarf, wie es im überbetrieblichen Bereich der Fall ist. Die dargestellten Befugnisse des Betriebsrats im Rahmen der Betriebsverfassung sowie § 77 Abs. 3 BetrVG stekken einen Rahmen ab, den die Betriebspartner nicht überschreiten dürfen. Sie bewegen sich — bildhaft gesprochen — oft auf einem Feld, das zuvor von den Tarifvertragsparteien geebnet worden ist. Außerdem läßt auch oft die Natur der wahrzunehmenden Interessen keine Möglichkeit für eine „konfrontationsorientierte" Einstellung der Betriebspartner[122].

Richtigkeitsgewähr und Billigkeitskontrolle im Arbeitsrecht sind die beiden Seiten einer Medaille, die gerechte privatautonome Vertragsgestaltung in einem vom Staat möglichst freigelassenen Raum verheißt. Das ist der Sinn der Kollektivautonomie. Die Bejahung der Billigkeitskontrolle ist demnach Indiz einer schwachen Autonomie, sogar nach Auffassung des Bundesarbeitsgerichts bezüglich der Betriebsvereinbarung, einer Autonomie, deren Richtigkeit *vorweg* bezweifelt wird. Eine schwache Autonomie ist aber m. E. *keine* Autonomie. Außerdem

---

120 Vgl. dazu *Burghardt,* Die Handlungsmöglichkeiten des Betriebsrats, S. 50 f., der sogar betont, daß das Interesse der Betriebsparteien an einer gerichtlichen Überprüfung der Zwangsschlichtung durch die Einigungsstelle größer sei, als wenn sich die Betriebsparteien der Einigungsstelle freiwillig unterworfen oder eine Betriebsvereinbarung ganz ohne Hilfe der Einigungsstelle abgeschlossen hätten.

121 Ebenso *Hanau / Adomeit,* Arbeitsrecht, S. 118; vgl. auch die These *v. Hoyningen-Huenes,* Billigkeit im Arbeitsrecht, S. 165: „Der Spruch der Einigungsstelle kommt nicht durch das privatautonome Aushandeln zustande, das die subjektive Richtigkeit der Betriebsvereinbarung gewährleistete und die Chance der objektiven Richtigkeit enthielte, vielmehr muß er von vornherein nach dem objektiven Kriterium der Angemessenheit gefaßt werden"; zum Prüfungsmaßstab s. *Dietz / Richardi,* BetrVG, § 76 Anm. 99 ff.; modifiziert *Kreutz,* ZfA 1975, S. 83.

122 Vgl. oben Kap. 3, C III.

sollte man nicht verkennen, daß durch das weitere Beharren auf das Erfordernis gerichtlicher Billigkeitskontrolle das *Prinzip der innerbetrieblichen Mitbestimmung selbst in Frage gestellt wird,* was aber niemand ernsthaft wünscht.

Es kann abschließend festgehalten werden, daß die Betriebsverfassung keineswegs unter mangelnder Richtigkeitsgewähr leidet. Sie hat das nicht zuletzt der sozialen Stärke der Gewerkschaften zu verdanken. Deshalb ist es m. E. unrealistisch, einen Ausbau der Betriebsverfassung über den Weg der Schwächung der Koalitionen zu versuchen, da beide Institutionen miteinander eng verbunden sind. Diesen Umstand sollte man stets im Augenmerk behalten.

E. Zwischenergebnis

Es ist gezeigt worden, daß Tarifautonomie und Mitbestimmung als „konnexe" oder „komplementäre" Rechtsinstitute die nur beschränkt funktionsfähige Individualautonomie auf kollektiver Ebene wiederherstellen. In ihrem Zusammenspiel tragen sie den verschiedenartigen Interessen der Arbeitsvertragsparteien Rechnung, indem sie Mittel und Wege zur eigenverantwortlichen Gestaltung von Arbeitsbedingungen aufzeigen. Darüber hinaus muß jeder Institution für ihren spezifischen Funktionsbereich eine unbestreitbare *Chance der Richtigkeit* zugesprochen werden.

Kapitel 4

Das Verhältnis zwischen tarifvertraglicher und innerbetrieblicher Normsetzung aus teleologischer Sicht

A. Rückblick — Bestandsaufnahme

Die Betrachtung des Spannungsfeldes von Tarifautonomie und innerbetrieblicher Mitbestimmung aus zwei grundlegenden Perspektiven, nämlich der Verankerung beider Institutionen im Grundgesetz und ihrer jeweiligen Funktion bzw. ihres Schutzzweckes im Rahmen der Arbeitsverfassung, könnte den Eindruck vermitteln, daß zwischen ihnen ein klar durchschaubares, jede Zuständigkeitskollision ausschließendes Verhältnis bestehe. Keiner von beiden bleibt eine verfassungsrechtliche Verankerung versagt. Während die Betriebsverfassung ihre Gewährleistung im Rahmen der allgemeinen Handlungsfreiheit (Art. 2 Abs. 1 GG) und des Sozialstaatsprinzips (Art. 20 Abs. 1, 28 Abs. 1 GG) findet, kommt der Tarifautonomie der spezielle Schutz des Art. 9 Abs. 3 GG zugute[1]. Ähnliches kann man über das Spannungsverhältnis zwischen Tarifautonomie und innerbetrieblicher Mitbestimmung konstatieren, wenn man das Betätigungsfeld bzw. die Funktion beider Institute als Kriterium zugrundelegt. Theoretisch betrachtet, bezweckt die Tarifautonomie den Schutz von vorwiegend materiellen i. S. v. wirtschaftlichen Interessen der Arbeitnehmer, während die innerbetriebliche Mitbestimmung, vom Gebot der umfassenden Persönlichkeitsentfaltung der Arbeitnehmer im betrieblichen Alltag ausgehend, vorwiegend die Wahrnehmung der relevanten immateriellen Interessen als Hauptzweck hat[2].

Der Anschein trügt jedoch. Die Trennlinie der Aufgabenverteilung beider Institutionen verläuft größtenteils nicht so klar. Ein Grund dafür wurde bereits an anderer Stelle angedeutet[3]. Etliche Arbeitsbedingungen, die sowohl tariflich als auch innerbetrieblich geregelt werden können, weisen materielle und immaterielle Aspekte zugleich auf (Arbeitszeit, Akkordregelungen). Diese Tatsache korrespondiert mit der durch die Neufassung des Betriebsverfassungsgesetzes im Jahre 1972 erfolgten Erweiterung des Mitbestimmungsrechts des Betriebsrats auf Angelegenheiten, deren Natur sie bis dahin dem alleinigen Zuständigkeitsbe-

---

1 Dazu s. ausführlich Kap. 2, C III.

2 s. Kap. 3, B III 2, C II.

3 Kap. 3, C II.

reich der Tarifvertragsparteien zugeordnet hatte (vgl. § 87 Abs. 1 Zif. 3, 10, 11 BetrVG). Dazu kommt die durch § 88 BetrVG den Betriebspartnern eröffnete Möglichkeit, mittels freiwilliger Betriebsvereinbarungen den Kernbereich des Arbeitsverhältnisses inhaltlich und normativ zu gestalten[4]. Als jüngstes Beispiel der Verflechtung der Zuständigkeiten sei hier noch kurz auf die tarifvertragliche Einführung der 38,5-Stunden-Woche im Metallbereich als Regelarbeitszeit verwiesen, für deren konkrete Umsetzung die jeweiligen Tarifverträge selbst betriebliche Normsetzung durch entsprechende Betriebsvereinbarungen vorsehen[5]. Die Tatsache, daß beiden „Konkurrenten" die Regelung weiter Teile des Arbeitsverhältnisses zugänglich ist, indiziert keineswegs, daß sie gegeneinander in einem offenen Wettbewerbsverhältnis stehen. Der Tarifautonomie wird bekanntlich der Regelungsvorrang eingeräumt, dessen Grundlage nicht in der Verfassung[6], sondern im einfachen Gesetz fußt. Nachdem alle Versuche, den Vorrang der Tarifautonomie auf eine andere gesetzliche Grundlage, als auf die der §§ 77 Abs. 3 und 87 Abs. 1 Halbs. 1 BetrVG zu stützen, ausscheiden mußten[7], bleiben diese beiden betriebsverfassungsrechtlichen Vorschriften für das Verhältnis beider Institutionen maßgebend. Obwohl ihre rechtstechnische Ausformung auf den ersten Blick recht einfach erscheint, bereiten sie erhebliche Auslegungsprobleme, die spätestens dann in den Vordergrund treten, wenn man auf ihr höchst umstrittenes gegenseitiges Verhältnis zu sprechen kommt. Während dies Gegenstand einer ausführlichen Untersuchung sein wird[8], muß an dieser Stelle ein sozusagen „primärer" Aspekt der Gesamtproblematik kurz erwähnt werden: § 77 Abs. 3 BetrVG hat nicht die Funktion einer typischen Kollisionsnorm, die das Verhältnis zweier konkurrierender Rechtsinstitute nur derart regelt, indem sie bei jeder Kollision das Einschalten des einen sperrt, um dem anderen den Vorrang zu gewährleisten. Er *beugt* teilweise einer Kollision vor, indem er auch bei Tarifüblichkeit von vornherein die — dann erst recht erforderliche — Regelung durch Betriebsvereinbarung ausschließt. Es erscheint daher fraglich, ob eine dermaßen weitgehende Einschränkung, ja sogar Verdrängung der innerbetrieblichen Mitbestimmung nicht in verfassungswidriger Weise ihre Verankerung im Grundgesetz antastet. Denn ein wie auch immer verstandener, in Art. 9 Abs. 3 GG statuierter Vorrang der Tarifautonomie ist nur relativ und funktional auszulegen und zwar unter der Voraussetzung, daß die Institution der Betriebsverfassung nicht subordi-

---

4 Dazu s. Kap. 3, C II unter b.

5 Einzelheiten dazu *Bender,* BB 1987, S. 1117 ff.; *Hanau,* NZA 1985, S. 73 ff.; *v. Hoyningen-Huene,* NZA 1985, S. 169 ff.; *Richardi,* NZA 1984, S. 387 ff.

6 So aber ausdrücklich *Biedenkopf,* Grenzen der Tarifautonomie, S. 282; *Haug,* BB 1986, S. 1922; *Thiele,* GK-BetrVG, § 77 Anm. 80; *Fitting / Auffarth / Kaiser / Heither,* BetrVG, § 77 Anm. 50; vgl. auch BVerfGE 34, S. 307, 316 ff.; BAG AP Nr. 3 zu § 87 BetrVG Lohngestaltung (Bl. 5 R); s. auch *Beuthien,* BB 1983, S. 1992, 1995, der vom gleichen Ansatz ausgeht, jedoch auf die Funktionssicherung der Tarifautonomie gelangt; *Meik,* Der Kernbereich der Tarifautonomie, S. 197.

7 s. Kap. 3, A, C III.

8 s. unten Kap. 5.

nativ in die überbetriebliche koalitive Verbandsverfassung eingebettet wird[9]. Die Betriebsverfassung ist vielmehr ein Rechtsgut, dessen Schutz eine gewisse Einschränkung des Betätigungsfeldes der Koalitionen als sachgerecht rechtfertigt[10].

Ferner hat auch die rechtspolitische Einschätzung des § 77 Abs. 3 BetrVG Anlaß zu kontroversen Äußerungen in der Literatur gegeben. Sie reichen von der Feststellung, in der Vorschrift breche sich die Vernunft und siege die Ideologie[11], bis zu der „Aufforderung", die Norm contra legem auszulegen, da sie in kaum erträglichem Maße das Selbstverwaltungsrecht des Betriebes beschränke[12]. *Hablitzel* bezweifelt den Vorrang des Tarifvertrages vor der Betriebsvereinbarung, wobei er auch verfassungsrechtliche Bedenken gegen § 59 BetrVG 52 aufwirft[13]. Er schlägt sogar de lege ferenda vor, entgegen § 77 Abs. 3 BetrVG der Betriebsvereinbarung und dem Tarifvertrag den gleichen Rang zu verleihen, da dies der von den Gewerkschaften geforderten betriebsnahen Tarifpolitik entgegenkomme und betriebssoziologischen Überlegungen entspreche, welche den Betrieb als „Quell sozialer Dynamik" ansähen[14]. Auch in der jüngsten Vergangenheit ist angesichts der Entwicklung des Arbeitsmarktes Kritik laut geworden[15]. Schließlich sei auch auf den fast „prophetischen" Verdacht Zöllners hingewiesen, daß der in dieser Norm statuierte Vorrang des Tarifvertrages gewohnheitsrechtlich derogiert werden könne[16].

Dies kam nicht von ungefähr. In der Tat kennt die betriebliche Praxis auch eine ganze Reihe von Betriebsvereinbarungen, die unter Verletzung von § 59 BetrVG 52 und § 77 Abs. 3 BetrVG abgeschlossen wurden und unangefochten angewendet werden, so daß man § 77 Abs. 3 BetrVG als eine der am häufigsten übertretenen Bestimmungen des Betriebsverfassungsgesetzes bezeichnen kann[17]. Hinzu kommen alle innerbetrieblichen Regelungen, die mittels individueller Abmachungen, einzelvertraglicher Einheitsregelungen oder sogar betrieblicher

---

9 Vgl. Kap. 2, C III.

10 Vgl. auch die ähnliche Akzentuierung des Bundesverfassungsgerichts in: BVerfGE 19, S. 303, 321 f.; 28, S. 295, 306; 50, S. 290, 369.

11 *Säcker,* RdA 1967, S. 370.

12 So *Schnorr v. Carolsfeld,* Arbeitsrecht, S. 84.

13 DB 1971, S. 2158. Um seine These zu untermauern, zieht der Autor das Subsidiaritätsprinzip heran, was aber für das Rangverhältnis beider Institutionen keine sichere Basis liefern kann. Zur Kritik des Subsidiaritätsprinzips s. Kap. 2, C I 2 a.

14 Von einem anderen, eher makroökonomischen bzw. marktpolitischen Standpunkt ausgehend, jedoch im Ergebnis zum selben Schluß kommend, führt seine Argumentation *Vollmer,* DB 1979, S. 308 ff.

15 Einzelheiten dazu s. bei *Bender,* BB 1987, S. 1117 ff.; *Wiedemann,* „Aufgaben der Koalitionen in einer sich fortentwickelnden Unternehmensrechtsordnung" in: Beuthien (Hrsg.): Arbeitnehmer oder Arbeitsteilhaber? Zur Zukunft des Arbeitsrechts in der Wirtschaftsordnung.

16 FS Nipperdey 1965, Bd. II, S. 699, 702.

17 *Däubler,* Gewerkschaftsrechte, S. 58; *Thiele,* GK-BetrVG § 77, Anm. 88; *Zachert,* Tarifvertrag, Eine problemorientierte Einführung, S. 171; darüber s. auch *Beuthien,* BB 1983, S. 1995 mit Nachweisen unter Anmerkung 38.

Übung zustandekommen, in Betracht, die die Normsetzungsprärogative der Tarifvertragsparteien praktisch umgehen. Dies alles deutet zumindest auf ein Bedürfnis nach betriebsspezifischen Regelungen hin, das trotz bestehendem oder üblichem Tarifvertrag empfunden und erst recht realisiert wird. Die damit verbundene — sehr wichtige — rechtspolitische Problematik des Tarifvorrangs, ja bisweilen Tarif*vorbehalts* wird Gegenstand einer gesonderten Betrachtung sein[18].

Diese kurze Skizzierung der Problematik macht evident, daß die aus den vorangegangenen Ausführungen ermittelten Lösungsansätze auf einfachgesetzlicher, rechtstechnischer Ebene mit §§ 77 Abs. 3 bzw. 87 Abs. 1 Halbs. 1 BetrVG konfrontiert werden, die zugleich als *Prüfsteine* der erzielten Ergebnisse fungieren. Die zu stellende Hauptfrage betrifft die Ermittlung eines „Harmoniemechanismus" zwischen der verfassungsrechtlichen Stellung und der Funktion beider Rechtsinstitute einerseits und der Zweckverfolgung der §§ 77 Abs. 3 und 87 Abs. 1 Halbs. 1 BetrVG andererseits. Die folgenden Ausführungen werden zunächst die Notwendigkeit betriebsverfassungsrechtlicher Tarifvorbehalte unter die Lupe nehmen. Denn zumindest in der Theorie besteht — von wenigen Ausnahmen abgesehen[19] — weitgehend Einigkeit über die rechtmäßige Existenz dieser Tarifvorbehalte. Keine Einigkeit besteht jedoch hinsichtlich der *Reichweite* beider Vorschriften. Dies aber setzt eine ausreichende Klärung des Sinn und des Zwecks beider Paragraphen voraus. In diese Richtung wird sich die weitere Untersuchung auch anschließend wenden.

B. Die Notwendigkeit tariflicher Vorrangvorschriften im Betriebsverfassungsgesetz

Über alle äußeren Unterschiede zur Tarifautonomie hinweg läßt sich die Mitbestimmung im Betrieb als zweiter Weg begreifen, Vertragsfreiheit für die Arbeitnehmer kollektiv zu realisieren. Genau nach dem Vorbild der Verbände obliegt dem Betriebsrat durch Betriebsvereinbarungen die Gestaltung des Arbeitsverhältnisses, die das Zivilrecht ursprünglich an anderer Stelle angesiedelt hat: bei den Arbeitnehmern des Betriebs. Die Tatsache, daß die Grundsätze des Verfahrens sowie die Wirkungsweise auf den „Gegner" anders gestaltet sind, ändern an der Natur der angestrebten Ziele nichts[20]. Es ist daher für die Untersuchung des Spannungsverhältnisses beider Institutionen wichtig, die Vorfrage zu stellen, wie denn eigentlich dieses Verhältnis aussehen würde, wenn keine Vorschrift in der einen oder der anderen Weise einer Institution ein Regelungsvorrecht einräumen würde.

[18] Unten unter Kap. 6, C.

[19] s. dazu statt aller die in den Anmerkungen 13 und 14 angeführten Autoren.

[20] Dies steht mit der Unterscheidung zwischen materiellen und immateriellen Interessen der Arbeitnehmer nicht in Widerspruch. In diesem Zusammenhang wird nicht diese Unterscheidung zugrundegelegt. Stattdessen wird von der Einheitlichkeit der schutzbedürftigen Interessen als Gesamtzweck der kollektiven Interessenwahrnehmung ausgegangen.

Dann könnten beide Autonomien konkurrierend auftreten, um eine kollektive Absicherung auszuhandeln. Diese Auffassung wird in der Literatur auch vertreten[21]. Sowohl die Gewerkschaften als auch der Betriebsrat stünden als Arbeitnehmervertreter auf der gleichen Seite und erbrächten ihre Leistungen als „Anbieter auf der gleichen Seite", m. a. W. als Wettbewerber. Freilich setzt dies eine umfassende Betätigungsmöglichkeit der Betriebspartner voraus. Gewerkschaft und Betriebsrat konkurrieren nach dieser Vorstellung wie Wettbewerber auf dem gleichen Markt, wobei die Arbeitsbedingungen das Marktangebot und insoweit auch das Marktergebnis darstellen[22].

Gerade in Anbetracht einer solchen Situation liegt die Befürchtung nahe, daß die betriebliche Mitbestimmung diesen „Konkurrenzkampf" zu Lasten der Tarifautonomie gewinnen würde[23]. Gewiß lassen sich genügend Indizien anführen, die diese Befürchtung glaubhaft machen können. Der Betrieb ist zunächst der Austragungsort aller aus dem Arbeitsverhältnis herrührender Konflikte. Folglich müßte die Zugehörigkeit von Arbeitnehmern zu einem Betrieb Anknüpfungspunkt einer Kollektivvertretung sein, die die verschiedenartigen Belange der dort beschäftigten Arbeitnehmer wahrnehmen will. Diese Voraussetzung erfüllt gerade der Betriebsrat, der aus dieser Perspektive als die soziologisch sachgerechtere Kollektivvertretung erscheint[24]. Darüber hinaus ist bei der kollektiven Rechtsausübung der Betriebsrat gegenüber der Gewerkschaft insofern im Vorteil, als die Belegschaft ein dauerhaftes Wahlpotential darstellt[25]. Der Bestand des Betriebsrats sowie auch seine Betätigungsfähigkeit hängen nicht von Mitgliedern ab, die frei über ihren Verbleib oder ihren Austritt aus dieser „Organisation" entscheiden können, wie dies bei Gewerkschaftsmitgliedern der Fall ist[26]. Auch die Finanzierung der Betriebsratsarbeit, die der Arbeitgeber zu tragen hat (vgl. § 40 BetrVG), scheint insofern gesichert zu sein. Dagegen muß die Gewerkschaft, um sich

---

21 s. exemplarisch *Vollmer,* DB 1982, S. 1670 ff., der dies allerdings auf die Fälle begrenzt, in denen die Existenz des Unternehmens oder die Arbeitsplätze gefährdet sind.

22 So richtig *Meik,* Kernbereich der Tarifautonomie, S. 121.

23 *Biedenkopf,* Grenzen der Tarifautonomie, S. 282, hat als erster vor eine Entwicklung in diese Richtung gewarnt; zustimmend auch *Gast,* Tarifautonomie und die Normsetzung durch Betriebsvereinbarung, S. 9 ff.; s. auch *Meik,* Kernbereich der Tarifautonomie, S. 121 f.; *Mummenhof,* Die Sperrwirkung des Tarifvertrages nach §§ 56 und 59 BetrVG, S. 19 ff.; *Wiese,* RdA 1968, S. 41 ff.; *Wlotzke,* Günstigkeitsprinzip, S. 130; zweifelnd *Zöllner,* FS Nipperdey, S. 704.

24 Dieser Aspekt wurde oben Kap. 2, C I 2 b ausführlicher untersucht und zugleich gezeigt, daß dieses Kriterium allein nicht die relative „Richtigkeit" einer Form der kollektiven Interessenwahrnehmung zu präjudizieren vermag; vgl. auch *Meik,* Kernbereich der Tarifautonomie, S. 112 ff., 117 ff., dessen Argumentation ansatzmäßig zum selben Ergebnis führt.

25 Richtig *Gast,* Tarifautonomie, S. 9, der zu Recht seine These relativiert, indem er die „Gefahr" des einzelnen Betriebsfunktionärs einsieht, nach unpopulärer Amtsführung nicht wiedergewählt zu werden. Zutreffend bezeichnet er dies als einen Aspekt der Legitimationsbasis. Diese Gefahr besteht gleichwohl für den gesamten Betriebsrat.

26 Anders aber *Bender,* BB 1987, S. 1119.

finanzieren zu können, Mitglieder werben und von ihnen Beiträge einziehen. Sie ist deshalb darauf angewiesen, für ihre Mitglieder attraktiv zu sein. Attraktivität kann sie aber nur dann besitzen, wenn sie ihnen deutliche Vorteile hinsichtlich der gesamten Arbeitsbedingungen bescheren kann. Angenommen, daß auch der Betriebsrat dies alles anbieten könnte und zwar kostenlos, müßte damit gerechnet werden, daß diverse Gründe, nicht zuletzt auch Sparsamkeit — so sehr kleinlich dies klingen mag —, den Arbeitnehmer davon abhalten würden, einer Gewerkschaft beizutreten[27]. Vor allem bringt die Betriebsratsarbeit kein Arbeitskampfrisiko mit sich. Falls sie sogar auch Erfolg hat, sieht der betroffene Arbeitnehmer seine Interessen ohne den Preis eines allzu großen persönlichen Engagements gefördert[28]. Stünden dann beide erzielten Regelungen — die tarifliche und die betriebliche — nebeneinander, wäre es kein großes Problem mehr, die rangniedere betriebliche Regelung, soweit sie günstiger als die tarifliche wäre, vor ihr gelten zu lassen[29]. Aus einer solchen Perspektive könnte sich der Betriebsrat durchaus als effizienter Vertreter von Arbeitnehmerinteressen profilieren. Stellt sich aber die Betriebsverfassung für Arbeitnehmer als ein angenehmer Weg zum selben Ziel dar, dann wird zwangsläufig die Motivation zum Gewerkschaftsbeitritt herabgesetzt[30]. Es wurde richtig bemerkt, daß in diesen Überlegungen schon Gefahren — zumindest abstrakte — für die Tarifebene anklingen[31]. Vor allem werde die Anziehungskraft der Koalitionen gefährdet, die nur durch die Gewährung realer Vorteile ihren Mitgliedern erhalten werden kann. Betriebsautonomie, wie sie da interpretiert wird, bedeute realisierte Privatautonomie auch für Untätige und sei zugleich ansehensmindernder Faktor für die Gewerkschaften[32].

Diese Gedanken können den Ansatz der Argumentation umreißen, die in einer Gleichstellung von Tarifautonomie und betrieblicher Mitbestimmung Gefahren für die erstere sieht. Die fast zwangsläufige Schlußfolgerung lautet, um der Chancengleichheit der Tarifautonomie willen die Betriebsautonomie so weit einzuschränken, daß die gewerkschaftliche Anziehungskraft erhalten bleibt[33]. Es

---

27 So auch *Meik,* Kernbereich der Tarifautonomie, S. 122.

28 Am leichtesten könnte dies durch die bloße Übernahme eines erkämpften Tarifabschlusses in einer Betriebsvereinbarung erreicht werden. Dies war sogar nach der früheren Rechtslage erlaubt; dazu vgl. *Säcker,* RdA 1967, S. 373. Die Wende des Gesetzgebers zu diesem Streitpunkt bei der Novellierung des Betriebsverfassungsgesetzes mag — neben dem Druck der Gewerkschaften — auch auf diese Überlegung zurückzuführen sein.

29 Die Geltung des Günstigkeitsprinzips im hiesigen Verhältnis ist lebhaft umstritten; vgl. dazu oben Kap. 3, A am Ende. Jedoch bestünde m. E. kein Zweifel, daß in einer solchen fiktiven Konstellation praktisch der günstigeren betrieblichen Regelung der Vorrang eingeräumt werden würde.

30 So *Gast,* Tarifautonomie, S. 11 f. Plastisch faßt der Autor seine Argumente in einem Satz zusammen: „Die Lasten einer Mitgliedschaft entfallen für den Nutznießer der Betriebsratsarbeit: kein Mitgliedsbeitrag ist zu zahlen, Ansinnen der Mitarbeit werden nicht gestellt, zum Engagement besteht kein Zwang."

31 *Gast,* ebenda.

32 Dazu s. *Hromadka,* DB 1987, S. 1993.

33 Ebenso *Meik,* Kernbereich der Tarifautonomie, S. 122.

mag dahinstehen, ob diese Befürchtungen für die Zukunft der Tarifautonomie auch dann begründet wären, wenn man die de lege lata bestehenden Möglichkeiten der Betriebspartner für eine autonome Gestaltung des Arbeitsverhältnisses zugrundelegt. Es ist bereits gezeigt worden, daß das Betriebsverfassungsgesetz nur vereinzelt die gesetzliche Grundlage anbietet, um ein solches Vorhaben zu verfolgen[34]. Außerdem kann man dieser Auffassung entgegenhalten, daß sie aus dem Verhältnis beider Rechtsinstitute eher einen „Aushöhlungswettbewerb" herausinterpretiert, während das Moment ihrer — gerade wegen der Verschiedenheit der wahrzunehmenden Schutzinteressen — gegenseitigen Ergänzung im Rahmen einer allseitigen Interessenwahrnehmung unterschwellig bleibt[35].

Indessen ist bei aller möglichen Übertreibung der beschriebene Ansatz nicht überflüssig. Er scheint die ratio beider Sperrvorschriften entscheidend mitgeprägt zu haben. Am deutlichsten kommt dies bei § 77 Abs. 3 BetrVG in Ausdruck. Jedenfalls darf man nicht diese beiden Vorschriften als den gleichsam einzigen Weg betrachten, das Spannungsverhältnis beider Institutionen zu regeln. Im Nebeneinander der beiden Kollektivebenen bieten sich mehrere Lösungsmöglichkeiten an, aus denen der Gesetzgeber zwei bevorzugt hat. Ein Blick auf das Spektrum denkbarer Lösungen entdeckt zwei Grenzpositionen: entweder sind Tarifautonomie und Betriebsautonomie befugt, jeweils für sich nach Belieben Normen zu schaffen, wobei dann die anzuwendende Norm nach den Regeln der Normenkollision im Arbeitsrecht bestimmt wird. Oder es wird der Tarifautonomie das absolute Regelungsvorrecht eingeräumt, während die Betriebsautonomie nur nach ausdrücklicher Erlaubnis im Tarifvertrag und dann nur ergänzend tätig werden kann[36]. Daß die gesetzliche Regelung keiner dieser Extremlösungen entspricht, wird bei der ersten Lektüre von § 77 Abs. 3 und § 87 Abs. 1 Halbs. 1 BetrVG evident. Vielmehr ist sie — je nach Machtlage im Betriebsverfassungsgesetz — differenziert ausgefallen. Ein einheitliches legislatives Ordnungskonzept, das hinter beiden Sperrvorschriften stehen soll, liegt keineswegs vor[37]. Wie dieses Konzept jedoch im einzelnen aussieht, wird anschließend zu erörtern sein.

---

[34] s. oben Kap. 3, B III 2, C II, D III.

[35] Vgl. *Kunze,* BB 1971, S. 356 ff., der ebenfalls die Bedeutung der Tarifautonomie, sogar vor dem Hintergrund einer erweiterten Mitbestimmung — die es bis heute ja gar nicht gibt (Anm. d. Verf.) — nicht in Gefahr sieht.

[36] Ähnlich *Gast,* Tarifautonomie, S. 12.

[37] So aber die h. M. Dazu s. statt vieler *Dietz / Richardi,* BetrVG, § 77 Anm. 177 ff.; § 87 Anm. 103 m. w. N.; *Wiedemann / Stumpf,* TVG, § 4 Anm. 275; dagegen mit Recht *Simitis / Weiss,* DB 1973, S. 1240 ff.

C. Die Regelung durch § 77 Abs. 3 und § 87 Abs. 1 Halbs. 1 BetrVG

I. Erste Annäherung

Die Vorschriften der §§ 77 Abs. 3 und 87 Abs. 1 Halbs. 1 BetrVG sichern den Vorrang der Tarifautonomie vor der betrieblichen Normsetzung. Nach einer bündigen Formulierung, soweit das Betriebsverfassungsgesetz ausdrückliche *Kollisionsregeln* enthält, dokumentiert es eine fast lupenreine Subsidiarität der Betriebsvereinbarung[38]. Damit wird aber gleich die erste Frage aufgeworfen: Sind §§ 77 Abs. 3 und 87 Abs. 1 Halbs. 1 BetrVG als Kollisionsregeln aufzufassen oder ist der Gesetzgeber zur Sicherung der Tarifautonomie mancherorts noch einen Schritt weiter gegangen? Eine vorsichtige Lektüre der einschlägigen Vorschriften des Betriebsverfassungsgesetzes, die sich nicht nur auf §§ 77 Abs. 3 und 87 Abs. 1 Halbs. 1 BetrVG beschränkt, zeigt, daß das geltende Recht eine differenzierende Linie verfolgt zwischen gegenständlich unbeschränkter Betriebsautonomie einerseits[39], rigider Sperrwirkung des Tarifvertrages beim Aufeinandertreffen beider Regelungsebenen oder gar der Tarifzuständigkeit andererseits.

Im einzelnen läßt sich dies wie folgt beschreiben:

Ein bekanntes Merkmal des Arbeitsverhältnisses ist seine Bestimmung durch rangverschiedene Gestaltungsfaktoren. Die Rechtsquellenlehre des Arbeitsrechts findet die jeweils anzuwendende Norm durch die Aufstellung von Kollisionsregeln, die für die widerspruchslose Gestaltung des konkreten Falles sorgen. In einer Gesamtbetrachtung kann man drei verschiedene Teilordnungen unterscheiden, nach denen die Konkurrenz der Rechtsquellen geregelt wird. Tarifvertrag und Betriebsvereinbarung fügen sich als Bestandteile des Stufenbaus der arbeitsrechtlichen Rechtsquellen in diesen Teilordnungen ein.

Die erste Teilordnung wird durch das Rang- bzw. das Günstigkeitsprinzip bestimmt[40]. Auf eine eingehende Beschreibung kann an dieser Stelle verzichtet

---

38 Das entspricht der fast einhelligen Meinung. Exemplarisch s. *Konzen,* BB 1977, S. 1308.

39 Man denke z. B. an die Regelung des Sozialplans (§ 112 Abs. 1 BetrVG), die gegen die „Philosophie" des Gesetzes angelegt zu sein scheint, indem sie dem innerbetrieblich festgelegten Sozialplan, der die Wirkung einer Betriebsvereinbarung hat, den Vorrang vor einschlägigen Abmachungen auf Tarifebene einräumt. Auch die ratio legis scheint einleuchtend zu sein. Die potentielle Richtigkeit der Einigung der Betriebspartner zur Milderung der wirtschaftlichen Nachteile, die den Arbeitnehmern infolge der geplanten Betriebsänderung entstehen, wiegt in diesem kritischen Fall zu schwer, um dem — in jenem Fall abstrakt wirkenden — Gedanken des Schutzes der Tarifautonomie geopfert zu werden. § 112 Abs. 1 BetrVG ist gewiß ein Einzelfall — er ist jedoch darüber genug aufschlußreich, daß der Gedanke einer im Vergleich zur Tarifautonomie stellenweise ebenso kompetenten und effizienten Betriebsvertretung dem Sinn des Betriebsverfassungsgesetzes nicht fremd ist.

40 s. dazu statt aller *Hanau / Adomeit,* Arbeitsrecht, S. 30 f., 73 f.; auch oben Kap. 1, A III; Kap. 3, A.

werden. Es sei nur kurz hinsichtlich der Problematik des Tarifvertrages bemerkt, daß nach diesen Prinzipien nur die für Arbeitnehmer günstigeren Abreden von zwingenden Tarifnormen abweichen dürfen (§ 4 Abs. 3 TVG)[41]. Der Grundgedanke, der dieser Teilordnung zugrundeliegt, spiegelt den Leitgedanken über die Schutzfunktion des Arbeitsrechts wider. Die verschiedenen Rechtsquellen werden je nach Bedeutung ihres Schutzauftrags in diversen Stufen eingeordnet, die den Vorrang vor allen rangniederen Stufen genießen. Gleichzeitig wird eine Überschreitung der höheren Stufe von unten ausnahmsweise als zulässig erklärt, wenn die schwächere Regelung im konkreten Fall die stärkere in ihrer Günstigkeit überbietet. Es entsteht sozusagen eine freie Konkurrenz der arbeitsrechtlichen Bestimmungsfaktoren, da der Gesetzgeber keinerlei Begünstigung oder Verdrängung einer Rechtsquelle vornimmt. Insofern scheint auf dieser Ebene keine Regelungsform speziell schutzbedürftig zu sein.

Die zweite Teilordnung ist der Gegenpol der ersten und wird durch § 77 Abs. 3 und § 87 Abs. 1 Halbs. 1 BetrVG gesetzlich statuiert. Ihre Hauptfunktion liegt darin, im Verhältnis des Tarifvertrages zur Betriebsvereinbarung das sonst allgemeingeltende Günstigkeitsprinzip außer Kraft zu setzen. Gemeinsam ist beiden Vorschriften, daß sie die sachliche Unzuständigkeit der Betriebspartner aussprechen. Konkret heißt dies, daß Zuständigkeiten, die man sonst bei den Betriebspartnern vermuten könnte, negiert werden[42]. Nun stellt sich die Frage, zu welchem Zeitpunkt die Zuständigkeit der Betriebspartner negiert wird. Geschieht dies, wenn Normen beider Ebenen aufeinandertreffen und den Anspruch zur Regelung des *konkreten* Falles *gleichzeitig* erheben? Oder wird die Begegnung beider konkurrierender Normen gar nicht erst abgewartet — ihr wird also vorgebeugt —, indem die bloße Möglichkeit bzw. die Üblichkeit der einen dazu ausreicht, die andere nicht einmal zum Zuge kommen zu lassen. Im ersten Falle kann man von einer *Kollisions*norm, im zweiten von einer *Zuständigkeits*norm sprechen[43].

---

[41] Ob eine solche Abrede eine Betriebsvereinbarung sein kann ist sehr umstritten. Nach der hier vertretenen Auffassung können Betriebsvereinbarungen nicht solche Abreden darstellen; dazu s. oben Kap. 3, A. Auch wenn man die Gegenmeinung akzeptieren würde, bliebe die Argumentation *Gasts*, Tarifautonomie, S. 14, weiterhin unverständlich. Der Autor gerät in einen offenbaren Widerspruch mit dem Wortlaut und dem Sinn des Gesetzes, indem er § 4 Abs. 3 TVG dahin auslegt, daß die zwingenden Tarifnormen nicht nur einseitig, sondern absolut unabdingbar sind. Nach seiner Meinung können m. a. W. *keinerlei* individuelle oder innerbetriebliche Abmachungen den Tarifvertrag auch zugunsten des Arbeitnehmers derogieren. Noch unklarer erscheint das Bild, wenn man die Argumentation *Gasts* weiterverfolgt. Er schlägt aus dieser These eine hermeneutische Brücke zu § 87 Abs. 1 BetrVG und versucht den Eingangssatz der hiesigen Vorschrift nach diesem Argumentationsmuster zu interpretieren: § 87 Abs. 1 Halbs. 1 BetrVG habe keine andere Bedeutung, als diese vermeintliche Funktion des § 4 Abs. 3 TVG zu bestätigen. Aber gerade die ratio des § 4 Abs. 3 TVG ist mit der des § 87 Abs. 1 Halbs. 1 BetrVG unvereinbar. Die letztere Vorschrift schließt nämlich — neben § 77 Abs. 3 BetrVG — ausnahmsweise in ihrem Geltungsbereich das im Arbeitsrecht sonst allgemein geltende Günstigkeitsprinzip aus, dessen gesetzliche Grundlage eben § 4 Abs. 3 TVG ist. Dazu s. unten Kap. 4, C II 2.

[42] So *Gast*, Tarifautonomie, S. 16; s. auch *Hueck*, Die Betriebsvereinbarung, S. 91.

Für das Bestehen einer Kollisionsnorm könnte zunächst einmal der Wortlaut von § 87 Abs. 1 Halbs. 1 BetrVG sprechen: Nur *soweit* eine tarifliche (oder gesetzliche) Regelung besteht, wird dem Betriebsrat das Mitbestimmungsrecht verwehrt. Konkret könnte das bedeuten: Es gibt ein denkbares Moment, wo eine Konkurrenz beider Regelungsebenen entsteht oder präziser, wo eine Konkurrenz unmittelbar bevorsteht; wenn nämlich der Betriebsrat sein Mitbestimmungsrecht zur betriebsinternen Regelung einer bereits tariflich geregelten Angelegenheit aus dem Katalog des § 87 Abs. 1 BetrVG geltend macht. Die Norm, die dann eingreift, um die „Achillesferse" der höheren Norm zu schützen — nämlich das Günstigkeitsprinzip zu sperren — ist als eine reine Kollisionsnorm aufzufassen. Die „reine" Kollisionsnorm ist allerdings schon überschritten, sobald man die Kollisionsregel in eine Zuständigkeitsregel übersetzt. Im Unterschied zu § 87 Abs. 1 Halbs. 1 BetrVG wendet § 77 Abs. 3 BetrVG nicht allein den bestehenden Tarifvertrag gegen die Betriebsautonomie. Der Abschluß einer Betriebsvereinbarung ist demgemäß auch dann verwehrt, wenn die einschlägige Angelegenheit üblicherweise durch Tarifvertrag geregelt wird. Da bekommt die zuständigkeitsorientierte Konzeption des Gesetzgebers ihre deutlichsten Konturen; denn wo nichts geregelt ist, lediglich die Sache nur geregelt sein könnte, dort droht nichts zu kollidieren[44]. Der Vorrang für die Gewerkschaft führe zum Vorbehalt bei der Regelung. Da die Gewerkschaft Schutz genieße und nicht der Tarifvertrag, spiele das Günstigkeitsprinzip keine Rolle. Dieses Prinzip ordne nicht das Verhältnis Gewerkschaft-Betriebsrat, sondern das Verhältnis Kollektivvertretung-Arbeitnehmer[45]. Diese Ausformung kommt allen denjenigen passend, die die Tarifautonomie vor einem Aushöhlungswettbewerb der Betriebsautonomie geschützt sehen wollen[46]. Je mehr Befugnis exklusiv bei den Tarifpartnern liege, um so besser sei der Schutz vor betrieblicher Konkurrenz. Somit kommt man auch zu der dritten Teilordnung des Stufenbaus: Denkbare Zuständigkeiten der Betriebspartner werden schlechthin negiert — nicht einmal die Kollision mit der höheren Regelungsebene wird zugelassen[47].

---

43 Richtig *Gast*, Tarifautonomie, S. 17 f.

44 *Gast*, ebenda. Es ist darum richtig, wenn nicht von einem Tarifvorrang gesprochen wird — das würde bedeuten, daß Betriebsvereinbarungen in welcher Form auch immer neben den Tarifverträgen bestehen könnten —, sondern von einem Tarifvorbehalt. *Gast*, Anmerkung zu BAG vom 24.2.1987, BB 1987, S. 1246 ff., 1249. Diesen Charakter von § 77 Abs. 3 BetrVG räumen auch *Dietz / Richardi*, BetrVG, § 77 Anm. 176, ein, indem sie dieser Vorschrift eine zuständigkeitsabgrenzende Funktion beimessen.

45 Richtig *Hromadka*, DB 1987, S. 1993.

46 s. oben Kap. 4, B.

47 In Opposition zur h. M. vertritt *Fabricius*, Arbeitsrecht und juristische Methodenlehre, S. 56, sowie in der Anmerkung zu BAG AP Nr. 28 zu § 59 BetrVG 52 Bl. 6, 9, die These, daß in § 77 Abs. 3 BetrVG der Gesetzgeber eine reine Kollisionsnorm gewollt hat. Seine Meinung hätte nur hinsichtlich des bestehenden Tarifvertrags i. S. v. § 77 Abs. 3 BetrVG die Chance der Richtigkeit. Was aber das Merkmal der Tarifüblichkeit betrifft, ist m. E. die Auffassung von einer Kollisionsnorm schwer haltbar. Dafür ist der Wortlaut bereits deutlich genug.

Diese Teilregelungen der §§ 77 Abs. 3 und 87 Abs. 1 Halbs. 1 BetrVG deuten bereits an, daß dem Interpreten kein einheitliches legislatives Ordnungskonzept vorsteht[48]. Die hermeneutische Annäherung wird künftig dadurch erschwert, daß das Gesetz an anderen Textstellen die beiden skizzierten Grundpositionen relativiert. Eine solche Relativierung liegt z. B. vor, wenn das Gesetz die Mitbestimmung in § 87 Abs. 1 BetrVG versagt, wenn eine tarifliche Regelung besteht. Ähnlich kommt dies auch bei § 77 Abs. 3 BetrVG zum Ausdruck, wo über Arbeitsbedingungen, die durch Tarifvertrag geregelt sind, keine Betriebsvereinbarungen abgeschlossen werden dürfen. Wann *besteht* aber eine tarifliche Regelung i. S. v. § 87 Abs. 1 Halbs. 1 BetrVG? Ist die tarifvertragliche Erfassung des konkreten Betriebs unbedingt erforderlich oder nicht? Wenn dies zu bejahen ist[49], wird dann die Tarifgebundenheit des Arbeitgebers ausreichen? Oder müssen auch die Arbeitnehmer ebenso tarifgebunden sein? Dann kommt man zwangsläufig auf die zu erfragende Zahl (oder Quote) der tarifgebundenen Arbeitsverhältnisse. Man schlägt sogar die Lösung vor, getreu dem Wortlaut der Vorschrift, sie nur auf die tarifvertraglich erfaßten Arbeitsverhältnisse anzuwenden[50]. Einem Textverständnis zum Vorteil der Tarifebene könnte hingegen die *pure Existenz* der tariflichen Norm genügen, um betriebsautonomes Handeln in diesen Angelegenheiten zu verwehren; die Sperre beträfe jedes Arbeitsverhältnis, auch das tariffreie. Denselben Fragekatalog könnte man bei der bestehenden tariflichen Regelung nach § 77 Abs. 3 BetrVG übertragen. Eine Übertragung auch derselben Antworten würde aber die Frage nahelegen, wozu dann der Gesetzgeber eine Teilregelung wiederholen mußte.

Die Zuständigkeitsnorm des § 77 Abs. 3 BetrVG wird auch an anderer Stelle relativiert — zumindest quantitativ: Das Begriffspaar „Arbeitsentgelte und sonstige Arbeitsbedingungen" läßt hinsichtlich seines Erfassungsvermögens viele Auslegungsmöglichkeiten zu. Sind unter „sonstigen Arbeitsbedingungen" alle, freilich außer den Arbeitsentgelten, nur denkbare Arbeitsbedingungen zu verstehen? Oder muß dieser Begriff mit der Hauptarbeitsbedingung „Entgelt" irgendwelche gemeinsamen Merkmale aufweisen, nicht also jede beliebige Arbeitsbedingung im weitesten Sinne sein, um in der Regelung des § 77 Abs. 3 BetrVG aufgenommen zu werden[51]? Dabei geht es gar nicht um einen für die Praxis belanglosen Begriffsstreit. Da es sich bei § 77 Abs. 3 BetrVG um eine Zuständigkeitsnorm handelt, wird diese oder jene Entscheidung von erheblicher Bedeutung sein: je mehr man den Begriff der sonstigen Arbeitsbedingungen ausdehnt, desto breiter

48 Vgl. dazu die Angaben in Anmerkung 37.

49 Das entspricht der einhelligen Meinung. s. beispielhaft *Dietz / Richardi,* BetrVG, § 87 Anm. 123 ff. mit Nachweisen.

50 So ausdrücklich *Gast,* Tarifautonomie, S. 28 f.; *ders.* in Anmerkung zu BAG, BB 1987, S. 1246 ff., 1250 unter 2 d); darüber s. eingehend Kap. 6, A II 2 a).

51 „Es ist gebräuchliche Gesetzestechnik, konkrete Momente exemplarisch herauszustellen und dann sonstige Momente pauschal folgen zu lassen; das Exemplarische soll das Verständnis allgemeiner Begriffe festlegen"; so richtig *Gast,* Tarifautonomie, S. 17.

wird das Erfassungsvermögen der Sperrwirkung, mit der Folge, daß die Kompetenzen der Betriebspartner entsprechend minimiert werden[52].

Nicht zuletzt sei abschließend auf das wichtigste Problem der Anwendung des § 77 Abs. 3 BetrVG im Geltungsbereich des § 87 Abs. 1 BetrVG hingewiesen. Vorbehaltlich seiner späteren eingehenden Untersuchung[53], genügt an dieser Stelle darauf hinzuweisen, daß jede Stellungnahme für den Charakter des § 87 Abs. 1 Halbs. 1 BetrVG als Kollisionsnorm ausschlaggebend sein wird. Diesen Charakter wird man nämlich nicht weiterhin aufrechterhalten können, sofern man § 77 Abs. 3 BetrVG auch in diesem Bereich für anwendbar hält. Dies hätte die konkrete Folge, daß Tarifüblichkeit schon ausreichen würde, Betriebsvereinbarungen über mitbestimmungspflichtige Angelegenheiten aus dem Katalog des § 87 Abs. 1 BetrVG auszusperren. Das ohnehin labile Gleichgewicht zwischen Kollisions- und Zuständigkeitsnorm wäre dann endgültig gestört. Die anfangs als eindeutig erscheinende Kollisionsnorm der vorgenannten Vorschrift wäre in eine Zuständigkeitsnorm umzudeuten. Ob dann Zuständigkeit für den Abschluß freiwilliger Betriebsvereinbarungen verbleiben würde, wäre eine andere Frage[54]. Womit der Auslegungsstreit aber nicht beendet wäre! Der inhaltliche Umfang des Begriffspaares „Arbeitsentgelte und sonstige Arbeitsbedingungen", der zuvor zu bestimmen wäre, würde im hiesigen Problem eine gravierende Rolle spielen: Denn falls § 77 Abs. 3 BetrVG im Rahmen des § 87 Abs. 1 BetrVG anwendbar wäre, wäre dieser Umfang der Maßstab des „Eindringens" der Zuständigkeitsnorm in die ursprüngliche Kollisionsnorm. Über diesen Problemkomplex bildeten sich bald zwei gegensätzliche Theorien[55], deren Vertreter zwar stets deutlich die Schwachstellen der jeweils anderen Meinung aufzeigten, ohne jedoch in der eigenen Argumentation ähnliche Schwachstellen vermeiden zu können, die die Gegenmeinung als Angriffspunkte ausnutzte[56]. Es ist bemerkenswert, daß sich zu jedem Zeitpunkt in der über 20-jährigen Diskussion gebildete Meinungen gegenüberstanden. Der Auslegungsstreit ist aber nicht beendet; er wird m. E. allmählich deutlicher auf die Ebene der Zwecke verlegt und ist zwischen den entgegengesetzt wirkenden Zweckangaben auszutragen. So ist es nicht verwunderlich, daß bis heute weder Klarheit über Sinn und Zweck der §§ 77 Abs. 3 und 87 Abs. 1 Halbs. 1 BetrVG noch über deren Verhältnis zueinander besteht[57], zumal nur selten neue Argumente in die Diskussion eingebracht werden.

---

52 Eine eingehende Darstellung der einschlägigen Problematik s. unten Kap. 4, C III.

53 s. unten Kap. 5.

54 Dazu s. unten Kap. 6, A II 2 c).

55 Gearbeitet wird vorwiegend mit den Begriffen „Zwei-Schranken-Theorie" und „Vorrang-Theorie".

56 Das bemerkt mit Recht *Klasen*, Tarifvorrang und Mitbestimmung in sozialen Angelegenheiten, S. 4.

57 So auch *Wiese*, Zum Gesetzes- und Tarifvorbehalt nach § 87 Abs. 1 BetrVG, in: 25 Jahre BAG, 1979, S. 661 (im folgenden FS BAG).

II. Sinn und Zweck der Regelung

1. Die vertretenen Auffassungen

Die ratio einer Norm gefunden zu haben, ist eine unumgängliche Voraussetzung für ihre richtige Auslegung. Das uneinheitliche Bild, das die verschiedenen Auslegungsversuche von § 77 Abs. 3 und § 87 Abs. 1 Halbs. 1 BetrVG darstellen, ist hauptsächlich ein Ausfluß der Uneinigkeit über die Zweckbestimmung beider Normen, die die Literatur und die Rechtsprechung charakterisiert. Wenn man die diversen Meinungen über den Sinn und den Zweck dieser Vorschriften näher betrachtet, stellt man fest, daß sie sich voneinander wenig unterscheiden. Man bewegt sich also nicht in einem Rahmen der krassen Gegensätzlichkeit; vielmehr handelt es sich um einen Auslegungsstreit über fast gleiche Zweckangaben, der bisweilen an Wortspielerei grenzt[58]. Dies zeigt sich deutlich am Beispiel der wichtigsten Vorschrift des Normpaares — § 77 Abs. 3 BetrVG —, deren ratio ein Dauerbrenner in der juristischen Literatur ist, obwohl sich im Grunde alle darin einig sind, daß sie die Normsetzungsprärogative der Tarifvertragsparteien im betrieblichen Bereich festschreibt[59]. Durch diese Aussage wird jedoch nur in grober Weise die Normwirkung beschrieben; der Normzweck läßt sich damit allein noch nicht erklären.

Erste Schwierigkeiten ergeben sich bereits, wenn man die amtlichen Begründungen zu § 77 Abs. 3 BetrVG und seinem Vorgänger, § 59 BetrVG 52 zugrundelegt. Danach soll § 77 Abs. 3 BetrVG „dem Vorrang der Tarifautonomie Rechnung tragen“[60]. Die amtliche Begründung zu der § 59 BetrVG 52 entsprechenden Vorschrift des Regierungsentwurfs (§ 65) drückte sich zurückhaltender aus, indem sie „im Interesse einer klaren Scheidung zwischen den Zuständigkeiten der Gewerkschaften und denen der Betriebsräte“ bewußt den Abschluß von Betriebs-

---

[58] Eine übersichtliche Darstellung der Angaben über den Normzweck, sowie auch über die einschlägigen Kontroversen in der Literatur, befindet sich bei *Haug,* BB 1986, S. 1921 f.

[59] Den „Monopolcharakter“ betonen insbes. *Dietz / Richardi,* BetrVG § 77 Anm. 176 f.; *Fitting / Auffarth / Kaiser / Heither,* BetrVG § 77 Anm. 50; *Hess / Schlochauer / Glaubitz,* BetrVG § 77 Anm. 70, *Lieb,* ZfA 1978, S. 205; *Richardi,* Betriebsverfassung und Privatautonomie, S. 16 ff.; *Säcker,* ZfA 1972 Sonderheft, S. 41, 43; *Stege / Weinspach,* BetrVG § 77 Anm. 12, *Travlos-Tzanetatos,* Die Regelungsbefugnis, S. 61; *Wiese,* FS BAG, S. 664. Zu § 59 BetrVG 52: *Biedenkopf,* Grenzen der Tarifautonomie, S. 282; *Mummenhof,* Die Sperrwirkung des Tarifvertrages nach den §§ 56 und 59 BetrVG, 1968, S. 19 ff.; *Neumann-Duesberg,* Betriebsverfassungsgesetz, S. 469; *Nikisch,* Arbeitsrecht III, S. 382; *Quasten,* Zulässigkeit und Unzulässigkeit von Betriebsvereinbarungen, S. 88 ff.; *Richardi,* Kollektivgewalt, S. 323; *Schelp,* DB 1962, S. 1242 ff.; *Wlotzke,* Günstigkeitsprinzip, S. 129; *Zöllner,* FS Nipperdey II 1965, S. 704 ff.; dagegen kritisch *Fabricius,* Anmerkung zu BAG AP Nr. 28 zu § 59 BetrVG 52. *Säcker,* RdA 1967, S. 371, weist darauf hin, daß kein Alleinrecht, sondern ein durch Entfaltung normsetzender Aktivität zu begründendes Vorrecht besteht („Normsetzungsprärogative“). vgl. auch *Hablitzel,* DB 1971, S. 2158.

[60] Vgl. die Begründung zum Regierungsentwurf, BT-Drucks. VI/1786, S. 47.

vereinbarungen über „tarifliche Arbeitsentgelte und sonstige Arbeitsbedingungen, die ihrem Wesen nach Mindestarbeitsbedingungen sind", verhindern wollte, soweit sie üblicherweise durch Tarifvertrag geregelt werden[61]. Auf diese Weise wird aber der Zweck selbstverständlich nur formal gekennzeichnet. Die eigentlichen dahinter stehenden rechtspolitischen Überlegungen bedürfen näherer Konkretisierung. Solch eine Konkretisierung ist auch versucht worden und hat zu verschiedenartigen Ergebnissen geführt. So liest man als Zweck des § 77 Abs. 3 BetrVG den Schutz der Tarifautonomie[62], die Förderung einer einheitlichen überbetrieblichen Ordnung im Interesse eines Gleichmaßes an Wettbewerbsbedingungen für die einzelnen Unternehmen oder im Interesse einer gesamtwirtschaftlich vernünftigen und weitsichtigen Gestaltung der Arbeitsbedingungen[63], die Wahrung des Betriebsfriedens durch Ausschaltung betrieblicher Lohnkämpfe[64], die Erhaltung der Werbungskraft der Koalitionen, d. h. mit der Gewährleistung eines Rechtsetzungsmonopols den Gewerkschaften zu helfen, ihre Bedeutung, insbes. ihren Mitgliederstand zu wahren[65] und die Herausnahme materieller Arbeitsbedingungen aus der betrieblichen Ebene zur Vermeidung der Zwangsschlichtung[66].

Die Aufzählung dieser Auslegungsversuche der Norm des § 77 Abs. 3 BetrVG bringt zunächst eine Verselbständigung verschiedener Aspekte ein und derselben Zweckangabe zum Ausdruck. Man erhebt teilweise zum einzigen Zweck dieser Vorschrift die Verfolgung von Zielen, die unter einem anderen, inhaltlich breiteren Ziel subsumiert werden können, oder Zielen, die gar nicht verwirklicht werden können, ohne vorherige Erreichung eines anderen „Hauptziels". Als Beispiel soll

---

61 Begründung zu § 65 „Entwurf eines Gesetzes über die Neuordnung der Beziehungen von Arbeitnehmern und Arbeitgebern in den Betrieben (BetrVG)", BT-Drucks. I/1546, S. 55. Das vertritt auch *Hess / Schlochauer / Glaubitz,* BetrVG § 77 Anm. 71.

62 Außer den in Anmerkung 59 genannten Autoren s. *Haug,* BB 1986, S. 1922 m. w. N.; *Moll,* Tarifvorrang, S. 37 ff. Neuerdings auch ähnlich *v. Hoyningen-Huene / Maier-Krenz,* NZA 1987, S. 793 f. Guter Überblick über die Deutungsversuche bei *Eickelberg,* Probleme der Betriebsvereinbarung über Arbeitsentgelt und sonstige Arbeitsbedingungen nach dem BetrVG 1972, S. 128 ff. Vgl. auch BAG vom 24.2.1987, BB 1987, S. 1246 ff., B II 4 a der Gründe unter Hinweis auf BAG AP Nr. 13 zu § 118 BetrVG; AP Nr. 3 zu 87 BetrVG Lohngestaltung.

63 *Hess / Schlochauer / Glaubitz,* BetrVG § 77 Anm. 71; ähnlich zu § 59 BetrVG 52, *Grosshauser,* Die Unzulässigkeit von Betriebsvereinbarungen nach § 59 BetrVG, S. 21 ff.; *Galperin / Siebert,* BetrVG, 4. Aufl. 1964, § 59 Anm. 4; *Schelp,* DB 1962, S. 1241; *Wlotzke,* Günstigkeitsprinzip, S. 130.

64 BAG AP Nr. 1 zu § 2 ArbGG 1953 Betriebsvereinbarung; AP Nr. 25 und 26 zu § 59 BetrVG 52; ArbG Siegburg, DB 1978, S. 1281; LAG Berlin, DB 1978, S. 115; *Galperin / Siebert,* BetrVG § 59 Anm. 3; *Galperin / Löwisch,* BetrVG § 77 Anm. 73; *Hess / Schlochauer / Glaubitz,* BetrVG § 77 Anm. 72; *Janert,* DB 1976, S. 243; *Müller,* DB 1967, S. 903 f.

65 *Biedenkopf,* Grenzen der Tarifautonomie, S. 278 ff.; *Säcker,* RdA 1967, S. 370 f.; *Schelp,* DB 1962, S. 1244; *Wlotzke,* Günstigkeitsprinzip, S. 130.

66 BAG AP Nr. 1 zu § 2 ArbGG 1953 Betriebsvereinbarung; AP Nr. 26 zu § 59 BetrVG 52; *Bichler,* DB 1979, S. 1939 f.

hier der Schutz der Tarifautonomie dienen. Wenn man darin die eigentliche ratio des § 77 Abs. 3 BetrVG sieht, dann bleibt kaum Raum mehr übrig, um die Werbungskraft der Gewerkschaften, insbesondere die Wahrung ihres Mitgliederstands durch Erhaltung ihrer Attraktivität[67] zu verselbständigen und sie dann als ratio des § 77 Abs. 3 BetrVG zu bezeichnen. Denn der Schutz der Tarifautonomie ist insofern das Endziel, dessen Erreichung die Existenz sozial mächtiger Gegenspieler voraussetzt. Wird mithin die eine Seite beträchtlich geschwächt, bedeutet dies nicht nur die Übervorteilung der anderen, sondern vielmehr die Verabschiedung einer ausgeglichen funktionierenden Tarifautonomie. Ähnlich verläuft es mit der Einheitlichkeit der überbetrieblichen Ordnung, die ebensowenig als selbständige ratio des § 77 Abs. 3 BetrVG bezeichnet werden kann. Sie ist ein Ausfluß der Tarifautonomie, ein „Nebeneffekt" sozusagen, der nur dann in Erscheinung treten kann, wenn diese Institution als kollektives Gestaltungsmittel der Arbeitsverhältnisse dominiert. Der gelungene Schutz der Tarifautonomie präjudiziert daher, daß die Tarifvertragsparteien nach Belieben über die Gestaltung der überbetrieblichen Ordnung und das Maß ihrer Einheitlichkeit verfügen können. Deshalb werden diese Aspekte in der folgenden Untersuchung nicht als selbständige rationes des § 77 Abs. 3 BetrVG, sondern im Rahmen des Hauptzwecks (Schutz der Tarifautonomie) abgehandelt werden. Selbständige Zweckangaben sind dagegen die Wahrung des Betriebsfriedens und die Vermeidung der Zwangsschlichtung. Als solche sind sie mithin zu betrachten. Ausgeklammert wird vorerst § 87 Abs. 1 Halbs. 1 BetrVG bleiben. Sein Sinn und Zweck soll nach dem des § 77 Abs. 3 BetrVG untersucht werden[68].

a) Schutz der Tarifautonomie

Dieses Ziel wird am häufigsten mit der einen oder der anderen Formulierung als Zweck des § 77 Abs. 3 BetrVG angegeben. Das Bundesarbeitsgericht hat ihn neuerdings in der Sicherung der ausgeübten und aktualisierten Tarifautonomie gesehen; die Funktionsfähigkeit der Tarifautonomie solle gewährleistet werden[69]. Teilweise wird das aus Art. 9 Abs. 3 GG begründet: Die Bevorzugung der tariflichen gegenüber der betrieblichen Ebene könne nur durch eine normative Wertentscheidung festgelegt werden, die ihre Grundlage in Art. 9 Abs. 3 S. 1 GG habe[70]. Obwohl die direkte Verbindung des Art. 9 Abs. 3 GG mit dem Gebot des Schutzes der Tarifautonomie nicht geleugnet werden kann[71], läßt das Grundgesetz das konkrete Maß des Zurückweichens der Betriebsautonomie — zwecks Gewährleistung der Tarifautonomie — offen. Der Gesetzgeber kommt mithin

---

67 s. oben Kap. 4, B.

68 s. unten Kap. 4, C II 2.

69 Beschluß vom 24.2.1987, 1 ABR 18/85, abgedruckt in BB 1987, S. 1246 ff. mit Anmerkung *Gast* = DB 1987, S. 1435 ff.

70 So *Moll*, Tarifvorrang, S. 20 mit Nachweisen, 37.

71 s. oben Kap. 2, C III.

mit der Normierung des § 77 Abs. 3 BetrVG nicht einer Verpflichtung aus Art. 9 Abs. 3 GG nach. Die konkrete Ausgestaltung des Tarifvorbehalts in § 77 Abs. 3 BetrVG beruht nicht auf dem Verfassungsauftrag, die Tarifautonomie in ihrem rechtlichen Bestand zu wahren, sondern auf einer positivistischen Entscheidung des Gesetzgebers[72].

Mit Hilfe der Sperrwirkung des § 77 Abs. 3 BetrVG will man die Einheitlichkeit der überbetrieblichen Ordnung schützen. Es sollen nicht auf betrieblicher Ebene kollektive Teilordnungen entstehen, die inhaltlich mit der überbetrieblichen Ordnung nicht übereinstimmen[73]. Dadurch kann man — so wird argumentiert — die Schaffung einer einheitlichen Wettbewerbsposition der Einzelunternehmen und eine volkswirtschaftlich sinnvolle Gestaltung der Arbeitsbedingungen erreichen. In diesen Zusammenhang gehört auch das Schlagwort vom Betriebsegoismus, den es zu vermeiden gilt[74]. All das überzeugt nicht. Erstens verkennt diese Meinung, daß Tarifverträge gerade in der Vergangenheit — die Meinung gehört zu den ältesten — nur Mindestarbeitsbedingungen festsetzten, die immer innerbetrieblich „verbessert“ wurden. Wenn die Betriebsvereinbarung als solches Mittel der Verbesserung ausscheidet, dann bieten sich immer noch andere Möglichkeiten an (z. B. Gesamtzusagen, arbeitsvertragliche Einheitsregelung), den Tarifvertrag in seiner Günstigkeit zu überbieten. Unter diesem Aspekt kann man wohl dieser Auffassung Realitätsferne vorwerfen. Noch zweierlei spricht dagegen. Zunächst das Verbot tarifübernehmender Betriebsvereinbarungen[75], die erst recht das angebliche Ziel erreichen könnten. Es zeigt, daß die Regelung genau das Gegenteilige bezweckt. Außerdem spricht die im zweiten Satz des § 77 Abs. 3 BetrVG normierte Öffnungsklausel gegen die geschilderte Normzweckbestimmung. So wäre es unerklärlich, wie der Gesetzgeber seine zugrunde gelegte Ordnungskonzeption in einer diese geradezu konterkarierenden Weise in die Dispositionsbefugnis der Tarifvertragsparteien gestellt haben könn-

---

72 Dazu oben, Kap. 3, A; ebenso *Klasen*, Tarifvorrang und Mitbestimmung in sozialen Angelegenheiten, S. 22 ff. Sofern man die Tarifautonomie als Korrektiv gestörter Vertragsparität begreift, hätte ihr Schutz die Wiederherstellung und Erhaltung dieser Parität bezweckt. Unter dieser Prämisse fragt es sich, ob ein so gestalteter Schutzbereich dieses weitestreichenden Verbotes auch günstiger Abreden bedurft hätte; so richtig *Eickelberg*, Probleme der Betriebsvereinbarung, S. 132.

73 So wörtlich *Wlotzke*, Günstigkeitsprinzip, S. 129; ähnlich *Schelp*, DB 1962, S. 1244; teilweise noch *Galperin / Löwisch*, BetrVG § 77 Anm. 73; *Löwisch*, AuR 1978, S. 106 f., jeweils mit weiteren Nachweisen; vgl. übrigens die Angaben in Anmerkung 63.

74 G. *Hueck*, Die Betriebsvereinbarung, S. 89; *Stahlhacke*, DB 1960, S. 581; *Wlotzke*, Günstigkeitsprinzip, S. 146 f.

75 Nunmehr einhellige Meinung; anders aber bei der früheren Rechtslage. In der Begründung des Regierungsentwurfs (BT-Drucks. VI/1786, S. 47) heißt es, es solle künftig verhindert werden, „daß der persönliche Geltungsbereich von Tarifverträgen auf einem anderen als dem hierfür vorgesehenen Weg der Allgemeinverbindlicherklärung nach dem Tarifvertragsgesetz ausgedehnt wird.“ Dazu s. statt vieler *Jahnke*, Tarifautonomie und Mitbestimmung, S. 145 mit zahlreichen Nachweisen (insbes. Anmerkung 20); repräsentativ zur unter der Geltung von Betriebsverfassungsgesetz 1952 herrschenden Auffassung *Dietz*, RdA 1955, S. 241, 244.

te[76]. Das Anstreben oder die Hypothese von einer einheitlichen überbetrieblichen Ordnung von Arbeitsbedingungen ist daher eine Fiktion, die weder mit den rechtlichen noch mit den tatsächlichen Gegebenheiten übereinstimme[77].

Wenn man die beiden Hauptfunktionen des § 77 Abs. 3 BetrVG betrachtet, nämlich den Ausschluß des Günstigkeitsprinzips zwischen Tarifvertrag und Betriebsvereinbarung sowie das Verbot der Übernahme tariflicher Regelungen durch Betriebsvereinbarung, so ist die Sorge des Gesetzgebers nicht zu übersehen, daß die tarifliche Regelung der Arbeitsbedingungen durch eine normative Ordnung auf betrieblicher Ebene überspielt wird und die Vorteile des Tarifvertrages den nicht organisierten Arbeitnehmern zugute kommen[78]. So kommt man auf den Aspekt der Erhaltung bzw. Stärkung der Werbungskraft der Koalitionen und zwar in erster Linie der Gewerkschaften, die oft als der Hauptzweck des § 77 Abs. 3 BetrVG angegeben wird[79]. Die einschlägige Problematik ist oben zum großen Teil dargestellt worden[80]. Der Grundgedanke — die Aushöhlung der Tarifautonomie von einer parallellaufenden Betätigung der Betriebsautonomie — ist gewiß ein Fall, der noch nie eingetreten ist; es handelt sich also um eine *Vermutung*, daß gegebenfalls ein solcher Ablauf stattfände. Gewiß ist es durchaus legitim, wenn der Gesetzgeber einer möglichen, aber nicht realen Situation vorbeugt und ein verfassungsrechtlich abgesichertes Instrument in Schutz nimmt. Im Lichte des Art. 9 Abs. 3 GG bekommt diese „Vorsorge" sogar eine gravierende Bedeutung: § 77 Abs. 3 BetrVG *könnte* durchaus als einfachgesetzlicher Vollzug der Bestands- und Betätigungsgarantie der Koalitionen betrachtet werden und eine umfassende Legitimation erhalten. Auch die in § 77 Abs. 3 Satz 2 BetrVG vorgesehene Dispenserteilung paßt in dieses Bild[81]. Bedenken bleiben nur, wenn man die reellen Durchsetzungsmöglichkeiten von Tarifautonomie und Betriebsautonomie ins Auge faßt. Dies vor allem deshalb, weil die Bedeutung des Tarifwesens auch bei erlaubter betrieblicher Rechtssetzung in Lohnfragen schwerlich zurückginge, da es den Betriebsräten in der Regel schwer möglich wäre, neue sozialpolitische Ansprüche, die die Arbeitgeber nicht freiwillig erfüllen wollen, faktisch durchzusetzen[82]. Es kann außerdem nicht ausgeschlossen werden, daß

---

76 Richtig *Haug*, BB 1986, S. 1922; *Zöllner*, FS Nipperdey, S. 701; vgl. auch *Eikkelberg*, Probleme der Betriebsvereinbarung, S. 129 ff.

77 Das stellt mit Recht *Heyer*, Betriebliche Normsetzung und Tarifautonomie, S. 77, fest, der zusätzlich darauf hinweist, daß der konsequente Vollzug einer solchen Idee die Ausnahme von der Sperrwirkung Firmen- und firmenbezogener Verbandstarifverträge beinhalten müßte.

78 So fast wörtlich *Heyer*, Betriebliche Normsetzung und Tarifautonomie, S. 78.

79 s. *Eickelberg*, Probleme der Betriebsvereinbarung, S. 133 ff.; *Heyer*, Betriebliche Normsetzung und Tarifautonomie, S. 78 ff.; *Klasen*, Tarifvorrang und Mitbestimmung in sozialen Angelegenheiten, S. 24 f.; *Zöllner*, FS Nipperdey, S. 703 f.; ferner *Biedenkopf*, Grenzen der Tarifautonomie, S. 280 ff.; *ders.*, Sinn und Grenzen der Vereinbarungsbefugnis der Tarifvertragsparteien, in: Verhandlungen des 46. DJT, 1966, S. 130 f.

80 Oben Kap. 4, B.

81 A. A. aber *Zöllner*, FS Nipperdey, S. 704.

die potentielle Gefährdung der Tarifvertragsparteien überbewertet wird, mit der Folge, daß die Sperrwirkung des Tarifvertrags auch solche Fälle erfaßt, bei denen der innerbetriebliche Schutz der Arbeitnehmer eher angebracht wäre. Dies kommt hauptsächlich bei fehlender Tarifbindung des Arbeitgebers vor, wenn in der Umgebung des Betriebs eine tarifliche Regelung üblich ist. Das Problem tangiert allerdings die Frage des Eingreifens des § 77 Abs. 3 BetrVG im Geltungsbereich des § 87 Abs. 1 BetrVG und wird an seiner Stelle behandelt werden[83]. Hier genügt schon der Hinweis auf die gelegentlich anzutreffende Tendenz, den Schutz der Tarifvertragsparteien zum Selbstzweck zu machen, dessen Erhaltung manchmal mit dem Preis des Zurücktretens des konkreten Arbeitnehmerschutzes bezahlt werden muß[84]. Abgesehen jedoch von solchen Übertreibungen gibt das Bestreben, die Attraktivität der Gewerkschaften zu erhalten, eine maßgebende Akzentuierung zu der Zweckfindung des § 77 Abs. 3 BetrVG. Das reicht aber bei weitem nicht aus, um darin den einzigen Zweck des § 77 Abs. 3 BetrVG zu erblicken. Außerdem muß man bedenken, daß die Sorgen des Gesetzgebers nicht größer als die der unmittelbar Betroffenen — der Gewerkschaften — sein können, die, abgesehen von Einzelfällen[85], in den Betriebsräten eine komplementäre Institution sehen.

Schließlich bleibt noch eine Zweckangabe zu untersuchen, und zwar die, die als Zielsetzung des § 77 Abs. 3 BetrVG die Erhaltung der lohnpolitischen Leitfunktion der Tarifverträge anführt[86]. Der Argumentationsansatz stützt sich einerseits auf die weitreichende gesamtwirtschaftliche Bedeutung lohnpolitischer Entscheidungen, andererseits auf die Tatsache, daß auf Arbeitnehmerseite eine umfassende Berücksichtigung makroökonomischer Zusammenhänge allein von den Gewerkschaften — wegen ihres sozialen Überblicks — erwartet werden kann. Die Bedeutung von Regelungen über die Lohnhöhe erfordere eine an gesamtwirtschaftlichen Belangen orientierte Lohnpolitik; sozialpolitische Forderungen seien

---

82 Richtig *Zöllner*, FS Nipperdey, S. 704. Eingehend zur Problematik des Durchsetzungsvermögens beider Institutionen s. oben Kap. 3, B III 2; C II, III; D III.

83 Unten unter Kap. 5, C, E. Dahin gehört auch der Einwand zum o. g. Argument, daß diese Konsequenz gemildert wird, wenn man von § 77 Abs. 3 Satz 1 BetrVG die Zulässigkeit von Regelungsabreden unberührt läßt.

84 Charakteristisch für diese Tendenz ist die Argumentation *Molls*, Tarifvorrang, S. 39: „Das Gesetz bewertet das Monopol der Sozialpartner so hoch, daß es den von der Betriebsverfassung intendierten Sozialschutz der Arbeitnehmerschaft der Erhaltung der Regelungszuständigkeit der Tarifparteien unterordnet." Unmittelbar davor begegnet der Autor dem Argument, daß durch die Üblichkeit einer tariflichen Regelung die Schutzbedürftigkeit der Arbeitnehmer des konkreten tarifgebundenen Betriebs nicht entfalle, mit dem Einwand, daß „eine gewisse Schlechterstellung des einzelnen Arbeitnehmers der Tribut an die Betonung der Tarifautonomie" sei. M. E. kann ein so „ausgearteter" Schutz der Tarifautonomie kein annehmbarer Zweck einer Vorschrift sein, zumal in jenem Fall der kollektive Schutz auch nicht durch Gewerkschaftsbeitritt herbeigeführt werden kann.

85 Ein Indiz dieser Sorgen seitens der Gewerkschaften bieten die, in Tarifverträgen gelegentlich anzutreffenden, sog. „Angstklauseln", durch welche die Tarifvertragsparteien (überflüssigerweise) klarstellen wollen, daß abweichende betriebliche Regelungen nicht zulässig sind; vgl. dazu *Säcker*, BB 1979, S. 1204.

86 *Klasen*, Tarifvorrang und Mitbestimmung in sozialen Angelegenheiten, S. 28 ff.

auf ihre volkswirtschaftliche Vertretbarkeit abzustimmen[87]. Eine Überlagerung tariflicher Lohnregelungen durch günstigere Betriebsvereinbarungen wäre bei Fehlen von Tarifvorrangsvorschriften zu erwarten. Sogar eine allgemeine Verlagerung des Gleichgewichts von der Tarifebene zu der Betriebsebene bei der Regelung der Hauptarbeitsbedingungen würde wahrscheinlich werden. Dann aber wäre die Berücksichtigung gesamtwirtschaftlicher Notwendigkeiten nicht mehr gewährleistet, denn die Betriebsparteien seien nicht in der Lage, von der Mikroebene des Betriebes aus diesen Vorgang zu betrachten[88]. Die Möglichkeit einer Dispenserteilung gem. § 77 Abs. 3 Satz 2 BetrVG stehe dieser Konzeption nicht entgegen. Weil gerade die Tarifvertragsparteien den Überblick über die gesamtwirtschaftlichen Abläufe haben und eine Normsetzungsprärogative genießen, können sie souverän entscheiden, wann sie sich einen Verzicht auf ihren Regelungsvorrang leisten können und wem sie die Befugnis zur betrieblichen Normsetzung erteilen. Was dagegen nicht dazu passe, ist das Verbot tarifübernehmender Betriebsvereinbarungen, die den Anwendungsbereich tariflicher Normen auf nicht tarifgebundene Arbeitnehmer erstrecken und die lohnpolitische Leitfunktion der Tarifverträge eher bestätigen als beeinträchtigen würden[89].

An der Richtigkeit dieser These ist grundsätzlich nichts auszusetzen. Die Argumente beschreiben die Wichtigkeit der Tarifverträge für die ökonomische Gestaltung des Produktionsprozesses. Diese Aufgaben würden die Tarifverträge auch dann erfüllen, wenn sie nur Mindestbedingungen festsetzten. Eine Verbesserung der Arbeitsbedingungen im Einzelfall durch Betriebsvereinbarung oder durch Arbeitsvertrag würde makroökonomische Vorgänge nicht beeinflussen. Sie wäre vielmehr auf konkrete betriebliche Gegebenheiten gestützt, die die Tarifvertragsparteien — gerade wegen ihrer Überbetrieblichkeit — nicht erkennen können. Da liegt m. E. der Schwachpunkt dieser Argumentation. Die Berufung auf die generelle Bedeutung des Tarifvertrages vermag nicht zu erklären, warum das Betriebsverfassungsgesetz zu Gunsten des Tarifvertrags mittels Kollisions-, sogar auch Zuständigkeitsnormen betrieblicher Abmachungen verdrängt. Denn der Tarifvertrag hat schon seine Aufgabe erfüllt, indem er zum Leitfaden überbetrieblicher Lohnpolitik geworden ist. Ist diese Prämisse in Erfüllung gegangen, dann ist es belanglos, ihn zusätzlich zum alleinigen Regelinstrument der Arbeitsbedingungen zu machen. Etwas bildhaft gesagt, ist diese, an sich richtige Argumentation nicht fein genug, um die von ihrem Ansatz weiterreichende Notwendigkeit der betriebsverfassungsrechtlichen Tarifvorbehalte zu erklären.

---

87 *Klasen*, Tarifvorrang, S. 29.

88 So fast wörtlich *Klasen*, ebenda.

89 Das räumt auch *Klasen*, Tarifvorrang, S. 33, ein. Er erklärt es dadurch, daß der Gesetzgeber insoweit gewerkschaftlichen Forderungen entsprechen wolle, und daß der Ausschluß tarifübernehmender Betriebsvereinbarungen sich eher als gesetzgeberische ad-hoc-Entscheidung darstellt. Ihm ist auch darin zuzustimmen, als er das gesetzliche Verbot in der Praxis und in der Rechtsprechung derogiert sieht, da offensichtlich hierbei der ratio legis der Vorrang vor der intentio legislatoris eingeräumt wird. S. 34 f. mit Nachweisen.

b) Wahrung des Betriebsfriedens

Ein Interpretationsversuch, der mehr im Rahmen des § 59 BetrVG 52, als des § 77 Abs. 3 BetrVG zur Geltung kam, enthielt die These, daß diese Vorschriften die Wahrung des Arbeitsfriedens im einzelnen Betrieb bezwecken, insbesondere durch Ausschaltung wilder Lohnkämpfe oder wenigstens durch Vermeidung von Unruhe und Spannungen hinsichtlich materieller Arbeitsbedingungen zwischen Belegschaft und Arbeitgeber[90].

Diese Ansicht kann überhaupt nicht überzeugen. Erst einmal kann eine Sperre betrieblicher Regelungen allein kein sachgerechtes Mittel zur Befriedung des Betriebes sein, zumal von ihr andere rechtliche Mittel der Schaffung einer betrieblichen Ordnung — betriebliche Übung und Einheitsarbeitsvertrag — nicht erfaßt werden[91]. Andererseits ist zu bedenken, ob für ein solches Ziel nicht das absolute Verbot von Arbeitskämpfen im Betrieb (§ 74 BetrVG) ausreichen würde. Entscheidend ist schließlich der Hinweis auf die in § 77 Abs. 3 Satz 2 BetrVG vorgesehene Möglichkeit einer Dispenserteilung. Die rechtlich erlaubte Möglichkeit der Gewerkschaften, durch Anwendung der Öffnungsklausel, „die Unruhe in die Betriebe hineinzutragen“, widerspricht der hier behaupteten ratio legis[92].

c) Vermeidung der Zwangsschlichtung

Der Vollständigkeit halber muß abschließend das anfänglich verwendete Argument erwähnt werden, die Bestimmung wolle u. a. die Zwangsschlichtung nach § 56 Abs. 2 BetrVG 52 (§ 87 Abs. 2 BetrVG) über materielle Arbeitsbedingungen vermeiden[93]. Eine reale Basis für die Vertretung dieser Meinung heutzutage bestünde nur dann, wenn man die Anwendung des § 77 Abs. 3 BetrVG — um dessen ratio es sich ja dabei handelt — im Rahmen des § 87 Abs. 1 BetrVG bejahen würde, dessen Ziffer 3, 10 und 11 materielle Arbeitsbedingungen enthalten. Der Zweck einer Vorschrift aber kann nicht unter dem Vorbehalt der Richtigkeit einer partiell vertretenen Meinung über ihren Anwendungsbereich stehen. Die eindeutige ratio einer Norm ist die Vorfrage für ihre Auslegung und für den Umfang ihrer Anwendung — nicht umgekehrt!

---

90 Überwiegend wird dieser Gesichtspunkt nur als eines von mehreren gesetzgeberischen Motiven genannt; vgl. LAG Berlin 15.6.77, DB 1978, S. 116; *Galperin / Löwisch*, BetrVG § 77 Anm. 73; *Hess / Schlochauer / Glaubitz*, BetrVG § 77 Anm. 72; *Stege / Weinspach*, BetrVG § 77 Anm. 12; zu § 59 BetrVG 52: BAG AP Nr. 9 und Nr. 26 zu § 59 BetrVG 52; *Schelp*, DB 1962, S. 1244; *Wlotzke*, Günstigkeitsprinzip, S. 130. In diesem Zusammenhang s. auch *Hablitzel*, DB 1971, S. 2158.

91 Richtig *Zöllner*, FS Nipperdey, 1965, S. 702; s. auch *Eickelberg*, Probleme der Betriebsvereinbarung, S. 136.

92 So *Eickelberg*, Probleme der Betriebsvereinbarung, S. 136; *Klasen*, Tarifvorrang, S. 25 f.

93 s. die Angaben in Anmerkung 66.

Außerdem kann es nicht Sinn dieser Bestimmung sein, Zwangsschlichtungen in dem lediglich schmalen Teilbereich (§ 87 Abs. 1 Zif. 3, 10 und 11 BetrVG) zu vermeiden, wohingegen der weite Bereich nicht mitbestimmungspflichtiger materieller Arbeitsbedingungen keinen Bezug zur Zwangsschlichtung aufweist[94]. Schließlich muß man dieser Auffassung entgegenhalten, daß der Gesetzgeber durch die Aufnahme materieller Arbeitsbedingungen im Katalog des neuen § 87 Abs. 1 BetrVG gezeigt hat, daß ihm die Lösung solcher Fragen mittels Zwangsschlichtung gar nicht so abwegig erscheint.

2. *Die Unterscheidung der Zweckbestimmung als Lösungsvoraussetzung*

Die vorangegangenen Ausführungen betrafen nur die Untersuchung des Sinn und Zwecks des § 77 Abs. 3 BetrVG. Eine entsprechende Auslegung des Eingangssatzes des § 87 Abs. 1 BetrVG ist bis jetzt im Hintergrund geblieben. Diese Vorgehensweise mag vielleicht der Bedeutung der Zentralvorschrift des § 77 Abs. 3 BetrVG Rechnung tragen, das Problemgefüge des konkreten Verhältnisses des Tarifvertrags zur Betriebsvereinbarung bleibt aber ungelöst, solange der Zweck und die Funktion des Gesetzes- und Tarifvorbehalts nicht beleuchtet werden.

Zur Frage nach dem Zweck des § 87 Abs. 1 Halbs. 1 BetrVG wird zunächst darauf abgestellt, daß durch die Ausübung des dortigen Mitbestimmungsrechts nicht gegen zwingende Vorschriften des Arbeitsschutzes verstoßen werden könne[95]. Indessen kann die ratio dieser Vorschrift nicht lediglich darin bestehen, die Selbstverständlichkeit zu wiederholen, daß nachrangige Regelungsbefugnisse der Betriebspartner an höherrangige zwingende Normen gebunden sind[96]. Auch die Berufung auf eine Bestätigung des Unabdingbarkeitsgrundsatzes kann nicht weiter helfen, da gegebenenfalls das Günstigkeitsprinzip ihn brechen würde, was aber in § 87 Abs. 1 Halbs. 1 BetrVG verwehrt ist[97]. Die Ablehnung dieser Zweckangabe soll jedoch nicht dahin mißverstanden werden, daß der Eingangssatz des § 87 Abs. 1 BetrVG den Vorrang gesetzlicher und tariflicher Regelungen nicht voraussetzt oder bestätigt. Dies ist aber zu unpräzise, um damit den Zweck dieser Vorschrift zu beschreiben[98].

---

[94] So zutreffend *Eickelberg*, Probleme der Betriebsvereinbarung, S. 137, der konsequent die Widersprüchlichkeit dieser Auffassung anhand der entgegengesetzten Erfassungskonzeption beider Vorrangsvorschriften aufzeigt.

[95] *Fitting / Auffarth / Kaiser / Heither*, BetrVG § 87 Anm. 4.

[96] So *Wiese*, FS BAG, S. 661; *Moll*, Tarifvorrang, S. 18; vgl. *Dietz*, RdA 1955, S. 241 f.; *Hess / Schlochauer / Glaubitz*, BetrVG § 87 Anm. 44; *Hueck / Nipperdey*, Arbeitsrecht II/2, S. 1394; *Wiese*, GK-BetrVG § 87 Anm. 31; *Mummenhof*, Die Sperrwirkung des Tarifvertrags nach den §§ 56 und 59 BetrVG, S. 5. Sinngemäß bemerkt *Wiese*, FS BAG, S. 661, daß es in diesem Fall auch unverständlich sei, weshalb der Gesetzes- und Tarifvorbehalt nur als Eingangssatz des § 87 Abs. 1 BetrVG über die notwendige Mitbestimmung aufgenommen und nicht als allgemeiner Grundsatz dem 3. Abschnitt über soziale Angelegenheiten (§§ 87 ff.) vorangestellt worden ist.

[97] So aber *Gast*, Tarifautonomie, S. 14; s. dazu auch die Kritik in Anmerkung 41.

In eine andere Richtung geht die Meinung, die wiederum Art. 9 Abs. 3 GG heranzieht, um den Eingangssatz des § 87 Abs. 1 BetrVG und insbesondere den dortigen Tarifvorrang zu erklären[99]. Man versteht den Tarifvorrang als Ausfluß der verfassungsrechtlichen Privilegierung der Koalitionen und sieht seinen Zweck in dem Schutz ihrer Normsetzungsbefugnisse. Man überträgt also die zur Zweckfindung des § 77 Abs. 3 BetrVG angeführte Argumentation auf § 87 Abs. 1 Halbs. 1 BetrVG, deren Hauptkomponenten die Bevorzugung der Verbände aufgrund einer normativen Wertentscheidung des Gesetzgebers, die Gefährdung der Tarifautonomie durch konkurrierende Gestaltungen auf Betriebsebene und die Notwendigkeit der Gewährleistung einer Normsetzungsprärogative für die Sozialpartner sind[100]. Man muß allerdings fragen, weshalb der Gesetzgeber dieselbe Regelung wiederholen müßte, wenn ihre ratio die gleiche wie bei § 77 Abs. 3 BetrVG wäre. Außerdem sind die Voraussetzungen und der Umfang des Eingangssatzes von § 87 Abs. 1 BetrVG nicht die gleichen wie diejenigen des § 77 Abs. 3 BetrVG, was aber, wenn man beiden Vorschriften dieselbe ratio unterstellt, nicht erklärt werden kann. Am schwersten dürfte aber der Einwand wiegen, daß diese Zweckangabe den vorgesehenen Gesetzesvorrang (bei vielen: Gesetzesvorbehalt) nicht zu erklären vermag: Die öffentliche Rechtssetzung braucht ja weder eine Konkurrenz aus der Betriebsebene zu befürchten, noch hat sie sich um ihre ... Attraktivität wie die Verbände zu kümmern[101]. Daher ist es zumindest oberflächlich, wenn man den Zweck des § 87 Abs. 1 Halbs. 1 BetrVG darin sieht, in Ergänzung des § 77 Abs. 3 BetrVG die Vorrangstellung des Gesetzes und des Tarifvertrags auch im Anwendungsbereich des § 87 BetrVG zu sichern.

Der Zweck des Eingangssatzes kann vielmehr nur am Leitfaden des Zwecks des § 87 BetrVG erarbeitet werden; der funktionale Zusammenhang zwischen Mitbestimmungserfordernis und Vorrangsklausel ist unbedingt zu berücksichtigen. „§ 87 BetrVG enthält zwei Elemente, die sich auf den ersten Blick als gegenläufig darstellen und miteinander konkurrierende Teleologien zu begründen scheinen: einerseits das Mitbestimmungsrecht, andererseits den die Mitbestimmung negierenden Tarifvorrang. Der Zweck des Mitbestimmungskatalogs in § 87 BetrVG und jener des Eingangssatzes hierzu könnten, wenn beide miteinander unverträglich wären, zu einer Kompromißlösung zwingen“[102]. Die notwendige Mitbestimmung in sozialen Angelegenheiten dient dem Schutz der Arbeitnehmer und ihrer gleichberechtigten Teilhabe an den sie betreffenden Entscheidungen.

---

98 Zutreffend *Wiese*, FS BAG, S. 662.

99 Dazu s. statt aller *Moll*, Tarifvorrang, S. 19 ff., mit umfangreichen Nachweisen.

100 Besonders deutlich *Dietz / Richardi*, BetrVG § 87 Anm. 115; *Moll*, Tarifvorrang, S. 20 f.; *Wiedemann / Stumpf*, TVG § 4 Anm. 275, von dem auch die Bezeichnung „einheitliches legislatives Ordnungskonzept“, das beiden Tarifsperren zugrundeliegt, stammt; kritisch *Hess / Schlochauer / Glaubitz*, BetrVG § 87 Anm. 44.

101 Vgl. *Wiese*, FS BAG, S. 664; *ders.*, GK-BetrVG § 87 Anm. 31; dies erkennt auch *Moll*, Tarifvorrang, S. 19.

102 *Gast*, Anmerkung zu BAG vom 24.2.1987, BB 1987, S. 1246 ff., 1250.

Die Mitbestimmung soll das Direktionsrecht des Arbeitgebers beschränken, den Arbeitsvertrag nicht (als Folge mangelnder Vertragsparität) zum Herrschaftsinstrument denaturieren lassen, gesetzliche Pflichten des Arbeitgebers etwa im Unfall- und Gesundheitsschutz konkretisieren und allgemeine Grundsätze über die gleichmäßige Behandlung der Arbeitnehmer oder über die innerbetriebliche Lohngerechtigkeit zum Tragen kommen lassen; überhaupt die Interessen der Arbeitnehmer im Betrieb durchzusetzen helfen[103].

Der Schutzauftrag des § 87 BetrVG ist das Kernelement seiner Teleologie. Er betrifft nicht ausschließlich den Kreis der sog. materiellen Interessen der Arbeitnehmer. Vielmehr läßt er bedeutende Persönlichkeitsrechte zum Tragen kommen[104]. Vom Schutzauftrag abgesehen, eröffnet § 87 BetrVG den Betriebspartnern zur eigenverantwortlichen Regelung Bereiche, die zunächst primär der betrieblichen Ordnung dienen und Verpflichtungen der Arbeitnehmer begründen oder diese sonst belasten (z. B. § 87 Abs. 1 Ziff. 1 BetrVG, Schaffung der Betriebsbußenordnung, Verhängung von Bußen). Man darf also die Normzweckangabe dahin erweitern, daß sie das Moment der Einschränkung der ohne Mitbestimmung bestehenden Rechtsposition des Arbeitgebers umfassen kann[105]. Alle angegebenen Ziele sollen im paritätischen betrieblichen Entscheidungsprozeß mit Wirkung für alle Arbeitnehmer ohne jegliche Differenzierung erreicht werden.

Nun kann es der Fall sein, daß eine an sich mitbestimmungspflichtige Angelegenheit bindend durch Gesetz oder Tarifvertrag bereits geregelt ist. In einem solchen Fall und in Anbetracht des Normzwecks des § 87 BetrVG geht offenbar der Gesetzgeber davon aus, daß mit dieser Regelung den berechtigten Interessen und dem Schutzbedürfnis der Arbeitnehmer bereits ausreichend Rechnung getragen worden ist[106]. Deshalb läßt er das Mitbestimmungsrecht des Betriebsrats zurücktreten. M. E. ist diese Auslegung und die daraus resultierende Zweckangabe des § 87 Abs. 1 Halbs. 1 BetrVG die zutreffendste. Die in § 87 BetrVG statuierte Regelungsbefugnis der Betriebspartner ist die inhaltlich wichtigste im ganzen Betriebsverfassungsgesetz. Dazu kommt die spezielle Ausgestaltung des

---

103 BAG vom 24.2.1987, BB 1987, S. 1246 f.; *Wiese,* FS BAG, S. 662 ff.

104 s. *Klasen,* Tarifvorrang, S. 16, der die besondere Schutzbedürftigkeit der einem Günstigkeitsvergleich nicht zugänglichen Arbeitnehmerrechte betont und solche Beispiele bringt; in diesem Zusammenhang s. auch *Adomeit,* Die Regelungsabrede, S. 51 ff.

105 Richtig *Wiese,* FS BAG, S. 663.

106 BAG vom 24.2.1987, BB 1987, S. 1247; *Galperin / Löwisch,* BetrVG § 87 Anm. 42; *Galperin / Siebert,* BetrVG (4. Aufl., 1963), § 56 Anm. 14, 16; *Löwisch,* AuR 1978, S. 97, 103; *Nikisch,* Arbeitsrecht III (2. Aufl., 1966), S. 378 f.; *Simitis / Weiss,* DB 1973, S. 1246 ff.; *Wiese,* GK-BetrVG § 87 Anm. 31; *ders.,* FS BAG, S. 662; vgl. auch BAG AP Nr. 1 zu § 87 BetrVG Provision; LAG Berlin, EzA Nr. 6 zu § 87 BetrVG, S. 33; a. A. *Moll,* Tarifvorrang, S. 19; *Wiedemann / Stumpf,* TVG § 4 Anm. 275 f.; vgl. auch *Mummenhof,* Die Sperrwirkung des Tarifvertrags nach den §§ 56 und 59 BetrVG, S. 20 ff.; *Klasen,* Tarifvorrang, S. 17, der ebenfalls die hier vertretene Meinung teilt, nennt es eine „Erledigung" des Schutzzweckes des § 87 BetrVG, wenn eine gesetzliche oder tarifliche Regelung eingreift.

Einigungsmechanismus, der dem Betriebsrat beträchtliche Durchsetzungschancen verleiht. Bei der Darstellung der einschlägigen Problematik[107] ist betont worden, daß der Sinn und der Zweck des § 87 BetrVG gebietet, daß der einschlägige Tarifvorrang einer gesonderten, funktionsspezifischen Auslegung unterzogen und nicht undifferenziert im Funktionsbereich der allgemeinen Vorbehaltsvorschrift des § 77 Abs. 3 BetrVG integriert wird. Eben dieser Wichtigkeit der Vorschrift tragen der Tarif- und Gesetzesvorrang Rechnung: Nur dann, wenn sie durch ihr konkretes Bestehen im Betrieb die tarifgebundenen Arbeitsverhältnisse direkt erfassen können, entfällt das Bedürfnis der Mitbestimmung. Gerade dabei wird der Gegensatz zur Konzeption des § 77 Abs. 3 BetrVG deutlich, der durch die Sperre der Tarif*üblichkeit* auf die Verfolgung viel abstrakterer — etwa rechtspolitischer —, nicht konkret betriebsbezogener Ziele absieht. Deshalb ist es auch richtig, in ihm die Vorbehaltsvorschrift, in § 87 Abs. 1 Halbs. 1 BetrVG aber die *echte Kollisionsvorschrift* zu erblicken[108].

Der hier vertretenen Ansicht hat *Lieb*[109] entgegengehalten, sie könne nicht erklären, weshalb auch günstigere bzw. gegenüber dem Inhalt des Tarifvertrags weitergehende Regelungen durch Betriebsvereinbarungen nicht erzwungen werden dürften. Aus dem Gedanken, daß die Gewährleistung des Arbeitnehmerschutzes durch eines von mehreren Gestaltungsmitteln den Einsatz anderweitiger Sicherungen erübrige, folge keineswegs, welche der zur Verfügung stehenden Regelungsebenen vor- bzw. zurücktreten solle.

Der Einwand ist schwerwiegend und erweckte Aufmerksamkeit[110]. Daß immerhin keine günstigeren betrieblichen Regelungen zugelassen werden, kann nur — das muß man einräumen — als ein Ausfluß aus dem Konkurrenzschutzgedanken zugunsten der Gewerkschaften aufgefaßt werden. Dieser Gedanke charakterisiert nicht nur § 77 Abs. 3 BetrVG. Er durchdringt vielmehr das ganze Betriebsverfassungsgesetz. Die §§ 2 und 74 Abs. 2 Satz 2 BetrVG sind ebenfalls Ausdruck desselben Gedankens. Es wäre daher sinnwidrig, § 87 BetrVG von diesem generellen Gedanken und der ratio des § 77 Abs. 3 BetrVG nicht berührt sehen zu wollen. Nur bildet diese Zweckbestimmung hinsichtlich des § 87 Abs. 1 Halbs. 1 BetrVG die zweite Ebene der Zweckangaben, man dürfte sagen, die *ratio generalis,* wohingegen die aus dem speziellen Sinn und der Bedeutung des § 87 BetrVG abgeleitete andere Zweckbestimmung die *ratio specialis* des Eingangssatzes ist[111]. Gerade diese letztere sollte man als entscheidenden Maßstab für die Auslegung der hiesigen Vorschrift zugrundelegen. Der erarbeitete Ansatz lautet also, daß

---

107 s. oben, Kap. 3, C II.

108 s. oben Kap. 4, C I.

109 ZfA 1978, S. 179, 205.

110 s. *Klasen,* Tarifvorrang, S. 18 mit Anmerkung 40; *Moll,* Tarifvorrang, S. 19; *Wiese,* FS BAG, S. 662 mit Anmerkung 8.

111 Dies haben auch *v. Hoyningen-Huene / Meier-Krenz,* NZA 1987, S. 796, erkannt und zwischen den beiden Zweckangaben differenziert.

der Eingangssatz des § 87 Abs. 1 BetrVG und der Tarifvorbehalt des § 77 Abs. 3 BetrVG, der vorwiegend ein Normsetzungsmonopol den Tarifvertragsparteien gewährleisten soll, unterschiedlichen Zwecken dienen.

III. Klarstellungen zum Begriffspaar der materiellen und formellen Arbeitsbedingungen

Die bisherigen Ausführungen lassen erkennen, daß die Problematik der ratio beider Sperrvorschriften die Unterscheidung zwischen materiellen und formellen Arbeitsbedingungen impliziert. Diese Unterscheidung legt die Literatur zugrunde, um abstrakt den Umfang des Mitbestimmungsrechts des Betriebsrats in sozialen Angelegenheiten bzw. den Umfang der tariflichen Sperrwirkung in § 77 Abs. 3 BetrVG inhaltlich zu bestimmen. Die Abgrenzung verläuft grob gezogen so: Einerseits gebe es Arbeitsbedingungen, die sich für den Arbeitnehmer geldwert manifestieren und, von der Kollektivebene zunächst einmal abgesehen, meistens individualvertraglich festgesetzt werden. Davon werden Arbeitsbedingungen unterschieden, die neben den ökonomischen Interessen des Arbeitnehmers stehen und die der Arbeitgeber im Betrieb einseitig kraft seines Direktionrechtes entscheiden dürfte[112]. Materielle Arbeitsbedingungen betreffen demnach das Verhältnis von arbeitsvertraglicher Leistung und Gegenleistung, formelle Arbeitsbedingungen dagegen betreffen primär die generelle Ordnung des Betriebs. Die Trennung kann eine lange Vergangenheit aufweisen. Schon in der Weimarer Zeit findet man diese Terminologie[113]. Dies setzte sich unter der Geltung des Betriebsverfassungsgesetzes von 1952 fort. Die fast einhellige Meinung reduzierte die Sperrwirkung des § 59 BetrVG 52 (Stichwort: Tarifüblichkeit) auf materielle Arbeitsbedingungen, während sie das in § 56 BetrVG 52 gegebene Mitbestimmungsrecht des Betriebsrats auf formelle Arbeitsbedingungen begrenzt sah. Die Analyse des Katalogs des § 56 BetrVG 52 und der Vergleich mit dem Arbeitsentgelt und den sonstigen (materiellen) Arbeitsbedingungen in § 59 BetrVG 52 erbrachten die erwünschte Trennungslinie. Überschneidungen beider Vorschriften waren so ausgeschlossen[114]. Begründet wurde diese Restriktion teilweise mit

---

112 So *Gast,* Tarifautonomie, S. 20; vgl. — mit unterschiedlichen Definitionen — *Hueck / Nipperdey,* Arbeitsrecht II/2, S. 1357 f.; *Dietz / Richardi,* BetrVG § 77 Anm. 183 ff.; *Wiedemann / Stumpf,* TVG § 1 Anm. 151, § 4 Anm. 293; *Wiese,* GK-BetrVG § 87 Anm. 21, jeweils mit Nachweisen; auch *Jahnke,* Tarifautonomie und Mitbestimmung, S. 143; *Klasen,* Tarifvorrang, S. 9 ff. (mit Nachweisen in Anmerkung 23); *Moll,* Tarifvorrang, S. 44 ff.

113 Das Betriebsrätegesetz von 1920 differenzierte ebenfalls zwischen den Tatbeständen, die sich mit der betrieblichen Ordnung befaßten (§ 78 Ziff. 3; dort war über §§ 80 Abs. 1 und 75 eine Zwangsschlichtung möglich) und den Vorschriften über Löhne, Arbeitszeit, Urlaub (§ 78 Ziff. 2). Vgl. z. B. *Jacobi,* Grundlehren des Arbeitsrechts, S. 183 f.; *Sinzheimer,* Grundzüge des Arbeitsrechts, S. 237, subsumierte auch Vereinbarungen über den Lohn unter den Begriff der „Arbeitsordnung" des § 78 BRG 1920.

114 *Boewer,* DB 1970, S. 2319 ff., 2323; *Dietz,* RdA 1955, S. 241, 243 f.; *Galperin / Siebert,* BetrVG § 59 Anm. 6; *Hueck / Nipperdey,* Arbeitsrecht II/2, S. 1397; G. *Hueck,*

dem Argument, für materielle Arbeitsbedingungen sei die in § 56 BetrVG 52 vorgesehene Zwangsschlichtung versagt. Dieses Konzept hatte sich auch beim Bundesarbeitsgericht durchgesetzt[115], trotz der gelegentlich dagegen erhobenen kritischen Stimmen[116]. Aus heutiger Sicht kann man feststellen, daß die Aufrechterhaltung der Unterscheidung im alten Recht, nicht so sehr wegen ihrer begrifflichen Schärfe, sondern weil sie zur klaren Abgrenzung des Zuständigkeitsbereichs beider Sperrvorschriften verhalf, zu erklären ist.

Die Novellierung des Betriebsverfassungsgesetzes im Jahre 1972 hat — zumindest für den Bereich des § 87 Abs. 1 BetrVG — dem einschlägigen Streit die Grundlage entzogen. Die Tatbestände der Ziffern 3, 10 und 11 enthalten nach überwiegender Meinung materielle Arbeitsbedingungen und beweisen zugleich, daß der Gesetzgeber für diesen Bereich auch eine Zwangsschlichtung in Kauf nimmt[117]. Indessen fand der von *Herschel* (AuR 1968, S. 129) damals angekündigte Abschied von den formellen und materiellen Arbeitsbedingungen bis jetzt nicht statt. Die Diskussion hat sich auf § 77 Abs. 3 BetrVG verlagert und betrifft die Auslegung von „sonstigen Arbeitsbedingungen", die neben den Arbeitsentgelten bei tariflicher Sperrwirkung nicht Gegenstand von Betriebsvereinbarungen sein dürfen. Die wohl h. M. interpretiert diesen Begriff restriktiv und nimmt an, daß darunter nur die materiellen Arbeitsbedingungen zu verstehen sind[118]. Der

RdA 1952, S. 366 ff.; *Mummenhof,* Die Sperrwirkung des Tarifvertrags nach den §§ 56 und 59 BetrVG, S. 131 ff.; *Neumann-Duesberg,* Betriebsverfassungsgesetz, S. 469; *Nikisch,* Arbeitsrecht III, S. 260 f., 385; *Quasten,* Zulässigkeit und Unzulässigkeit von Betriebsvereinbarungen, S. 104; *Richardi,* Kollektivgewalt, S. 269 ff., 323 ff.; *Wlotzke,* Günstigkeitsprinzip, S. 134; *Zöllner,* FS Nipperdey, S. 706.

115 s. BAG AP Nr. 1 zu § 2 ArbGG 1953 Betriebsvereinbarung (Bl. 2 R); Nr. 1 zu § 615 BGB Kurzarbeit; Nr. 25 zu § 56 BetrVG 52 (Bl. 1); Nr. 25 (Bl. 2) und 26 (Bl. 3) zu § 59 BetrVG 52.

116 s. *Biedenkopf,* Grenzen der Tarifautonomie, S. 283 ff. und — vor allem — *Herschel,* AuR 1968, S. 129 ff.; *ders.,* AuR 1969, S. 65 ff., stellt diese Unterscheidung massiv in Frage und hält sie für unzweckmäßig; auch *Nipperdey,* RdA 1968, S. 450.

117 Die Reichweite des Mitbestimmungsrechts in diesen Angelegenheiten bleibt aber weiterhin umstritten. Nach Ansicht mancher Autoren ist z. B. die Höhe des Arbeitsentgelts oder die Länge der Arbeitszeit der Mitbestimmung entzogen, während andere ein umfangreiches Mitbestimmungsrecht des Betriebsrats zubilligen. Summarisch s. eine Darstellung der Problematik bei *Heyer,* Betriebliche Normsetzung und Tarifautonomie, S. 19 ff.;*Klasen,* Tarifvorrang, S. 11, 43 ff.; *Hanau,* RdA 1973, S. 282 ff., hat einen neuen Aspekt — *die materiellen Annexregelungen* — in die Diskussion eingebracht, indem er festgestellt hat, daß materielle Arbeitsbedingungen im Katalog des § 87 Abs. 1 BetrVG stets nur als *Ergänzung* von formellen aufgenommen sind; die Geldseite beim Akkord als Annex der Zeitseite, der Mietzins bei Werkswohnungen (Ziff. 9) als Annex der Verwaltung von Sozialeinrichtungen etc. Ob nun dies zur Kristallisierung einer eindeutigen Position in der Literatur beigetragen hat, erscheint mir fraglich. Teile der Literatur haben sich jedoch dem angeschlossen; s. dazu die Hinweise bei *Klasen,* Tarifvorrang, S. 11 Anmerkung 27.

118 Vgl. etwa *Dietz / Richardi,* BetrVG § 77 Anm. 185 ff., 188; *Galperin / Löwisch,* BetrVG § 77 Anm. 75; *Gnade / Kehrmann / Schneider / Blanke,* BetrVG § 77 Anm. 30; *Hanau,* RdA 1973, S. 281, 283 f.; *ders.,* BB 1977, S. 350; *Hanau / Adomeit,* Arbeitsrecht, S. 117; *Kirchner,* BB 1972, S. 1279 f.; *Konzen,* BB 1977, S. 1307, 1311 f.; *Lieb,* Arbeits-

innere Grund dafür ist m. E. in der Tatsache zu sehen, daß die Vertreter dieser Meinung zugleich Vertreter der Zwei-Schranken-Theorie für die Anwendbarkeit des § 77 Abs. 3 BetrVG im Rahmen des § 87 Abs. 1 BetrVG sind. Sie *müssen* diese Restriktion unterstützen, weil sie sich andernfalls gezwungen sähen, § 87 Abs. 1 BetrVG in der Funktion eines *law in the books* zu beschränken[119]. Eine neuerdings im Vordringen begriffene Auffassung will der Vorschrift dagegen unterschiedslos alle Arbeitsbedingungen unterstellen[120]. Sie beruft sich auf die Aufgabe der Trennung in § 87 Abs. 1 BetrVG und schließt daraus, daß sie auch für § 77 Abs. 3 BetrVG gänzlich obsolet geworden sei.

Es ist heute schwierig geworden, die sonstigen Arbeitsbedingungen des § 77 Abs. 3 BetrVG als die nicht nach § 87 Abs. 1 BetrVG mitbestimmungspflichtigen aufzufassen und so eine klare Bereichstrennung zu treffen. Wäre dies also ein Indiz für den endgültigen Verzicht auf diese Unterscheidung? M. E. wäre dies nur ein schwaches Indiz, wenn sich ein anderes Konzept aus sonstigen Gründen nachweisen ließe. Zunächst sollte man im Wortlaut des § 77 Abs. 3 BetrVG nach Anhaltspunkten suchen. Dabei handelt es sich um eine völlig mißglückte terminologische Gegenüberstellung. Man könnte auf die Hervorhebung der Arbeitsentgelte abstellen und argumentieren, daß es sich bei den dabei angelehnten sonstigen Arbeitsbedingungen um einen sachlich verwandten Kreis von Arbeitsbedingungen (etwa Arbeitszeit und Urlaub) handelt, die ebenso materielle oder wirtschaftliche Interessen der Arbeitnehmer betreffen. Sonst hätte es der Erwähnung der „Arbeitsentgelte und sonstigen Arbeitsbedingungen" nicht bedurft[121]. Diese ist aber nicht die einzige Auslegungsmöglichkeit. Der vom heftigen Streit unbeeinflußte Leser wird sich sicherlich fragen, ob die gegebene Formulierung nicht umfangreich genug sei, um *alle* Arbeitsbedingungen zu erfassen. Wie hätte man sich sonst ausdrücken können? Indessen ist dies nicht der einzige Einwand. Unterstellt man den sonstigen Arbeitsbedingungen nur die materiellen und ordnet man sie dann vorrangig dem Tätigkeitsbereich der Koalitionen zu, so bleiben diejenigen Arbeitsbedingungen unerfaßt, die neben formellen auch materielle Interessen der Arbeitnehmer betreffen und konsequenterweise unter diesen Tätigkeitsbereich eingeordnet werden müßten[122]. Einen Anhaltspunkt für diese Diffe-

---

recht, S. 179 f.; *Löwisch,* AuR 1978, S. 97, 107; *Thiele,* GK-BetrVG § 77 Anm. 89 ff.; *Wiedemann / Stumpf,* TVG § 4 Anm. 293; *Zöllner,* Arbeitsrecht, S. 436; abweichend *Fitting / Auffarth / Kaiser / Heither,* BetrVG § 77 Anm. 51 ff., die auf den Gegenstand der Inhaltsnormen des Tarifvertrags im Unterschied zu den Abschlußnormen, betrieblichen und betriebsverfassungsrechtlichen Normen abstellen.

[119] Dazu s. ausführlich — auch in Bezug auf die in diesem Zusammenhang aus der Funktion der Regelungsabrede abgeleiteten Einwände — unten Kap. 5, B, C und E.

[120] Vgl. *Farthmann,* RdA 1974, S. 65, 71 f.; *Gast,* Tarifautonomie, S. 40; *v. Hoyningen-Huene,* Betriebsverfassungsrecht, S. 147; *v. Hoyningen-Huene / Maier-Krenz,* NZA 1987, S. 794 f.; *Kreutz,* Grenzen der Betriebsautonomie, S. 211 ff.; *Moll,* Tarifvorrang, S. 46 f.; *Vollmer,* DB 1979, S. 309; *Weiss,* BetrVG § 77 Anm. 11; wohl auch *Säcker,* ZfA 1972 Sonderheft, S. 41, 66; früher namentlich *Biedenkopf,* Grenzen der Tarifautonomie, S. 283 ff.

[121] So *Jahnke,* Tarifautonomie und Mitbestimmung, S. 143.

renzierung und für die Festlegung auf die erste Kategorie der Arbeitsbedingungen wird man im Wortlaut des § 77 Abs. 3 BetrVG vergebens suchen. Der Versuch, aus der Gegenüberstellung von Arbeitsentgelten und sonstigen Arbeitsbedingungen eine Gegenstandsabgrenzung herauszuinterpretieren, kann nicht mit absoluter Treffsicherheit unternommen werden. Der Wortlaut der Vorschrift kann weder eine Restriktion eindeutig abdecken, noch kann er sie aber verbieten. Auch wäre eine aus anderen Gesichtspunkten erwägte Restriktion wiederum keine de lege ferenda-Auslegung. Um aber nicht den Eindruck zu erwecken, daß man sich nicht von einer liebgewonnenen Konstruktion trennen könne und versuchte, zwecks Erreichung einer inneren Stimmigkeit, den Gesetzestext daraufhin zurechtzubiegen[123], muß man anderswo nach Anhaltspunkten für eine richtige Auslegung suchen. Solche Anhaltspunkte lassen sich in der ratio des § 77 Abs. 3 BetrVG finden.

Soweit darunter u. a. auch der Schutz der Tarifautonomie einzuordnen ist, fragt man, ob er nur durch Erfassung *sämtlicher* Arbeitsbedingungen zu erreichen wäre. Oder wäre diesem Ziel genug Rechnung getragen, wenn man nur die materiellen Arbeitsbedingungen — immerhin das Kernstück des Tarifinhalts, was die Koalitionsmitgliedschaft erst attraktiv macht — in die tarifliche Sperrwirkung einbeziehen würde. Gibt man der ersten Lösung den Vorzug, muß man bedenken, daß dies viel einschneidendere Konsequenzen hätte, als das, was man sich bei einer Kompetenzverlagerung im Bereich der „harmlosen" formellen Arbeitsbedingungen vorstellen würde. Dies würde der zuvor entwickelten Aufgabentrennung zwischen Tarifautonomie und Betriebsautonomie nicht gerecht[124]. Es ist nämlich gezeigt worden, daß die innerbetriebliche Mitbestimmung einen besonderen Schutzauftrag im immateriellen Bereich des Arbeitsverhältnisses — cum grano salis also hinsichtlich der formellen Arbeitsbedingungen — wahrnimmt. Eine wirtschaftliche Interessenverfolgung bleibt ihr zwar nicht verwehrt, stellt jedoch nicht ihren Hauptzweck dar. Etliche Indizien sind dafür angeführt worden[125]. Zunächst umfaßt die betriebliche Regelungsbefugnis sämtliche Arbeitsbedingungen ohne jegliche Differenzierung, was schwerlich im Bereich materieller Zweckverfolgung paßt. Dies erfordert vor allem die immaterielle, persönlichkeitsorientierte Natur der vertretenen Interessen, die schwer eine Differenzierung nach Gewerkschaftszugehörigkeit ertragen. Außerdem ist die Betriebsautonomie nicht mit einer der Tarifautonomie vergleichbaren umfassenden Regelungsbefugnis ausgestattet und verfügt nicht über die Waffe des Arbeits-

---

122 Dies zeigt sich besonders deutlich im Bereich der methodischen Fragen von Lohnfindung und Lohntechnik, nach herkömmlichem Verständnis also Fragen der formellen Arbeitsbedingungen, die trotzdem zu dem herausragenden Tätigkeitsbereich der Koalitionen in Entgeltfragen zu zählen sind. s. dazu *Haug,* BB 1986, S. 1928 f.; *Jahnke,* Tarifautonomie und Mitbestimmung, S. 146 f.

123 So aber *Gast,* Tarifautonomie, S. 20.

124 s. oben, Kap. 3, B III 2, C II.

125 s. oben, Kap. 3, insbesondere C III.

kampfes, die eher die Verfolgung wirtschaftlicher (materieller) Ziele impliziert. Dagegen aber bietet sie durch das Mitbestimmungsrecht des § 87 Abs. 1 BetrVG und die Möglichkeit der Zwangsschlichtung, sowie durch zahlreiche Mitwirkungsrechte eine respektable Chance der Richtigkeit hinsichtlich immaterieller Interessen der Arbeitnehmer. Es gilt also, jeder Form der kollektiven Interessenwahrnehmung ein Hauptbetätigungsfeld zuzuweisen. Dieses Gleichgewicht wäre aber gestört, wenn man auch diesen immateriellen Bereich in die tarifliche Sperrwirkung einbeziehen würde. Bei § 77 Abs. 3 BetrVG steht der Anwendungsbereich der Vorschrift in Frage, der durch einen Verzicht auf jegliche Differenzierung eine ungeahnte Ausweitung erfahren würde.

Dieser Auslegung hält man gelegentlich vor, sie taste unzulässig den in Art. 9 Abs. 3 GG vorgesehenen Schutz der Tarifautonomie an[126]. Der Begriff der Arbeitsbedingungen in Art. 9 Abs. 1 Satz 1 GG umfasse auch formelle, betriebliche Normen. Dabei wird jedoch unberücksichtigt gelassen, daß dem Betätigungsrecht der Koalitionen diejenigen Schranken gezogen werden dürfen, die zum Schutz anderer Rechtsgüter von der Sache her geboten sind[127]. Die Vorschrift des § 77 Abs. 3 BetrVG sichert der Tarifautonomie den Vorrang vor der konkurrierenden mitbestimmungsrechtlichen Regelungsbefugnis genau für jenen Bereich, der der entwickelten Aufgabenteilung zwischen Tarifautonomie und Mitbestimmung zugrundeliegt. Außerdem muß die Tarifautonomie im Bereich des Persönlichkeitsschutzes der Arbeitnehmer kaum um ihre Attraktivität fürchten. Selbst wenn einmal in einem Tarifgebiet üblicherweise formelle Arbeitsbedingungen festgelegt werden, so ist doch zu berücksichtigen, daß auch dann die Ordnungsbestimmungen weitgehend durch die Verhältnisse des Betriebs bestimmt sind, auf die Rücksicht genommen werden muß.

Die vorgeschlagene Restriktion schadet auch dann der Tarifautonomie nicht, wenn es sich um formelle Arbeitsbedingungen handelt, die trotzdem zu dem herausragenden Tätigkeitsbereich der Koalitionen in Entgeltfragen gehören. Hier könnte *Hanaus* Lehre von den Annexregelungen brauchbar gemacht werden[128]: Man könnte diese Arbeitsbedingungen nunmehr als *formelle Annexregelungen* begreifen und entsprechend dem Sinn des § 77 Abs. 3 BetrVG dem vorrangigen Tätigkeitsbereich der Koalitionen einordnen.

Diese Interpretation ist m. E. die einzige, die zwei vordergründig entgegengerichtete Ziele ausbalancieren kann: den Schutz der Arbeitnehmer durch kollektive Regelung und den Schutz der Tarifautonomie. Eine funktionale Auslegung der Problematik kann diesen künstlichen Gegensatz nicht aufrechterhalten. Es ist sinnlos, den Schutz einer Institution zu verselbständigen, die ihre Legitimation

---

126 So vor allem *Moll*, Tarifvorrang, S. 49; vgl. auch *Biedenkopf*, Grenzen der Tarifautonomie, S. 283.

127 BVerfGE 19, S. 303, 321 f.; 28, S. 295, 306; 50, S. 290, 369; s. auch oben, Kap. 2, C III.

128 s. oben Anmerkung 117.

aus dem Schutzauftrag der Arbeitnehmer — also ihres „Gegensatzes" — bezieht[129].

IV. Stellungnahme — Zwischenergebnis

Die vorangegangene Untersuchung hat die Problematik des Sinns und des Zwecks der tariflichen Vorrangvorschriften im Betriebsverfassungsgesetz gezeigt. Die Zusammenhänge zwischen den verschiedenen Zweckangaben sowie auch ihre inneren Widersprüche haben ein Gesamtbild ergeben, das vielleicht nicht absolute Vollständigkeit beanspruchen kann, jedoch für die einschlägige Problematik maßgebend sein will. Die Schlußfolgerung soll sich daraus ergeben.

Zunächst muß die wichtige Vorfrage gestellt werden: Ist es als eine Selbstverständlichkeit zu betrachten, daß der Gesetzgeber die Tarifautonomie ausgerechnet in ein Gesetz einbezieht, das eigentlich die innerbetrieblichen Arbeitnehmervertretungen und ihre Befugnisse statuiert? Und wenn ja, weswegen? Eine einheitliche Antwort darauf läßt sich nicht geben; sie bewegt sich nämlich auf zwei Ebenen.

Die erste Ebene ist die abstrakte, die rechtspolitische. Mit der Institutionalisierung der Betriebsverfassung ist zugleich eine zweite kollektive Verhandlungsebene neben der Tarifautonomie errichtet worden. Der Gesetzgeber war sich damals der Tatsache bewußt, daß er dadurch — was übrigens der Natur der Sache entspricht — einen potentiellen Konkurrenten zur Tarifautonomie ins Leben rief. Die in Art. 9 Abs. 3 GG getroffene Wertentscheidung kam dann automatisch zum Tragen. Das Betriebsverfassungsgesetz mußte einen Schutzmechanismus für die Tarifautonomie bereithalten. Dieser Schutzmechanismus hat zwei Hauptmerkmale; zunächst die im Vergleich zu den Tarifpartnern begrenzte Möglichkeit der Betriebspartner, das gesamte Arbeitsverhältnis inhaltlich zu gestalten. In den Grenzen der Innenschranken der Betriebsautonomie (kollektivfreier Individualbereich) können zwar die Betriebspartner sämtliche Arbeitsbedingungen im weitesten Sinne regeln. Sie sind jedoch, mangels Arbeitskampffreiheit, zum großen Teil auf freiwillige Abmachungen angewiesen, die bekanntlich nicht immer, die gewünschten Ergebnisse herbeizuführen vermögen[130]. Das zweite Merkmal des Schutzmechanismus ist die Regelung durch § 77 Abs. 3 BetrVG. Die verbleiben-

---

129 Diese Verselbständigung kommt deutlich zur Sprache bei *Moll,* Tarifvorrang, S. 50: „Bei bloßer Tarifüblichkeit einer Norm besteht allerdings ein nicht zu befriedigendes Regelungsbedürfnis fort, wenn die betreffende Tarifnorm einen Komplex abschließend gestaltet. Hier handelt es sich jedoch um ein Zugeständnis an die tarifliche Regelungszuständigkeit, der gegenüber nach der gesetzlichen Wertung ja auch das Schutzbedürfnis der Arbeitnehmer zurücktritt." Es überzeugt nicht, daß der Verfasser seine Argumentation einseitig auf den zu zahlenden Preis des Schutzes der Tarifautonomie stützt und dabei das konkrete Schutzbedürfnis der Arbeitnehmer vernachlässigt.

130 Neben ihrer unumstrittenen sozialintegrativen Funktion könnte die betriebliche Friedenspflicht daher als eine mittelbare Begünstigung des Gesetzgebers zur kampforientierten Tarifautonomie aufgefaßt werden.

den Möglichkeiten der Betriebspartner, zumindest auf fakultativer Basis Abmachungen über materielle Arbeitsbedingungen zu treffen, werden weiterhin beschnitten. Der Tarifvorbehalt verdrängt auch nach § 88 BetrVG abgeschlossene freiwillige Betriebsvereinbarungen [131]. Die vorgenommene Beschränkung auf materielle Arbeitsbedingungen ist ein Zugeständnis gegenüber der Betriebsebene, die auch einen Bereich zur vorrangigen, eigenverantwortlichen Gestaltung erhält — nämlich die formellen Arbeitsbedingungen —, während die Tarifautonomie das Kernstück ihrer Betätigung absichert. Dieses Bild, also die eindeutige Entscheidung, die Tarifautonomie vor konkurrierenden Gestaltungen auf Betriebsebene in Schutz zu nehmen, bekommt durch folgenden Aspekt noch schärfere Konturen: nicht einmal die Kollision der mächtigen Tarifautonomie mit der bereits abgeschwächten, nur fakultativen Regelungsbefugnis der Betriebspartner wird zugelassen. Das Merkmal der Tarifüblichkeit verbietet sogar das Zustandekommen jedweder normativer Abmachung auf Betriebsebene und gibt § 77 Abs. 3 BetrVG eindeutig den Charakter einer Zuständigkeitsnorm.

Soweit zur ersten Ebene des Sinn und Zwecks der tariflichen Sperrvorschriften, die über die Gewährleistung eines Normsetzungsmonopols im Grunde den Schutz der Tarifautonomie verfolgen. Für dessen Erreichung ist nur die Vorschrift des § 77 Abs. 3 BetrVG maßgebend. Insofern kann man dabei von einem *Institutionenschutz* sprechen. Genau für diesen Bereich hat der Gesetzes- und Tarifvorrang des Eingangssatzes des § 87 Abs. 1 BetrVG keine Bedeutung.

Kein Institutionenschutz, sondern die Verwirklichung der Maxime des Arbeitnehmerschutzes charakterisiert die zweite Ebene des Zwecks der Sperrvorschriften. Hier bekommt auch der Eingangssatz des § 87 Abs. 1 BetrVG seine Bedeutung. Ausgangspunkt soll die Überlegung sein, daß überall dort, wo auf kollektiver Ebene Verhandlungs- und Regelungsmöglichkeiten zwischen Arbeitnehmer und Arbeitgeber vorgesehen sind, zugleich auch Vorkehrungen getroffen werden, die eine Vertragsparität möglichst gewährleisten und diesem Instrumentarium die Chance der Richtigkeit verleihen [132]. So wird auch im Rahmen des Betriebsverfassungsgesetzes verfahren. Dies wäre ein unvollständiges Gesetz, wenn es nicht einen Mechanismus enthalten würde, der überall dort, wo der Betriebsrat nicht über das erforderliche Durchsetzungsvermögen verfügt und praktisch die Rückkehr zum Einzelvertrag droht, die Regelung zur Tarifebene umleitet. Daraus erklärt sich der absolute Vorrang tariflicher Regelungen in allen Fällen, in denen dem Betriebsrat keinerlei Durchsetzungsmöglichkeiten eingeräumt sind, in denen er also nur die Befugnis hat, Betriebsvereinbarungen abzuschließen, falls der Arbeitgeber sich dazu bereit findet. So kommt man auf die zweite Bedeutung des § 77 Abs. 3 BetrVG, der nur diesen Fall meint und aus dem deshalb für die anders geartete Situation des § 87 Abs. 1 BetrVG nichts hergeleitet werden

[131] s. dazu Kap. 6, A II 2 c).

[132] Zur Richtigkeitschance kollektivrechtlicher Institutionen s. ausführlich oben, Kap. 3, D.

kann[133]. Bestärkt wird diese These durch eine Entscheidung des Bundesarbeitsgerichts zu § 59 BetrVG 52, die zu wenig Aufmerksamkeit gefunden hatte[134]. Das Bundesarbeitsgericht vertrat damals die Ansicht, daß mit dieser Bestimmung nicht „die Stärkung der Tarifhoheit der Verbände um ihrer selbst willen" bezweckt werde, sondern daß es um „die Sicherung und Besserung der wirtschaftlichen Lage der Arbeitnehmer" gehe, zu der die Verbände eher befähigt seien, als die mitunter abhängigen und daher schwächeren Betriebsräte. Wenn man daraus die immateriellen Interessen — d. h. größtenteils die formellen Arbeitsbedingungen — ausklammert, wo den innerbetrieblichen Regelungen eher die Chance der Richtigkeit zukommt, passen diese Ausführungen eindeutig zum hier vorgenommenen Interpretationsversuch.

Völlig anders sieht es bei § 87 BetrVG aus. Dabei hat der Betriebsrat ein erzwingbares Mitbestimmungsrecht, verfügt also ausnahmsweise über eine stärkere Verhandlungsposition. Außerdem handelt es sich vorwiegend um Angelegenheiten, deren Regelung sich in Bezug auf die konkreten betrieblichen Gegebenheiten vollzieht. Unter diesen Umständen kann es nur noch darum gehen, welchen Sinn ein Tarifvorbehalt dann noch hat, wenn der Arbeitgeber in keinem Fall allein entscheiden kann, sondern immer an die Mitbestimmung des Betriebsrats gebunden ist. Staatliche Gesetzgebung vermag die Zuständigkeit der Tarifvertragsparteien zwar nicht zu beseitigen, im Interesse der zu schützenden Arbeitnehmer jedoch Mindestbedingungen festzusetzen, die in den Kollektivverhandlungen als Fixpositionen den Verhandlungsspielraum zugunsten der Arbeitnehmer verengen[135]. Entweder trifft der Gesetzgeber die jeweilige Sachentscheidung selbst (z. B. Mutterschutzgesetz, Festlegung der Höchstarbeitszeit) oder er verzichtet auf eine konkrete Sachentscheidung, dagegen aber legt er das bei der Konfliktlösung einzuhaltende Verfahren und seine Mindestbedingungen fest. Die zweite Lösung entspricht der in § 87 Abs. 1 BetrVG getroffenen Regelung: Fehlt es an einer konkreten tariflichen (oder gesetzlichen) Regelung, die den Arbeitnehmerbelangen Rechnung trägt, so kann diese Regelung nur unter Mitbestimmung des Betriebsrats getroffen werden[136]. Deshalb tritt das Mitbestimmungsrecht des Betriebsrats zurück, nur wenn die Tarifpartner tätig geworden sind. Ein Verzicht auf die tarifliche Regelung und die gleichzeitige Forderung nach Wegfall des Mitbestimmungsrechts wären vom Sinn und Zweck des § 87 BetrVG nicht gerechtfertigt. Dieser Sinn und Zweck ist es, der eine „Einmischung" des anders konzipierten § 77 Abs. 3 BetrVG verbietet.

---

133 Vgl. statt aller *Weiss*, BetrVG § 87 Anm. 9: „Hier ist es gerechtfertigt, der Regelungsbefugnis auch dort schon Vorrang einzuräumen, wo für den jeweiligen Betrieb Tarifbindung gar nicht gegeben ist." Dazu auch *Simitis / Weiss*, DB 1973, S. 1247.

134 AP Nr. 23 zu § 59 BetrVG 52 = DB 1964, S. 411. Diese Entscheidung wird nur von *Zöllner*, FS Nipperdey, S. 703, erwähnt.

135 So fast wörtlich, *Simitis / Weiss*, DB 1973, S. 1247; vgl. auch schon *Sinzheimer*, Rechtsfragen des Arbeitstarifvertrags, S. 20, der in diesem Kontext von „Kulturminimen" spricht; *Biedenkopf*, Grenzen der Tarifautonomie, S. 154 f.

136 Ebenfalls so das von *Simitis / Weiss*, ebenda, entwickelte Konzept.

Der entwickelte Ansatz ist vor allem funktional-dialektisch gemeint. Manche rechtstechnische Unstimmigkeiten sollen im weiteren Verlauf beseitigt werden. Vor allem sollen sie nicht eine Betrachtungsweise der Zweckrelation beider Sperrvorschriften trüben, die eine gleichzeitige Berücksichtigung der konkreten Arbeitnehmerbelange und des Schutzerfordernisses der Tarifautonomie ermöglicht. Ein solcher Harmoniegedanke soll außerdem auch die Betriebsautonomie vor einem Leerlaufen bewahren. Es darf an dieser Stelle daran erinnert werden, daß diejenigen Interpretationen, die auf eine Gegensätzlichkeit des Schutzes der Tarifautonomie mit dem Schutz der Arbeitnehmer aufbauen, vom Ansatz her sinnwidrig sind[137].

---

137 Vgl. oben Kap. 4, C III.

Kapitel 5

Das Verhältnis des § 77 Abs. 3 BetrVG zu § 87 Abs. 1 Halbs. 1 BetrVG

A. Problemaufriß

Die vorgenommene Zuständigkeitsverteilung zwischen tarifvertraglicher und innerbetrieblicher Normsetzung nähert sich jetzt unausweichlich einem ihrer wichtigsten Prüfsteine. Dieser Prüfstein ist die rechtssystematische Stellung des § 77 Abs. 3 BetrVG zu § 87 Abs. 1 Halbs. 1 BetrVG, die seit über 30 Jahren zu den umstrittensten Fragen der arbeitsrechtlichen Literatur gehört. Trotz der erstaunlichen Fülle des einschlägigen Schrifttums wäre es indessen ein Fehlschluß, von bereits gesicherten Erkenntnissen hinsichtlich dieser Problematik zu sprechen.

Zunächst sollte man erneut die Regelungsreichweite beider Vorschriften klarstellen, die trotz der Deutlichkeit des Wortlauts nicht allzu selten falsch „gelesen" oder interpretiert werden[1]. § 77 Abs. 3 BetrVG verbietet den Abschluß von Betriebsvereinbarungen über Arbeitsentgelte und sonstige Arbeitsbedingungen, die entweder aktuell tariflich geregelt sind oder üblicherweise — also nicht momentan tariflich erfaßt — vom Tarifvertrag geregelt werden. (Die Möglichkeit der Öffnungsklausel nach § 77 Abs. 3 Satz 2 BetrVG kann in diesem Zusammenhang unberücksichtigt bleiben). Die Vorschrift sagt also weder über ihre Reichweite noch über die Voraussetzungen der betrieblichen Geltung des Tarifvertrags oder der Tarifüblichkeit etwas aus. § 87 Abs. 1 Halbs. 1 BetrVG begnügt sich dagegen nicht mit der abstrakten Tarifüblichkeit, sondern fordert die Geltung einer konkreten tariflichen Regelung im Betrieb (entsprechendes gilt auch für eine gesetzliche Norm), damit jede Form der *erzwingbaren Mitbestimmung* versperrt wird; folglich dürfen für die Betriebspartner nur freiwillige Mitbestimmungsformen (Betriebsvereinbarungen, Regelungsabreden) in Betracht kommen.

Nach ihrer Stellung in den allgemeinen Vorschriften des die Mitwirkung und die Mitbestimmung regelnden 4. Teils des Betriebsverfassungsgesetzes scheint die Regelungssperre des § 77 Abs. 3 BetrVG für alle Betriebsvereinbarungen zu gelten, gleichgültig, ob sie mitwirkungs- oder mitbestimmungspflichtige Materien

1 Eine Übersicht älterer und heute nicht mehr vertretener Auffassungen, die das Verhältnis beider Vorrangregelungen krass gegen den Wortlaut interpretierten, befindet sich bei *Heyer*, Betriebliche Normsetzung und Tarifautonomie, S. 131 ff.

zum Gegenstand haben, ob sie freiwillig geschlossen worden sind oder auf einem Spruch der Einigungsstelle beruhen. Der Wortlaut läßt nicht erkennen, daß für die mitbestimmungsunterworfenen Angelegenheiten des § 87 Abs. 1 BetrVG etwas Besonderes gelten könnte. Zweifel an dieser Auffassung drängen sich nur deshalb auf, weil § 87 Abs. 1 BetrVG in seinem Eingangssatz einen weiteren, von § 77 Abs. 3 BetrVG teilweise anders gestalteten Tarifvorrang vorsieht. Da dies nicht als bloßer Redaktionsfehler oder als Betonung desselben Prinzips verstanden werden kann, kann nunmehr die Ausgangsfrage nach dem Verhältnis von § 77 Abs. 3 BetrVG zu § 87 Abs. 1 Halbs. 1 BetrVG wesentlich genauer erfaßt werden, die ausschließlich die Mitbestimmung des Betriebsrats in den sozialen Angelegenheiten betrifft. Bringt das Gesetz damit zum Ausdruck, daß der Betriebsrat nur dann eine Betriebsvereinbarung als Mitbestimmungsform ins Auge fassen kann, wenn die mitbestimmungspflichtige Angelegenheit weder von einem Tarifvertrag substantiell geregelt noch tarifüblich geworden ist? Oder sollte er sich nur auf die konkrete Geltung eines Tarifvertrags im Betrieb gem. § 87 Abs. 1 Halbs. 1 BetrVG richten, wobei dies wiederum nur die Erzwingbarkeit der Mitbestimmung, nicht aber die bevorzugte Mitbestimmungsform beeinflussen würde? Bemißt sich m. a. W. die Lösung dieser Frage, entsprechend dem Grundsatz der Spezialität[2], ausschließlich nach der Tarifvorrangsbestimmung des § 87 Abs. 1 Halbs. 1 BetrVG, geht diese also in diesem speziellen Bereich dem „allgemeineren" Tarifvorbehalt des § 77 Abs. 3 BetrVG vor — oder sind zwecks Erhaltung eines weitgehenden Regelungsprimats der Koalitionen bei der Mitbestimmung in sozialen Angelegenheiten beide Normen einschlägig und mit ihren jeweiligen Tatbeständen und Rechtsfolgen nebeneinander zu beachten? Das Problem stellt sich besonders für den Zeitpunkt zwischen dem Ablauf eines Tarifvertrages und dem Abschluß eines neuen, da dem nachwirkenden Tarifvertrag keine Sperrwirkung gem. § 87 Abs. 1 Halbs. 1 BetrVG zukommt. Soll genau für diesen Zeitraum die Sperre der Tarifüblichkeit gem. § 77 Abs. 3 BetrVG herangezogen werden, um wenigstens eine normative „Störung" der Tarifpolitik durch die Betriebspartner zu unterbinden[3]?

Schon während der Geltung des Betriebsverfassungsgesetzes von 1952 wurde dieses Konkurrenzproblem anhand der §§ 59 und 56 Abs. 1 diskutiert. Die wohl h. M. ging auch damals von der Notwendigkeit einer kumulativen Anwendung beider Schranken im Bereich des § 56 BetrVG 52 aus[4]. Nur eine Mindermeinung

---

[2] Wobei dies nicht die einzige Begründung ist. Dazu s. die Angaben unter Kap. 5, C.

[3] s. *Heyer*, Betriebliche Normsetzung und Tarifautonomie, S. 131 mit Angaben unter Anmerkung 4.

[4] s. exemplarisch *Dietz*, BetrVG, § 56 Anm. 71; *ders.*, RdA 1955, S. 241, 243; *Galperin / Siebert*, BetrVG, § 56 Anm. 22; *Grosshauser*, Die Unzulässigkeit von Betriebsvereinbarungen nach § 59 BetrVG, S. 43 ff.; *Quasten;* Zulässigkeit und Unzulässigkeit von Betriebsvereinbarungen, S. 105 ff.; *Wiese*, RdA 1968, S. 41, 46; *Wlotzke*, Günstigkeitsprinzip, S. 167; *Zöllner*, FS Nipperdey II, S. 705. Auch BAG AP Nr. 25 zu § 59 BetrVG 52. Dazu vgl. auch oben Kap. 4, C III.

lehnte diese Anwendung mit der Begründung ab, daß die Wichtigkeit der in § 56 BetrVG 52 vorgesehenen Angelegenheiten es gebiete, daß darüber ohne Rücksicht auf § 59 BetrVG 52 Betriebsvereinbarungen abgeschlossen werden könnten. Darum sollten sie nur einer wirklich bestehenden, tariflichen Regelung weichen. Der Vorrang des Tarifvertrages sei ein allgemein geltender Grundsatz, der in § 56 BetrVG 52 nicht nochmals wiederholt zu werden brauchte, wenn die Vorschrift nicht eine Modifizierung dieses Grundsatzes einführen würde[5]. Das Problem bestand jedoch nicht im heutigen Ausmaß, da die hermeneutische Begrenzung des § 59 BetrVG 52 auf materielle Arbeitsbedingungen nur zu einer relativ geringfügigen Überschneidung mit den formellen Arbeitsbedingungen des § 56 BetrVG 52 führte. Vielmehr ist man grundsätzlich von einer tatbestandlichen Ausschließlichkeit zwischen beiden Vorschriften ausgegangen[6], so daß der Streit um ihr gegenseitiges Verhältnis nur im Extremfall von „Mischfällen" praktische Relevanz bekam[7]. Die erzielte Einigkeit im alten Recht nahm sodann folgende rechtstechnischen Konturen an: Während für die in § 56 Abs. 1 BetrVG 52 ausschließlich enthaltenen formellen Arbeitsbedingungen nur ein geltender Tarifvertrag das erzwingbare Mitbestimmungsrecht ausschloß, verbot § 59 BetrVG 52 bei Tarifüblichkeit *nur freiwillige* Betriebsvereinbarungen über materielle — also außerhalb des § 56 BetrVG 52 liegende — Arbeitsbedingungen. Es liegt der Schluß nahe, daß das erwünschte Ergebnis nur dank eines interpretatorischen „Kunstgriffs" erzielt wurden, nämlich durch die Trennung von materiellen und formellen Arbeitsbedingungen und die gleichzeitige Zuweisung der jeweiligen Vorschrift des entsprechenden Aufgabenbereichs. Nachträglich kann man wohl behaupten, daß dies die angemessenste Lösung war. Angesichts der Tatsache, daß § 56 Abs. 1 BetrVG 52 *objektiv* nur formelle Arbeitsbedingungen enthielt, wäre allein die restriktive Auslegung des § 59 BetrVG 52 imstande, die Ausgewogenheit der Gesamtregelung aufrechtzuerhalten.

Mit dem Inkrafttreten des Betriebsverfassungsgesetzes von 1972 hat sich die Rechtslage in mehrfacher Hinsicht geändert. Die Vorschrift des § 59 BetrVG 52 wurde aus „rechtstechnischen Gründen"[8], unter Änderung des Wortlauts, als § 77 Abs. 3 BetrVG aus dem Abschnitt über soziale Angelegenheiten in den Abschnitt über allgemeine Grundsätze übernommen. Wichtiger noch ist die Erweiterung des Katalogs des § 87 Abs. 1 BetrVG um etliche Themen, die zu den materiellen

---

[5] So *Hueck,* RdA 1952, S. 368; ebenso *Biedenkopf,* Grenzen der Tarifautonomie, S. 285; *Nikisch,* FS Nipperdey II, 1965, S. 453 (464 ff.); *ders.,* BB 1953, S. 175, 179; *Vielhaber,* BB 1953, S. 358 f.

[6] *Dietz,* BetrVG, § 56 Anm. 71; *Galperin / Siebert,* BetrVG, § 56 Anm. 22; *Grosshauser,* Die Unzulässigkeit von Betriebsvereinbarungen, S. 43 ff.; *Hueck / Nipperdey,* Arbeitsrecht Bd. II/2, S. 1396 f.; *Neumann-Duesberg,* Betriebsverfassungsrecht, S. 469 f.; *Wiese,* RdA 1968, S. 41 f.; a. A. besonders *Biedenkopf,* Grenzen der Tarifautonomie, S. 283 ff.

[7] Dazu *Klasen,* Tarifvorrang und Mitbestimmung in sozialen Angelegenheiten, S. 5 mit Anmerkung 11.

[8] So die Begründung zum Regierungsentwurf, BT-Drucks. VI/1786, S. 47.

Arbeitsbedingungen gehören. Angesichts dieser Situation läßt sich zweierlei festhalten: zum einen, daß die vorher vertretene tatbestandliche Ausschließlichkeit für das Verhältnis beider Paragraphen nunmehr hinfällig geworden ist, andererseits, daß die Novellierung deutlich die Absicht des Gesetzgebers zum Ausdruck gebracht hat, den Betriebspartnern mehr Kompetenzen zur eigenverantwortlichen Regelung zu übertragen, die in den bisherigen Regelungsbereich der Tarifvertragsparteien unmittelbar eingreifen[9].

Die starke rechtspolitische Akzentuierung eines Problems, das auf den ersten Blick nur rechtstechnisch erscheint, ist kaum zu übersehen. Ein Teil der Literatur knüpft an die frühere Rechtslage an und wendet die Vorschrift des § 77 Abs. 3 BetrVG im Rahmen des § 87 Abs. 1 BetrVG an. Das weitgespannte Regelungsvorrecht der Tarifvertragsparteien setzt sich danach auch im Bereich der notwendigen Mitbestimmung des Betriebsrats durch. Ausgerechnet von einem ihrer Gegner bekam diese Auffassung die Bezeichnung „Zwei-Schranken-Theorie“[10].

Die kumulative Anwendung der Tarifsperren scheint ganz im Interesse der Tarifpartner zu liegen, droht jedoch das Mitbestimmungsrecht des Betriebsrats erheblich einzuschränken oder — schlimmer noch — den konkreten Arbeitnehmerschutz dann außer acht zu lassen, wenn er gerade notwendig erscheint. Dies bestimmt den Argumentationsansatz der Gegenmeinung, die § 77 Abs. 3 BetrVG im Bereich der notwendigen Mitbestimmung nicht für anwendbar hält, sondern dem Eingangssatz des § 87 Abs. 1 BetrVG den Vorrang als speziellere Norm einräumt[11].

Eine definitive Lösung des Problems steht nach wie vor offen. Insbesondere kann ein Rückgriff auf den Willen des Gesetzgebers heutzutage keine eindeutige Antwort geben. Fest steht, daß er die Kompetenzen der Betriebspartner entschlossen erweitern wollte. Ob es aber seiner Intention entsprach, den Tarifvorbehalt des § 77 Abs. 3 BetrVG *nicht nur auf freiwillige, sondern auch auf erzwingbare Betriebsvereinbarungen auszudehnen,* ist aus den Gesetzesmaterialien nicht entnehmbar. Genau das Gegenteil indiziert stattdessen die Verweigerung der Bundesregierung, dem Vorschlag des Bundesrates zu folgen, und nach § 87 Abs. 1 BetrVG den Abs. 1a einzufügen: „§ 77 Abs. 3 BetrVG ist anzuwenden“. Den Zusatz, der den Vorrang der Tarifüblichkeit auch in den dort genannten Fällen sichern würde, hat die Bundesregierung abgelehnt, „weil er die Ausgewogenheit der Gesamtkonzeption des Entwurfs beeinträchtigen würde“[12].

---

[9] Repräsentativ für die positive Haltung gegenüber dieser Tendenz s. *Kübler / Schmidt / Simitis,* Mitbestimmung als gesetzgebungspolitische Aufgabe, S. 219 ff.

[10] Als Urheber gilt *Säcker,* ZfA 1972-Sonderheft, S. 41, 64. *Richardi* findet dies sprachstrategisch geschickt, jedoch lehnt er diese Bezeichnung ab und spricht stattdessen vom „doppelten Schrankenvorbehalt“ zugunsten der Tarifvertragsparteien; s. *Dietz / Richardi,* BetrVG, § 77 Anm. 182. Angaben zu den Anhängern der Zwei-Schranken-Theorie vgl. im folgenden Text unter B.

[11] Daher wird sie auch als „Vorrangtheorie“ apostrophiert. Literaturhinweise dazu s. unter C.

Auch die Rechtsprechung hat es über längere Zeit hinweg versucht, sich von diesem Auslegungsstreit fernzuhalten. Sie ist aber — das muß man einräumen — nicht so oft von der Praxis herausgefordert worden, die sich, bekanntlich, auf ihre eigene Art über dieses Problem hinwegsetzt[13]. Lange dachte man, daß die Gerichte eher der Zwei-Schranken-Theorie zuneigten, bis neuerdings das Bundesarbeitsgericht durch eine überraschende Wende neuen Zündstoff zur wissenschaftlichen Auseinandersetzung gab[14].

Im folgenden werden die beiden Gegenmeinungen und die Rechtsprechung dargestellt werden. Im Anschluß daran wird versucht, aus den oft unbefriedigenden Interpretationen eine eigene Lösung zu entwickeln.

B. Die Auffassung vom doppelten Schrankenvorbehalt zugunsten der Tarifvertragsparteien (Zwei-Schranken-Theorie)

Kerngedanken dieser Theorie sind die umfassende funktionelle Zuständigkeitsabgrenzung zwischen dem Tarifvertrag und der Betriebsvereinbarung und zugleich der optimale Schutz der Tarifebene, die § 77 Abs. 3 BetrVG ermöglicht, indem diese Vorschrift nicht nur in den Bereich freiwilliger Betriebsvereinbarungen eingreift, sondern auch auf den Katalog des § 87 Abs. 1 BetrVG einwirkt[15]. Die Folge ist, daß die Betriebspartner auch im Falle der Tarifüblichkeit — bei konkreter tariflicher Geltung wäre schon der Eingangssatz des § 87 Abs. 1 BetrVG einschlägig — keine Betriebsvereinbarungen über mitbestimmungspflichtige Angelegenheiten abschließen dürfen. Die korrekte Anwendung des § 77 Abs. 3 BetrVG geht über die *Erzwingbarkeit* dieses Mitbestimmungsinstruments hinaus und verbietet auch fakultative Betriebsvereinbarungen. So gesehen,

---

12 BT-Drucks. VI/1786, S. 64.

13 Nicht zufällig gilt daher § 77 Abs. 3 BetrVG als eine von den am häufigsten übertretenen Bestimmungen des Betriebsverfassungsgesetzes. So auch zuletzt *Hromadka*, DB 1987, S. 1991 ff. am Ende.

14 Ausführlich zur Stellung der Rechtsprechung unten Kap. 5, D.

15 Als Vertreter dieser Auffassung gelten: *Boewer*, DB 1973, S. 522, 526; *Conze*, DB 1978, S. 490, 492; *Dietz / Richardi*, BetrVG, § 77 Anm. 182; *Fitting / Auffarth / Kaiser / Heither*, BetrVG, § 87 Anm. 7; *Galperin / Löwisch*, BetrVG, § 77 Anm. 76, § 87 Anm. 57; *Hanau*, BB 1972, S. 499; *ders.*, RdA 1973, S. 281, 284; *ders.*, BB 1977, S. 350; *Hanau / Adomeit*, Arbeitsrecht, S. 123; *Haug*, BB 1986, S. 1921, 1925; *Hess / Schlochauer / Glaubitz*, BetrVG, § 77 Anm. 74; *Hromadka*, DB 1987, S. 1991 ff:; *Jahnke*, Tarifautonomie und Mitbestimmung, S. 167 ff.; *Kirchner*, BB 1972, S. 1279 ff.; *Konzen*, BB 1977, S. 1307, 1312; *Löwisch*, AuR 1978, S. 97, 106; *Misera*, Anmerkung zu BAG AP Nr. 12 zu § 87 BetrVG Lohngestaltung; *Moll*, Die Mitbestimmung des Betriebsrats beim Entgelt, S. 173 f.; *ders.*, Der Tarifvorrang nach dem Betriebsverfassungsgesetz, S. 39; *Richardi*, ZfA 1976, S. 1 ff.; *Thiele*, GK-BetrVG, § 77 Anm. 92 ff., *Wiedemann / Stumpf*, TVG, § 4 Anm. 277 ff.; *Wiese*, GK-BetrVG, § 87 Anm. 28; *ders.*, FS BAG, 1979, S. 661, 664; *Zöllner*, Arbeitsrecht, S. 458; sehr modifiziert *Kreutz*, Grenzen der Betriebsautonomie, S. 220 ff.; neutral dazu, *v. Hoyningen-Huene*, Betriebsverfassungsrecht, S. 167; deutlich aber von der h. M. abweichend in *v. Hoyningen-Huene / Meier-Krenz*, NZA 1987, S. 793, 797 ff.

bedeutet dies viel mehr als einen doppelten Schrankenvorbehalt zugunsten der Tarifvertragsparteien. In der Tat wird eine Betriebsvereinbarung als Regelungsinstrument nur dann in Betracht kommen, wenn es sich um eine von den Tarifpartnern nur selten oder gar nicht geregelte Angelegenheit handelt. Diese offensichtlich zu weit reichende faktische Einschränkung der betrieblichen Mitbestimmung versuchen die Vertreter der Zwei-Schranken-Theorie dadurch zu mildern, indem sie § 77 Abs. 3 BetrVG auf materielle Arbeitsbedingungen beschränken, so daß wenigstens die genannten Folgen nur hinsichtlich § 87 Abs. 1 Ziff. 3, 10, 11 BetrVG zur Geltung kommen[16].

Zur Begründung dieser Auffassung beruft man sich zunächst einmal auf die im Vergleich zum Betriebsverfassungsgesetz 1952 veränderte systematische Stellung des § 77 Abs. 3 BetrVG[17]. Diese Vorschrift sei nunmehr dem § 87 BetrVG über soziale Angelegenheiten vorangestellt und habe im Bereich der Mitwirkung und Mitbestimmung der Arbeitnehmer einen Grundsatzcharakter. Der dadurch verliehene Grundsatzcharakter spreche eben für seine lückenlose Anwendung im Bereich der folgenden Vorschriften. Diese Auffassung soll weiterhin den Gegenschluß aus § 112 Abs. 1 Satz 4 BetrVG untermauern. Da diese Vorschrift die Anwendbarkeit des § 77 Abs. 3 BetrVG im Sozialplan ausdrücklich ausschließt, soll dies bei § 87 Abs. 1 BetrVG gerade nicht der Fall sein. Diese Bestimmung wäre überflüssig, wenn nach dem Willen des Gesetzes unter Abs. 3 alle Arbeitsbedingungen fielen, soweit sie nicht Gegenstand eines Mitbestimmungstatbestands seien. Da der Gesetzgeber es für erforderlich gehalten habe, für die Aufstellung eines Sozialplans eine ausdrückliche Bestimmung zu treffen, könne dies als Indiz dafür gewertet werden, daß er eine Zuständigkeitsabgrenzung geben wollte, die auch im Rahmen der Mitbestimmungstatbestände gelte[18].

Die Darstellung der Argumentationskette wäre jedoch unvollständig, wenn der rechtspolitische Argumentationsansatz der Zwei-Schranken-Theorie fehlte, der für diese Auffassung ausschlaggebend ist. Gerade die Erstreckung des Mitbestimmungsrechts auf materielle Arbeitsbedingungen im Bereich des § 87 Abs. 1 BetrVG gebietet die Anwendung des allgemeinen Tarifvorbehalts. Der Zweck des § 77 Abs. 3 BetrVG, nämlich der Schutz der Tarifautonomie, wäre ausgehöhlt, wenn nach Ablauf eines Tarifvertrages, im Zeitraum also, wo der Eingangssatz des § 87 Abs. 1 BetrVG nicht zum Zuge kommen kann, der Betriebsrat eine normative Regelung etwa über die Geldseite der Akkorde abschließen könnte[19].

---

16 *Dietz / Richardi,* BetrVG, § 77 Anm. 180 mit Hinweisen; vgl. ferner *Bichler,* DB 1979, S. 1939; *Mengel,* DB 1982, S. 43; *Wittke,* Die Beteiligungsrechte des Betriebsrats im sozialen Bereich, S. 5 ff.; ferner *Klasen,* S. 104 f. mit Nachweisen.

17 *Dietz / Richardi,* BetrVG, § 77 Anm. 181; *Kirchner,* BB 1972, S. 1280; *Moll,* Tarifvorrang, S. 36.

18 So *Dietz / Richardi,* BetrVG, § 77 Anm. 181; ferner *Hromadka,* DB 1987, S. 1992; *Kirchner,* BB 1972, S. 1281 f.; *Moll,* Tarifvorrang, S. 36.

19 Im Zuge dieser Argumentation bleibt allerdings der Gesichtspunkt unbeachtet, daß der Betriebsrat zwar nicht normativ regeln, immerhin aber eine formlose Regelung

Da gerade Entgeltfragen im weitesten Sinne herkömmlich von den Tarifvertragsparteien geregelt würden, habe der Gesetzgeber Einflüsse des Betriebsrats in diesem empfindlichen Bereich ausschließen wollen[20]. Der Betriebsrat dürfe also nicht mit einem Regelungsvorhaben in die Zeitlücke zwischen zwei Tarifverträgen stoßen! Dieser Gesichtspunkt wird dann konsequenterweise dem durch die Statuierung der Mitbestimmungsrechte verfolgten Arbeitnehmerschutz übergeordnet.

Dem konsequenten Vollzug dieses Normzwecks von § 77 Abs. 3 BetrVG würde jedoch auch diese Interpretation nur mangelhaft Rechnung tragen. Dies erkennt auch einer ihrer Vertreter, nämlich *Richardi*[21], und versucht die Lücke durch ein contra legem-Verständnis des § 77 Abs. 3 BetrVG zu schließen. Da es mit dem Normzweck unvereinbar wäre, die Betriebsvereinbarung durch eine Betriebsabsprache zu ersetzen, erscheint ihm jedenfalls für Fragen der betrieblichen Lohngestaltung wenig sinnvoll, daß die Betriebspartner über sie zwar keine Betriebsvereinbarungen, wohl aber eine Betriebsabsprache treffen können, wenn der Tarifvertrag abgelaufen ist. Deshalb plädiert er, auch Betriebsabsprachen in die Sperre des § 77 Abs. 3 BetrVG einzubeziehen, wenn die tarifübliche Regelung aufgrund der Nachwirkung weiterbesteht[22].

Von diesem Teilproblem jedoch abgesehen, glauben die Vertreter der Zwei-Schranken-Theorie durch die Anwendung des § 77 Abs. 3 BetrVG im Rahmen des § 87 Abs. 1 BetrVG den maximalen Schutz zugunsten der Tarifvertragsparteien erreicht zu haben. Den immer öfter zu hörenden Gegenstimmen, daß dadurch der Schutzzweck der Mitbestimmung zu kurz komme, begegnen sie mit dem Einwand, daß die dem Betriebsrat verbleibende Möglichkeit, mittels formloser Regelungsabreden diesem Zweck Rechnung zu tragen, keineswegs unbedeutend sei[23]. Ob das dadurch erreichte normative Privileg der Tarifvertragsparteien seinen angeblichen Zweck erzielen kann oder ob der dafür zu zahlende Preis — die weitgehende Einschränkung der Mitbestimmung — zu hoch, gemessen am Ergebnis, ist, wird der Prüfstein für die Stichhaltigkeit dieser Theorie sein[24]. Vorher soll aber die Gegenmeinung dargestellt werden, die sich teilweise derselben Argumente wie die Zwei-Schranken-Theorie bedient, um zu den gegensätzlichen Ergebnissen zu kommen.

---

erzwingen kann, was für eine konsequente Zweckverfolgung im Sinne der Zwei-Schranken-Theorie viel bedeutender ist; vgl. auch unten Kap. 5, E.

20 Ebenso *Heyer*, Betriebliche Normsetzung und Tarifautonomie, S. 132; vgl. auch *Dietz / Richardi*, BetrVG, § 77 Anm. 179.

21 *Dietz / Richardi*, BetrVG, § 77 Anm. 182.

22 Dasselbe soll auch für die Einführung von Mehr- oder Kurzarbeit gelten; vgl. dazu *Kreutz*, Grenzen der Betriebsautonomie, S. 221 mit Nachweisen.

23 So z. B. *Haug*, BB 1986, S. 1924 f.; *Hromadka*, DB 1987, S. 1992 ff.; *Moll*, Tarifvorrang, S. 36; *Wiedemann / Stumpf*, TVG, § 4 Anm. 295; *Wiese*, FS BAG, S. 664 f.

24 s. unten Kap. 5, E.

C. Die Vorrangtheorie

Ihren Namen[25] verdankt diese Auffassung ihrem Kernansatz. Demnach stehen § 77 Abs. 3 BetrVG und § 87 Abs. 1 Halbs. 1 BetrVG nicht als zwei *idealiter* miteinander konkurrierende Schranken nebeneinander, die die Betriebsparteien zu überwinden haben, bevor sie in sozialen Angelegenheiten tätig werden dürfen (so die Zwei-Schranken-Theorie), sondern der Eingangssatz des § 87 Abs. 1 BetrVG genießt für den Bereich der obligatorischen Mitbestimmung den Vorrang[26]. Dies hat zur Folge, daß nur der bestehende einschlägige Tarifvertrag das Mitbestimmungsrecht des Betriebsrats in sozialen Angelegenheiten ausschließen kann. Schlichte Tarifüblichkeit läßt im Rahmen des § 87 Abs. 1 BetrVG Betriebsvereinbarungen sowie andere Mitbestimmungsformen unberührt. Diese Auffassung weist — zumindest vom Ergebnis her betrachtet[27] — eine große Ähnlichkeit mit der seinerzeit breit akzeptierten Lehre von der tatbestandlichen Exklusivität der entsprechenden Bestimmungen des Betriebsverfassungsgesetzes von 1952 auf[28]. Man hat jedoch nach einer neuen Begründung für die erwünschte Trennung beider Normen gesucht, weil man erkannt hat, daß die Neufassung des Betriebsverfassungsgesetzes zu Überschneidungen beider Vorschriften geführt hatte; damit war endgültig auch die argumentative „Bequemlichkeit“ der alten Lehre hinfällig geworden.

Diese Begründung hat zwei ineinandergreifende Hauptkomponenten, so daß je nach Betonung der einen oder der anderen die Befürworter der Vorrangtheorie sich in zwei Gruppen differenzieren lassen[29]. Eine scharfe Trennung liegt allerdings nicht vor. Die erste Gruppe beruft sich auf den methodischen Gesichtspunkt der spezielleren Norm und versucht dies z. T. durch entsprechende Argumente aus dem Kontext oder dem Inhalt des § 87 Abs. 1 Halbs. 1 BetrVG zu begründen[30], während die zweite Gruppe den Arbeitnehmerschutzaspekt als Grundsatz der Betriebsverfassung in den Mittelpunkt rückt[31].

---

25 Die Namensgebung geht höchstwahrscheinlich auf *Säcker*, ZfA 1972-Sonderheft, S. 65, zurück.

26 Als Vertreter der Vorrangtheorie sind zu nennen: *Säcker*, ZfA 1972-Sonderheft, S. 41, 64 ff.; weniger engagiert *ders.*, BB 1979, S. 1201 f.; *Birk*, Anmerkung zu BAG, EzA Nr. 2 zu § 87 BetrVG 1972, Initiativrecht; *Burghardt*, Die Handlungsmöglichkeiten des Betriebsrats, S. 316 ff.; *Fabricius*, RdA 1973, S. 125 f.; *Farthmann*, RdA 1974, S. 65, 71; *v. Friesen*, DB 1983, S. 1871, 1873; *Gast*, Tarifautonomie, S. 26 ff., 36 ff.; *Gnade / Kehrmann / Schneider / Blanke*, BetrVG, § 77 Anm. 32, § 87 Anm. 37; *v. Hoyningen-Huene / Meier-Krenz*, NZA 1987, S. 793, 797 ff.; *Lederer*, Das Initiativrecht des Betriebsrats in Lohnfragen, S. 67 ff.; *Reuter*, SAE 1976, S. 15, 17 f.; *Reuter / Streckel*, Grundfragen der betriebsverfassungsrechtlichen Mitbestimmung, S. 33 ff.; *Simitis / Weiss*, DB 1973, S. 1240, 1247; *Weiss*, BetrVG, § 77 Anm. 10, § 87 Anm. 9.

27 Gemeint ist die Beschränkung der Sperrwirkung des § 77 Abs. 3 BetrVG nur auf freiwillige Betriebsvereinbarungen außerhalb des Katalogs des § 87 Abs. 1 BetrVG.

28 Dazu s. oben Kap. 5 A.

29 So auch *Haug*, BB 1986, S. 1923.

30 Vgl. *Birk*, Anmerkung zu BAG, EzA Nr. 2 zu § 87 BetrVG 1972, Initiativrecht; *Reuter / Streckel*, Grundfragen, S. 33; auch Lieb, ZfA 1978, S. 205.

Zunächst wird das Argument angeführt, daß bereits der Text des § 87 Abs. 1 Halbs. 1 BetrVG keinen Zweifel daran lasse, daß das Mitbestimmungsrecht nur einem bestehenden Tarifvertrag zu weichen habe[32]. Außerdem verleihe seine systematische Stellung dem § 77 Abs. 3 BetrVG einen „lex generalis"-Charakter, so daß § 87 Abs. 1 Halbs. 1 BetrVG zwangsläufig nur als eine „lex specialis" betrachtet werden kann[33]. Die Argumentation ist ohnehin zweifelhaft, nicht zuletzt, weil sie das Ergebnis unterstellt, das zu beweisen war: nämlich den Spezialitätscharakter des § 87 Abs. 1 Halbs. 1 BetrVG gegenüber § 77 Abs. 3 BetrVG[34]. Das Argument der Spezialität unter Hinweis auf die Systematik des Gesetzes führt zu keinen sicheren Ergebnissen. Weder ist es für die Vorrangtheorie verwertbar, noch läßt es andererseits einen Umkehrschluß zugunsten der Zwei-Schranken-Theorie zu[35].

Weiterhin wird behauptet, daß vom Standpunkt der Zwei-Schranken-Theorie aus die Einleitungsworte des § 87 Abs. 1 BetrVG: „soweit eine tarifliche Regelung (nicht) besteht" völlig überflüssig seien, da das Ergebnis bereits aus der Anwendung des § 77 Abs. 3 BetrVG folge[36]. Die Überflüssigkeit des Eingangssatzes des § 87 Abs. 1 BetrVG wird auch mit dem Argument begründet, daß der Tatbestand des § 77 Abs. 3 BetrVG den des § 87 Abs. 1 Halbs. 1 BetrVG vollständig abdecke und einen Schritt weitergehe[37].

Vorbehaltlich einer späteren Auseinandersetzung mit der einschlägigen Argumentation[38] sei hier zweierlei bemerkt: Der Einleitungssatz kann schon deswegen nicht völlig überflüssig sein, weil § 77 Abs. 3 BetrVG im Falle seiner erweiterten Anwendung nicht das gesamte Mitbestimmungsrecht, sondern lediglich seine normative Ausübung durch Betriebsvereinbarung ausschließen würde. Diesen Aspekt verkennt offenbar die Vorrangtheorie[39]. Außerdem benötigt dieses Argu-

---

31 Vgl. die übrigen von den in Anmerkung 26 aufgeführten Autoren. Gleichsam in der Mitte stehen *Farthmann,* RdA 1974, S. 65 ff., 71 f. und *Säcker,* ZfA 1972-Sonderheft, S. 64 ff., die beide Komponenten gleichmäßig betonen.

32 Vgl. die Autoren in Anmerkung 30.

33 So nachdrücklich *Farthmann,* RdA 1974, S. 72.

34 Diesen Schlußfehler kann man als einen typischen Fall der petitio principii bezeichnen; dazu *Adomeit,* Rechtstheorie, S. 47 f. Dies erkennt auch *Moll,* Tarifvorrang, S. 36.

35 Deutlich wird dies bei der kritischen Auseinandersetzung mit dieser Argumentation bei *Haug,* BB 1986, S. 1923 f.; *v. Hoyningen-Huene / Meier-Krenz,* NZA 1987, S. 798; *Jahnke,* Tarifautonomie und Mitbestimmung, S. 170 f. Alle drei Autoren sind sich an diesem Punkt einig, obwohl sie sich schließlich verschiedenen Theorien anschließen. Ausführlich darüber unten Kap. 5, E.

36 So *Säcker,* ZfA 1972-Sonderheft, S. 66, nach dessen Auffassung dies uneingeschränkt gilt, da er die Unterscheidung zwischen materiellen und formellen Arbeitsbedingungen — als Grundlage für die Einschränkung des Zuständigkeitsbereichs des § 77 Abs. 3 BetrVG wohlgemerkt — als „unscharf" und „willkürlich" ablehnt.

37 Gemeint ist die Tarifüblichkeit; s. *Farthmann,* RdA 1974, S. 72.

38 Unten Kap. 5, E.

39 So mit Nachdruck *Haug,* BB 1986, S. 1923; *Moll,* Tarifvorrang, S. 36. Dies erkennen auch *v. Hoyningen-Huene / Meier-Krenz,* NZA 1987, S. 798, als Vertreter der Vor-

ment für seine Stichhaltigkeit eine zusätzliche, jedoch keinesfalls unumstrittene Prämisse: die Subsumtion unter den sonstigen Arbeitsbedingungen des § 77 Abs. 3 BetrVG *aller,* nicht nur der materiellen Arbeitsbedingungen. Hält man aber an der Unterscheidung fest bei gleichzeitiger Zuweisung nur der materiellen Arbeitsbedingungen zum Bereich des § 77 Abs. 3 BetrVG[40], dann erscheint § 87 Abs. 1 Halbs. 1 BetrVG keineswegs überflüssig und findet direkte Anwendung bei der Mehrheit der Mitbestimmungstatbestände[41].

Unmittelbar mit der irrigen Annahme verknüpft, daß § 77 Abs. 3 BetrVG nicht nur Betriebsvereinbarungen, sondern das gesamte Mitbestimmungsrecht ausschließt, ist die Argumentation der zweiten Gruppe der Anhänger der Vorrangtheorie, denen es vor allem um die Verwirklichung des Arbeitnehmerschutzes im Rahmen der Betriebsverfassung geht. Es entspreche nicht dem Sinn der notwendigen Mitbestimmung, wenn der Arbeitgeber in nicht tarifgebundenen Betrieben alle tarifüblichen Angelegenheiten durch seine Alleinentscheidung regeln könnte, nur weil eine Tarifnorm nicht gelte und das Mitbestimmungsrecht des Betriebsrats durch die Tarifüblichkeit verdrängt werde[42]. Es sei insbesondere nicht einzusehen, daß die Schutzbedürftigkeit der Arbeitnehmer entfallen solle, wenn irgendwo anders in der „Umgebung“ des Betriebs tarifliche Regelungen der in Frage stehenden sozialen Angelegenheiten üblich seien. Diesem Schutzbedürfnis könne bekanntlich nur dann Rechnung getragen werden, wenn eine Angelegenheit entweder tariflich geregelt sei oder der Betriebsrat darüber ein obligatorisches Mitbestimmungsrecht besitze. Nach dieser Auffassung führt die Zwei-Schranken-Theorie dazu, daß das Mitbestimmungsrecht des Betriebsrats gerade in solchen Betrieben entfällt, deren Arbeitgeber nicht tarifgebunden sind, obgleich gerade da der Schutz der betrieblichen Mitbestimmung sozialpolitisch besonders angebracht erscheint[43].

Hier wird erneut evident, daß die Identifizierung der Befugnis des Betriebsrats zur normativen Regelung der Arbeitsbedingungen mit seinem erzwingbaren Mitbestimmungsrecht dogmatisch falsch ist[44]. Diesen Schwachpunkt der Argumentation greifen die Verfechter der Zwei-Schranken-Theorie auf und lassen anstelle der verdrängten Betriebsvereinbarung die Regelungsabrede als Ersatzlösung in Erscheinung treten[45]. Jedoch wird dadurch das Problem nicht gelöst. Es wird sich später zeigen[46], ob im Falle einer kumulativen Anwendung beider Schranken

---

rangtheorie, die aber der verbleibenden Mitbestimmung eine sehr geringe eigenständige Bedeutung beimessen; so im Ansatz auch BAG, BB 1987, S. 1248.

40 So die hier vertretene Auffassung; s. oben Kap. 4, C III.

41 Dagegen *v. Hoyningen-Huene / Meier-Krenz,* NZA 1987, ebenda.

42 So *Farthmann,* RdA 1974, S. 72.

43 So fast wörtlich *Säcker,* ZfA 1972-Sonderheft, S. 65.

44 Besonders deutlich kommt dies bei BAG, BB 1987, S. 1248, zum Ausdruck.

45 s. dazu insbes. *Haug,* BB 1986, S. 1924.

46 Unten Kap. 5, E.

in § 87 Abs. 1 BetrVG das Abstellen auf die formlose Regelungsabrede eine zweckmäßige Lösung darstellt. Die Einbeziehung des Arbeitnehmerschutzes in eine Problematik, die vom Schutz der Tarifautonomie beherrscht wird, ist keineswegs wertungswidersprüchlich. Es fragt sich nur, ob der von der herrschenden Zwei-Schranken-Theorie vertretene Mechanismus sinnvoll ist.

Verfolgt man weiterhin die Argumentation der Vorrangtheorie, dann schwindet allmählich der schon interpretativ gewonnene Unterschied zur Zwei-Schranken-Theorie. Von den Endergebnissen her betrachtet, erahnt man einen latenten Konsens zwischen beiden Gegenmeinungen. Der Primat der Tarifpartner setzt sich trotzdem als vorherrschende ratio durch und wird als Eigenzweck verabsolutiert. Solch eine Kehrtwende kommt am deutlichsten bei *Farthmann* vor[47]. Er dehnt nämlich den Tarifvorrang des § 87 Abs. 1 Halbs. 1 BetrVG entsprechend aus, damit auch lediglich nachwirkende Tarifverträge eine Sperrwirkung entfalten können. Dies erstrebt er sogar entgegen der ratio des § 87 Abs. 1 BetrVG, die nur dann die Verdrängung des Mitbestimmungsrechts zuläßt, wenn anderweitig dem Schutzinteresse der Arbeitnehmer durch eine *unabdingbare* tarifliche Regelung Rechnung getragen worden ist[48]. Was die Vertreter der Zwei-Schranken-Theorie durch die Tarifüblichkeit erreichen wollen, gelingt *Farthmann* über die Nachwirkung; ja er erreicht dadurch sogar mehr. Das Ergebnis sieht dann folgendermaßen aus: Nach Ablauf eines Tarifvertrages, womöglich inmitten der neuen Tarifverhandlungen, kann der Betriebsrat nicht mehr durch seine innerbetriebliche Abmachungen die Verbandspolitik stören. Wenn man *Farthmanns* Mechanismus folgt, kann er dies nicht einmal durch Regelungsabreden bei den formellen Arbeitsbedingungen erreichen! Denn die Sperre des § 87 Abs. 1 Halbs. 1 BetrVG erfaßt jede Ausübungsform des Mitbestimmungsrechts und *sämtliche* Arbeitsbedingungen. Dagegen erscheint die klassische Zwei-Schranken-Theorie als zu mild. Bisweilen fragt man sich, ob es sich beim vorliegenden Theorienstreit vielleicht lediglich um einen rechtstechnischen Streit handelt, wobei die Praktikabilität der zu erzielenden Ergebnisse weniger Beachtung findet. Denn in einer solchen Verabsolutierung des Zwecks des § 77 Abs. 3 BetrVG kann gewiß nicht die Lösung des vorliegenden Problems liegen.

Verhältnismäßig angemessener ist dagegen der Vorschlag *Säckers*[49], im Falle des *Bestehens*, nicht des bloß *nachwirkenden* Fortgeltens einer einschlägigen tariflichen Regelung, nicht lediglich das Mitbestimmungsrecht, sondern darüber hinaus auch die Mitbestimmungs*möglichkeit* durch Abschluß fakultativer Betriebsvereinbarungen gem. § 88 BetrVG auszuschließen. Es wäre nämlich widersprüchlich, beim Bestehen einer tariflichen oder tarifüblichen Regelung über

---

47 RdA 1974, S. 71; vgl. ferner *Kittner*, Anmerkung zu BAG vom 23.9.1975, EzA § 50 BetrVG 72, Nr. 1.

48 Nachwirkende Tarifverträge entfalten ja keine zwingende Wirkung. Vgl. dazu oben Kap. 4, C II 2.

49 ZfA 1972-Sonderheft, S. 66 f.

Angelegenheiten, die nicht unter den Mitbestimmungskatalog des § 87 Abs. 1 BetrVG fallen, gem. § 77 Abs. 3 BetrVG *generell* Betriebsvereinbarungen auszuschließen, für den Bereich des § 87 Abs. 1 BetrVG jedoch — nach Anwendung der Vorrangtheorie — freiwillige verbessernde Betriebsvereinbarungen zuzulassen[50]. Diese Problematik, deren Hauptargument den Anschein einer soliden teleologischen Grundlage mit sich bringt, wird an weiterer Stelle ausführlich behandelt[51].

D. Rechtsprechung

Die Rechtsprechung hatte bis vor kurzem weniges zur Aufklärung der hiesigen Problematik beigetragen. Im Gegensatz zur alten Rechtslage, wo sie mehrmals und eindeutig die *theoretische* Anwendbarkeit des § 59 BetrVG 52 im Rahmen des § 56 BetrVG 52 bejaht hatte[52], bezog sie nach der Novellierung nur vereinzelt Stellung zum vorliegenden Problem. Allerdings war sie auch selten dazu gezwungen worden. In den meisten Fällen handelte es sich um Betriebsvereinbarungen, die gegen bestehende Tarifverträge verstießen, so daß die Rechtslage, abgesehen vom vorliegenden Theorienstreit, grundsätzlich eindeutig war. Fälle, in denen der Betriebsrat seine Befugnis zur normativen Regelung von sozialen Angelegenheiten in der Phase der Tarifüblichkeit wahrgenommen hatte, kamen selten vor die Gerichte[53]. Dies nicht zuletzt wegen der nicht zu leugnenden Praxis beider Betriebspartner, rechtliche Unannehmlichkeiten der tariflichen Sperrwirkung stillschweigend zu umgehen.

Kam es trotzdem gelegentlich zum rechtlichen Streit, sind es nicht wenige Fälle, in denen das Bundesarbeitsgericht die kritische Frage offengelassen hat[54]. Indessen hat bis vor kurzem die Zwei-Schranken-Theorie auch in der Rechtsprechung als die h. M. gegolten. Dies ist vor allem deshalb schwer verständlich, weil bis jetzt keine höchstrichterliche Entscheidung vorliegt, die sich eindeutig der Zwei-Schranken-Theorie anschließt[55]. Eine klare Stellung in dieser Richtung bezog nur das LAG Berlin, mit der Behauptung, daß die Sperrwirkung des § 77

---

50 *Säcker,* ZfA 1972-Sonderheft, S. 67.

51 s. unten Kap. 6, A II 2 c).

52 Vgl. z. B. BAG AP Nr. 25 zu § 56 BetrVG 52; AP Nr. 25 zu § 59 BetrVG 52. Dabei handelte es sich jedoch um ein rein theoretisches Problem. Dank des schon beschriebenen Mechanismus, der beide Tatbestände restriktiv auslegte, waren echte Überschneidungen beider Normen prinzipiell ausgeschlossen. Vgl. oben Kap. 5, A.

53 So aber neuerdings im Falle von BAG, DB 1988, S. 813.

54 So z. B. BAG AP Nr. 1 und 2 zu § 87 BetrVG Kurzarbeit; AP Nr. 1 zu § 87 BetrVG Provision; AP Nr. 3 zu § 87 BetrVG Lohngestaltung; AP Nr. 5 zu § 87 BetrVG Tarifvorrang.

55 Mit Ausnahme vielleicht einer eher beiläufigen Bemerkung in einer Entscheidung des BAG vom 18.8.1987, 1 ABR 30/86 (unveröffentlicht) und der Parallelrechtsprechung des Bundesverwaltungsgerichts zum Personalvertretungsrecht: BVerwG, Beschluß vom 23.12.1982, DB 1983, S. 1877 f.; vgl. dazu *v. Friesen,* DB 1983, S. 1871, 1872 ff.

Abs. 3 BetrVG auch im Bereich des § 87 Abs. 1 BetrVG gelte[56]. Ansonsten begnügte man sich mit der Annahme, daß mangels ausdrücklicher Änderung der BAG-Rechtsprechung zum Verhältnis des § 59 zu § 56 BetrVG 52 weiterhin noch die Zwei-Schranken-Theorie als herrschend betrachtet werden kann. Für eine — zumindest vorläufige — Klarheit sorgte neuerdings das Bundesarbeitsgericht, das sich nunmehr der Vorrangtheorie anschließt. Sind Arbeitsbedingungen nur üblicherweise tariflich geregelt, dann ist der Betriebsrat bei der Wahrnehmung seines Mitbestimmungsrechts in sozialen Angelegenheiten nach seiner Ansicht nicht auf Regelungsabreden beschränkt. Wichtigster Fall ist der des „tariflosen" Zustandes, d. h. der Nachwirkung eines ausgelaufenen Tarifvertrages. Hier soll der Betriebsrat sein Mitbestimmungsrecht auch durch Betriebsvereinbarungen ausüben können, da § 77 Abs. 3 BetrVG keine zweite Schranke enthalte[57].

Ausgangspunkt der Überlegungen des Bundesarbeitsgerichts ist eine zweckorientierte Auslegung des gegenseitigen Verhältnisses beider Sperrvorschriften. Als Normzweck des § 77 Abs. 3 BetrVG nennt das Bundesarbeitsgericht zutreffend die Sicherung der Funktionsfähigkeit der Tarifautonomie, die dadurch gewährleistet werde, daß den Tarifvertragsparteien ein Vorrang zur kollektiven Regelung materieller Arbeitsbedingungen eingeräumt werde. Es gehe um die Sicherung der ausgeübten und aktualisierten Tarifautonomie[58]. Dagegen sei Zweck des § 87 Abs. 1 BetrVG insbesondere die Beschränkung der Direktionsrechte des Arbeitgebers und das Zurückdrängen einzelvertraglicher Vereinbarungen über betriebseinheitliche Arbeitsbedingungen, wegen der dabei gestörten Vertragsparität[59]. Von der Wahrnehmung dieser Aufgaben durch sein Mitbestimmungsrecht habe der Betriebsrat nur dann abzusehen, wenn diesem Zweck durch Gesetz oder Tarifvertrag ausreichend Rechnung getragen worden ist[60]. In der Unterscheidung beider Normzwecke sieht das Bundesarbeitsgericht bereits den Ansatz für seine Behauptung, daß § 77 Abs. 3 BetrVG nicht ausnahmslos gilt. Der Schutzzweck des § 87 Abs. 1 BetrVG ist für das Gericht ein unverzichtbares Element. Dieser Schutzzweck wäre dann bei Anwendung des § 77 Abs. 3 BetrVG schnell vereitelt, da „eine tarifliche Regelung einer an sich mitbestimmungspflichtigen Angelegenheit, die lediglich üblich ist, für den Betrieb jedoch keine Bindun-

---

56 DB 1978, S. 115; dagegen unklar wieder LAG Berlin, DB 1981, S. 1730, das unrichtig die *erzwingbare Mitbestimmung* durch § 77 Abs. 3 BetrVG ausgeschlossen sieht.

57 Beschluß von 24.2.1987, 1 ABR 18/85, insbes. B II 4 b der Gründe, abgedr. in DB 1987, S. 1435 = BB 1987, S. 1246 mit Anmerkung *Gast* = EzA § 87 BetrVG 72 Nr. 10 mit Anmerkung *Gaul* = JuS 1987, S. 835 mit Entscheidungsbesprechung *Reuter* = NZA 1987, S. 639 = AR-Blattei Betriebsverfassung XIVB Entsch. 102 mit Anmerkung *Löwisch / Rieble*. Bestätigt wird diese Entscheidung auch vom 1. Senat des BAG, 24.11.1987, 1 ABR 25/86, abgedr. in DB 1988, S. 813 = NZA 1988, S. 405 = BB 1988, S. 1387.

58 Vgl. B II 4 a) der Gründe.

59 B II 4 b) aa) der Gründe.

60 Vgl. dazu ausführlich Kap. 4, C II 2.

gen erzeugt und daher im Betrieb nicht besteht", den erforderlichen Schutz für die dort beschäftigten Arbeitnehmer nicht gewährleisten kann. „Die in § 87 Abs. 1 BetrVG geregelten Mitbestimmungsrechte des Betriebsrats, soweit sie materielle Arbeitsbedingungen betreffen, würden weitgehend leerlaufen und nur dort bedeutsam sein, wo eine tarifliche Regelung von materiellen Arbeitsbedingungen nicht einmal üblich ist"[61].

Diese Behauptung setzt jedoch eine andere voraus, die aber formal-juristisch falsch ist, nämlich, daß das Verbot einer Betriebsvereinbarung nach § 77 Abs. 3 BetrVG automatisch einen Entzug des in § 87 Abs. 1 BetrVG vorgesehenen Mitbestimmungsrechts bedeutet. Das Bundesarbeitsgericht hat dabei keinerlei Bedenken: Da die Betriebsvereinbarung *das geeignete Instrument* zur Regelung einer mitbestimmungspflichtigen Angelegenheit sei, lasse sich als Frage nicht trennen, ob Mitbestimmungsrechte in einer bestimmten Angelegenheit bestehen und ob diese Angelegenheit durch eine Betriebsvereinbarung geregelt werden könne[62]. Die Identifizierung der Betriebsvereinbarung mit dem gesamten Mitbestimmungsrecht — überhaupt der Vergleich zwischen einem gesetzlichen Recht und einem Instrument seiner Ausübung — ist der eigentliche Schwachpunkt der Argumentation dieser Entscheidung[63]. Diese Unstimmigkeit wird wenig später deutlicher, wenn das Bundesarbeitsgericht in Widerspruch zu seinen obigen Ausführungen behauptet, daß „Mitbestimmungsrechte des Betriebsrats nicht Betriebsvereinbarungen gleichgesetzt werden können, und daß umgekehrt Regelungen über die Zulässigkeit von Betriebsvereinbarungen nicht gleichzeitig Regelungen über den Ausschluß von Mitbestimmungsrechten darstellen können"[64]. Dies scheint indessen ein Schönheitsfehler zu sein, wenn dadurch die Hervorhebung der eigenständigen Bedeutung des Eingangssatzes des § 87 Abs. 1 BetrVG als speziellere Norm zu § 77 Abs. 3 BetrVG erzielt werden kann. Im Ergebnis bleibt die Beschränkung der Sperre des § 77 Abs. 3 BetrVG auf nur freiwillige Betriebsvereinbarungen — eine auf anderen Wegen vollzogene Rückkehr zur Lehre über das Verhältnis von § 59 zu § 56 BetrVG 52. Die Gedankenführung des Bundesarbeitsgerichts kann man summarisch wie folgt festhalten[65]:

a) Es gibt erzwingbare (§ 87 Abs. 1 BetrVG) und fakultative Betriebsvereinbarungen.

b) § 77 Abs. 3 BetrVG schließt Betriebsvereinbarungen aus, nicht aber die Mitbestimmung in § 87 Abs. 1 BetrVG.

---

[61] B II 4 b) aa) der Gründe.

[62] B II 4 b) bb) der Gründe.

[63] Dies wird als eklatanter Fehler der Vorrangtheorie besonders von den Vertretern der Zwei-Schranken-Theorie angeprangert. Sie bieten ersatzweise die formlose Regelungsabrede anstelle der von § 77 Abs. 3 BetrVG verdrängten Betriebsvereinbarung an. Ob dies auch aus Zweckmäßigkeitsgründen zu vertreten ist, s. unten Kap. 5, E.

[64] B II 4 b) cc) der Gründe.

[65] Dabei wird das von *Hromadka,* DB 1987, S. 1992, aufgestellte Schema unverändert wiedergegeben.

c) Betriebsvereinbarungen sind unverzichtbarer Bestandteil der notwendigen Mitbestimmung.

d) Folglich gilt § 77 Abs. 3 BetrVG nicht für Betriebsvereinbarungen in mitbestimmungspflichtigen Angelegenheiten.

Angesichts dieser betont rechtspolitischen Argumentation des Gerichts blieben seine übrigen Argumente — etwa der Hinweis auf § 112 Abs. 1 Satz 4 BetrVG als Beleg, daß § 77 Abs. 3 BetrVG nicht ausnahmslos gilt, sowie die Berufung auf die rechtssystematische Stellung dieser Norm[66] — unterschwellig.

Was jedoch die Tarifpartner in dieser Entscheidung wegen des restriktiven Verständnisses des Tarifvorbehalts des § 77 Abs. 3 BetrVG einbüßen mußten, haben sie gleichsam durch die großzügige Auffassung des Tarifvorrangs des § 87 Abs. 1 Halbs. 1 BetrVG zurückbekommen. Dies verrät die rechtspolitische Neigung des Bundesarbeitsgerichts zum Kompromiß eher als zur einheitlichen Wertungsgrundlage in der Gesetzesanwendung[67]. So reicht lediglich die Tarifgebundenheit des Arbeitgebers, um nach Auffassung des Bundesarbeitsgerichts das Bestehen einer tarifvertraglichen Regelung i. S. v. § 87 Abs. 1 Halbs. 1 BetrVG zu bejahen. Da aber die Inhaltsnormen der Tarifverträge nur zwischen den beiderseits Tarifgebundenen gelten (§ 4 Abs. 1 TVG), fragt man sich, ob dies den von § 87 Abs. 1 BetrVG verfolgten Arbeitnehmerschutz ausreichend gewährleistet. Das Bundesarbeitsgericht sieht die rechtlichen Mechanismen anders: Es wäre unpraktikabel, den umfassenden Schutz von der betrieblichen Mitbestimmung zu erwarten; vielmehr sollte die verbleibende Lücke durch die Einsicht der Arbeitnehmer zum Gewerkschaftsbeitritt geschlossen werden. So könne man sich nämlich dieses Schutzes bedienen[68].

E. Stellungnahme

Die Frage, ob mehrere auf denselben Sachverhalt zutreffende gesetzliche Regelungen nebeneinander zur Anwendung kommen oder ob eine von ihnen, womöglich aufgrund des Spezialitätsprinzips, die andere verdrängt, beantwortet sich durch Auslegung. Es ist zu ermitteln, ob sich die Anwendungsbereiche beider Vorschriften decken oder nur überschneiden, und ob die Rechtsfolgen der tatbestandlich engeren Vorschrift die Rechtsfolgen der allgemeinen modifizieren. Diese Auslegung, die vom Wortlaut auszugehen hat, muß dazu den Bedeutungszusammenhang beider Vorschriften berücksichtigen sowie die Zwecke der gesetz-

---

66 Vgl. jeweils B II 4 a), B II 4 b) cc) der Gründe.

67 So richtig *Gast,* Anmerkung zu BAG, BB 1987, S. 1249.

68 B II 6 c) der Gründe. Dies prangert *Gast,* BB 1987, S. 1250, als einen Fall von vis compulsiva zum Gewerkschaftsbeitritt an, die verwundern muß bei einem Rechtssystem, in welchem positive und negative Koalitionsfreiheit als gleichwertige Freiheitsrechte gelten. Zur angesprochenen Problematik s. eingehend unten Kap. 6, A. II 2 a).

lichen Regelung erkunden[69]. Eine verfassungsrechtliche Prüfung des zu erzielenden Ergebnisses kommt m. E. insofern nicht in Betracht, als das Grundgesetz von vornherein interne Kompetenzverlagerungen zwischen den beiden Institutionen nicht ausschließt[70]. Schließlich muß man in Erwägung ziehen, daß eine schlichte Übernahme einer der früher vertretenen Meinungen zum gegenseitigen Verhältnis der Vorrangsbestimmungen infolge des geänderten Rechtszustandes unzulässig erscheint. „Der geänderten Konzeption der Mitbestimmung muß dadurch Rechnung werden, daß das Verhältnis der Tarifvorbehalte zueinander neu bestimmt wird, ohne an überkommene Vorstellungen anzuknüpfen"[71].

a) Wortlaut

Über das Rangverhältnis beider Normen gibt der Wortlaut nichts Eindeutiges her[72]. Nun könnte es aber der Fall sein, daß aufgrund des Wortlauts eine Spezialität des § 87 Abs. 1 Halbs. 1 BetrVG zu § 77 Abs. 3 BetrVG hergeleitet werden kann. Bei näherer Betrachtung verbindet beide Vorrangregelungen nur wenig. Sie schränken zwar übereinstimmend mitbestimmungsrechtliche Gestaltungsmöglichkeiten zugunsten tariflicher Regelungen ein, bewerkstelligen dies dennoch auf zwei verschiedenen Wegen: § 77 Abs. 3 BetrVG betrifft nur Betriebsvereinbarungen, § 87 Abs. 1 Halbs. 1 BetrVG hingegen die erzwingbare Mitbestimmung des Betriebsrats. Beide Vorrangregelungen treffen bei wörtlicher Auslegung überhaupt nur dann zusammen, wenn Arbeitgeber und Betriebsrat Arbeitsentgelte und sonstige (materielle) Arbeitsbedingungen normativ regeln und gleichzeitig eine tarifliche Regelung besteht[73]. Bei jeder anderen Fallkonstellation behält jede Vorschrift ihre eigenständige Bedeutung, so daß nichts dagegen spräche, sie gegebenenfalls nebeneinander anzuwenden. Aus dieser Perspektive gesehen erscheint § 87 Abs. 1 Halbs. 1 BetrVG weder mißverständlich noch überflüssig[74]. Es läßt sich weiterhin auch nicht ableiten, daß § 87 Abs. 1 Halbs. 1 BetrVG für den Bereich der notwendigen Mitbestimmung die allgemeine Vorschrift des § 77 Abs. 3 BetrVG verdrängen oder ersetzen soll. Denn der Einleitungssatz des § 87 Abs. 1 BetrVG regelt nicht für einen speziellen Bereich der betrieblichen Mitbestimmung dasselbe wie § 77 Abs. 3 BetrVG etwa lediglich anders, sondern § 87 Abs. 1 Halbs. 1 BetrVG regelt, sozusagen, etwas *„anderes"* in einem speziellen Bereich *anders*[75]. Das Verhältnis der Spezialität im eigentlichen und strengen Sinne besteht demnach zwischen den beiden Normen nicht.

---

69 Vgl. *Larenz,* Methodenlehre, S. 251 f.; *ders.,* Allg. Teil des deutschen Bürgerlichen Rechts, S. 75; *Staudinger / Coing,* BGB, Einl. Anm. 195.

70 s. oben Kap. 2, C III, Kap. 3, A.

71 So richtig *Heyer,* Betriebliche Normsetzung und Tarifautonomie, S. 136.

72 Ebenso *v. Hoyningen-Huene / Meier-Krenz,* NZA 1987, S. 797 f.

73 Richtig *Jahnke,* Tarifautonomie und Mitbestimmung, S. 169.

74 So aber *Farthmann,* RdA 1974, S. 72; *Säcker,* ZfA 1972-Sonderheft, S. 65 f.

75 So zutreffend *Haug,* BB 1986, S. 1924.

„Denn dieses verlangt, daß der Geltungsbereich einer Norm (der lex specialis) gänzlich in den Geltungsbereich der anderen Norm (der lex generalis) fällt, und zwar deshalb, weil die *begriffliche* Umschreibung des Tatbestandes der lex specialis sämtliche Tatbestandsmerkmale des Tatbestands der lex generalis umfaßt und sie durch ein weiteres spezialisierendes Merkmal ergänzt[76]. Jeder Fall, der von der lex specialis erfaßt wird, fällt *notwendig* auch in den Bereich der lex generalis[77]. Daß hier die lex specialis die lex generalis verdrängt, wenn die Rechtsfolgen nicht miteinander zu vereinen sind, ergibt sich daraus, daß sie sonst überhaupt keine Geltung haben können."[78] Ein solches, in der begrifflichen Abgrenzung der Tatbestände begründetes Spezialitätsverhältnis liegt demnach zwischen § 87 Abs. 1 Halbs. 1 BetrVG und § 77 Abs. 3 BetrVG nicht vor[79]. Die Argumentation der Vertreter der Vorrangtheorie, die zumindest aus dem Wortlaut ein solches Verhältnis herleiten, kann mithin abgelehnt werden, was jedoch keineswegs bedeutet, daß etwa im Umkehrschluß dies der Zwei-Schranken-Theorie zugute kommen sollte.

b) Bedeutungszusammenhang

Unergiebig ist auch der Rückgriff auf die systematische Stellung beider Vorrangregelungen. Die Vertreter beider Meinungen haben sich dieses Arguments des öfteren bedient, um ihre Auffassungen zu untermauern[80]. Die Vertreter der Zwei-Schranken-Theorie, die auf die veränderte systematische Stellung des § 77 Abs. 3 BetrVG im Vergleich zu § 59 BetrVG 52 im Ersten Abschnitt „Allgemeines" des Vierten Teils des Betriebsverfassungsgesetzes hinweisen, behaupten, daß er auf sämtliche freiwillige und erzwungene Betriebsvereinbarungen in sozialen, personellen und wirtschaftlichen Angelegenheiten Anwendung findet[81]. Das Bundesarbeitsgericht schließt umgekehrt aus der Tatsache, daß das Verhältnis zwischen den beiden Kollektivverträgen in § 87 Abs. 1 BetrVG zumindest indirekt noch einmal angesprochen wird, daß es sich hierbei um eine Spezialregelung handelt[82]. Dank seiner systematischen Stellung und — wohlgemerkt — nur aus

---

76 Bekanntlich geht in unserem Fall die h. M. nicht von einer Deckung, wohl aber von einer Überschneidung der Tatbestände und der Rechtsfolgen beider Vorschriften aus. Die einzige Ausnahme dabei, die jede Überschneidung ableugnet und von einer „tatbestandlichen Exklusivität" spricht, ist *Klasen*, Tarifvorrang, S. 103 ff.

77 Ein konkretes Beispiel, das die Unvereinbarkeit des vorliegenden Falles mit diesem Satz zeigt, sind die in § 87 Abs. 1 BetrVG enthaltenen formellen Arbeitsbedingungen, die — nach herrschender Auffassung — nicht unter die sonstigen Arbeitsbedingungen des § 77 Abs. 3 BetrVG fallen.

78 So *Dietz*, RdA 1955, S. 241; vgl. weiterhin *Larenz*, Methodenlehre, S. 250 ff.

79 So aber zuletzt BAG, BB 1987, S. 1248 (r. Sp.); vgl. auch *Birk*, Anmerkung zu BAG, EzA Nr. 2 zu § 87 BetrVG 1972 Initiativrecht; *Reuter / Streckel*, Grundfragen, S. 33.

80 Vgl. exemplarisch *Farthmann*, RdA 1974, S. 72, im Sinne der Vorrangtheorie; *Kirchner*, BB 1972, S. 1279 f., der zum gegenteiligen Ergebnis kommt.

81 Dazu s. oben Kap. 5, B mit Anmerkung 17.

82 BAG, a. a. O., B II 4 b, cc) der Gründe.

dieser Perspektive betrachtet, kann der Tarifvorbehalt des § 77 Abs. 3 BetrVG im Rahmen des § 87 Abs. 1 BetrVG anzuwenden sein und ebensogut als „generelle" Regelung zurücktreten[83].

Eng damit verwandt und m. E. ebenso zweideutig ist der Umkehrschluß aus § 112 Abs. 1 Satz 4 BetrVG, daß die nicht ausdrückliche Herausnahme des § 77 Abs. 3 BetrVG aus § 87 Abs. 1 BetrVG gerade für seine Anwendung spreche. Auf der anderen Seite ist die Betrachtungsweise des Bundesarbeitsgerichts sehr prekär, das darin lediglich eine Bestätigung seiner Auffassung sieht, daß eben § 77 Abs. 3 BetrVG nicht ausnahmslos gelte[84]. Gewichtig ist dagegen ein anderer Gesichtspunkt, nämlich daß ohne den ausdrücklichen Ausschluß des § 77 Abs. 3 BetrVG in § 112 Abs. 1 Satz 4 alles schon für seine Anwendung sprechen würde. Denn diese Vorschrift enthält keine abweichende Regelung, so daß § 77 Abs. 3 BetrVG bereits aus systematischen Gründen — der Sozialplan ist immerhin eine Betriebsvereinbarung — hier anwendbar wäre. Dies entsprach aber nicht dem Willen des Gesetzgebers, der dies auch zum Ausdruck gebracht hat. Völlig anders geartet ist der Fall der sozialen Angelegenheiten des § 87 Abs. 1 BetrVG. Im Gegensatz zu § 112 Abs. 1 Satz 4 enthält diese Vorschrift eine gesonderte, von § 77 Abs. 3 BetrVG abweichende Regelung, die in diesem Bereich das Spannungsverhältnis beider Institutionen bestimmt. Der Gesetzgeber will dort nicht wie in § 112 Abs. 1 Satz 4 die Tarifpartner ausschließen; er will lediglich das Verhältnis von Tarifvertrag und Mitbestimmung abweichend vom Grundsatz des § 77 Abs. 3 BetrVG gestalten. Folglich könnte allein schon die Existenz der abweichenden Regelung des § 87 Abs. 1 Halbs. 1 BetrVG der Anwendbarkeit des § 77 Abs. 3 BetrVG entgegenstehen[85].

c) Teleologischer Zusammenhang

Das dialektische Verhältnis zwischen der Sicherung der Tarifautonomie und dem Arbeitnehmerschutz ist das letzte Spannungsfeld, auf dem sich die Kontroverse beider Theorien bewegt. Ein Scheinverhältnis ist dies nicht; es ist gezeigt worden, daß die Sicherung der Tarifautonomie den Arbeitnehmerschutz *nicht notwendig* beinhaltet[86]. Auf die konkrete Problematik projiziert, kann dies so formuliert werden: Wird nicht durch die kumulative Anwendung beider Vorrangregelungen im Rahmen des § 87 Abs. 1 BetrVG ein Institutionenschutz zu weit betrieben, so daß der konkrete Arbeitnehmerschutz dabei zu kurz kommt? Be-

---

[83] Ebenso *Jahnke*, Tarifautonomie und Mitbestimmung, S. 171, *Heyer*, Betriebliche Normsetzung und Tarifautonomie, S. 137.

[84] B II 4 a der Gründe.

[85] Dies erkennen zutreffend nur *v. Hoyningen-Huene / Meier-Krenz*, NZA 1987, S. 798.

[86] s. oben Kap. 4, C IV (Stellungnahme). Andererseits würde man sich mit Recht fragen, welchen Sinn denn eine Institution hätte, wenn man sie ihres primären Zwecks beraubte.

kanntlich wird diese Frage von den Vertretern der Vorrangtheorie aufgeworfen, die dabei den von ihnen abgelehnten Ausschluß der normativen Wahrnehmung des Mitbestimmungsrechts in sozialen Angelegenheiten im Blick haben. Ihre Begründung ist jedoch mangelhaft. Dieses Argument sticht nur dann, wenn man entweder Betriebsvereinbarungen im Sinne von Mitbestimmung liest[87], oder wenn man im Zuge der Argumentation die Funktion der Regelungsabrede als verbleibende Mitbestimmungsform völlig außer acht läßt[88]. Dieser Interpretationsansatz, der auf eine weitgehende Stärkung der betrieblichen Autonomie und mittelbar auf die Verwirklichung des Arbeitnehmerschutzes zielte, ist mittlerweile dahingehend vertieft worden, daß sich die kollektivrechtlichen Befugnisse an dem individuellen Arbeitsvertrag und der Vertragsgerechtigkeit orientieren müssen. Aus dieser Perspektive heraus gerät die erweiterte Anwendung des § 77 Abs. 3 BetrVG in Widerspruch mit der einzigen Funktionsbestimmung des kollektiven Arbeitsrechts: der Wiederherstellung einer funktionierenden Privatautonomie zwischen den Arbeitsvertragsparteien[89].

Ohne die theoretischen Fundamente der hiesigen Argumentation aufzugreifen, kann man sich nunmehr der Gegenargumentation zuwenden, die in der extensiven Anwendung des § 77 Abs. 3 BetrVG keine Gefahren für den Arbeitnehmerschutz erblickt. Erwartungsgemäß stellt man auf die Adäquanz der nicht normativen Ausübung des Mitbestimmungsrechts ab — kurz der Regelungsabrede —, die bei Anwendung des § 77 Abs. 3 BetrVG im Rahmen des § 87 Abs. 1 BetrVG bei Tarifüblichkeit erhalten bleibt. Diese These wird im rechtstechnischen Sinne weiter ausgebaut. Da während der ganzen Phase der Üblichkeit der abgelaufene Tarifvertrag nachwirkt, also eine normative Regelung weiterbesteht, die der Arbeitgeber nur mit Einverständnis des Betriebsrats (Regelungsabrede) und aller betroffenen Arbeitnehmer abändern kann — der Weg zur Betriebsvereinbarung ist verschlossen, eine Regelungsabrede *allein* mit dem Betriebsrat ersetzt nicht das vertragliche Einverständnis des einzelnen Arbeitnehmers —, ist die bestehende Regelung „zwingender" — der Komparativ i. S. v. beständiger, sicherer für die Arbeitnehmerpositionen — als ein normaler Tarifvertrag. In der Kombination von tarifvertraglicher Nachwirkung, gleichzeitig einsetzender, formloser Mitbestimmung des Betriebsrats und vertraglichem Einverständnis sieht man eine

---

87 So das BAG, BB 1987, S. 1248 (B II 4 b aa der Gründe); im Ergebnis auch *v. Hoyningen-Huene / Meier-Krenz*, NZA 1987, S. 798.

88 So *Farthmann*, RdA 1974, S. 72; *Säcker*, ZfA 1972-Sonderheft, S. 65 f. Aus einer ansatzmäßig unterschiedlichen Perspektive betrachten *Kübler / Schmidt / Simitis*, Mitbestimmung, S. 219 ff., das Problem. Die Regelungsabrede als formlose Ausübung des Mitbestimmungsrechts interessiert die Autoren kaum; stattdessen wird nach einem mehr oder weniger „pauschalen" Muster gearbeitet: Nur die uneingeschränkte Mitbestimmung verwirkliche den Arbeitnehmerschutz, so daß bei jeder Einschränkung dieser Zweck Abstriche hinnehmen müsse. Konkret rechtstechnisch mag diese Argumentation nicht verwertbar sein, sie ist dennoch — allgemein betrachtet — keineswegs realitätsfremd.

89 Vgl. statt aller *Gast*, Tarifautonomie, S. 3 ff., 23 ff.; *ders.*, Arbeitsvertrag und Direktion, S. 124 ff., 337 ff.; *ders.* auch in Anmerkung zu BAG, BB 1987, S. 1249 ff.

perfekte Absicherung von bestehenden Arbeitnehmerpositionen. Dies wäre ein zutreffendes Ergebnis, wenn es hierbei lediglich um die Verwirklichung des Arbeitnehmerschutzes ginge. So ist es in der Tat auch, nur ist der Arbeitnehmerschutz ein *mittelbares* Ziel, das über die optimale Funktionsfähigkeit beider Institutionen erreicht werden soll, die es zu verwirklichen gilt.

Durch die Einschränkung der Betriebsvereinbarungsbefugnis zugunsten tarifautonomer Kompetenzen soll verhindert werden, daß der Betriebsrat in Konkurrenz zu den Gewerkschaften tritt. Betriebsvereinbarungen sind nur deshalb Gegenstand der Sperrwirkung, weil alle anderen Institute zu betriebseinheitlicher Regelung der Arbeitsbedingungen lediglich auf der Ebene des Einzelarbeitsvertrages wirksam werden. Somit erfolgt die Regelung einer Arbeitsbedingung nicht durch die Regelungsabrede, sondern erst durch deren Vollzug im Wege einzelvertraglicher Vereinbarungen. Auch wenn Regelungsabreden der Sperrwirkung unterlägen, bliebe die Regelung der Arbeitsbedingungen aufgrund der formlosen Einigung, die im Arbeitsvertrag erfolgt, wirksam[90]. Aus dieser Sicht kann die Sperrwirkung einen großen Teil des von ihr angestrebten Ziels, nämlich die Verdrängung abweichender innerbetrieblicher Abmachungen, ohnehin nicht erreichen. Die Tarifautonomie kann m. a. W. im Sinne der Zwei-Schranken-Theorie nicht absolut geschützt werden. Die Vertreter der Zwei-Schranken-Theorie plädieren dennoch für den Ausschluß von Betriebsvereinbarungen im Rahmen der obligatorischen Mitbestimmung bei gleichzeitiger Aufrechterhaltung des Mitbestimmungsrechts. Unter diesem Blickwinkel kann aber ein Ausschluß der Betriebsvereinbarung kaum sinnvoll sein, wenn das Mitbestimmungsrecht selbst unangetastet bleibt. Es ist nicht einzusehen, weshalb der Arbeitgeber bei der Umsetzung der mit dem Betriebsrat vereinbarten Maßnahme auf sein Weisungsrecht oder, sofern dies nicht ausreicht, auf eine Änderungskündigung verwiesen werden soll. Es ist dagegen viel mehr sinnvoll, nicht nur den Vorrang der Mitbestimmung als solchen anzuerkennen, sondern den Betriebspartnern auch das ihnen geeignet erscheinende Instrument zu belassen — also auch die Betriebsvereinbarung[91]. Diesen Aspekt verkennt die Zwei-Schranken-Theorie. Dadurch wird sogar evident, daß sie eine Reihe zusätzlicher Prämissen benötigt, um ihr vermeintliches Ziel zu erreichen, die aber keineswegs vorhanden sind. Ihr Mechanismus scheint daher unzweckmäßig zu sein: ein zu hoher Preis — der Ausschluß des wichtigsten Instruments der paritätischen Mitbestimmung — für ein verhältnismäßig dürftiges Ergebnis[92]. Dieses Defizit ihrer Auffassung geben auch *Dietz* /

---

90 Dies verkennen offenbar *Dietz / Richardi,* BetrVG, § 77 Anm. 182. Dazu vgl. auch *Heyer,* Betriebliche Normsetzung und Tarifautonomie, S. 138 f.

91 Richtig *Heyer,* Betriebliche Normsetzung und Tarifautonomie, S. 146 ff.

92 Nur am Rande sei bemerkt, daß die Tarifvertragsparteien, sofern der Arbeitgeber tarifgebunden ist, die Störung ihrer Lohnpolitik durch die Betriebspartner nach Ablauf eines Tarifvertrages wirksam verhindern können. Durch die Errichtung einer tariflichen Schlichtungsstelle nach § 76 Abs. 8 BetrVG anstelle der betrieblichen Einigungsstelle haben sie die Möglichkeit die Entscheidung aller Angelegenheiten der betrieblichen

Richardi[93] indirekt zu, wenn sie bei den materiellen Arbeitsbedingungen des § 87 Abs. 1 BetrVG auch die Regelungsabrede durch § 77 Abs. 3 BetrVG ausschließen wollen, was aber keineswegs vom Wortlaut gedeckt ist. Außerdem denkt man wenig daran, daß es doch keinen Sinn hätte, wenn die qualitativ ausgebauten Betriebsratsbefugnisse im neuen Betriebsverfassungsgesetz durch die extensive Auslegung einer Vorrangregelung *praktisch* außer Kraft gesetzt werden. „Wie immer man den Zweck eines Tarifvorbehalts präzisieren mag, eine juristische Zweckbestimmung wäre *a priori* sinnwidrig, würde sie sich darin erschöpfen, essentielle Gesetzesteile faktisch außer Kraft zu setzen."[94]

Je mehr Kompetenzen der Betriebsrat erhält, desto weniger lassen sich Vereinbarungen vermeiden, die in den Regelungsbereich der Tarifvertragsparteien unmittelbar eingreifen. Insofern wird § 77 Abs. 3 BetrVG seiner Funktion gerecht, indem er im Bereich nicht paritätischer Mitwirkung des Betriebsrats freiwillige Betriebsvereinbarungen verdrängt. Im Ergebnis also — und nur darin — ist dem Bundesarbeitsgericht zuzustimmen. Dagegen regelt der Eingangssatz des § 87 Abs. 1 BetrVG etwas *anderes anders*. Was wirklich den Ausschlag gibt, ist nicht die unterschiedliche Formulierung der beiden Vorrangklauseln, sondern die qualitative Verschiedenheit der geregelten Sachverhalte[95]. Weder braucht der Betriebsrat bei den sozialen Angelegenheiten den intensiven Schutz des § 77 Abs. 3 BetrVG, wegen seiner reellen Durchsetzungschancen, noch ist aus der Sicht der Gewerkschaften der Ausschluß einer Betriebsvereinbarung interessant, deren Regelungsinhalt auf dem einzelvertraglichen Wege innerbetrieblich durchgesetzt werden kann. § 87 Abs. 1 Halbs. 1 BetrVG enthält nur eine Kollisionsregel für den Fall eines bestehenden Tarifvertrags. Eine über dieses Maß hinausgehende Zuständigkeitsnorm i. S. v. § 77 Abs. 3 BetrVG schien dem Gesetzgeber in diesem Fall keineswegs erforderlich. Andernfalls hätte es einer nochmaligen gesonderten Erwähnung einer Vorrangregelung in § 87 Abs. 1 Halbs. 1 BetrVG auch nicht bedurft[96]. Schließlich sollte auch darauf hingewiesen werden, daß es nicht zuletzt der unflexiblen Haltung der Zwei-Schranken-Theorie zuzuschreiben ist, daß zwischen herrschender Lehre und praktischer Handhabung beider Normen eine immens große Divergenz existiert.

Mitbestimmung an sich zu ziehen. Dadurch können sie ihre Einflußnahme auf die betriebliche Lohnpolitik (insbes. hinsichtlich § 87 Abs. 1 Ziff. 11 BetrVG) ausreichend sicherstellen. Darauf weist mit Recht *Heyer*, Betriebliche Normsetzung und Tarifautonomie, S. 158, hin.

93 BetrVG, § 77 Anm. 182.

94 So *Gast* in: Anmerkung zu BAG, BB 1987, S. 1249 f.

95 *Simitis / Weiss*, DB 1973, S. 1247.

96 Zutreffend *Simitis / Weiss*, DB 1973, S. 1247.

Kapitel 6

Die einfachgesetzliche Gestaltung der Sperrwirkung

A. Voraussetzungen der Sperrwirkung

I. Bedeutung der Unterscheidung zwischen Zuständigkeits- und Kollisionsnorm

Die vorangegangene Auslegungsarbeit hat die Offenheit des Gesetzestextes demonstriert. Diese Offenheit indizierte bereits die Untersuchung aus dem Blickwinkel der Verfassung. Neben dem Bestandsschutz des Art. 9 Abs. 3 GG trat zugleich die Erkenntnis zutage, „daß Grundrechte auch Gestaltungsmöglichkeiten verkörpern, daß sie gesellschaftliche und rechtliche Experimente zulassen bis an die Grenze ihres Wesensgehalts", der nicht negiert werden darf (Art. 19 Abs. 2 GG)[1]. Konkret heißt dies, daß neben der direkten verfassungsrechtlichen Gewährleistung der Betriebsautonomie (Art. 20, 28 GG) wichtiger noch die Erkenntnis erscheint, daß „die durch Art. 9 Abs. 3 GG verfassungsrechtlich garantierte Tarifautonomie keinen absoluten Vorrang der Regelungsbefugnis der Tarifvertragsparteien vor einer Regelungsbefugnis der Betriebspartner gebietet"[2].

Die Offenheit der Verfassung trägt wiederum dem komplementären Verhältnis beider Institutionen Rechnung. Keine von beiden kann etwa für sich das Privileg beanspruchen, mit absoluter Richtigkeit das gesamte Arbeitsverhältnis regeln zu können. Den Koalitionen ist vielmehr der Bereich der wirtschaftlich-materiellen Interessen der Arbeitnehmer vorbehalten, die sie dank ihrer Arbeitskampffähigkeit besser vertreten können. Folglich soll dem Tarifvertrag bei der Regelung der materiellen Arbeitsbedingungen die Chance der Richtigkeit eingeräumt werden[3]. Ähnlich verläuft es bei der Betriebsautonomie hinsichtlich eines anderen Aufgabenbereichs. Bei der Wahrung der immateriellen Interessen der Arbeitnehmer — gleichsam eine andere Lesart für formelle Arbeitsbedingungen — erscheint der Betriebsrat als der adäquate Vertreter[4]. Dieses Prädikat genießt er auch im Bereich der notwendigen Mitbestimmung — entsprechend dem Willen

[1] *Gast*, Tarifautonomie und die Normsetzung durch Betriebsvereinbarung, S. 35 ff.

[2] So zuletzt BAG, BB 1987, S. 1246, 1248; vgl. darüber ausführlich Kap. 2, C III am Ende.

[3] Vgl. oben Kap. 3, B III 2.

[4] Dazu s. oben Kap. 3, C II, III.

des Gesetzgebers, die Kompetenzen der Betriebspartner auch auf materielle Arbeitsbedingungen zu erweitern, — aufgrund der ihm dort verliehenen starken Verhandlungsposition. Im Lichte dieser Erkenntnis hat sich zudem der Streitpunkt der Anwendbarkeit von § 77 Abs. 3 BetrVG im Bereich der notwendigen Mitbestimmung erledigt. Der weitgespannte allgemeine Tarifvorbehalt des § 77 Abs. 3 BetrVG, wonach bereits bei Tarifüblichkeit eine weitreichende Regelungssperre eintritt, erklärt sich grundsätzlich aus der im Regelfall schwachen Verhandlungsposition des Betriebsrats. Insofern ist die Situation bei § 87 BetrVG eine echte Ausnahme und entsprechend soll auch der dortige Eingangssatz behandelt werden[5]. So erklärt sich weiterhin der Charakter des § 77 Abs. 3 BetrVG als Zuständigkeitsnorm. Kompetenzen, die man sonst bei den Betriebspartnern vermuten könnte, werden dadurch negiert. Nur geschieht das nicht auf direktem Wege. Direkt kann man die betriebsautonome Betätigung nicht verbieten — auch wenn sie sich wegen der Friedenspflicht (§ 74 Abs. 2 BetrVG) lediglich auf freiwilliger Basis vollzieht. Man erschwert sie aber erheblich durch Entzug des wichtigsten Regelungsinstruments — der Betriebsvereinbarung —, ja bisweilen macht man sie gegenstandslos. Es kann an dieser Stelle dahingestellt bleiben, ob der so ausgestaltete Schutz der Koalitionen sein Ziel auch erreicht oder ob die Betriebspartner auf Umwegen ihre Regelungen trotzdem durchsetzen können[6]; unübersehbar ist hier der Wille des Gesetzgebers, eine Zuständigkeitsnorm zugunsten der Tarifvertragsparteien zu errichten. Dieser Befund kann und darf nicht ohne konkrete Folgen für die Auslegung bleiben; zumal die Art, wie die Interpretation der Voraussetzungen dieser Vorschrift ausfallen wird, ihren Charakter als Zuständigkeitsnorm relativieren oder bestätigen wird.

Beim Eingangssatz des § 87 Abs. 1 BetrVG sieht die Lage anders aus. Hier handelt es sich um eine Kollisionsnorm[7]. Diese Behauptung ist dennoch für sich allein nur bedingt aussagekräftig[8]. Die Auslegung der Norm wird vielmehr den Ausschlag geben. Der Tarifvorrang des § 87 Abs. 1 Halbs. 1 BetrVG — dasselbe gilt auch für den Gesetzesvorrang — bestätigt zunächst die Höherrangigkeit des Tarifvertrages gegenüber der Betriebsvereinbarung und geht noch einen Schritt

---

[5] Eine ausführliche Analyse der unterschiedlich gestalteten Durchsetzungsmöglichkeiten auf Arbeitnehmerseite s. in Kap. 3, B III 2, C III; über die rechtstechnische Ausformung des gegenseitigen Verhältnisses beider Vorschriften vgl. Kap. 5.

[6] Nur andeutungsweise s. oben Kap. 5, Stellungnahme; auch Kap. 6, C, D.

[7] Dazu statt aller *Gast,* Tarifautonomie, S. 16 ff., 23 ff.; *ders.,* Anmerkung zu BAG, BB 1987, S. 1250 ff.; vgl. auch oben Kap. 4, C I, II 2.

[8] Wie labil dieser Charakter ist, hat sich nicht zuletzt am Beispiel der Anwendbarkeit des § 77 Abs. 3 BetrVG im Rahmen des § 87 Abs. 1 BetrVG erwiesen. Wenn man der Zwei-Schranken-Theorie folgt, wird er vom Zuständigkeitsnormcharakter des § 77 Abs. 3 BetrVG weitgehend beeinflußt. Schon die Verdrängung von Betriebsvereinbarungen über materielle Arbeitsbedingungen bei Tarifüblichkeit würde es schwer machen, den Kollisionscharakter der Vorschrift aufrechtzuerhalten. Dies verkennt offenbar *Wiese,* FS BAG, S. 661 ff., der trotz konsequenter Verteidigung des Kollisionsnormcharakters von § 87 Abs. 1 Halbs. 1 BetrVG die Anwendung des § 77 Abs. 3 BetrVG bejaht.

weiter. Er verdrängt das Mitbestimmungsrecht des Betriebsrats nur dann, wenn *tatsächlich* dem Schutzinteresse der Arbeitnehmer tariflich Rechnung getragen worden ist. Der Normzweck wäre erreicht und der Kollisionscharakter der Vorschrift bestätigt, wenn auf die entscheidende Frage adäquate Antworten gegeben werden: Wann besteht eine tarifliche Regelung i. S. v. § 87 Abs. 1 Halbs. 1 BetrVG? Zunächst zum Verb. Welche Voraussetzungen müssen erfüllt sein, um vom „Bestehen" einer tariflichen Regelung zu sprechen? M. a. W., nach welchen Maßstäben soll man die Tarifbindung beurteilen, damit der erwünschte tarifliche Schutz innerbetrieblich vermittelt werden kann?

Oder was die tarifliche Regelung an sich anbelangt: welchen Charakter soll sie einerseits haben, andererseits, wieweit soll ihr Inhalt reichen, wie eingehend die herbeigeführte Regelung sein?

Die prämissengerechte Beantwortung dieser in groben Zügen aufgelisteten Fragen ist deshalb von Bedeutung, weil sie eine der Voraussetzungen für die Aufstellung eines funktionsgerechten Mechanismus zwischen Tarifautonomie und Mitbestimmung sein wird.

Die Unterscheidung zwischen Zuständigkeits- und Kollisionsnorm gebietet schließlich eine differenzierende Betrachtung der Merkmale der geltenden tariflichen Regelung — mithin der beiden Vorschriften gemeinsamen Voraussetzung für die Auslösung der Sperrwirkung. Diese Gemeinsamkeit hätte womöglich zur Annahme geführt, daß die konkreten Erfordernisse, um eine tarifliche Regelung als geltend zu betrachten, hinsichtlich beider Sperrvorschriften identisch sein sollten. Indessen ist es nicht so. Der unterschiedliche Charakter beider Normen bedingt die unterschiedliche Auslegung ihrer gemeinsamen Voraussetzung. Mithin wäre es durchaus vorstellbar, daß dieselbe tarifliche Regelung, die gem. § 77 Abs. 3 BetrVG für die Auslösung der Sperrwirkung adäquat wäre, das Mitbestimmungsrecht gem. § 87 Abs. 1 Halbs. 1 BetrVG in gewissem Umfang unberührt lassen würde; (das Gegenteil wäre jedoch aus demselben Grunde kaum möglich). Für die Interpretation ist es daher eine wichtige Vorfrage, welcher Themen sich die Tarifpartner angenommen haben. Sind es Angelegenheiten aus dem Katalog des § 87 Abs. 1 BetrVG, dann muß die Auslegung anders ausfallen, als wenn es sich um anderweitige Themen handelte, die dem alleinigen Zuständigkeitsbereich des § 77 Abs. 3 BetrVG zuzuordnen wären.

II. Prämissengerechte Auslegung

1. Der Tarifvorbehalt des § 77 Abs. 3 BetrVG

a) Probleme der geltenden tariflichen Regelung

aa) Geltungsbereich

Die Sperrwirkung des § 77 Abs. 3 BetrVG schließt Betriebsvereinbarungen über Arbeitsentgelte und sonstige materielle Arbeitsbedingungen zunächst dann aus, wenn sie durch Tarifvertrag geregelt sind. Von einer tariflichen Regelung i. S. v. § 77 Abs. 3 BetrVG spricht man, wenn in dem Bereich, in dem sich der Betrieb befindet, ein Tarifvertrag besteht. Es fragt sich somit, wie der Geltungsbereich dieses Tarifvertrags einzugrenzen ist.

Diese Frage läßt sich wiederum in zwei andere aufspalten, denn der Geltungsbereich des Tarifvertrages ist sowohl in betrieblicher als auch in personeller Hinsicht gemeint[9]. Die Beantwortung wird sich allein aus dem auszulegenden Tarifvertrag selbst ergeben.

Nach dem Sinn des § 77 Abs. 3 BetrVG genügt es, wenn im Wirtschafts- oder Gewerbezweig eine tarifliche Ordnung besteht[10]. Aus der Sicht des Betriebes bedeutet dies, daß er unter den räumlichen und betrieblichen Geltungsbereich des Tarifvertrages fallen muß[11]. Praktisch muß dies kein Problem sein. Die Notwendigkeit einer Angabe des Tarifgebietes im Tarifvertrag ergibt sich aus § 4 Abs. 1 Satz 1 TVG. In personeller Hinsicht ist der persönliche und fachliche Geltungsbereich des Tarifvertrags maßgebend. In seinem Rahmen erstreckt sich die Sperrwirkung nur auf die Arbeitnehmergruppen, deren Rechtsverhältnisse tatsächlich eine tarifliche Regelung erfahren haben[12]. Die tarifliche Regelung

---

9 Die Frage nach dem Geltungsbereich des Tarifvertrags ist von der Tarifgebundenheit grundsätzlich zu unterscheiden. Die Trennung ist dogmatisch klar (vgl. § 4 Abs. 1 Satz 1 TVG), sie wird jedoch manchmal übersehen, vor allem wenn Tarifgebundenheit und *persönlicher* Geltungsbereich des Tarifvertrages nebeneinander stehen. Vgl. auch *Thiele*, GK-BetrVG, § 77 Anm. 96. Über Fragen der Tarifgebundenheit aus der Sicht des § 77 Abs. 3 BetrVG s. unten Kap. 6, A II 1 a) cc).

10 s. *Wiedemann / Stumpf*, TVG, § 4 Anm. 291; BAG AP Nr. 1 zu § 2 ArbGG, Betriebsvereinbarung; AP Nr. 7 und 8 zu § 59 BetrVG 52; s. aber *Hess / Schlochauer / Glaubitz*, BetrVG, § 77 Anm. 76.

11 *Dietz / Richardi*, BetrVG, § 77 Anm. 192; *Thiele*, GK-BetrVG, § 77 Anm. 96; *Weiss*, BetrVG, § 77 Anm. 12; differenzierend *Hess / Schlochauer / Glaubitz*, BetrVG, § 77 Anm. 76 mit Nachweisen.

12 Enthält z. B. der Tarifvertrag eine Regelung über die Vergütung von kaufmännischen Angestellten, so sind die Betriebspartner nicht gehindert eine entsprechende Regelung für die technischen Angestellten durch Betriebsvereinbarung zu treffen. Vgl. *Dietz / Richardi*, BetrVG, § 77 Anm. 195; *Galperin / Löwisch*, BetrVG, § 77 Anm. 79; *Hess / Schlochauer / Glaubitz*, BetrVG, § 77 Anm. 78; *Fitting / Auffarth / Kaiser / Heither*, BetrVG, § 77 Anm. 55; *Thiele*, GK-BetrVG, § 77 Anm. 97.

muß bestimmen, welche Berufe sie erfaßt (fachlich) und von welchen besonderen *persönlichen Voraussetzungen* ihre Wirkung abhängt (persönlicher Gesichtspunkt).

bb) Regelungsreichweite

Der Tarifvorbehalt betrifft geregelte Arbeitsbedingungen; die Frage ist, wie weit die tarifliche Regelung inhaltlich (thematisch) reichen soll[13]. Soviel steht zunächst fest: Die Sperrwirkung greift nur dann ein, wenn der Tarifvertrag in seinem Geltungsbereich bestimmte Gegenstände tatsächlich regelt. Zweifellos sind dann diese Gegenstände für die Betriebspartner gesperrt. Komplizierter wird es, wenn man die Sperrwirkung des Tarifvorbehalts über diese Gegenstände hinaus auf einen abstrakt definierbaren Bereich ausdehnen will, dem die Tarifnorm zugehört. Die engere Konzeption wäre zum Vorteil der Betriebsautonomie; die Betriebspartner könnten auch für ähnliche wie die tariflich geregelten Angelegenheiten ihre Zuständigkeit behalten. Eine solche, an der Betriebsebene orientierte Interpretation ließe den Zweck des § 77 Abs. 3 BetrVG unberücksichtigt[14]; sie wäre nicht prämissengerecht. § 77 Abs. 3 BetrVG erfordert vielmehr die Wahrung der alleinigen Zuständigkeit der Tarifvertragsparteien in dem von ihnen gewählten Regelungsbereich, zu dem freilich auch die mit der geregelten Materie *unmittelbar* verbundenen — man könnte sagen: eng verwandten — Angelegenheiten gehören[15]. Etwas bildhaft gesprochen: Die Sperrwirkung des § 77 Abs. 3 BetrVG erfaßt außer dem konkreten, tariflich geregelten Gegenstand, auch diejenigen Gegenstände, die sich in seinem engen thematischen Umkreis bewegen. Es wird mithin auf die Auslegung des Einzelfalles ankommen, die primär darauf bedacht sein muß, diesen Ansatz nicht zu einer beliebig ausdehnbaren Sperre gegen die Betriebspartner verfallen zu lassen.

Eng mit der Problematik der Regelungsreichweite des Tarifvertrages verbunden ist die Frage, ob von der Sperrwirkung auch die sog. AT-Angestellten erfaßt werden. In Anlehnung an die Tarifpraxis und die daraus hergeleitete Rechtspre-

---

13 *Gast,* Tarifautonomie, S. 42, bringt in diesem Zusammenhang ein gutes Beispiel aus dem Bereich des § 88 BetrVG, der unumstritten vom Tarifvorbehalt des § 77 Abs. 3 BetrVG erfaßt wird: Wenn eine Tarifnorm den Tarifgebundenen freiwillige Vorsorgeuntersuchungen finanziert und honoriert, ist es anzunehmen, daß dadurch jede freiwillige Betriebsvereinbarung über *irgendwelche* Vorkehrungen des Gesundheitsschutzes ausgeschlossen wird, oder ist nur die konkrete, tariflich geregelte Angelegenheit den Betriebspartnern nicht zugänglich?

14 Diesen Aspekt betont auch *Thiele,* GK-BetrVG, § 77 Anm. 98, obwohl seine Ausführungen die kritische Frage offenlassen. Seine These, daß „die tariflich geregelte Sachmaterie für die Betriebspartner generell gesperrt" ist, sagt darüber gar nichts aus, wie etwa relevante aber nicht identische Gegenstände behandelt werden müssen.

15 Anders aber *Gast,* Tarifautonomie, S. 43. Nach der hier vertretenen Auffassung würde beispielsweise eine tarifliche Regelung über Nachtarbeitszuschläge einer Betriebsvereinbarung über Wechselschichtzulagen nicht entgegenstehen, da sich beide Leistungen auf jeweils verschiedene Erschwernisse des Arbeitnehmers beziehen.

chung sind AT-Angestellte solche Arbeitnehmer, die nicht mehr unter den Geltungsbereich eines einschlägigen Tarifvertrags fallen, weil ihr Aufgabengebiet höhere Anforderungen stellt als das der höchstbezahlten tariflichen Angestellten[16]. Schon aus der Definition kann man sich zum großen Teil Klarheit verschaffen: Die AT-Angestellten fallen ganz bestimmt nicht unter den *fachlichen* Geltungsbereich des Tarifvertrages, auch dann nicht, wenn er etwa eine Regelung über die Vergütung von Angestellten enthalten würde[17]. Im Falle einer *Nichtregelung* seitens des Tarifvertrags, die sogar in Form einer ausdrücklichen Ausklammerung dieser Arbeitnehmergruppe aus dem Geltungsbereich des Tarifvertrages erfolgen kann, ist die Rechtslage eindeutig: Betriebsvereinbarungen sind in vollem Umfang zulässig[18].

Aus der Sicht der hier vertretenen Auffassung ist auch die Unterscheidung zwischen *Nicht-* und *Negativregelung* ein Scheinproblem. Letztere soll diejenige tarifliche Bestimmung sein, die die Gestaltung der Arbeitsbedingungen der AT-Angestellten ausschließlich dem Einzelarbeitsvertrag zuweist. Es ist gefragt worden, ob denn diese — überflüssige — Randbemerkung die Sperrwirkung auslösen könnte. Aus zwei Gründen kann das nicht vertreten werden: Zum einen stellt eine solche Bestimmung keine positive inhaltliche Regelung des Sachverhalts dar, die ausreichend für die Auslösung der Sperrwirkung wäre[19]. Zum anderen gebietet der Sinn und Zweck des § 77 Abs. 3 BetrVG, daß die Tarifvertragsparteien vor konkurrierender Regeltätigkeit nur dann geschützt werden, wenn sie sich aktiv mit einer Sachaufgabe befassen oder sich zu befassen pflegen. Sollten sie aber dieser Sachaufgabe inhaltlich fernbleiben, ist es nicht ihre Befugnis, sie einer anderen Regelungsebene exklusiv zuzuweisen[20]. All dies macht deutlich, daß die sog. Negativregelung im Grunde eine Nichtregelung ist, so daß die Mitbestimmung des Betriebsrats für die AT-Angestellte in vollem Umfang erhalten bleibt.

---

16 So auch BAG, DB 1974, S. 143; BAG, DB 1974, S. 1917; vgl. auch *Dietz / Richardi*, BetrVG, § 77 Anm. 196.

17 So aber *Lieb*, ZfA 1978, S. 204 ff.; wie hier dagegen *Dietz / Richardi*, BetrVG, § 77 Anm. 196.

18 *Dietz / Richardi*, BetrVG, § 77 Anm. 196; *Fitting / Auffarth / Kaiser / Heither*, BetrVG, § 77 Anm. 54a; *Hess / Schlochauer / Glaubitz*, BetrVG, § 77 Anm. 78; *Thiele*, GK-BetrVG, § 77 Anm. 99; *Bichler*, DB 1979, S. 1940; *Hanau*, BB 1977, S. 351; *v. Friesen*, DB 1980, Beil. 1, S. 14 ff.; *Moll*, Tarifvorrang, S. 74 f.; vgl. auch LAG Düsseldorf, DB 1978, S. 1182 f.; ArbG Düsseldorf, DB 1978, S. 1985; a. A. *Conze*, DB 1978, S. 490, 495; *Lieb*, ZfA 1978, S. 179; *Janert*, DB 1976, S. 243, der aber die Zulässigkeit von freiwilligen Betriebsvereinbarungen über AT-Angestellte bejaht und damit in Widerspruch zu seiner Hauptthese gerät, da § 77 Abs. 3 BetrVG freiwillige Betriebsvereinbarungen verdrängt.

19 Richtig *Dietz / Richardi*, BetrVG, § 77 Anm. 197.

20 Ähnlich argumentiert auch *Dietz / Richardi*, BetrVG, § 77 Anm. 197, der zudem einer solchen Negativregelung die Absicht unterstellt, die Gestaltung durch Betriebsvereinbarung ausschließen zu wollen. Dies lehnt er generell mit der etwas schlagwortartigen Feststellung ab: „Eine verabredete Sperrwirkung vermag nicht die Regelungsmöglichkeit durch Betriebsvereinbarung zu verdrängen".

cc) Tarifgebundenheit

Der Charakter des § 77 Abs. 3 BetrVG als Zuständigkeitsnorm gebietet, die tatbestandlichen Voraussetzungen und damit den Anwendungsbereich der Norm möglichst weit zu fassen. Wenn es darum geht, das den Tarifvertragsparteien von Verfassung und Gesetz überlassene Feld der Arbeitsbedingungen vor konkurrierenden Betätigungen der Betriebspartner abzuschirmen sowie die ausgeübte und aktualisierte Tarifautonomie und ihr Betätigungsfeld zu gewährleisten[21], dann muß die tarifliche Sperrwirkung die engen Grenzen der Tarifgebundenheit überschreiten. Denn die überbetriebliche Ordnung von materiellen Arbeitsbedingungen kann auch durch Betriebsvereinbarungen in Betrieben mit nichttarifgebundenen Vertragsparteien gestört werden. Deshalb geht die h. M. davon aus, daß für die Auslösung der Sperrwirkung des § 77 Abs. 3 BetrVG die Tarifgebundenheit des Arbeitgebers oder auch nur eines Arbeitnehmers völlig unerheblich ist[22]. Nicht nur teleologisch, sondern inhaltlich-deduktiv wird dies begründet: Wenn bereits die Tarifüblichkeit Sperrwirkung entfaltet, wobei es ohnehin nicht auf die Tarifgeltung oder die Tarifgebundenheit ankommt, dann soll erst recht nicht durch eine restriktive Auffassung der geltenden tariflichen Regelung diesem Telos widersprochen werden[23].

Indessen kann diese Auffassung nicht absolut befriedigen; zumal sie deutliche Momente der Verabsolutierung des Schutzes der Tarifautonomie als Eigenzweck beinhaltet[24]. Geschützt wird dabei lediglich ein Mechanismus, während seine Funktion — die Wiederherstellung einer Vertragsparität — außer acht gelassen wird. Ebenso unterschwellig bleibt die spezifische betriebsverfassungsrechtliche Funktion des § 77 Abs. 3 BetrVG: als Auffangtatbestand und zugleich als kollektivrechtliches Korrektiv für all diejenigen Fälle, wo mangels eines erzwingbaren Mitbestimmungsrechts vom betriebsautonomen Handeln nicht die Chance der Richtigkeit erwartet werden kann[25]. § 77 Abs. 3 BetrVG verlangt, daß Arbeitsentgelte und sonstige materiellen Arbeitsbedingungen durch Tarifvertrag geregelt sind. Zwar erfordert der Sinn einer Zuständigkeitsabgrenzung nicht, daß die tarifliche Regelung auch für den Arbeitgeber und die Arbeitnehmer des Betriebs gilt, es kann jedoch nicht übersehen werden, daß aus der Sicht der Regelungsunterworfenen die Arbeitsbedingungen nur dann geregelt sind, wenn diese Regelung

---

21 So BAG AP Nr. 13 zu § 118 BetrVG 72; AP Nr. 3 zu § 87 BetrVG 72 Lohngestaltung.

22 s. *Dietz / Richardi,* BetrVG, § 77 Anm. 198; *Fitting / Auffarth / Kaiser / Heither,* BetrVG, § 77 Anm. 58; *Hess / Schlochauer / Glaubitz,* BetrVG, § 77 Anm. 77; *Galperin / Löwisch,* BetrVG. § 77 Anm. 81; a. A. *Eickelberg,* Probleme der Betriebsvereinbarung, S. 100 ff., 140 f.; vgl. auch *Barwasser,* DB 1975, S. 2275, der die Anwendung des § 77 Abs. 3 BetrVG in nichttarifgebundenen Betrieben, insbes. in Mischbetrieben ablehnt.

23 In diesem Sinne *Fitting / Auffarth / Kaiser / Heither,* BetrVG, § 77 Anm. 54, 58.

24 *Gast,* Tarifautonomie, S. 41, nennt dies „funktionsvergessenen Schutz der Apparatur".

25 Ausführlich über diese Funktion des § 77 Abs. 3 BetrVG s. oben Kap. 4, C IV.

Zugang zum Betrieb finden kann. Der Betrieb muß mithin vom Tarifvertrag nicht völlig abgeschnitten sein. Sonst würde die betriebsverfassungsrechtliche Funktion des § 77 Abs. 3 BetrVG leerlaufen. Daher wird vereinzelt die Tarifgebundenheit des Arbeitgebers verlangt, die die Geltung des Tarifvertrags im Betrieb „vermitteln" kann. Dies hat jedoch zur Folge, daß die Mitbestimmung bei all den Betrieben erhalten bleibt, deren Arbeitgeber nicht tarifgebunden sind[26]. Diese Lösung wäre jedenfalls dann bedenkenlos vertretbar, wenn § 77 Abs. 3 BetrVG eine Kollisionsnorm wäre. Dann wäre sie eine dem § 87 Abs. 1 Halbs. 1 BetrVG parallellaufende Vorschrift, mit lediglich unterschiedlichen Rechtsfolgen und anderem Anwendungsbereich, der alle nicht unter § 87 Abs. 1 BetrVG fallenden Arbeitsbedingungen erfassen würde. So wäre der Zuständigkeitscharakter der Vorschrift nicht genug gewahrt.

Die Schwierigkeit dieser Textstelle muß konstruktiv bewältigt werden. Die Frage nach der Tarifgebundenheit muß prämissengerecht im Sinne der h. M. beantwortet werden. Um der Wahrung des Zuständigkeitscharakters willen darf es auf die Tarifgebundenheit einer Vertragspartei *nicht* ankommen. Zugleich aber muß der einschlägige Tarifvertrag ein strenges Repräsentativitätserfordernis erfüllen. Wenn man der Tarifautonomie das Privileg einräumt, ihre konkurrierende Institution weit über die Grenzen der eigentlichen Konkurrenz[27] auszuschalten, dann muß sie in der Lage sein, die Arbeitsverhältnisse in einem beträchtlichen Umfang in dem maßgeblichen Geltungsbereich normativ zu erfassen. Daher hat das Bundesarbeitsgericht für die Feststellung der Tarifüblichkeit nach § 59 BetrVG 52 zutreffend angenommen, daß der Zahl der betroffenen Arbeitnehmer besondere Bedeutung zukommt[28]. Es ist aus dieser Perspektive keineswegs gerechtfertigt, daß ein Tarifvertrag zwischen einem bedeutungslosen Arbeitgeberverband und einer Gewerkschaft mit verhältnismäßig wenigen organisierten Arbeitnehmern, die betriebliche Interessenwahrnehmung lahmlegt. Nur wenn die Zahl der direkt tariflich erfaßten Arbeitsverhältnisse im kritischen Geltungsbereich beträchtlich größer ist als die Zahl der nicht tarifgebundenen, kann die Sperrwirkung Betriebsvereinbarungen im gesamten Geltungsbereich verdrängen[29]. Außerdem kann nur bei einem solchen Verhältnis von Kollektiv-Individuell erwartet werden, daß auch die Beschäftigten in nicht tarifgebundenen Betrieben durch Bezugnahme auf den Tarifvertrag mittelbar auf das Tarifniveau gelangen werden.

---

26 So *Gast*, Tarifautonomie, S. 41.

27 Gemeint sind die Grenzen, die durch § 3 Abs. 2 und § 4 Abs. 1 TVG abgesteckt werden.

28 AP Nr. 23 zu § 59 BetrVG 52.

29 Gegen das Repräsentativitätserfordernis insbesondere *Fitting / Auffarth / Kaiser / Heither*, BetrVG, § 77 Anm. 58; offengelassen von *Thiele*, GK-BetrVG, § 77 Anm. 100; anders jedoch im Rahmen der Tarifüblichkeit *ders.*, GK-BetrVG, § 77 Anm. 108; s. auch *Hess / Schlochauer / Glaubitz*, BetrVG, § 77 Anm. 77.

dd) Firmentarifverträge

Aus der Sicht der hier entwickelten Interpretation, kann nicht eingesehen werden, warum ein Firmentarifvertrag eine Sperrwirkung i. S. v. § 77 Abs. 3 BetrVG entfalten sollte[30]. Weder überschreitet sein Geltungsbereich die Grenzen des eigenen Unternehmens, noch kommen dabei Repräsentativitätsfragen in Betracht. Ein Firmentarifvertrag ist eine interne Angelegenheit und dementsprechend sollte auch seine Sperrwirkung behandelt werden. Dies hat zur Folge, daß ein Firmentarifvertrag über Angelegenheiten, die im Katalog der notwendigen Mitbestimmung über soziale Angelegenheiten enthalten sind, nur die Betriebe des bestimmten Unternehmens betrifft und als geltende tarifliche Regelung i. S. v. § 87 Abs. 1 Halbs. 1 BetrVG betrachtet werden muß. Regelt er anderweitige Themen, dann sind darüber lediglich Betriebsvereinbarungen in diesen Betrieben verwehrt. Für Betriebe anderer Unternehmen bleiben diese Regelungen ganz ohne Bedeutung.

b) Die Problematik der Tarifüblichkeit

Nach § 77 Abs. 3 BetrVG greift die tarifliche Sperrwirkung für Betriebsvereinbarungen auch dann ein, wenn Arbeitsentgelte und sonstige Arbeitsbedingungen nicht einmal tariflich geregelt sind, sondern nur üblicherweise durch Tarifvertrag geregelt werden. An dieser Textstelle zeigt § 77 Abs. 3 BetrVG am deutlichsten seinen Zuständigkeitscharakter; jedwede Interpretation, die anhand der geltenden tariflichen Regelung womöglich noch einen kollisionsrechtlichen Ansatz aufzubauen versuchte, wäre am Merkmal der Tarifüblichkeit endgültig gescheitert, da beide Voraussetzungen wenigstens eine *teleologische Einheit* bilden[31]. Diese Erkenntnis gebietet, daß die Feststellung der Tarifüblichkeit von denselben Anforderungen abhängt, wie dies für das Vorliegen einer tariflichen Regelung der Fall war. Neu ist nur die zusätzliche Frage nach den *zeitlichen Voraussetzungen* dieser Üblichkeit, für deren Beurteilung von der Literatur oft sehr vage Formeln hervorgebracht werden.

Für die Feststellung des Bereichs, in dem die Arbeitsbedingungen üblicherweise geregelt werden, kann an die Ergebnisse der Auslegung der tariflichen Regelung angeknüpft werden[32]. Der Tarifvertrag oder die Mehrzahl der Tarifverträge,

---

30 So aber, wenn auch unklar, *Dietz / Richardi*, BetrVG, § 77 Anm. 191 mit Nachweisen; *Fitting / Auffarth / Kaiser / Heither*, BetrVG, § 77 Anm. 57; a. A. *Hess / Schlochauer / Glaubitz*, BetrVG, § 77 Anm. 80, die deshalb die Sperrwirkung des Firmentarifvertrages ablehnen, weil dadurch die Monopolstellung der Arbeitgeberverbände nicht gewahrt werde.

31 Den kollisionsrechtlichen Charakter von § 77 Abs. 3 BetrVG vertritt aber *Fabricius*, in: Fabricius / Naendrup / Schwerdtner, Arbeitsrecht und juristische Methodenlehre, S. 56; *ders.*, Anmerkung zu BAG AP Nr. 28 zu § 59 BetrVG 52 am Ende; seinen Ergebnissen nach wohl auch *Gast*, Tarifautonomie, S. 23 ff., 39 ff.

32 Vgl. oben Kap. 6, A II 1 a) aa).

die die Tarifüblichkeit begründet haben, sind als Grundlage heranzuziehen, um den einschlägigen Geltungsbereich in räumlicher, betrieblicher, fachlicher und persönlicher Hinsicht einzugrenzen[33]. Weiterhin kann die Sperrwirkung der Tarifüblichkeit auch solche Arbeitsbedingungen erfassen, die sich im engen thematischen Umkreis des üblicherweise geregelten Gegenstandes bewegen, selbst wenn sie selbst nie zuvor eine tarifliche Regelung erfahren haben. Die gewisse Großzügigkeit, die das Verhältnis der Reichweite der tariflichen Regelung zur Sperrwirkung charakterisiert, findet auch hier ihren Niederschlag[34]. Letztlich kommt es auf die Tarifgebundenheit des Arbeitgebers oder der Arbeitnehmer in diesem Problembereich grundsätzlich nicht an. Wenn hierbei auf die konkrete tarifliche Geltung verzichtet wird, dann ist die Erörterung ihrer personellen Vermittlung gegenstandslos. Würde man aber den die Tarifüblichkeit begründenden Tarifvertrag als maßgeblich betrachten, so wäre die Frage entsprechend den obigen Ausführungen zu beantworten[35].

Sind etwa bei einem nachwirkenden Tarifvertrag diese Voraussetzungen gegeben, so bejaht man die Tarifüblichkeit, sofern sich die Regelung im Tarifvertrag eingebürgert hat[36]. Nach einer anderen, ebenso verbreiteten Formulierung kann von einer Tarifüblichkeit dann die Rede sein, wenn für den nach den obigen Kriterien abgegrenzten Tätigkeitsbereich des Betriebes, Tarifverträge über die jeweiligen Arbeitsbedingungen abgeschlossen zu werden pflegen[37].

Diese Formulierungen besitzen freilich keine konkret verwertbare Aussagekraft. Für die Praxis soll aber diese Frage von besonderer Bedeutung sein. Unumstritten war zunächst, daß die Tarifüblichkeit mindestens dann eintrat, wenn eine Regelung in aufeinanderfolgenden Tarifverträgen mehrfach enthalten war. Um dies näher zu bestimmen, schloß man sich der Meinung *Zöllners*[38] an, daß Üblichkeit erst dann vorliegt, wenn eine Regelung mindestens dreimal getroffen worden sei[39]. Dieser ohnehin vagen Behauptung ist versucht worden, den Charak-

---

33 Vgl. aber BAG AP Nr. 23 zu § 59 BetrVG 52 mit zust. Anmerkung von G. *Hueck;* dazu allgemein *Dietz / Richardi,* BetrVG, § 77 Anm. 202 mit Nachweisen. Das soeben Gesagte hat u. a. zur Folge, daß Firmentarifverträge die Tarifüblichkeit nur für Betriebe herbeiführen können, für die sie abgeschlossen werden; vgl. dazu oben Kap. 6, A II 1 a) dd); ebenso *Dietz / Richardi,* BetrVG, § 77 Anm. 203.

34 Vgl. oben Kap. 6, A II 1 a) bb)); dazu s. *Hess / Schlochauer / Glaubitz,* BetrVG, § 77 Anm. 85 m. w. N.

35 Vgl. oben Kap. 6, A II 1 a) cc); ebenso *Dietz / Richardi,* BetrVG, § 77 Anm. 206. Dies gilt auch für das strenge Repräsentativitätserfordernis des begründenden Tarifvertrags. In der Literatur ist dieser Punkt heftig umstritten; vgl. *Hess / Schlochauer / Glaubitz,* BetrVG, § 77 Anm. 84 am Ende; BAG AP Nr. 23 zu § 59 BetrVG 52.

36 So bereits *Zöllner,* FS Nipperdey, 1965, S. 707; vgl. ferner *Dietz / Richardi,* BetrVG, § 77 Anm. 207; *v. Hoyningen-Huene,* Betriebsverfassungsgesetz, S. 147 f.; *v. Hoyningen-Huene / Meier-Krenz,* NZA 1987, S. 795; *Moll,* Tarifvorrang, S. 40; *Thiele,* GK-BetrVG, § 77 Anm. 104; LAG Berlin, DB 1978, S. 117.

37 Vgl. *Fitting / Auffarth / Kaiser / Heither,* BetrVG, § 77 Anm. 57; *Haug,* BB 1986, S. 1927; *Hess / Schlochauer / Glaubitz,* BetrVG, § 77 Anm. 81.

38 FS Nipperdey, S. 707 f.

ter einer arbeitsrechtlichen „Maxime“ zu verleihen, und zwar mit dem Argument, daß auch die dreimal erfolgte Gewährung einer freiwilligen Sozialleistung seitens des Arbeitgebers für die Begründung einer Betriebsübung sowohl erforderlich als auch ausreichend sei[40]. Als sogar feststand, daß auch ein einmaliger Tarifabschluß nach seinem Ablauf die Tarifüblichkeit zu begründen vermag, wurde weiterhin die obengenannte Formel analog benutzt: Die erforderliche Laufzeit des einmaligen Abschlusses sollte mindestens einem Zeitraum entsprechen, binnen dessen, bei Zugrundelegung der durchschnittlichen Laufzeit eines Lohntarifvertrags, ein dreimaliger Abschluß erfolgt wäre[41]. Daß dieses zeitliche Muster prekär ist, hat die Rechtsprechung des Bundesarbeitsgerichts bewiesen. So wurde in einem Fall Tarifüblichkeit bejaht, weil eine tarifliche Regelung von Arbeitsbedingungen seit Jahrzehnten bzw. seit 30 Jahren bestand, während in einem anderen Fall das Bundesarbeitsgericht den Zeitraum von 3 Jahren und 7 Monaten ausreichend für die Begründung der Tarifüblichkeit gehalten hat[42].

Dies zeigt, daß der Entstehungszeitraum der Tarifüblichkeit nicht durch absolute Werte bestimmt werden kann. Wenn man sogar die ratio des § 77 Abs. 3 BetrVG zugrundelegt, kann man überhaupt dem Erfordernis der „Einbürgerung“ einer tariflichen Regelung vorhalten, daß es die Voraussetzungen der Tarifüblichkeit neutralisiert. Teleologisch richtiger ist vielmehr eine andere Betrachtung, nämlich daß über Tarifüblichkeit dann gesprochen werden kann, wenn bestimmte Angelegenheiten in der Vergangenheit bereits einmal durch Tarifvertrag geregelt waren und anzunehmen ist, daß sie künftig wiederum tarifvertraglich geregelt werden[43]. Abgesehen also von jedweden zeitlichen Orientierungsmaßstäben, ist nur der nach außen erkennbare subjektive Wille der Tarifvertragsparteien ausschlaggebend, die die Privilegierten dieser Vorschrift sind. Zugleich sollte das nach seinem Wortsinn primär vergangenheitsbezogene Merkmal der Tarifüblichkeit sich auch an die Zukunftserwartung wenden, die unter den sich heute rasch ändernden sozialen Bedingungen der Arbeitswelt eine zentrale Rolle spielt[44]. Aus der Sicht des Schutzes der Tarifautonomie hat es wenig Sinn, einen Tarifvorbehalt für gewisse Angelegenheiten einzuführen, deren sich die Tarifvertragsparteien in der Vergangenheit angenommen haben. Denn heute muß dieses Interesse nicht unbedingt weiter existieren. Die Tarifüblichkeit hat nur dann einen Sinn, wenn sie die Koalitionen vor konkurrierender Normsetzung genau in denjenigen Sachbereichen schützt, auf die sie heute und in der Zukunft ihr Augenmerk

[39] *Hess / Schlochauer / Glaubitz,* BetrVG, § 77 Anm. 83; *Hueck / Nipperdey,* Arbeitsrecht II/2, S. 1399; kritisch *Dietz / Richardi,* BetrVG, § 77 Anm. 207.

[40] *Zöllner,* FS Nipperdey, S. 707 f.; zustimmend *Hess / Schlochauer / Glaubitz,* BetrVG, § 77 Anm. 83.

[41] So *Zöllner,* FS Nipperdey, S. 708; zustimmend *Hess / Schlochauer / Glaubitz,* BetrVG, § 77 Anm. 83.

[42] s. jeweils BAG AP Nr. 1 zu § 59 BetrVG 52; AP Nr. 1 zu § 32 ArbGG 1953 Betriebsvereinbarung; AP Nr. 8 zu § 59 BetrVG 52.

[43] s. nur *Thiele,* GK-BetrVG, § 77 Anm. 105 f.

[44] Richtig *Thiele,* GK-BetrVG, § 77 Anm. 106.

richten werden. Aktuelle Themen wie z. B. Arbeitszeit, bei denen die Tarifvertragsparteien ihre gegenwärtigen Schwerpunkte setzen, wird man schwerlich der Tarifüblichkeit entziehen können, auch wenn sich ihnen die Tarifvertragsparteien zum ersten Mal in dem bestimmten Tarifgebiet angenommen haben, da es anzunehmen ist, daß auch weitere Regelungen, wenn auch mit verändertem Inhalt, erfolgen werden. Umgekehrt sollte man keine Tarifüblichkeit mehr bei denjenigen „traditionell“ tariflichen Themen bejahen, die die Tarifpartner immer mehr den Betriebspartnern überlassen. Außerdem spielt der Charakter der Regelung eine wichtige Rolle. Wenn sie einen Dauercharakter hat (z. B. Fragen der Vermögensbildung) und mit einer Fortsetzung zu rechnen ist, dann dürfte auch ein einmaliger Abschluß zweifelsohne ausreichen[45]. Entscheidend ist in diesem Zusammenhang vor allem, ob die heutige Beschäftigung der Tarifvertragsparteien mit einer Angelegenheit eine Zukunftsperspektive hat[46]. Allerdings muß auf jeden Fall mindestens eine tarifliche Regelung zustandegekommen sein. Die bloße Erörterung einer Angelegenheit im Rahmen einer Tarifverhandlung reicht noch nicht aus[47].

Nach ähnlichen Kriterien sollte die Beendigung der Tarifüblichkeit beurteilt werden. Die Einbeziehung einer Materie in die Tarifverhandlungen sollte ein starkes Indiz für den Fortbestand der einmal eingetretenen Tarifüblichkeit sein, auch wenn — aus welchen Gründen auch immer — keine Einigung in Sicht ist[48]. Der bloße Zeitablauf kann allein kein Grund für die Beendigung der Tarifüblichkeit sein, wenn er nicht mit dem subjektiven Willen der Tarifpartner korrespondiert, die Angelegenheit in der Zukunft nicht mehr regeln zu wollen. Auch hier können keine zeitlichen Richtlinien aufgestellt werden[49]. Jedenfalls muß die „Wartefrist“, während der die Tarifüblichkeit noch besteht, in Relation zur Dauer der üblichen Regelung in der Vergangenheit festgesetzt werden, wobei auch die spezifische Natur dieser Regelung zu berücksichtigen ist[50]. Entscheidend ist daher, ob im tariflosen Zustand Bemühungen jeder Art für einen neuen Abschluß zu verzeichnen sind, oder ob stattdessen die Sache über eine längere Zeit hinaus „ruht“. Über diese Grundüberlegungen hinaus würde jeder weitere Reglementierungsversuch der einschlägigen Problematik, der zwangsläufig nur abstrakt vornehmbar wäre, keine verwertbaren Erkenntnisse bringen. Es wird mithin nur auf die Beurteilung des Einzelfalles ankommen.

---

45 *Thiele,* GK-BetrVG, § 77 Anm. 106.

46 Anders als diese zukunftsbezogene Betrachtungsweise ist die Ansicht von *Dietz / Richardi,* BetrVG, § 77 Anm. 207, die von einem vergangenheitsbezogenen Bestehen einer Tarifgemeinschaft sprechen.

47 BAG AP Nr. 13 zu § 118 BetrVG; BAG, DB 1986, S. 595; *v. Hoyningen-Huene / Meier-Krenz,* NZA 1987, S. 795; *Thiele,* GK-BetrVG, § 77 Anm. 106.

48 *Dietz / Richardi,* BetrVG, § 77 Anm. 208; *Thiele,* GK-BetrVG, § 77 Anm. 109; *Zöllner,* FS Nipperdey, S. 708 f.

49 Anders aber *Hess / Schlochauer / Glaubitz,* BetrVG, § 77 Anm. 86, die zeitliche Kriterien für die Bestimmung des Endes der Tarifüblichkeit angeben; dagegen *Dietz / Richardi,* BetrVG, § 77 Anm. 208 mit Nachweisen.

50 Richtig *Thiele,* GK-BetrVG, § 77 Anm. 109.

2. *Der Tarifvorrang des § 87 Abs. 1 Halbs. 1 BetrVG*

a) Das „Bestehen" einer tariflichen Regelung

Der Betriebsrat hat gem. § 87 Abs. 1 Halbs. 1 BetrVG in sozialen Angelegenheiten mitzubestimmen, soweit eine (gesetzliche oder) tarifliche Regelung nicht besteht. Schon diese im Vergleich zu § 77 Abs. 3 BetrVG (... Arbeitsbedingungen, die durch Tarifvertrag geregelt sind ...) unterschiedliche Formulierung gibt einen ersten Hinweis darauf, daß die Beziehung Tarifvertrag-Betrieb viel konkreter und enger gemeint ist. Wann „besteht" also i. S. v. § 87 Abs. 1 Halbs. 1 BetrVG eine tarifliche Regelung im Betrieb, die das Mitbestimmungsrecht des Betriebsrats ausschließt? Notwendiger Ausgangspunkt ist die rechtliche Mechanik, nach welcher tarifliche Regelungen für den einzelnen Betrieb und die dort vollzogenen Arbeitsverhältnisse verbindlich werden.

Sieht man zunächst von der Allgemeinverbindlicherklärung ab (§ 5 Abs. 4 TVG), wird eine Tarifnorm dem Betrieb personal vermittelt: durch die Tarifbindung beteiligter Personen (vgl. § 3 Abs. 2, § 4 Abs. 1 TVG). Anders als bei § 77 Abs. 3 BetrVG wird im Falle des § 87 Abs. 1 Halbs. 1 BetrVG allgemein vertreten, daß es auf die Tarifgebundenheit der Vertragsparteien im Betrieb ankommt. Umstritten ist nur, *in welchem Umfang* sie vorliegen muß. Vor diesem gemeinsamen Hintergrund bietet sich ein ganzes Spektrum von verschiedenen Meinungen an. Es reicht von der Tarifgebundenheit lediglich des Arbeitgebers[51], über die Tarifgebundenheit des Arbeitgebers und mindestens eines Arbeitnehmers[52], bis zur Tarifgebundenheit des Arbeitgebers und aller im Betrieb beschäftigten Arbeitnehmer[53].

Das Problem verliert für einen großen Teil der Mitbestimmungstatbestände des § 87 Abs. 1 BetrVG seine praktische Bedeutung. Formelle Arbeitsbedingungen, wie z. B. Fragen der Ordnung des Betriebes (Ziff. 1), Regeln über Beginn und Ende der täglichen Arbeitszeit (Ziff. 2) oder die Einführung von Kontrolleinrichtungen zur Überwachung der Arbeitnehmer (Ziff. 6), um nur einige zu nennen, werden tariflich durch betriebliche Normen geregelt, für deren Geltung im Betrieb allein die Tarifbindung des Arbeitgebers genügt (§ 3 Abs. 2 TVG). Regelt jedoch

---

51 So *Bichler,* DB 1979, S. 1940; *Boewer,* DB 1973, S. 525; *Farthmann,* RdA 1974, S. 70; *Lieb,* Arbeitsrecht, S. 183; *Moll,* Tarifvorrang, S. 22; *Säcker,* ZfA 1972-Sonderheft, S. 68; *Simitis / Weiss,* DB 1973, S. 1250; im Ergebnis unklar *Hess / Schlochauer / Glaubitz,* BetrVG, § 87 Anm. 52 f.

52 *Galperin / Löwisch,* BetrVG, § 87 Anm. 56; *Fitting / Auffarth / Kaiser / Heither,* BetrVG, § 87 Anm. 9; kritisch dazu *Konzen,* BB 1977, S. 1309.

53 So in der Tendenz *Wiese,* GK-BetrVG, § 87 Anm. 35; vgl. zum alten Recht *Hueck / Nipperdey,* Arbeitsrecht II / 2, S. 1394 f. Damit verbunden ist die modifizierte Auffassung von *Dietz / Richardi,* BetrVG, § 87 Anm. 126 und *Wiedemann / Stumpf,* TVG, § 4 Anm. 284, daß die Mitbestimmung dann ausgeschlossen ist, wenn im wesentlichen alle in Betracht kommenden Arbeitnehmer tarifgemäß behandelt werden. Zur Kritik s. nur *Wiese,* FS BAG, S. 671.

der Tarifvertrag Angelegenheiten, die unter Ziff.3 , 10 und 11 fallen (materielle Arbeitsbedingungen), dann handelt es sich um Tarifnormen, die das Arbeitsverhältnis inhaltlich betreffen; eine „klassische" Inhaltsnorm setzt aber für ihre Geltung beiderseitige Tarifgebundenheit voraus (§ 4 Abs. 1 TVG), was für den Bestand der Mitbestimmung in diesem Zusammenhang nicht unproblematisch ist[54]. Nach dem Wortlaut der Vorschrift ist das Auslegungsproblem nicht zu lösen, zumal ein Tarifvertrag sicherlich schon „besteht", auch wenn er im einzelnen Arbeitsverhältnis mangels Tarifbindung nicht anwendbar ist.

Der Rückgriff auf den Normzweck des § 87 Abs. 1 BetrVG bietet den einzigen Leitfaden zur Problemlösung an, zeigt aber zugleich, warum der Umfang der Tarifgebundenheit hierbei eine Schlüsselrolle spielt. Das erzwingbare Mitbestimmungsrecht des Betriebsrats dient vorrangig dem Schutzinteresse der im Betrieb tätigen Arbeitnehmer. Es wird nur dann entbehrlich, wenn die höherrangige Tarifnorm an seiner Stelle diese Funktion bereits übernommen hat. Es ist mithin erforderlich aber auch ausreichend, daß diese Tarifnorm eine Schutzwirkung in dem personellen Umfang entfalten kann, wie dies mit einer innerbetrieblichen Regelung im Wege der Mitbestimmung der Fall gewesen wäre. Da aber eine betriebliche Abmachung die ganze Belegschaft erfaßt, läßt sich entsprechendes bei Inhaltsnormen nur durch beiderseitige Tarifgebundenheit erreichen. Daher erweist sich zunächst die Ansicht, daß die Tarifgebundenheit des Arbeitgebers und mindestens eines Arbeitnehmers ausreiche, um vom Bestehen einer tariflichen Regelung sprechen zu können, als unhaltbar. Vor diesem Hintergrund erscheint sie als eine lediglich symbolische Anforderung, die höchstens nur für das betroffene Gewerkschaftsmitglied gerecht wäre[55]. Prämissengerechter erscheint eher die Meinung, die nur im Falle der Tarifgebundenheit des Arbeitgebers und *sämtlicher* Arbeitnehmer die Mitbestimmung verdrängen will, es sei denn der einschlägige Tarifvertrag ist für allgemeinverbindlich erklärt worden[56]. In

---

54 Hier zeigt sich erneut, wie verhältnismäßig unproblematischer die Rechtslage während der Geltung des Betriebsverfassungsgesetzes von 1952 war. Da sich § 56 BetrVG 52 auf formelle Arbeitsbedingungen beschränkte, genügte schon die Tarifgebundenheit des Arbeitgebers, damit die tarifliche Regelung Geltung im Betrieb hatte und das Mitbestimmungsrecht des Betriebsrats ausschloß. Dem damaligen Schrifttum blieb dadurch eine weitere Auseinandersetzung über das Erfordernis der Tarifgebundenheit auch auf Arbeitnehmerseite erspart. Zutreffend hat daher seinerzeit *Nipperdey,* RdA 1968, S. 452, darauf hingewiesen, daß man den logischen und sozialen Zusammenhang zwischen den Eingangsworten des § 56 BetrVG 52 und dem Tarifvertragsrecht erkennen müsse. Jeder Versuch, aus dem Katalog des § 56 BetrVG 52 auch materielle Arbeitsbedingungen — Gegenstände also von Inhaltsnormen — herauszuinterpretieren, würde dem gesetzgeberischen Konzept „heillose" Verwirrung schaffen. Die spätere Entwicklung hat gezeigt, daß durch die eindeutige Änderung dieses gesetzgeberischen Konzepts diese Verwirrung vorprogrammiert war. Dazu vgl. auch die Ausführungen von *Konzen,* BB 1977, S. 1309 (l. Sp.).

55 Kritisch auch *Heyer,* Betriebliche Normsetzung und Tarifautonomie, S. 121 f. Dasselbe gilt auch für jeden Versuch, durch Erhöhung der Mindestzahl an tarifgebundenen Arbeitnehmern, die Hürde für die Mitbestimmung zu verkleinern; vgl. dazu *Gast,* Anmerkung zu BAG, BB 1987, S. 1250.

der Tat, nur in diesem Fall kann der Tarifvertrag die Mitbestimmung lückenlos ersetzen. Andererseits wäre der Tarifvorrang des § 87 Abs. 1 Halbs. 1 BetrVG bei einer solchen Konstellation gegenüber der Mitbestimmung im Entgeltbereich weitgehend wirkungslos: Eine 100%ige Gewerkschaftszugehörigkeit ist in Betrieben aller Branchen die äußerste Ausnahme. Sollte es dennoch einen solchen Betrieb geben, würde der Austritt eines einzigen Arbeitnehmers aus der Gewerkschaft die Mitbestimmung für den Betriebsrat retten. So sehr diese Ansicht formaljuristisch als die richtigste — d. h. die nächste zur Zweckprämisse des § 87 Abs. 1 BetrVG — erscheint, ist sie unbestreitbar realitätsfern. Schlimmer noch: Sie durchkreuzt den gemeinsamen Sinn der tariflichen Vorrangbestimmungen und entmachtet die Tarifautonomie im großen Teil der sozialen Angelegenheiten.

Der Denkanstoß dieser Auffassung, nämlich die tatsächliche Geltung der tariflichen Regelung im Betrieb zur Bedingung ihres Vorrangs zu machen, blieb indessen ohne weitere Konsequenzen. *Wiese*[57] und im Anschluß daran *Gast*[58] verfeinerten diese Ansicht, indem sie den denkbar engsten Anschluß an den Gesetzeswortlaut wählten und sie gleichzeitig von ihren Unstimmigkeiten bereinigten. Daraus entstand eine „Soweit-Lösung" des Problems der Tarifgebundenheit: Eine tarifliche Regelung bestehe demnach im Betrieb oder für den Betrieb tatsächlich, *soweit* die Arbeitsverhältnisse tarifgebunden seien. Die tarifliche Regelung fehle bei nicht tarifgebundenen Arbeitsverhältnissen — mithin sollte *insoweit* das Mitbestimmungsrecht des Betriebsrats erhalten bleiben[59]. Die notwendige Mitbestimmung sei bei Inhaltsnormen zwar nur für die nichttarifgebundenen Arbeitnehmer gegeben und habe insoweit gegenüber dem Tarifvertrag eine Ergänzungsfunktion[60]. Die daraus resultierende Situation, daß dadurch zwei kollektive Ordnungen nebeneinander im Betrieb existieren würden, ist für *Wiese* weniger bedenklich, als wenn die nicht tarifgebundenen Arbeitnehmer kollektivrechtlich überhaupt nicht geschützt wären[61]. Außerdem würde jede andere Ansicht den Tarifvorrang des § 87 Abs. 1 Halbs. 1 BetrVG zu einem Tarif*vorbehalt* umdeuten, was jedenfalls vom Sinn und Zweck dieser Vorschrift nicht gedeckt wäre. Sie würde eine ungerechtfertigte Verkürzung des Prinzips zweiseitiger Leistungsbestimmung bedeuten, die nur aus der Sicht einer Zuständigkeitsnorm zu erklären wäre. Hingegen gebiete eine lediglich der Normenkollision vorbeugende Vorschrift, daß nur für die tatsächlich tarifgebundenen Arbeitsverhältnisse

---

56 s. *Hueck / Nipperdey,* Arbeitsrecht II/2, S. 1395; *Wiese,* GK-BetrVG, § 87 Anm. 35; *ders.,* FS BAG, 1979, S. 671. Diese Meinung wurde auch während der Geltung des Betriebsverfassungsgesetzes von 1952 vertreten, allerdings mit der „Rückversicherung", daß der Katalog des § 56 Abs. 1 BetrVG 52 keine praktische Bewährungsprobe zulassen würde.

57 FS BAG, S. 671 f.

58 Tarifautonomie, S. 23 ff., 35 ff.; *ders.,* Anmerkung zu BAG, BB 1987, S. 1250 ff.

59 *Gast,* Anmerkung zu BAG, BB 1987, S. 1250.

60 *Wiese,* FS BAG, S. 672.

61 FS BAG, ebenda.

die Mitbestimmung entfalle, für die übrigen Arbeitsverhältnisse aber erhalten bleibe[62].

Diese Auffassung stellt sich offenbar gegen jede herkömmliche Ansicht über das einschlägige Problem. Auf den ersten Blick kann man ihr einen großen Vorteil attestieren: Sie würde die Arbeitnehmer umfassend vor einseitigen Maßnahmen des Arbeitgebers schützen. Jedoch ist sie maximalistisch: Sie erreicht ihr Ziel durch die Aufstellung von zwei kollektiven Ordnungen in demselben Betrieb. Dies ist aber weder rechtlich noch praktisch haltbar. Rechtlich ist die gleichzeitige Existenz einer mitbestimmungsrechtlichen und einer tarifvertraglichen Ordnung nur schwer mit dem globalen Sinn des Betriebsverfassungsgesetzes verträglich. So sehr das Arbeitsrecht das gemeinsame Dasein des kollektiven und des individualvertraglichen Elementes fördert (vgl. das Günstigkeitsprinzip), so wenig läßt es das Wettstreiten zweier kollektiver Ordnungen zu. Davon abgesehen bestünden gegen entsprechende Betriebsvereinbarungen, deren Wirkung auf nichttarifgebundene Arbeitnehmer beschränkt wäre, zusätzliche rechtliche Bedenken. Einer solchen Betriebsvereinbarung, die in ihrer Wirkung zwischen zwei Kategorien von Arbeitnehmern differenzieren würde, stünde § 75 Abs. 1 BetrVG entgegen, der eine Differenzierung nach der Gewerkschaftszugehörigkeit verbietet. Diese Betriebsvereinbarungen wären mithin nichtig, mit der Folge, daß der erwünschte Schutz auch für nichtorganisierte Arbeitnehmer nicht in Betracht käme[63]. Im allgemeinen wäre eine solche Position des Betriebsrats mit seiner Funktion als Repräsentant der ganzen Belegschaft unvereinbar. Schließlich kann vom Sinn einer Vorrangbestimmung her nicht eingesehen werden, daß der Betriebsrat für Nichtorganisierte die Aufgaben einer Koalition übernehmen und als Auffanggewerkschaft bereitstehen sollte[64]. Ebensowenig ist dieses Modell praktisch durchführbar. Im Falle der Verbandszugehörigkeit des Arbeitgebers würde dies zu einer Teilung der Arbeitsverhältnisse führen. Angesichts der ständigen Fluktuation in den Betrieben wäre die personelle Reichweite des Mitbestimmungsrechts kontinuierlich erneut zu beurteilen, was zu einer erheblichen Rechtsunsicherheit führen würde[65].

Angesichts der beträchtlichen Unstimmigkeiten aller zuvor beschriebenen Meinungen bleibt nur, der Ansicht des Bundesarbeitsgerichts zuzustimmen, nach der die Tarifbindung des Arbeitgebers ausreicht, damit der Tarifvertrag i. S. v. § 87 Abs. 1 Halbs. 1 BetrVG im Betrieb besteht[66]. Absolut befriedigend ist sie nicht,

62 In diesem Sinne vor allem *Gast,* Anmerkung zu BAG, BB 1987, S. 1250 f., 1252; *ders.,* Tarifautonomie, S. 26 ff.

63 Zutreffend *v. Hoyningen-Huene / Meier-Krenz,* NZA 1987, S. 797; vgl. auch *Heyer,* Betriebliche Normsetzung, S. 117, 124.

64 Ebenso *Moll,* Tarifvorrang, S. 22.

65 So mit Nachdruck *Heyer,* Betriebliche Normsetzung, S. 117; *Moll,* Tarifvorrang, S. 22.

66 BAG, BB 1987, S. 1249; ebenso *Heyer,* Betriebliche Normsetzung, S. 122 ff.; *v. Hoyningen-Huene / Meier-Krenz,* NZA 1987, S. 797; *Moll,* Tarifvorrang, S. 22.

man sollte sie vielmehr als eine solide Kompromißlösung betrachten. Dadurch wird für die formellen Arbeitsbedingungen des § 87 Abs. 1 BetrVG (betriebliche Normen aus der Sicht des TVG) eine verbindliche kollektive Ordnung im Betrieb geschaffen und auf diese Weise dem Schutzbedürfnis der Arbeitnehmer Rechnung getragen (§ 3 Abs. 2 TVG). Die Lücke in diesem Schutz, die im Bereich der Inhaltsnormen für die nichttarifgebundenen Arbeitnehmer entsteht, können sie selbst durch Gewerkschaftsbeitritt schließen. Allzu erschreckend dürfte diese Lösung für die Arbeitnehmer nicht sein und erst recht keine *vis compulsiva* auf sie ausüben[67]. Ihr liegt nur der Gedanke zugrunde, daß die Arbeitnehmer eines Schutzes nur in dem Maße bedürfen, den tarifliche Regelungen bieten können. Sie bieten aber nur demjenigen unabdingbaren Schutz, der tarifgebunden sei — d. h. der sich dieses Schutzes durch Gewerkschaftsbeitritt bedienen will[68].

b) Merkmale der tariflichen Regelung

aa) Charakter

Hauptfrage in diesem Zusammenhang ist, ob nur *unabdingbare* tarifliche Normen die Sperrwirkung des § 87 Abs. 1 Halbs. 1 BetrVG auslösen können oder ob dies zusätzlich ein Tarifvertrag, der abgelaufen ist und sich im Stadium der Nachwirkung befindet, zu tun vermag. Die fast h. L. spricht nur einem unabdingbaren Tarifvertrag diese Wirkung zu[69]. Diese Lösung folgt unmittelbar aus dem Gesetzeszweck. Der darin postulierte Schutz der Arbeitnehmer verträgt sich nur mit Regelungen, die die Wiederherstellung des individualrechtlichen Gestaltungsspielraums des Arbeitgebers ausschließen. Nur unter dieser Prämisse darf das erzwingbare Mitbestimmungsrecht einem Tarifvertrag weichen. Ein nachwirkender Tarifvertrag hört zwar nicht auf zu bestehen; er ändert lediglich die Qualität seiner Geltung (§ 4 Abs. 5 TVG). Ihm fehlt fortan die Wirkung der Unabdingbarkeit seiner Normen. Gerade dieses dispositive Element, das jetzt eintritt und den Abschluß individualrechtlicher Abmachungen „minderer" materieller Richtigkeitsgewähr[70] gestattet, ist für die Sperrwirkung des § 87 Abs. 1 Halbs. 1 BetrVG ausschlaggebend. Falls daher die Tarifpartner einer tariflichen statt einer kollektiven betrieblichen Ordnung den Vorzug geben wollen, können sie dies nur dadurch erreichen, daß sie selbst eine zwingende inhaltliche Regelung treffen.

Demgegenüber läßt sich auch nicht einwenden, der nachwirkende Tarifvertrag müsse deshalb die Sperrwirkung des § 87 Abs. 1 Halbs. 1 BetrVG auslösen, weil sonst im Zeitraum zwischen zwei aufeinanderfolgenden Tarifverträgen die Gestaltungskompetenz der Tarifvertragsparteien unterlaufen werden könnte[71]. Ihren

---

[67] So aber *Gast,* Anmerkung zu BAG, BB 1987, S. 1250.

[68] Richtig BAG, BB 1987, S. 1249.

[69] s. exemplarisch *Dietz / Richardi,* BetrVG, § 87 Anm. 122; *Moll,* Tarifvorrang, S. 23, jeweils mit umfangreichen Nachweisen.

[70] Sinngemäß *Dietz / Richardi,* BetrVG, § 87 Anm. 121.

Irrweg nimmt diese Ansicht schon beim Interpretieren des Zwecks von § 87 Abs. 1 BetrVG. Es ist nämlich unzutreffend, in § 87 Abs. 1 BetrVG *primär* eine Schutznorm zugunsten der Tarifautonomie zu sehen. Ebensowenig schützt § 87 Abs. 1 Halbs. 1 BetrVG davor, daß die Stetigkeit der Tarifregelungen erschüttert und in die Autonomie der Sozialpartner eingegriffen wird[72]. Da *Farthmann* diesen unrichtigen Ausgangspunkt nimmt, *muß* er zu dem falschen Schluß kommen, weil er andererseits § 77 Abs. 3 BetrVG im Rahmen des § 87 Abs. 1 BetrVG nicht anwenden will[73]. Die falsche Prämissenwahl vereitelt letztlich *Farthmanns* richtiges Ergebnis zum Verhältnis beider Sperrvorschriften. Er behandelt dies wie ein schlichtes rechtstechnisches Problem und verkennt, daß schon die unterschiedlichen rationes die Lösung dieses Verhältnisses präjudizieren. Schließlich übersieht er, daß die Sperrwirkung des nachwirkenden Tarifvertrags der Tarifautonomie nur einen dürftigen Dienst erweisen kann, sofern § 87 Abs. 1 Halbs. 1 BetrVG freiwilligen Betriebsvereinbarungen nicht im Wege steht[74].

bb) Inhalt

Die erzwingbare Mitbestimmung des Betriebsrats entfällt, soweit eine tarifliche Regelung besteht. Nach vorstehend Gesagtem tritt zunächst eine *personale* Relativierung ein — hinsichtlich des erforderlichen Maßes an Tarifgebundenheit. Diese Relativierung kann auch thematisch erfolgen: Der Inhalt des Tarifvertrages bestimmt die Reichweite der Sperrwirkung. Die unabweisbare Konsequenz dieser Auffassung ist, daß die notwendige Mitbestimmung nur dann ausgeschlossen ist, wenn eine Angelegenheit des § 87 Abs. 1 BetrVG durch Tarifvertrag inhaltlich geregelt ist. Mehr noch: Eine an dem Gesetzeswortlaut noch nähere Lesart könnte gebieten, daß das Mitbestimmungsrecht nur in dem Maße zurücktritt, soweit der Inhalt der tariflichen Regelung reicht[75]. Der eindeutige Grundsatz lautet, daß die Sperrwirkung nur dann eintritt, wenn die Tarifpartner selbst eine inhaltlich ausreichende Regelung getroffen haben. Dies gebietet der Schutzzweck des § 87 Abs. 1 BetrVG und ist auch allgemein anerkannt[76]. Indessen bereitet die Anwendung dieses Grundsatzes erhebliche Schwierigkeiten. Das Bundesarbeitsgericht, das

---

71 So aber *Farthmann*, RdA 1974, S. 65, 71; *Burghardt*, Die Handlungsmöglichkeiten des Betriebsrats, S. 319; *Neumann-Duesberg*, Betriebsverfassungsrecht, S. 468; *Nikisch*, Arbeitsrecht III, S. 379; im Ergebnis ebenso früher *Wiedemann*, Anmerkung zu BAG AP Nr. 6 zu § 4 TVG Nachwirkung; vgl. auch Kap. 5, C.

72 Zutreffend *Wiese*, FS BAG, S. 667 f.; vgl. auch *Wiedemann / Stumpf*, TVG, § 4 Anm. 283.

73 Darin unterscheidet sich die hier vertretene Auffassung von den in der vorigen Anmerkung genannten Autoren, die die Tarifhoheit durch die Zwei-Schranken-Theorie gewahrt sehen.

74 Das erkennt auch *Wiese*, FS BAG, S. 668.

75 Dazu s. nur *Gast*, Tarifautonomie, S. 31 f.

76 Vgl. z. B. *Dietz / Richardi*, BetrVG, § 87 Anm. 129; *Wiese*, GK-BetrVG, § 87 Anm. 36 f.; *ders.*, FS BAG, S. 672 ff.; *Moll*, Tarifvorrang, S. 24; vgl. im übrigen die Angaben zum folgenden Text.

sich des öfteren mit dieser Problematik befaßt hat, hat es bis jetzt nicht zu einer klaren Linie gebracht. In manchen Entscheidungen[77] wird gefordert, daß eine die sachliche Substanz selbst regelnde Norm vorliegen müsse, während in anderen[78], schon jede auch nur einigermaßen vollständige und aus sich heraus zu handhabende tarifliche Norm, die Sperrwirkung eingreifen läßt.

Der bestehenden abstrakten Unbestimmtheit ist durch Auslegung des Einzelfalles beizukommen. Dabei ist allerdings scharf zwischen dem von den Tarifpartnern Gewollten und der Ausschlußwirkung der tariflichen Regelung zu unterscheiden[79]. Der Wille der Tarifvertragsparteien kann zeigen, ob sie dem Schutzzweck der Mitbestimmung durch eine substantielle Regelung Rechnung tragen wollten, ist jedoch nicht geeignet, als absoluter Maßstab der Ausschlußwirkung des Tarifvorranges zu fungieren. Allenfalls kann dieser Wille die Obergrenze der angestrebten Ausschlußwirkung markieren. Denn sie kann nicht weiter reichen als es die Tarifvertragsparteien selbst gewollt haben[80]. Umgekehrt ist aber der Fall denkbar, daß die Tarifpartner auf den Ausschluß des erzwingbaren Mitbestimmungsrechts gezielt haben, obwohl der Inhalt der Regelung eine solche Folge nicht rechtfertigt. Insofern ist der subjektive Wille der Tarifvertragsparteien unerheblich. Der Wille der Tarifpartner kann daher nur für die Auslegung des Inhalts der tariflichen Regelung von Bedeutung sein — auf den Umfang der Sperrwirkung übt er keinen Einfluß aus[81]. Anhand der Umstände des Einzelfalles ist weiterhin festzustellen, ob die Tarifnorm einen Regelungsspielraum auf betrieblicher Ebene offengelassen hat. Weder bestehe eine tatsächliche Vermutung für eine abschließende Regelung der Tarifpartner noch schließe der Eingangssatz des § 87 Abs. 1 BetrVG das Mitbestimmungsrecht des Betriebsrats im Zweifel aus[82]. Die Eignung der Tarifnormen für die Auslösung der Sperrwirkung kann nur im Hinblick auf den Schutzzweck des § 87 Abs. 1 BetrVG beurteilt werden. So können z. B. Rahmenvorschriften und Richtlinien die Mitbestimmung des Betriebsrats nicht beseitigen[83]. Es ist vielmehr erforderlich, daß durch die Tarifregelung der ange-

---

77 BAG AP Nr. 1 zu § 87 BetrVG Werkmietwohnungen (Bl. 2); AP Nr. 1 zu § 87 BetrVG Kurzarbeit (Bl. 4).

78 BAG AP Nr. 1 zu § 87 BetrVG Tarifvorrang; vgl. auch BAG AP Nr. 7 zu § 37 BetrVG (Bl. 2). Eine Auflistung der verschiedenen Formulierungen des Bundesarbeitsgerichts im Hinblick auf die Feststellung des erforderlichen Regelungsumfangs einer tariflichen Regelung befindet sich bei *Moll,* Tarifvorrang, S. 24.

79 Richtig betont von *Wiese,* FS BAG, S. 673; *ders.,* GK-BetrVG, § 87 Anm. 36.

80 *Wiese,* FS BAG, S. 673.

81 *Wiese,* ebenda.

82 *Wiese,* ebenda, mit Hinweisen; zur letzten Formulierung vgl. *Nikisch,* Arbeitsrecht III, S. 380.

83 *Galperin / Löwisch,* BetrVG, § 87 Anm. 49; *Hess / Schlochauer / Glaubitz,* BetrVG, § 87 Anm. 56; *Nikisch,* Arbeitsrecht III, S. 380; *Moll,* Tarifvorrang, S. 25; *Simitis / Weiss,* DB 1973, S. 1251; *Wiedemann / Stumpf,* TVG, § 4 Anm. 281; *Wiese,* GK-BetrVG, § 87 Anm. 37; BAG AP Nr. 2 zu § 87 BetrVG = DB 1982, S. 383; vgl. auch die Formulierung von *Fitting / Auffarth / Kaiser / Heither,* BetrVG, § 87 Anm. 10,

strebte Schutz bereits substantiell verwirklicht worden ist[84]. Dies wird der Fall sein, wenn die Tarifpartner einen Tatbestand derart materiell geregelt haben, daß dem Arbeitgeber lediglich der Vollzug der tariflichen Norm verbleibt, nicht aber wenn er rechtliche oder tatsächliche Bestimmungs- oder Gestaltungsmöglichkeiten behält[85]. Aus diesen Gründen muß mithin die Ansicht des Bundesarbeitsgerichts abgelehnt werden, nach der für die Auslösung der Sperrwirkung auch eine Tarifnorm ausreicht, die etwa vollständig, d. h. ohne weitere Ergänzung aus sich heraus, praktisch zu handhaben ist[86]. Denn, wie *Wiese*[87] zutreffend bemerkt, selbst eine unvollständige und dem Schutzzweck des § 87 Abs. 1 BetrVG nicht entsprechende Regelung könne „aus sich heraus zu handhaben" sein. Nicht also die Tauglichkeit zur Handhabung, sondern die Vollständigkeit i. S. v. Verwirklichung des Schutzaspektes ist das entscheidende Kriterium einer Tarifnorm.

Es erscheint indes sehr wohl denkbar, daß angesichts der Besonderheiten und Sachzwänge einzelner Regelungsmaterien ein Tarifvertrag nahezu unausweichlich lückenhaft und ausfüllungsbedürftig erscheint. Oft stecken die Tarifvertragsparteien nur den Rahmen ab und überlassen die konkrete Ausgestaltung den Betriebspartnern. Hierzu als praktisch bedeutsames Beispiel die Entlohnungsfrage. Führt ein im Betrieb anzuwendender Lohntarifvertrag eine bestimmte Entlohnungsart ein, so ist nur die Art der Entlohnung damit geregelt. Für die Festsetzung der konkreten Voraussetzungen, evtl. die Lohnfindungstechnik bei Leistungslöhnen, ist immer die betriebliche Mitbestimmung gegeben. Ebenso bleibt die Mitbestimmung des Betriebsrats bei tariflicher Anordnung von Kurzarbeit hinsichtlich der Voraussetzungen ihrer Einführung stets erhalten. Sogar zusätzlicher Lohn, der an andere Voraussetzungen geknüpft ist als der tarifliche (z. B. Prämien), darf betrieblich vereinbart werden. Diese Lösung ist nicht nur ein Ergebnis von Sachzwängen[88]. Denn eine kollektive Ordnung ließe sich ohnehin nur aus lükkenhaften tariflichen Regelungen herstellen. Die vorhandenen Lücken wären

---

daß das Mitbestimmungsrecht immer dann erhalten bleibe, soweit der Tarifvertrag nicht mehr auslegungsfähig, sondern ausfüllungsbedürftig sei.

84 Ebenso *Moll*, Tarifvorrang, S. 25; *Wiese*, GK-BetrVG, § 87 Anm. 37; *ders.*, FS BAG, S. 674 mit Nachweisen.

85 Vgl. auch ArbG Berlin, BB 1973, S. 289, 291; weiterhin *Wiese*, GK-BetrVG, § 87 Anm. 37; *ders.*, FS BAG, S. 674, der aber auch eine tarifliche Regelung genügen läßt, bei der der wesentliche Gehalt der beiderseitigen Pflichten und Rechte gekennzeichnet sei.

86 BAG AP Nr. 4 (Bl. 3); Nr. 5 (Bl. 2) zu § 56 BetrVG 52 Akkord; AP Nr. 7 zu § 37 BetrVG (Bl. 2); AP Nr. 1 zu § 87 BetrVG Kurzarbeit; zustimmend LAG Hamm, DB 1974, S. 2161 f.; DB 1975, S. 2282; *Boewer*, DB 1973, S. 522 ff.; *Hanau*, BB 1977, S. 350 f.; *Lieb*, ZfA 1978, S. 179, 206; *v. Stebut*, RdA 1974, S. 332, 338; *Wiedemann / Stumpf*, TVG, § 4 Anm. 281; unklar *Dietz / Richardi*, BetrVG, § 87 Anm. 129.

87 FS BAG, S. 674.

88 *Moll*, Tarifvorrang, S. 28, sieht in dieser faktisch nicht zu beseitigenden Kompetenz auf Betriebsebene keine normative Ordnungskonzeption, sondern eine bloß tatsächliche Auswirkung von Sachgesetzlichkeiten. Der Betriebsrat habe im Verhältnis zum Tarifsystem keine Regelungskompetenz, nur eine Regelungschance. Zur Kritik s. weiter im Text.

dann allerdings auf individualrechtlicher Ebene auszufüllen. Zwar wäre das Günstigkeitsprinzip eine Mindestabsicherung der materiellen Richtigkeit, es leuchtet andererseits aber nicht ein, weswegen der Schutzzweck des § 87 Abs. 1 BetrVG einem, an diesem Maßstab gemessen, schwächeren Tarifvorrang geopfert werden sollte. Viel richtiger und logischer ist dagegen, der paritätischen Mitbestimmung und nicht dem Individualvertrag freies Feld zu lassen, soweit es die Tarifpartner durch ihre Tätigkeit inhaltlich nicht belegt haben. Vom Sinn einer klassisch verstandenen Kollisionsnorm wird dieses Ergebnis voll gedeckt. Dahinter steckt sehr wohl eine normative Ordnungskonzeption, nicht aber, wie *Moll*[89] meint, eine faktische Gelegenheitslogik[90].

Nach entsprechendem Lösungsmuster läßt sich die Sachlage klären, wenn der Tarifvertrag, statt einer Sachregelung, Normen über das einzuhaltende Verfahren bei der Regelung einer betrieblichen Angelegenheit einführt. Dies steht den Tarifvertragsparteien frei, die Anforderungen aber, die die dadurch verdrängte paritätische Mitbestimmung aufstellt, sind unbedingt zu beachten. Zwar ist es eine einhellige Meinung in der Literatur, daß sich die Tarifpartner nicht darauf beschränken dürfen, die notwendige Mitbestimmung des Betriebsrats auszuschließen, indem sie ein Verfahren einführen, das den Arbeitgeber zu einseitigen Regelungen ermächtigt[91]. Teilweise wird aber vertreten, daß sich aus dem Vorrang des Tarifvertrages entnehmen lasse, daß eine tarifliche Verfahrensregel dem Gesetz auch dann vorgehe, wenn sie die Mitbestimmungsrechte des Betriebsrats abschwäche[92]. Auch „sachlich-vernünftige Gründe" in Verbindung mit dem nicht näher erläuterten Vertrauen in die Tätigkeit der Gewerkschaften als ex definitione Schutzmechanismus der Arbeitnehmerinteressen, werden als Rechtfertigungsgründe der Einschränkung der paritätischen Mitbestimmung vorgebracht[93]. Indessen kann eine solche Auffassung weder aus dem Tarifvorrang noch aus der „Vertrauensgarantie" der Gewerkschaften hergeleitet werden. Die Statuierung des Tarifvorranges hat keinesfalls den Sinn, daß das Mitbestimmungsrecht als solches der Disposition der Tarifpartner unterworfen wird, sondern bevorzugt die Tarifebene bei der Ausfüllung von betrieblichen Gestaltungsräumen, die

---

89 *Moll,* ebenda.

90 Von dieser Ansicht unterscheidet sich die Auffassung *Gasts,* Tarifautonomie, S. 31 f., darin, daß er seine „soweit-Lösung" weiterführt und auch die schlichte, voraussetzungslose Erhöhung der Tarife durch die Betriebspartner erlaubt. Es ist fraglich, ob sich sein Ergebnis — volle Mitbestimmung für Tarifgebundene, Anwendung des Günstigkeitsprinzips zwischen Tarifvertrag und Betriebsvereinbarung für alle Arbeitnehmer — überhaupt mit dem Sinn einer Vorrangbestimmung verträgt.

91 *Farthmann,* RdA 1974, S. 70; *Hanau,* BB 1972, S. 500; *Konzen,* BB 1977, S. 1309; *Moll,* Tarifvorrang, S. 30 mit umfangreichen Nachweisen; *Simitis / Weiss,* DB 1973, S. 1247 f.; *Wiese,* GK-BetrVG, § 87 Anm. 40; *ders.,* FS BAG, S. 675.

92 So *Wiedemann / Stumpf,* TVG, § 4 Anm. 282; *Farthmann,* RdA 1974, S. 65, 69; dagegen *Simitis / Weiss,* DB 1973, S. 1247.

93 In diesem Sinne *Löwisch,* AuR 1978, S. 97, 105; *Galperin / Löwisch,* BetrVG, § 87 Anm. 51 ff.

ursprünglich die Betriebspartner hätten übernehmen müssen[94]. Des weiteren ist jede Diskussion über das Vertrauen in die Tätigkeit der Gewerkschaften belanglos, sofern es hier um die Grenzen der inhaltlichen Gestaltungsbefugnis der Tarifautonomie geht[95]. Diese Befugnis kann zweifelsohne nicht dazu benutzt werden, ein zwingendes Schutzgesetz außer Kraft zu setzen. Daher ist jede tarifliche Verfahrensregelung, die die Mitwirkung der Arbeitnehmer bei einer mitbestimmungspflichtigen Angelegenheit auf unterparitätisches Niveau herabsetzt, als Verstoß gegen eine Schutznorm zu betrachten, die gem.§ 134 BGB nichtig ist.

c) Freiwillige betriebliche Abmachungen und Sperrwirkung

aa) Darstellung der Problematik

Die Frage, in welchem Umfang die Sperrwirkung der beiden Vorrangvorschriften freiwillige betriebliche Abmachungen erfaßt, ist eine zusätzliche Reibungsfläche in der gesamten Problematik der Zuständigkeitsverteilung zwischen tarifvertraglicher und innerbetrieblicher Regelbefugnis. Dabei ergeben sich Ordnungsschwierigkeiten besonderer Eigenart, die hauptsächlich darauf zurückzuführen sind, daß es sich hier nicht nur (oder nur wenig) um die Verteilung von Zuständigkeiten handelt, die vom Merkmal des institutionellen Einigungszwanges charakterisiert werden; jeder Lösungsvorschlag in diese Richtung tangiert unausweichlich die *kollektive Regelungsbefugnis der Tarif- und Betriebspartner per se,* deren Einschränkung durch eine Sperrvorschrift viel problematischer ist.

Desweiteren ist es ein trügerischer Anschein, wenn diese Problematik auf die Teilfrage reduziert wird — was übrigens nicht selten der Fall ist[96] —, ob durch § 87 Abs. 1 Halbs. 1 BetrVG lediglich das Mitbestimmungsrecht des Betriebsrats oder darüber hinaus auch seine Mitbestimmungs*möglichkeit* durch Abschluß freiwilliger Betriebsvereinbarungen ausgeschlossen ist. In diesem Zusammenhang spielt auch § 77 Abs. 3 BetrVG eine gravierende Rolle, und zwar nicht nur wegen seiner Hauptfunktion, freiwillige Betriebsvereinbarungen auszuschließen[97], sondern auch im Hinblick auf sein Verhältnis zu § 87 Abs. 1 Halbs. 1 BetrVG. Im Klartext heißt dies, daß der Umfang des Ausschlusses freiwilliger betrieblicher Abmachungen auch von der Auffassung abhängig ist, die man über das gegenseitige Verhältnis beider Vorschriften vertritt. Dies hat zur Folge, daß die vorliegende Problematik zu einem weiteren Austragungsort der bekannten Kontroverse wird[98].

---

94 Richtig *Moll,* Tarifvorrang, S. 31.

95 Ebenso *Wiese,* FS BAG, S. 676.

96 Paradigmatisch s. *Wiese,* GK-BetrVG, § 87 Anm. 34; globaler jedoch *ders.,* FS BAG, S. 668 ff.; vgl. ferner *Jahnke,* Tarifautonomie und Mitbestimmung, S. 169 ff.

97 s. dazu insbes. Kap. 5, E c).

98 Diesen Zusammenhang betont zutreffend *Konzen,* BB 1977, S. 1310.

Die Untersuchung wird als Ausgangspunkt den Sperrumfang des § 87 Abs. 1 Halbs. 1 BetrVG nehmen, der ohnehin den Stamm dieser Problematik darstellt. Im Anschluß daran wird die entsprechende Reichweite des § 77 Abs. 3 BetrVG betrachtet. Vorwegzunehmen sei aber ein weiterer Gesichtspunkt: Nicht allein die tariflichen Vorrangvorschriften entscheiden über das zulässige Maß der freiwilligen Abmachungen. Eng damit verflochten sind die Kriterien über die Voraussetzungen der tariflichen Sperrwirkung, die den Umfang des freiwilligen Regelungsbereichs beeinflussen[99].

Umstritten ist zunächst immer noch die Frage, ob der Eingangssatz des § 87 Abs. 1 BetrVG auch freiwillige Regelungen der Betriebspartner ausschließt. Die Rechtsprechung des Bundesarbeitsgerichts läßt sich — allerdings bisher nur zum alten Recht — für beide Auffassungen in Anspruch nehmen. Das Bundesarbeitsgericht, das anfangs die Zulässigkeit vom Tarifvertrag günstiger betrieblicher Regelungen im Rahmen des § 56 BetrVG 52 bejaht hatte[100], änderte später in einer Reihe von Entscheidungen seine Haltung und ging von einem absoluten Vorrang und einer Sperrwirkung der tariflichen gegenüber der betrieblichen Regelung aus[101]. Den Meinungskreis schloß vorerst der Dritte Senat am 31.1.1969[102], der die Auffassung vertrat, daß der Tarifvorrang des Eingangssatzes des § 56 BetrVG lediglich die Erzwingbarkeit, dagegen nicht die Zulässigkeit einer Betriebsvereinbarung betreffe.

Die letzte Auffassung ist die richtige. Dieses Ergebnis ist die einzig zulässige Folgerung einer richtigen Auslegung der ratio des § 87 Abs. 1 BetrVG. Wenn davon ausgegangen werden kann, daß sie grundsätzlich in der Gewährleistung eines effizienten Schutzmechanismus für die Interessen der Arbeitnehmer besteht, indem einseitige Regelungsbefugnisse des Arbeitgebers durch ein paritätisches Entscheidungsverfahren ersetzt werden, dann kann von der Einschaltung eines anderweitigen Schutzmechanismus (gesetzliche oder tarifliche Regelung) nur die Erzwingbarkeit einer paritätischen betrieblichen Entscheidung betroffen sein. Nur sie steht dem Schutzzweck des § 87 Abs. 1 BetrVG und dem in seinem Eingangssatz enthaltenen Prioritätsgebot zugunsten der Tarifebene entgegen. Die Prämissen des § 87 BetrVG reichen nicht so weit, darüber hinaus auch die fakultativ vorgenommene Ausübung der Kollektivautonomie den Betriebspartnern zu verwehren. Eine solche Ausdehnung der Ausschlußwirkung könnte nur eine Vorschrift bewirken, die auf die *Zuständigkeit* der Betriebspartner zielen

---

99 s. unten Kap. 6, A II 2. c) bb).

100 BAG vom 16.9.1960, AP Nr. 1 zu § 2 ArbGG 1953 Betriebsvereinbarung (Bl. 2 R).

101 BAG vom 6.7.1962, AP Nr. 7 zu § 37 BetrVG (Bl. 2 R); BAG vom 13.11.1964, AP Nr. 25 zu § 56 BetrVG (Bl. 2); bemerkenswert ist die Entscheidung des BAG vom 15.5.1964, AP Nr. 5 zu § 56 BetrVG Akkord (Bl. 2 R, 3 R), die einerseits betriebliche Regelungen für zulässig hält, die eine tarifliche Regelung lediglich ergänzen oder wiederholen, andererseits aber ausdrücklich betont, daß der Vorrang des Tarifvertrags gegenstandslos werde, wenn § 56 BetrVG 52 freiwillige Regelungen nicht verhindere.

102 BAG AP Nr. 26 zu § 1 FeiertagslohnzahlungsG (Bl. 2 f.).

würde. Dies würde wiederum voraussetzen, daß das angestrebte Ziel nicht das Schutzbedürfnis der Arbeitnehmer, sondern der Schutz der Tarifautonomie wäre. Dies ist aber bei § 87 Abs. 1 Halbs. 1 BetrVG nicht der Fall[103].

Gegen eine Ausdehnung der Ausschlußwirkung des Eingangssatzes spricht zudem der Wortlaut der Vorschrift, der anders als bei § 77 Abs. 3 BetrVG nicht bestimmte betriebliche Regelungen ausschließt, sondern die *Notwendigkeit* der Mitbestimmung des Betriebsrats *begründet,* soweit eine (adäquate) gesetzliche oder tarifliche Regelung fehlt[104]. Viel deutlicher wird es, wenn man den Eingangssatz umgekehrt liest: Soweit eine (gesetzliche oder) tarifliche Regelung besteht, hat der Betriebsrat *nicht mitzubestimmen.* Seine Mitbestimmung ist nicht mehr notwendig, keine Wirksamkeitsvoraussetzung der betrieblichen Regelung. Das bedeutet aber nicht, daß er nicht mitwirken (insofern kann rechtstechnisch nicht mehr von Mitbestimmung die Rede sein) kann. Es ist primär dem Arbeitgeber unbenommen, die Arbeitnehmervertretung seines Betriebes zu Konsultationen heranzuziehen, die zu einer einvernehmlichen Abmachung führen können.

Diese Einschränkung der Sperrvorschrift des § 87 Abs. 1 Halbs. 1 BetrVG nur auf die Erzwingbarkeit der Mitbestimmung entspricht der überwiegend in der Literatur vertretenen Meinung[105]. Indes gilt dies nur theoretisch. Nach ihrer Einordnung im Gefüge des Verhältnisses von freiwilligen Abmachungen und Sperrwirkung dürfte diese Auffassung kaum praktische Bedeutung erlangen. Die angeführten Autoren, die die Zulässigkeit freiwilliger Betriebsvereinbarungen nach § 87 Abs. 1 Halbs. 1 BetrVG prinzipiell bejahen, vereiteln im Ergebnis ihre Auffassung durch die Einschaltung des § 77 Abs. 3 BetrVG. Dies gilt sowohl für die Vertreter der Zwei-Schranken-Theorie als auch für die der Vorrangtheorie.

Für die Vertreter der Zwei-Schranken-Theorie ist dieses Ergebnis ein zwangsläufiger wie plausibler Ausfluß der Anwendung des § 77 Abs. 3 BetrVG auf § 87 Abs. 1 BetrVG. Diese Auffassung hat zur Folge, daß § 77 Abs. 3 BetrVG neben dem Ausschluß freiwilliger Betriebsvereinbarungen über Angelegenheiten aus dem indikatorischen Katalog des § 88 BetrVG auch den Ausschluß fakultativer Betriebsvereinbarungen über materielle Arbeitsbedingungen des § 87 Abs. 1 BetrVG bewirkt. Sogar im Falle des bestehenden Tarifvertrags, wo die Erzwing-

---

103 Ähnlich *Wiese,* FS BAG, S. 669.

104 Ebenso *Wiese,* ebenda.

105 Vgl. *Boewer,* DB 1973, S. 525; *Dietz / Richardi,* BetrVG, § 87 Anm. 133; *Fitting / Auffarth / Kaiser / Heither,* BetrVG, § 87 Anm. 8; *Galperin / Löwisch,* BetrVG, § 87 Anm. 43; *Hess / Schlochauer / Glaubitz,* BetrVG, § 87 Anm. 60; *Kreutz,* Grenzen der Betriebsautonomie, S. 221; *Konzen,* BB 1977, S. 1310; *Löwisch,* AuR 1978, S. 106; *Moll,* Tarifvorrang, S. 32; *Vollmer,* DB 1979, S. 308 f.; *Wiese,* GK-BetrVG, § 87 Anm. 34; *ders.,* FS BAG, S. 669; *Wiedemann / Stumpf,* TVG, § 4 Anm. 287; *Zöllner,* Arbeitsrecht, S. 458; zum alten Recht vgl. *Dietz,* BB 1954, S. 349 f.; *ders.,* RdA 1955, S. 241; *Nikisch,* Arbeitsrecht III, S. 378, 385; *Quasten,* Zulässigkeit und Unzulässigkeit von Betriebsvereinbarungen, S. 80 ff.; *Richardi,* Kollektivgewalt, S. 271 ff.; a. A. insbes. *Säcker,* ZfA 1972-Sonderheft, S. 66 f.; *ders.,* BB 1979, S. 1201 f.; unklar *Hueck / Nipperdey,* Arbeitsrecht II/2, S. 1394, 1397.

barkeit einer Betriebsvereinbarung gänzlich wegfällt, hätte dies zur Folge, daß nur freiwillige Regelungsabreden in Betracht kämen. Mithin sieht die Rechtslage folgendermaßen aus: Im Bereich der fakultativen Regelung sozialer Angelegenheiten (§ 88 BetrVG) verbleibt den Betriebspartnern die Betriebsvereinbarung als Regelungsinstrument, sofern sie damit formelle Arbeitsbedingungen regeln wollen. Wenn sie sich dagegen der Regelung materieller Arbeitsbedingungen in demselben Bereich annehmen wollen, sind sie gezwungen, eine Regelungsabrede abzuschließen. Im Bereich der notwendigen Mitbestimmung besteht der von § 77 Abs. 3 BetrVG nicht betroffene Regelungsraum nur aus formellen Arbeitsbedingungen, die mittels Betriebsvereinbarung oder Regelungsabrede freiwillig geregelt werden können. Für die Vertreter der Zwei-Schranken-Theorie ist somit der Streit über die Zulässigkeit freiwilliger Betriebsvereinbarungen hinsichtlich materieller Arbeitsbedingungen praktisch belanglos[106]. Auch den schon so stark beschnittenen Bereich fakultativer Abmachungen wollen manche Autoren nicht bestehen lassen. So sollen fakultative Abmachungen auch über formelle Arbeitsbedingungen verwehrt sein, nicht jedoch weil eine Sperrvorschrift ihnen entgegensteht, sondern weil sie am Günstigkeitsprinzip scheitern würden (§ 4 Abs. 3 TVG)[107]. Nach dieser Auffassung sei bei jeder freiwilligen betrieblichen Abmachung, wenn keine Sperrvorschrift Platz greife, immer das Günstigkeitsprinzip zu beachten, das nur den Tarifvertrag verbessernde Regelungen zulasse. Gerade diese Besserstellung der rechtlichen Position der Arbeitnehmer sei aber bei formellen Arbeitsbedingungen nicht möglich, weil sie grundsätzlich günstigkeitsneutral seien. Die Qualifizierung formeller Arbeitsbedingungen als günstigkeitsneutral resultiert für die Anhänger dieser Auffassung aus einer Betrachtungsweise, die einen Günstigkeitsvergleich nur im Bereich des *Austausches* von Arbeitsleistung und Lohn als möglich ansieht. Abmachungen über formelle Arbeitsbedingungen bewirken demnach lediglich eine „Andersstellung“ des Arbeitnehmers, jedoch keine „Besserstellung“[108]. So ergibt sich für die Vertreter der Zwei-Schranken-Theorie ein fast undurchlässiges Netz gegen innerbetriebliche Abmachungen jedweder Art, das verwundern mag bei einer gleichzeitigen Betonung der Zulässigkeit freiwilliger Betriebsvereinbarungen im Falle des § 87 Abs. 1 Halbs. 1 BetrVG. Dies setzt als wichtigste Prämisse voraus, daß das Günstigkeits-

---

106 Richtig *Konzen,* BB 1977, S. 1310.

107 So *Dietz / Richardi,* BetrVG, § 87 Anm. 136; *Wiese,* FS BAG, S. 670; unklar *Haug,* BB 1986, S. 1926; a. A. insbes. *Konzen,* BB 1977, S. 1310; vgl. insgesamt *Heyer,* Betriebliche Normsetzung, S. 161 f.

108 So stellt *Konzen,* BB 1977, S. 1310, diese Theorie dar, der er aber letztlich nicht folgen will. Er bestreitet zwar nicht, daß es Fälle gibt, wo ein Günstigkeitsvergleich nicht möglich ist (er belegt es auch mit einem Beispiel), meint dennoch, daß bei Regelungen nach § 87 Abs. 1 BetrVG, die etwa die betriebliche Ordnung betreffen, ein Günstigkeitsvergleich sehr wohl denkbar sei. Auch *Wiese,* FS BAG, S. 670, sieht den geringen Spielraum für günstigere Regelungen ein, der aber nach seiner Meinung nichts an der grundsätzlichen Zulässigkeit freiwilliger Betriebsvereinbarungen für den Bereich der formellen Arbeitsbedingungen ändere.

prinzip im Verhältnis des Tarifvertrags zur Betriebsvereinbarung anzuwenden ist. Ob dies erlaubt ist, kann in diesem Zusammenhang dahingestellt bleiben[109].

Für die Vertreter der Vorrangtheorie nimmt die Auseinandersetzung mit der Zulässigkeit freiwilliger Abmachungen einen anderen Verlauf. Sofern sie den Tarifvorbehalt des § 77 Abs. 3 BetrVG nur im Bereich der sozialen Angelegenheiten außerhalb des § 87 Abs. 1 BetrVG anwenden, käme es nach ihrer Auffassung zu teleologisch völlig unabgestimmten Ergebnissen, wenn bei Bestehen einer tariflichen oder tarifüblichen Regelung über solche Angelegenheiten *alle* Betriebsvereinbarungen ausgeschlossen, im Bereich der unter § 87 Abs. 1 BetrVG fallenden Angelegenheiten aber trotz bestehenden Tarifvertrags verbessernde Betriebsvereinbarungen zulässig wären[110]. Diese angebliche Unstimmigkeit wäre nur dann zu vermeiden, wenn der Eingangssatz des § 87 Abs. 1 BetrVG auch die Mitbestimmungs*möglichkeit* ausschlösse[111]. Es braucht an dieser Stelle nicht wiederholt zu werden, daß dies eine contra legem Auslegung des Eingangssatzes ist, zu der die Vertreter der Vorrangtheorie gezwungen sind, da sie einerseits die extensive Anwendung des § 77 Abs. 3 BetrVG verneinen, andererseits aber eine ablehnende Haltung gegenüber freiwilligen Abmachungen nehmen[112]. Das Ziel also der Anhänger beider Theorien ist im Ansatz dasselbe; die Lösung erfolgt nur über zwei verschiedene Wege. Durch die fehlerhafte Interpretation des § 87 Abs. 1 Halbs. 1 BetrVG sehen die Vertreter der Vorrangtheorie kein Hindernis mehr, jede fakultative innerbetriebliche Regelung (auch über formelle Arbeitsbedingungen) auszuschließen, wobei es dann nicht auf das Günstigkeitsprinzip anzukommen braucht. Da sie zudem die Ausschlußwirkung des § 77 Abs. 3 BetrVG gegenüber Betriebsvereinbarungen nicht auf materielle Arbeitsbedingungen reduzieren, bleiben nur Regelungsabreden im Bereich des § 88 BetrVG unberührt. Aus der anfänglichen Gegensätzlichkeit tritt also eine weitgehende Konvergenz beider widerstreitenden Theorien in den Vordergrund.

bb) Stellungnahme

Die vorangegangene Darstellung hat primär gezeigt, daß aus dem Wortlaut und der ratio des Eingangssatzes des § 87 Abs. 1 BetrVG nur der Wegfall der Erzwingbarkeit des Mitbestimmungsrechts, nicht aber die fakultative Mitbestimmungsmöglichkeit des Betriebsrats hergeleitet werden kann. Aufgrund dieser Erkenntnis und unter Zugrundelegung der hier vertretenen Auffassung über das Verhältnis des § 77 Abs. 3 BetrVG zu § 87 Abs. 1 Halbs. 1 BetrVG können die

---

109 Vgl. Kap. 3, A.

110 So grundsätzlich *Säcker*, ZfA 1972-Sonderheft, S. 67.

111 *Säcker*, ZfA 1972-Sonderheft, S. 66 f., der diese Meinung vertritt, läßt allerdings ausdrücklich offen, ob diese Wirkung durch § 87 Abs. 1 Halbs. 1 BetrVG oder unter Zuhilfenahme des § 77 Abs. 3 BetrVG zu erreichen wäre.

112 Diesen Schwachpunkt betonen zutreffend *Dietz / Richardi*, BetrVG, § 87 Anm. 134; *Konzen*, BB 1977, S. 1310; *Wiese*, FS BAG, S. 669 f.

Grenzen der fakultativen Regelungsbefugnis der Betriebspartner in sozialen Angelegenheiten abgesteckt werden. Da der Tarifvorbehalt nicht eingreift, dürfen im Falle einer im Betrieb bestehenden gesetzlichen oder tariflichen Regelung freiwillige Abmachungen über eine Angelegenheit des § 87 Abs. 1 BetrVG getroffen werden. Sie können sowohl in Form einer Betriebsvereinbarung als auch einer Regelungsabrede erfolgen. Der Tarifvorbehalt des § 77 Abs. 3 BetrVG bezieht sich nur auf soziale Angelegenheiten außerhalb des Katalogs des § 87 Abs. 1 BetrVG, d. h. vornehmlich auf Angelegenheiten, die unter dem ohnehin nicht erschöpfenden Katalog des § 88 BetrVG subsumiert werden können. In diesem Bereich verdrängt er nur Betriebsvereinbarungen über materielle Arbeitsbedingungen, so daß ihre Regelung nur durch Regelungsabrede erfolgen darf. Für die freiwillige Regelung formeller Arbeitsbedingungen ist zudem auch eine Betriebsvereinbarung zulässig[113]. Diese Betrachtungsweise sieht sich zunächst mit dem Einwand *Säckers*[114] konfrontiert, daß dadurch im Bereich des § 88 BetrVG Betriebsvereinbarungen über materielle Arbeitsbedingungen (nach *Säcker* wohl *sämtliche* Betriebsvereinbarungen) ausgeschlossen werden, bei Angelegenheiten des § 87 Abs. 1 BetrVG jedoch jedes Mitbestimmungsinstrument in freiwilliger Form zulässig bleibt. Dennoch kann nicht eingesehen werden, daß dies ein teleologisch widersprüchliches Ergebnis ist. Der hervorgehobene Charakter der Angelegenheiten in § 87 Abs. 1 BetrVG und ihre Zuweisung zum eigenverantwortlichen Kompetenzkreis der Betriebspartner rechtfertigen durchaus, daß der Betriebsrat darüber hinaus freiwillige normative Vereinbarungen abschließen kann. Dies ist kein Widerspruch zu § 88 BetrVG wie *Säcker* meint. In § 88 BetrVG ist nur das Regelungs*instrument* Betriebsvereinbarung unzulässig; die Möglichkeit einer Regelungsabrede bleibt erhalten. Dadurch wird die Reichweite der Regelungsbefugnis keineswegs geschmälert. Es existiert eine Doppelgleisigkeit zwischen den beiden Kompetenzbereichen lediglich bei den Instrumenten der Wahrnehmung dieser Befugnis, die angesichts der betrieblichen Wichtigkeit der Angelegenheiten in § 87 Abs. 1 BetrVG durchaus zu rechtfertigen ist.

Es fragt sich nunmehr, ob mit der Regelung ihres Verhältnisses zu den tariflichen Vorrangvorschriften die Problematik der freiwilligen Abmachungen abschließend solide Grundlagen erhalten hat. Die These von der grundsätzlichen Zulässigkeit freiwilliger Vereinbarungen über Angelegenheiten des § 87 Abs. 1 BetrVG im Falle eines bestehenden Tarifvertrages muß zusätzlich auf ihre Vereinbarkeit mit den spezifischen Prämissen dieser Vorschrift geprüft werden. Bei der Auslegung der Voraussetzungen des § 87 Abs. 1 Halbs. 1 BetrVG ist gezeigt worden, daß ein bestehender Tarifvertrag eine Sperrwirkung gegenüber dem Mitbestimmungsrecht in dem Umfang entfaltet, wie seine Regelung inhaltlich reicht[115]. Über diese Grenze hinaus stellt sich freilich das Problem der freiwilligen

113 Zu der anderen Frage, inwiefern bei diesen freiwilligen Einigungen auch das Günstigkeitsprinzip zu beachten ist, vgl. im folgenden Text.

114 s. oben Kap. 6, A II 2 c) aa).

115 s. oben Kap. 6, A II 2 b) bb).

Vereinbarungen nicht. In diesem Bereich ist das volle Mitbestimmungsrecht gegeben. Fraglich ist nur, ob gerade in diesem, vom Tarifvertrag inhaltlich erfaßten Bereich die günstigere Derogation des Tarifvertrages mittels fakultativer Abmachung zulässig ist. M. E. ist dies nicht der Fall. Hauptgrund ist nicht der Schutz der Tarifautonomie — ein solcher Gedanke würde bekanntlich schwerlich in das Konzept des § 87 Abs. 1 Halbs. 1 BetrVG passen —, sondern die einfache Überlegung, daß die Zulässigkeit einer solchen Abweichung schon aus der tarifrechtlichen Systematik gegeben wäre (vgl. § 4 Abs. 3 TVG), so daß es eines Tarifvorrangs gar nicht bedurft hätte. Seine Statuierung indiziert dagegen, daß in diesem Bereich ausnahmsweise das Verhältnis des Tarifvertrags zu rangniederen Rechtsquellen anders gestaltet werden soll, als es das Günstigkeitsprinzip erfordert[116]. Wer trotzdem gleichsam für die Umgehung einer substantiellen tariflichen Regelung plädiert, muß sich folgerichtig fragen lassen, worin er überhaupt die Funktion des Tarifvorranges sieht. Nach diesen letzten Bemerkungen wird deutlich, daß der reelle Spielraum für den Abschluß einer freiwilligen Vereinbarung im Rahmen des § 87 Abs. 1 BetrVG dahinschwindet. Ein recht seltsames Ergebnis angesichts der theoretischen Bejahung ihrer Zulässigkeit. Aber auch in der einschlägigen Literatur konnte die Auseinandersetzung zu keinem anderweitigen Ergebnis führen. Hier ist lediglich versucht worden, die Begründung prämissengerechter zu gestalten.

3. Gesetzesvorrang

Das Mitbestimmungsrecht des Betriebsrats hat gem. § 87 Abs. 1 Halbs. 1 BetrVG auch einer gesetzlichen Regelung zu weichen. Damit sind nur Gesetze im materiellen und nicht im formellen Sinne gemeint[117]. Vornehmlich kommen gesetzliche Vorschriften des Arbeitsschutzes in Betracht (Arbeitszeitordnung, Mutterschutzgesetz), aber auch Rechtsnormen im materiellen Sinne, die nicht die Form eines Gesetzes haben (z. B. Normen in Rechtsverordnungen oder Unfallverhütungsvorschriften)[118]. Die ratio des § 87 Abs. 1 BetrVG gebietet weiterhin, daß nur zwingende gesetzliche Vorschriften eine Sperrwirkung entfalten[119]. Eine

---

116 Die Anwendbarkeit des Günstigkeitsprinzips im Verhältnis des Tarifvertrages zur Betriebsvereinbarung ist ohnehin umstritten. Hier wird die Meinung vertreten, daß in diesem Verhältnis das Günstigkeitsprinzip nicht gilt. Zur Begründung s. oben Kap. 3, A.

117 *Moll*, Tarifvorrang, S. 13; *Wiese*, GK-BetrVG, § 87 Anm. 32.

118 *Hess / Schlochauer / Glaubitz*, BetrVG, § 87 Anm. 45. Überwiegend wird angenommen, daß auch das gesetzesvertretende Richterrecht u. U. Sperrwirkung entfaltet; so *Dietz / Richardi*, BetrVG, § 87 Anm. 116; *Hess / Schlochauer / Glaubitz*, BetrVG, § 87 Anm. 45; *Wiese*, GK-BetrVG, § 87 Anm. 32; *ders.*, FS BAG, S. 666 (Anm. 21); a. A. *Fitting / Auffarth / Kaiser / Heither*, BetrVG, § 87 Anm. 4; *Gnade / Kehrmann / Schneider / Blanke*, BetrVG, § 87 Anm. 32.

119 *Dietz / Richardi*, BetrVG, § 87 Anm. 117; *Hess / Schlochauer / Glaubitz*, BetrVG, § 87 Anm. 46; *Wiese*, GK-BetrVG, § 87 Anm. 32; *ders.*, FS BAG, S. 666; *Hueck / Nipperdey*, Arbeitsrecht II/2, S. 1394 (Anm. 45 a); *Moll*, Tarifvorrang, S. 14 f.; a. A. *Boewer*, DB 1973, S. 524; *Nikisch*, Arbeitsrecht III, S. 379.

dispositive Rechtsnorm vermag das Mitbestimmungsrecht des Betriebsrats nicht auszuschließen. Diese Überlegung ist ein direkter Ausfluß aus der Schutzfunktion der notwendigen Mitbestimmung. Denn bei nachgiebigen Normen könnte der Arbeitgeber jederzeit individualvertraglich eine abweichende Abmachung vereinbaren, bei der die Billigkeit des Interessenausgleichs nicht in dem Maße gewährleistet wäre, wie bei einer Vereinbarung mit dem Betriebsrat im Bereich seiner erzwingbaren Mitbestimmung[120]. Würden außerdem dispositive gesetzliche Regelungen das Mitbestimmungsrecht sperren, wäre dies mit § 87 Abs. 1 Ziff. 4 BetrVG unvereinbar. Denn der Ort und die Zeit der Auszahlung von Arbeitsvergütungen werden jeweils durch §§ 269 und 614 BGB dispositiv bestimmt. Folglich würde eine einschlägige Regelung dieser Angelegenheiten im Wege der Mitbestimmung — obwohl ausdrücklich angeordnet — nie zulässig sein[121].

Problematischer ist dagegen die Beurteilung des Inhalts und des Umfangs der Regelung, die das Gesetz aufweisen muß, um die Mitbestimmung des Betriebsrats zu ersetzen. Dem sozialen Schutzzweck der Mitbestimmung entsprechend, wird eine die „sachliche Substanz selbst regelnde Norm“ verlangt[122]. Auch in einem solchen Falle kann naturgemäß von einer gesetzlichen Vorschrift nicht erwartet werden, daß die Regelung erschöpfend detailliert getroffen wird, wie dies bei einer Betriebsvereinbarung oder selbst einem Tarifvertrag der Fall ist. Sie vermag Schutz zu gewähren, schwerlich könnte sie aber die Mitbestimmung des Betriebsrats völlig gegenstandslos machen[123]. Praktische Bedeutung gewinnt dieser Gesichtspunkt, wenn der Arbeitgeber gesetzlich verpflichtet wird, eine bestimmte betriebliche Regelung zu erlassen (z. B. über den Arbeitsschutz), was notwendig mit der Existenz eines gestaltenden Ermessens seinerseits verbunden ist. In all diesen Fällen, wo dem Arbeitgeber ein Ermessensspielraum belassen ist, muß entsprechend dem Betriebsrat ein *Regelungsspielraum* anerkannt werden, in dem die erzwingbare Mitbestimmung unberührt bleibt[124].

---

120 Zutreffend *Hess / Schlochauer / Glaubitz,* BetrVG, § 87 Anm. 46; ebenso *Dietz / Richardi,* BetrVG, § 87 Anm. 117. Tarifdispositives Gesetzesrecht löst dagegen die Sperrwirkung aus, da es, anders als für die Tarifparteien, für die Betriebspartner zwingend ist.

121 *Dietz / Richardi,* BetrVG, § 87 Anm. 117; *Moll,* Tarifvorrang, S. 15; *Wiese,* GK-BetrVG, § 87 Anm. 32.

122 BAG AP Nr. 1 zu § 87 BetrVG Werkmietwohnungen; übereinstimmend *Dietz / Richardi,* BetrVG, § 87 Anm. 119; *Hess / Schlochauer / Glaubitz,* BetrVG, § 87 Anm. 48; *Moll,* Tarifvorrang, S. 16.

123 So aber *Moll,* Tarifvorrang, S. 16; im hypothetischen Fall, daß dies einmal auftreten sollte, so daß dem Arbeitgeber nur der tatsächliche Vollzug verbliebe, würde freilich für die Mitbestimmung kein Spielraum mehr bleiben.

124 Zustimmend *Dietz / Richardi,* BetrVG, § 87 Anm. 119; *Hess / Schlochauer / Glaubitz,* BetrVG, § 87 Anm. 49; *Moll,* Tarifvorrang, S. 16.

B. Inhalt der Sperrwirkung und Sanktionierung des Verstoßes dagegen

Die Voraussetzungen der Sperrwirkung hatten als zentralen Untersuchungsgegenstand den Tarifvertrag. Seine Normqualität, sein inhaltlicher Gehalt sowie seine räumliche und persönliche Reichweite bestimmten die Grenzen seiner Ausschlußwirkung. Die entwickelten Kriterien gaben Aufschluß über das Ob und das Wieweit der tariflichen Sperrwirkung. Würde man eine sprachliche Anleihe aus dem Tarifrecht machen, könnte man in diesem Zusammenhang von den *äußeren Schranken* der Sperrwirkung sprechen. Die Festsetzung der *inneren Schranken* der Sperrwirkung gehört dagegen zur Problematik ihres Inhalts. Gleichwohl rückt dabei nicht der Tarifvertrag, sondern das gesperrte Instrument — die Betriebsvereinbarung — in den Mittelpunkt der Betrachtung. Freilich wird auch hierbei mit denselben Kriterien und Zweckprämissen gearbeitet. Im folgenden werden daher nur die betriebsverfassungsrechtlich erheblichen Folgen nach Eingreifen der Sperrwirkung angeschnitten. Inhalt und Rechtsfolgen der Sperrwirkung sind vorwiegend als Folgen des Eingreifens von § 77 Abs. 3 BetrVG zu betrachten. Hinsichtlich § 87 Abs. 1 Satz 1 BetrVG erschöpft sich die einschlägige Problematik zum größten und wichtigsten Teil mit der Behandlung der Zulässigkeit freiwilliger Abmachungen[125].

I. Inhalt

Zum großen Teil wird der Inhalt der Sperrwirkung von der Beseitigung des Günstigkeitsprinzips im Verhältnis des Tarifvertrages zur Betriebsvereinbarung bestimmt[126]. An seine Stelle tritt das Rangprinzip, das zudem die Verdrängung vortariflicher Betriebsvereinbarungen gebietet. Diese Rechtsfolge entspricht außerdem der Anerkennung der Normsetzungsprärogative zugunsten der Tarifvertragsparteien. Abweichende Ordnungsgrundsätze zwischen den verschiedenen Bestimmungsfaktoren des Arbeitsverhältnisses — das Günstigkeitsprinzip oder Spezialitätsprinzip etwa — dürfen nur jenseits des Anwendungsbereichs des § 77 Abs. 3 BetrVG zum Tragen kommen[127].

Von erheblicher Bedeutung für die genaue Beschreibung ihres Inhalts ist die Abgrenzung des Bereichs, in dem die Sperrwirkung die eben genannten Folgen hat. Bei der Erörterung der Voraussetzungen für das Eingreifen von § 77 Abs. 3 BetrVG wurde die Auffassung vertreten, daß die Vorschrift eine Ausschlußwirkung für alle, sich im engen Umkreis der tarifvertraglichen Regelung bewegenden, betriebsvereinbarungsrechtlichen Abmachungen gebietet.

---

125 s. oben Kap. 6, A II c).

126 Dazu ausführlich s. oben Kap. 1, A III; Kap. 3, A.

127 Vgl. dazu statt vieler *Wiedemann / Stumpf*, TVG, § 4 Anm. 296.

Die Verdrängung nicht nur von deckungsgleichen betrieblichen Regelungen, sondern auch der eng damit verwandten ist vorwiegend auf den Vorbehaltscharakter der Vorschrift zurückzuführen. Vorausgesetzt wird allerdings, daß diese Ausdehnung insoweit stattfinden kann, als es sich um Regelungen mit annähernd gleichem oder verwandtem Wesensgehalt handelt. Im Umkehrschluß ist davon auszugehen, daß der Betriebsrat trotz bestehenden oder üblichen Tarifvertrags seine Zuständigkeit bewahrt, sofern er sich wesensverschiedener Angelegenheiten annimmt. Dies hat besonders für die betriebliche Praxis große praktische Bedeutung.

So vermag z. B. eine tarifliche oder tarifübliche Arbeitsentgeltregelung die Regelung der Modalitäten des Lohnanspruchs durch Betriebsvereinbarung nicht zu versperren. Ähnlich kann sich der Betriebsrat bei tariflicher Festsetzung einer bestimmten Entlohnungsart mit der Regelung von Einzelfragen einer anderen Entlohnungsart befassen[128]. Nach entsprechendem Muster ist die Zulässigkeit der Einführung von Kurzarbeit bei tarifvertraglicher oder -üblicher Regelung der Arbeitszeit oder die betriebliche Festsetzung einer Altersgrenze bei gleichzeitigem Bestehen tariflicher Normen über die Beendigung der Arbeitsverhältnisse zu beurteilen.

War in den vorherigen Beispielen die Wesensverschiedenheit der geregelten Gegenstände für die Begrenzung der Sperrwirkung ausschlaggebend, so sind auch Fälle denkbar, wo betriebliche Regelungen trotz Wesensgleichheit mit den tariflichen Regelungen von der Sperrwirkung unberührt bleiben. Entscheidendes Kriterium für diese zweite Einschränkung ist diesmal nicht die Wesens-, sondern die *Zweckverschiedenheit* der maßgebenden Tatbestände. So bleiben trotz tarifvertraglicher Regelung des Grundlohns betriebliche Lohnzulagen, die einen bestimmten Zweck verfolgen oder aus einem bestimmten Anlaß gewährt werden, von der Sperrwirkung nicht erfaßt[129]. Solche Lohnzulagen würden andernfalls verdrängt werden. In diesem Zusammenhang wird oft von besonderen Zuwendungen gesprochen, die an andere als die tariflichen Voraussetzungen geknüpft sind[130].

Freilich muß die besondere Zweckverfolgung der betrieblichen Abweichung zweifelsfrei oder zumindest plausibel sein. Als Anwesenheits- oder Pünktlichkeitsprämien getarnte Lohnzulagen, die für keine besondere Leistung des Arbeitnehmers gewährt werden, werden demgemäß von der Sperrwirkung erfaßt[131]. Die Herausnahme aller zweckverschiedenen betrieblichen Zuwendungen aus der Sperrwirkung der tariflichen Regelung entspricht dem Sinn des Tarifvorrangs:

---

128 *Dietz / Richardi,* BetrVG, § 77 Anm. 215 ff; *Thiele,* GK-BetrVG, § 77 Anm. 112.

129 *Dietz / Richardi,* BetrVG, § 77 Anm. 214.

130 So LAG Hamm vom 8.8.1979, DB 1979, S. 2236; gemeint sind insbesondere Urlaubsgewährungen, Schmutz- oder Erschwerniszulagen, Leistungszulagen, Jubiläumszuwendungen u. a.

131 *Dietz / Richardi,* BetrVG, § 77 Anm. 214.

Er soll nicht die Gestaltung des Arbeitsverhältnisses allein dem Tarifvertrag vorbehalten, sondern lediglich ein Regelungsprimat zugunsten der Tarifvertragsparteien statuieren[132].

II. Sanktionen

Von der allgemein vertretenen Ansicht ausgehend[133], daß als Rechtsfolge bei einem Verstoß gegen § 77 Abs. 3 BetrVG sich die Nichtigkeit der Betriebsvereinbarung gemäß § 134 BGB ergibt, da sie gegen ein gesetzliches Verbot verstößt[134], lassen sich manche Überlegungen hinsichtlich der Zulässigkeit der Umdeutung einer nichtigen Betriebsvereinbarung zu einer wirksamen betrieblichen Einheitsregelung anstellen. Überwiegend wird diese Umdeutung entweder als unzulässig betrachtet oder nur in einem geringen Maß zugelassen[135]. Abgesehen von der konkreten dogmatischen Begründung dieser Auffassung kann nicht ihr tieferer Grund übersehen werden: die Sorge vor einer individualrechtlichen Umgehung des Primats der Tarifpartner durch eine Regelung mit kollektivem Bezug.

Doch dabei offenbart sich noch einmal die Unzulänglichkeit von § 77 Abs. 3 BetrVG, der kollektiven Regelsetzung der Tarifvertragsparteien eine in der Praxis effektive Vorrangstellung zu sichern. Denn auch bei Unzulässigkeit der einzelvertraglichen Umdeutung einer nichtigen Betriebsvereinbarung steht nichts den Betriebspartnern im Wege, die gewünschte Regelung mittels Regelungsabrede durchzusetzen[136]. Auch wenn sie diesen Weg nicht einschlagen wollen, ist es dem Arbeitgeber im Rahmen des Günstigkeitsprinzips unbenommen, im Benehmen mit dem Betriebsrat vom Tarifvertrag abweichende Abmachungen einzuführen. Allerdings haben solche Abmachungen nicht die Rechtsqualität einer Betriebsvereinbarung, die wirtschaftlichen Unterschiede zwischen beiden Regelungen sind aber eher gering[137]. Aus diesem Blickwinkel betrachtet, leuchtet das alleinige Umdeutungsverbot zu einer betrieblichen Einheitsregelung nur schwer ein.

132 Sinngemäß *Dietz / Richardi,* ebenda, der aus diesem Anlaß die Ergänzungsfunktion der arbeitsrechtlichen Gestaltungsfaktoren betont.

133 *Dietz / Richardi,* BetrVG, § 77 Anm. 235; *Hess / Schlochauer / Glaubitz,* BetrVG, § 77 Anm. 92; *Thiele,* GK-BetrVG, § 77 Anm. 111; vgl. BAG AP Nr. 1 zu § 59 BetrVG; BAG AP Nr. 2 zu § 77 BetrVG.

134 Kritisch dazu vor allem *Hablitzel,* DB 1971, S. 2158, 2162, der die Nichtigkeitskonstruktion über § 134 BGB ablehnt, da sie u. a. das Vorliegen eines Rechtsgeschäfts voraussetze, welches der Abschluß einer Betriebsvereinbarung (Normenvertrag in der Form eines Rechtsgeschäfts) grundsätzlich nicht darstelle. Er versucht dagegen die Unwirksamkeit einer entgegen § 59 BetrVG (nunmehr § 77 Abs. 3 BetrVG) abgeschlossenen Betriebsvereinbarung mit der Unzuständigkeit der normsetzenden Betriebspartner zu begründen.

135 Vgl. *Dietz / Richardi,* BetrVG, § 77 Anm. 236 f.; *Hess / Schlochauer / Glaubitz,* BetrVG, § 77 Anm. 93; auch *Thiele,* GK-BetrVG, § 77 Anm. 111.

136 Der Versuch *Richardis* in: Dietz / Richardi, BetrVG, § 77 Anm. 223 f., den Betriebspartnern auch diesen Weg zu versperren, findet keinen Anhalt im Gesetzestext.

137 Richtig *Fitting / Auffarth / Kaiser / Heither,* BetrVG, § 77 Anm. 66; *Wiedemann / Stumpf,* TVG, § 4 Anm. 289.

C. Tarifliche Öffnungsklausel

Daß die Sperrwirkung des § 77 Abs. 3 BetrVG für die Tarifvertragsparteien dispositiv ist, belegt schon der 2. Satz dieser Vorschrift. Durch ausdrückliche Zulassung im Tarifvertrag können sie den Betriebspartnern den Weg öffnen, ergänzende — so zumindest der Wortlaut — Betriebsvereinbarungen zu treffen. Für die hier behandelte Problematik ist jedoch von erheblicher Bedeutung, wie umfangreich der Rahmen der so eröffneten Regelungsbefugnis der Betriebspartner ist. „Ergänzung des Tarifvertrages heißt zunächst, daß sich die zugelassene Betriebsvereinbarung dem Zweck, Sinn und System der tariflichen Regelung einpassen muß“ [138]. Der Wortsinn läßt aber keine Regelungen zu, die über die Vervollständigung des Tarifvertrages hinaus gelangen. Es ist charakteristisch für eine Ergänzung demnach, daß sie das zu Ergänzende im Kern unverändert läßt. Praktisch hieße dies, daß vom Sinn des Wortes „ergänzen“ allenfalls noch eine Lohnerhöhung gedeckt wäre, während die Lohnkürzung im Sinne eines Wegnehmens vom Vereinbarten schwerlich als Ergänzung des Tarifvertrages betrachtet werden könnte [139]. Dies wäre auch die vermutliche Interpretation des § 77 Abs. 3 Satz 2 BetrVG, wenn es nicht § 4 Abs. 3 TVG gäbe, der generell die Möglichkeit abweichender Abmachungen vorsieht, wenn die tarifschließenden Parteien es gestatten. Da § 4 Abs. 3 TVG allgemein von abweichenden Abmachungen spricht, könnten darunter auch Betriebsvereinbarungen fallen, die den Tarifvertrag zuungunsten der Arbeitnehmer derogieren [140]. Zwischen zwei Normen mit dem gleichen Regelungsinhalt geht die speziellere vor. So könnte § 4 Abs. 3 TVG durch § 77 Abs. 3 Satz 2 BetrVG verdrängt sein [141]. Dieses Ergebnis entspricht dennoch keineswegs dem Sinn und Zweck des § 77 Abs. 3 BetrVG. Eine Beschränkung der Regelungsbefugnis der Betriebspartner auf nur ergänzende Betriebsvereinbarungen würde sie lediglich zum verlängerten Arm der Koalitionen machen, damit diese ihre Regelungsmacht mittels übernehmender Betriebsvereinbarung letztlich auf die unorganisierten Arbeitnehmer erstrecken. Eine solche Instrumentalisierung und Denaturierung der Funktion betriebsautonomer Normsetzung ist nach dem neuen Recht gerade ausgeschlossen. Die Übernahme der tariflichen Regelung bleibt nur § 5 TVG bzw. dem individualrechtlichen Modus vorbehalten. Andererseits steht es im pflichtgemäßen Autonomieermessen der Koalitionen, inwieweit und auf welche Weise sie von der Tarifautonomie Gebrauch machen wollen. Sofern sie den Betriebspartnern das Feld überlassen können, indem sie auf jede Regelung verzichten, um so mehr können sie dies durch ausdrückliche Delegation in Form einer Öffnungsklausel bewirken [142]. Die

---

[138] So richtig *Thiele,* GK-BetrVG, § 77 Anm. 123.

[139] So *Beuthien,* BB 1983, S. 1993.

[140] Ebenso *Beuthien,* BB 1983, S. 1992.

[141] *Thiele,* GK-BetrVG, § 77 Anm. 125.

[142] *Dietz / Richardi,* BetrVG, § 77 Anm. 230; *Hess / Schlochauer / Glaubitz,* BetrVG, § 77 Anm. 91; *Thiele,* GK-BetrVG, § 77 Anm. 125.

so delegierte Befugnis können die Betriebspartner selbstverständlich auch zur abweichenden Regelung der Arbeitsbedingungen gebrauchen. Gebunden ist ihre Zuständigkeit nur hinsichtlich des regelbaren Gegenstandes, den die Tarifvertragsparteien vorher genau bestimmt haben werden; inhaltlich sind sie dagegen frei. So gewinnt auch das Wort „ergänzen" seine richtige Bedeutung: Bei § 77 Abs. 3 Satz 2 BetrVG handelt es sich um eine Ergänzung des von den Tarifvertragsparteien bestimmten Tariffreiraums, nicht aber um eine Tarifinhaltsergänzung[143]. Andernfalls würde der Ausschluß abweichender Betriebsvereinbarungen — besonders angesichts der Freiwilligkeit der Dispenserteilung — die berechtigte Frage nahelegen, ob die Koalitionen und insbesondere die Gewerkschaften kraft Gesetzes *vor sich selbst* geschützt werden müssen.

D. Schlußbetrachtungen

Schwerpunkt der vorliegenden Arbeit war, die Möglichkeiten und Grenzen der betrieblichen Regelungsbefugnis aufzuzeigen, die sich für sie in ihrer Rolle als Parallel- bzw. Konkurrenzinstitution zur Tarifautonomie ergeben. Bereits diese Formulierung könnte die Andeutung beinhalten, daß die Tarifautonomie als Hauptsäule der kollektiven Interessenwahrnehmung prinzipiell keine Einschränkungen erfahren darf — vielmehr würde sie jeder Parallelinstitution Grenzen in der Betätigung setzen. Diese Aussage ist nur insoweit richtig, als sie der Tarifautonomie die zentrale Position und Funktion in der kollektiven Gestaltung der Arbeitsverhältnisse beimißt; übrigens ist die Vorstellung der Uneinschränkbarkeit der Tarifautonomie wegen der Existenz und der Betätigung der betrieblichen Mitbestimmung unhaltbar. Es entspricht der Natur der Sache, daß betriebliche Befugnisse zugleich *mögliche* Grenzen der Tarifautonomie darstellen. Dies zeigte sich am deutlichsten am Beispiel der immateriellen Interessen der Arbeitnehmer, für deren Vertretung eher die Betriebsverfassung als das geeignetste Instrument erscheint[144]. Insgesamt war die Untersuchung darauf bedacht, auf hermeneutisch-teleologischem Wege einen funktionalen, beide Institute integrierenden Mechanismus herzustellen, der zwar gesetzeskonform, aber frei von dogmatischen Starrheiten sein sollte. Dieses Vorhaben basierte auf zwei Wertungskomponenten: der Vorstellung einerseits, daß, trotz gelegentlicher Unstimmigkei-

---

143 Richtig *Beuthien,* BB 1983, S. 1996. Die Zulässigkeit jeder Art abweichender Betriebsvereinbarungen bejaht auch *Scheid,* Vorrang tarifüblicher Regelungen nach § 59 BetrVG, S. 191. Entsprechend erledigt sich die Frage, wie die betreffende Angelegenheit von den Betriebspartnern geregelt werden soll, wenn kein Tarifvertrag besteht, sondern nur üblich ist. Bei Tarifüblichkeit liegt ja keine konkrete Regelung vor, die durch Betriebsvereinbarung etwa vervollständigt werden könnte. Auch können die mehreren tariflichen Regelungen, die die Üblichkeit begründet haben, inhaltlich variieren. Die kraft Öffnungsklausel geschlossene Betriebsvereinbarung kann demnach innerhalb des tariflichen Regelungsgegenstandes einen durchaus unüblichen Inhalt haben.

144 s. oben Kap. 3, C II.

ten, das duale System von überbetrieblicher und betrieblicher Interessenvertretung sich insgesamt bewährt hat[145], andererseits daß dieses Spannungsverhältnis die Vorrangigkeit der Tarifautonomie bei gleichzeitiger adäquater Funktionssicherung der Betriebsautonomie gewährleisten muß.

Die zu den verschiedenen Einzelfragen gegebenen Antworten setzen deswegen voraus, daß die in der konkreten Gesetzesfassung zum Ausdruck gekommene Grundwertung des Gesetzgebers über die Ausgestaltung des Spannungsverhältnisses beider Institutionen prinzipiell angenommen wird. Dennoch muß eine Abhandlung über die Zuständigkeitsverteilung zwischen tarifvertraglicher und innerbetrieblicher Normsetzung — zumindest zum Abschluß! — auf die Argumente derjenigen eingehen, die die vorgegebene Vorrangigkeit der Tarifautonomie und überhaupt die einfachgesetzliche Regelung des Spannungsverhältnisses beider Institutionen anprangern[146].

Die anhaltend hohe Arbeitslosigkeit hat Kritik an der bisherigen Tarifpolitik laut werden lassen. Vor allem an die Adresse der Gewerkschaften werden Vorwürfe gerichtet, daß die Arbeitslöhne zu hoch, die Lohnunterschiede zu gering und das Tarifvertragsrecht, weil es zwingende Mindestlöhne festsetze, zu starr sei. Überhaupt werden die gewerkschaftlichen Forderungen als die Hauptursachen bezeichnet, weshalb die Unternehmen zu immer weniger Einstellungen bereit seien und insgesamt der Prozeß der Arbeitsbeschaffung stagniere. Dagegen wird vorgeschlagen, die Unabdingbarkeit der Tarifnormen einzuschränken, etwa für den Fall der Neugründung oder der Sanierung eines Unternehmens oder für neu geschaffene oder sonst aufzulösende Arbeitsplätze, sowie — quasi als unumgängliche Ergänzung des vorstehenden — die Betriebsautonomie zu Lasten der Tarifautonomie in ihrer Funktion aufzuwerten. Es hat sogar nicht an Vorschlägen einer legislativen Entschärfung des Tarifvorbehalts in § 77 Abs. 3 BetrVG gefehlt, etwa in Form einer Ergänzung von Satz 2, die neben der ausdrücklichen Zulassung im Tarifvertrag den Abschluß abweichender Betriebsvereinbarungen beim Vorliegen besonderer betrieblicher Bedürfnisse ermöglicht[147].

Was die erste Komponente dieser Argumentation angeht — nämlich die Einschränkung der Unabdingbarkeit der Tarifverträge — eröffnet sie eine reine tarifrechtliche Problematik und kann deswegen im Rahmen dieser Ausführungen nicht berücksichtigt werden[148]. Dagegen betrifft das Bestreben der Aufwertung der Betriebsautonomie zu Lasten der Tarifautonomie massiv die Thematik dieser

---

145 Vgl. schon Kap. 1, B.

146 Vgl. im folgenden *Adomeit,* Das Arbeitsrecht und unsere wirtschaftliche Zukunft, S. 32, 35 ff.; *Kronberger Kreis,* Frankfurter Institut für wirtschaftspolitische Forschung e. V. „Mehr Markt im Arbeitsrecht, (1985), S. 16 ff.; auch *Vollmer,* DB 1979, S. 308 ff.

147 So *Bender,* BB 1987, S. 1120 f.

148 Eingehend dazu *Wiedemann,* Aufgaben der Koalitionen, in: Beuthien (Hg.), Arbeitnehmer oder Arbeitsteilhaber, S. 157 f. Dazu sei auch bemerkt, daß die folgenden Ausführungen, ohne auf den Vorschlag der Einschränkung der Unabdingbarkeit einzugehen, als Gegenvorschlag zur Lösung des beschriebenen Problems gedacht sind.

Untersuchung und verdient daher der näheren Betrachtung. Ein solcher Vorschlag, so vage er auch vorgetragen wird[149], könnte gegen geltendes Recht verstoßen. Auch bei äußerst restriktiver Auslegung der § 77 Abs. 3 BetrVG und § 87 Abs. 1 Satz 1 BetrVG ist eine Umkehrung des dort unmißverständlich verankerten Rangverhältnisses nicht zu entnehmen. Außerdem bedenkt man im Rahmen dieser Argumentation nicht, daß nur eine Minderheit der betriebsratsfähigen Betriebe auch einen Betriebsrat gewählt haben, so daß im Falle der Verlagerung des Schwerpunktes zu den Betriebsparteien der reelle kollektive Schutz für die Mehrheit der Arbeitnehmer fernbliebe. Angesichts dieses recht begrenzten Auslegungsspielraums fragt man sich dann, ob für die erfolgreiche Begegnung arbeitsmarktpolitischer Engpässe das Arbeitsrecht nicht gut gerüstet ist[150]. M. E. können Sachgründe wie Arbeitsplatzerhaltung oder Arbeitsplatzbeschaffung primär von den Koalitionen selbst berücksichtigt werden. Sogar die geltende Rechtslage bietet das notwendige Instrumentarium dafür, indem sie durch § 77 Abs. 3 Satz 2 BetrVG den Koalitionen offenläßt, auf ihren Regelungsvorrang zu verzichten und bestimmte Befugnisse auf die Betriebspartner zu delegieren. Die tarifliche Öffnungsklausel bietet schon genügend Spielraum zur alternativen — etwa flexibleren — Gestaltung des Arbeitsverhältnisses, da wie gesehen unter „ergänzende Betriebsvereinbarungen" des § 77 Abs. 3 Satz 2 BetrVG auch vom Tarifvertrag inhaltlich abweichende gemeint sind.

Mit dieser Erkenntnis über die inhaltliche Reichweite der Tariföffnungsklausel schließt sich zum wesentlichen Teil die Problematik des gegenseitigen Verhältnisses zwischen tarifvertraglicher und innerbetrieblicher Normsetzung ab. Besonders gravierend ist das Ergebnis, daß die Abweichung nicht nur in der Erhöhung, sondern auch in der betriebsautonomen Lohnherabsetzung — etwa zur Sicherung von Arbeitsplätzen — liegen kann. Letzteres setzt m. E. eine Betrachtungsweise voraus, die am besten die dialektische und funktionale Komponente des Verhältnisses beider Institutionen wiedergibt.

Eine solche Lohnherabsetzung, die unweigerlich den harten Kern des Arbeitsverhältnisses betrifft, wird von den Betriebspartnern eigenverantwortlich im Rahmen ihrer Betriebsautonomie getroffen, ihre Legitimation aber für einen solchen Eingriff in das Arbeitsverhältnis beziehen sie direkt aus den überbetrieblichen Koalitionen. Die Tarifautonomie wird dadurch in ihrer Bedeutung, auch angesichts ihrer Leistungen im Arbeitsleben, keineswegs niedriger bewertet; sie erfährt nur in ihrer Rolle die erforderliche Relativierung, die mit dem Grundgesetz in Einklang steht[151]. Die Koalitionen sind die bewährten und vertrauenswürdigen

149 Charakteristisch für seinen Mangel an konkreten rechtsdogmatischen Grundlagen, auf den die Gleichrangigkeit oder sogar Vorrangigkeit der Betriebsautonomie gegenüber der erstrebten Tarifautonomie gestützt werden soll, ist der Aufsatz *Vollmers,* DB 1979, S. 308 ff.

150 So offenbar *Adomeit,* Das Arbeitsrecht und unsere wirtschaftliche Zukunft, Vorwort, S. 1 ff., 27 ff., 40 ff.

151 Ebenso *Bender,* BB 1987, S. 1121.

Vertretungen der Arbeitnehmerinteressen. Dies präjudiziert nicht die absolute Richtigkeit aller ihrer Handlungen; es bedeutet nur, daß sie die Verantwortung tragen für die Belange der Arbeitnehmerschaft. Die Rechtsordnung hat ihnen das adäquate rechtliche Instrumentarium verliehen, um dieser ihrer Verantwortung gerecht zu werden: eine umfassende Normsetzungsprägorative sowie eine Verzichtsmöglichkeit darauf, für die Fälle, wo — nach ihrem Ermessen — der betriebsautonome Weg zu besseren Lösungen führen würde. Eine weitergehende Änderung dieses Status quo auf legislativer Ebene scheint heute nicht empfehlenswert. Die überbetrieblichen Organisationen der Arbeitnehmer verdienen gewiß diesen „Bestandsschutz"; was überflüssig, sogar schädlich wäre, wäre der Schutz einer „Apparatur", die Rettung der Gewerkschaft vor sich selbst und vor der Betriebsautonomie. Ein solcher Koalitions- (Gewerkschafts-)schutz würde vom Zweifel daran zeugen, daß die Arbeitnehmer zu anderen als den tarifautonomen Lösungen bereit wären, wenn es auf sie ankäme [152]. Vielmehr gebietet die Stellung und die Verantwortung der Koalitionen im Arbeitsleben, daß man ihnen die betriebliche Konkurrenz wünscht: als Komplettierung, als Korrektiv und — warum auch nicht — als Stachel.

---

152 So richtig *Gast*, Tarifautonomie, S. 36 f.

Zusammenfassung in Thesen

Kapitel 1

1. Das Arbeitsrecht der Bundesrepublik Deutschland hat die kollektive Interessenwahrnehmung der Arbeitnehmer doppelgleisig konzipiert. Arbeitsbedingungen im weitesten Sinne können sowohl auf tarifautonomem wie auch auf innerbetrieblichem Wege geregelt werden (S. 13-14). Beide Hauptregelungsinstrumente — der Tarifvertrag und die Betriebsvereinbarung — sind privatrechtliche Normenverträge; ihnen kommt unabdingbare Wirkung zu (S. 16-18).

2. Die Komplementarität zwischen Tarifautonomie und Betriebsautonomie ist erwünscht, jedoch keineswegs selbstverständlich; vielmehr begegnet man Meinungen im Schrifttum und Rechtsprechung, die das Verhältnis zwischen Tarifautonomie und Betriebsautonomie als Konkurrenzverhältnis auffassen, aus dem sich Gefahren für die Tarifautonomie ergäben. Das Problem hat sich mit der Erweiterung des Mitbestimmungsrechts des Betriebsrats in sozialen Angelegenheiten (§ 87 Abs. 1 BetrVG) auf materielle Arbeitsbedingungen im Jahre 1972 weiterhin verschärft (S. 15, 18-19).

3. Das geltende Recht gewährt der Tarifautonomie eine Normsetzungsprärogative vor der Betriebsautonomie. Sie wird auf einfachgesetzlicher Ebene durch § 77 Abs. 3 BetrVG und § 87 Abs. 1 Halbs. 1 BetrVG vollzogen. Wichtigste Folge dieser Normen ist die Ausschaltung des Günstigkeitsprinzips im Verhältnis zwischen Tarifvertrag und Betriebsvereinbarung. Die Untersuchung des Spannungsverhältnisses zwischen Tarifautonomie und Betriebsautonomie kann sich nicht auf die Auslegung beider Vorschriften beschränken; sie muß verfassungsrechtliche Wertungen und die tragenden Grundsätze beider Institutionen berücksichtigen (S. 19-22).

Kapitel 2

I. Die Herkunft der kollektivrechtlichen Regelungsmacht

4. Die meisten Autonomiebegriffe erschöpfen sich in der Beschreibung des internen Verhältnisses zwischen Regelungsurheber und Regelungsadressaten (S. 28-30); nur die auf die „Genossenschaftstheorie" *(Otto v. Gierke)* zurückgehende Interpretation des Autonomiebegriffes faßt ihn als eine originäre, naturge-

gebene Rechtsetzungsmacht auf. Auf die Autonomie der Verbände bezogen, hat dieser Ansatz zur Folge, daß dadurch das Rechtsetzungsmonopol des Staates in Frage gestellt wird (S. 30-31).

5. Genetisch ist der Originärtheorie zu folgen. Aus historischer Perspektive bemächtigen sich die Berufsverbände einer errungenen, nicht einer staatlicherseits delegierten Macht (S. 33).

6. Rechtstheoretisch ist der Delegationstheorie der Vorzug zu geben. Die Frage nach dem entwicklungshistorischen Grund für die Existenz einer Institution darf nicht mit der positiv-rechtlichen Frage nach ihrem Geltungsgrund verwechselt werden; dies wird durch das Phänomen der „selektiven" Haltung der Rechtsordnung gegenüber sozialen Gegebenheiten oder faktischen Institutionen bestätigt (S. 33-34).

II. Das Verhältnis zwischen Tarifautonomie und innerbetrieblicher Mitbestimmung aus der Sicht des Grundgesetzes

7. Beide Institutionen sind im Grundgesetz verankert. Während für die Tarifautonomie primär Art. 9 Abs. 3 GG in Betracht kommt, findet die Betriebsautonomie in den allgemeinen Grundsätzen der Persönlichkeitsentfaltung (Art. 2 Abs. 1 GG) und des Sozialstaatsprinzips (Art. 20 Abs. 1, 28 Abs. 1 GG) ihre verfassungsrechtliche Gewährleistung (S. 45-53). Darüber hinaus stellt sich die Frage, ob der Verfassungsgeber mit Art. 9 Abs. 3 GG ein „offenes" Grundrecht geschaffen hat, das unter seinen Schutz auch die Institution der Betriebsverfassung aufnimmt (S. 47-48).

8. Art. 9 Abs. 3 GG gewährleistet die Koalitionsfreiheit und nicht die kollektive Interessenwahrnehmung insgesamt. Neben dem Abschluß von Tarifverträgen auf Verbandsebene wird auch die Betätigung und der Einfluß der Koalitionen auf Betriebsebene geschützt. Der Betätigung der Betriebspartner kommt der spezielle Schutz des Art. 9 Abs. 3 GG nicht zugute. Die Auslegung des Kerngehalts dieses Grundrechts ergibt, daß die Koalitionseigenschaft unerläßliche Voraussetzung für seine Anwendung ist (S. 55-56).

9. Folge der Gewährleistung der Tarifautonomie durch Art. 9 Abs. 3 GG ist ein relativer und funktionaler Vorrang in ihrem Verhältnis zur Betriebsautonomie. Dieser Vorrang muß seine Grenzen in der Erhaltung einer funktionsfähigen Betriebsautonomie finden. Die Gewerkschaften genießen kein Interessenvertretungsmonopol auf Arbeitnehmerseite. Das Regelungsprimat, das ihnen insbesondere durch § 77 Abs. 3 BetrVG zugesichert wird, beruht auf einer verfassungsmäßigen Wertung des Gesetzgebers; es ist aber nicht als unabänderliches Verfassungsgebot aufzufassen (S. 56-57).

Kapitel 3

I. Funktion und tragende Grundsätze der Tarifautonomie

10. Hauptaufgabe des Tarifvertrags ist der Schutz der materiellen Interessen der Arbeitnehmer. Dieser Funktionsbereich umfaßt insbesondere Lohnfragen und vergleichbare Arbeitsbedingungen, wie Arbeitszeit und Urlaub (S. 66, 67).

11. Das Wesen der Zielsetzung bei der Wahrung und Förderung der materiellen Interessen der Arbeitnehmer spricht für die Eignung der Gewerkschaften als Interessenvertretung und des Tarifvertrags als Instrument. Die Zielsetzung dabei ist rein wirtschaftlicher Natur. Deswegen wird auf kollektiver Ebene das Vertragsmodell wiederhergestellt, verbunden mit einer Form des Einigungszwanges, jener der freiwilligen Schlichtung mit dem Arbeitskampf als ultima ratio (S. 68-69). Der Arbeitskampf muß daher als strukturnotwendiges Merkmal der Tarifautonomie aufgefaßt werden, da er ein rein wirtschaftliches Druckmittel ist (S. 69).

12. In Übereinstimmung mit der wirtschaftlichen Natur der vertretenen Interessen stehen zwei weitere, für die Tarifautonomie systemprägende Merkmale: die Einheitlichkeit der Mindestarbeitsbedingungen für die Arbeitnehmer eines Tarifgebiets als Folge des überbetrieblichen Charakters der abgeschlossenen Tarifverträge und die Beschränkung der Geltung der Tarifnormen auf die Tarifgebundenen (§ 3 Abs. 1 TVG) (S. 69-70).

13. Auf dieser Grundlage kann der Tarifvertrag auf kollektiver Ebene zwei Hauptziele des Individualvertrags erreichen: die Selbstbestimmung eines Vertragspartners und die Vertragsgerechtigkeit. Das Tarifvertragssystem besitzt eine Richtigkeitschance bei der Regelung von arbeitsrechtlichen Vertragsinhalten (S. 64-65); ihm ist insofern der Vorrang vor der Betriebsautonomie anzuerkennen (S. 70).

II. Funktion und tragende Grundsätze der Betriebsautonomie

14. Die Hauptaufgabe der Betriebsverfassung kann man heute vorwiegend in der Wahrung und Förderung der immateriellen Interessen der Arbeitnehmer erblicken. Nachteile und Gefahren für den Arbeitnehmer als Persönlichkeit, die ihre Ursachen in der heutigen Organisation des Produktionsablaufs haben und oft eine „Entfremdung" der Arbeit mit sich bringen, rücken dabei in den Vordergrund (S. 74-75). Die Einschränkung oder gar Beseitigung des Direktionsrechtes des Arbeitgebers und seine Ersetzung durch Mitwirkungs- und Mitbestimmungsbefugnisse tragen diesen Zielen Rechnung (S. 71).

15. Indizien für die vorwiegend immaterielle Zweckverfolgung der Betriebsverfassung sind die Unterwerfung fast aller Arbeitnehmer unter die betriebliche Regelungsbefugnis und die Verpflichtung des Arbeitgebers zur Übernahme der durch die Tätigkeit des Betriebsrats entstehenden Kosten (S. 75-76).

16. Einer besonderen Berücksichtigung bedarf die Problematik der sozialen Angelegenheiten. Sie erweitern die funktionelle Zuständigkeit der Betriebspartner auf wesentliche Bestandteile des Arbeitsverhältnisses, wobei diese Regelungszuständigkeit vom Mitbestimmungsrecht des Betriebsrats (§ 87 Abs. 1 BetrVG) scharf zu unterscheiden ist (S. 78). Einige Tatbestände des Mitbestimmungskatalogs des § 87 Abs. 1 BetrVG zeigen, daß der Betriebsrat im Rahmen seiner Tätigkeit auch materielle Interessen der Arbeitnehmer tangieren kann; allerdings ist das nicht sein Hauptzweck (S. 77).

17. Die besondere thematische Bedeutung des § 87 BetrVG sowie die dortige starke Verhandlungsposition des Betriebsrats implizieren die Notwendigkeit einer besonderen, funktionsspezifischen Auslegung des Tarifvorrangs in § 87 Abs. 1 Halbs. 1 BetrVG (S. 78-79).

III. Richtigkeitsgewähr kollektivvertraglicher Regelungen

18. Die vom BAG geforderte Billigkeitskontrolle von Betriebsvereinbarungen ist abzulehnen. Sie berücksichtigt nicht die verschiedenartigen Aufgaben jeder Interessenvertretung und erschöpft sich in einem oberflächlichen Vergleich des Machtgefälles zwischen Betriebsrat und Gewerkschaft (S. 90-91). Betrieblichen Einigungen in Form von Betriebsvereinbarungen muß im Rahmen des betriebsautonomen Funktionsbereiches eine Richtigkeitschance zugesprochen werden. Die Machtsymmetrie der Betriebspartner ist bei den Angelegenheiten des § 87 Abs. 1 BetrVG von vornherein gewährleistet und evident; bei Angelegenheiten außerhalb des § 87 Abs. 1 BetrVG besteht zwar eine formelle Machtasymmetrie, die aber durch die „Rückendeckung" eines einschlägigen Tarifvertrags kompensiert wird (S. 88-90).

19. Abgesehen von dieser faktischen Betrachtung der Macht- und Verhandlungsposition der Betriebspartner fehlt es im Betriebsverfassungsgesetz an einer Vorschrift, die als Rechtsgrundlage für eine allgemeine gerichtliche Billigkeitskontrolle von Betriebsvereinbarungen dienen könnte (S. 87).

Kapitel 4

I. Teleologische Betrachtung der § 77 Abs. 3 BetrVG und § 87 Abs. 1 Halbs. 1 BetrVG

20. Beiden Vorschriften liegt kein einheitliches legislatives Ordnungskonzept zugrunde. Die Vorschrift des § 77 Abs. 3 BetrVG ist als eine Zuständigkeitsnorm aufzufassen; § 87 Abs. 1 Halbs. 1 BetrVG ist dagegen eine Kollisionsnorm, die Regelungen der Betriebspartner nur verdrängt, sofern ein Tarifvertrag die konkrete Materie schon geregelt hat. § 77 Abs. 3 BetrVG geht dagegen einen Schritt

weiter: Er beugt einer Kollision beider Regelungsebenen zugunsten der Tarifebene vor, wie durch die Sperrwirkung der Tarifüblichkeit deutlich wird (S. 101).

21. Der Vorbehalt — nicht lediglich der Vorrang — der tariflichen Regelung bei § 77 Abs. 3 BetrVG indiziert schon den Zweck dieser Vorschrift: nicht nur Schutz des Tarifvertrags als Instrument, vielmehr Schutz der Gewerkschaft als Institution und ihres Regelungsprimats (S. 101).

Bei § 87 Abs. 1 BetrVG geht es dagegen um die Verwirklichung des Arbeitnehmerschutzes durch Gewährleistung von Mitbestimmungsrechten. Der Eingangssatz dieser Vorschrift hat den Sinn, daß das Mitbestimmungsrecht des Betriebsrats zurücktreten soll, wenn den Arbeitnehmerbelangen im Bereich der sozialen Angelegenheiten anderweitig — tariflich oder gesetzlich — Rechnung getragen ist (S. 123).

II. Die Unterscheidung zwischen materiellen und formellen Arbeitsbedingungen

22. Die Restriktion des Begriffs „... und sonstige Arbeitsbedingungen ...“ bei § 77 Abs. 3 BetrVG auf materielle Arbeitsbedingungen ist vorzuziehen. Diese Auslegung trägt dem speziellen Funktionsbereich jeder Form der kollektiven Interessenwahrnehmung Rechnung; insbesondere weist sie der betrieblichen Mitbestimmung — gemäß ihres besonderen Schutzauftrags im immateriellen Bereich des Arbeitsverhältnisses — die Gestaltung der formellen Arbeitsbedingungen zu (S. 119-120).

Kapitel 5

Das Verhältnis des § 77 Abs. 3 BetrVG zu § 87 Abs. 1 Halbs. 1 BetrVG

23. Die Argumentation der Zwei-Schranken-Theorie und der Vorrangtheorie ist nicht vollständig frei von Widersprüchen. Die Zwei-Schranken-Theorie kann den absoluten Schutz der Tarifautonomie nicht erreichen, solange von der Sperre des § 77 Abs. 3 BetrVG nur Betriebsvereinbarungen erfaßt werden (S. 131). Die Vorrangtheorie verwechselt oft Betriebsvereinbarungen mit dem gesamten Mitbestimmungsrecht des Betriebsrats bei § 87 Abs. 1 BetrVG und unterstellt dem Eingangssatz des § 87 Abs. 1 BetrVG einen Spezialitätscharakter zu § 77 Abs. 3 BetrVG, der ihm aber nicht zukommt (S. 133 ff., 140-141).

24. Zweideutig und deswegen unergiebig für eine eindeutige Klärung des Verhältnisses beider Vorschriften ist die Auslegung ihres Wortlauts sowie ihrer systematischen Stellung im Betriebsverfassungsgesetz (S. 140-142).

Aufgrund der unterschiedlichen Zweckbestimmung beider Vorschriften und der qualitativen Verschiedenheit der geregelten Sachverhalte ist aber die Anwendbarkeit des § 77 Abs. 3 BetrVG im Rahmen des § 87 Abs. 1 BetrVG abzulehnen. Weder benötigt der Betriebsrat, wegen seiner starken Verhandlungsposition bei den sozialen Angelegenheiten, den intensiven Schutz des § 77 Abs. 3 BetrVG, noch ist aus der Sicht des Institutionenschutzes, den § 77 Abs. 3 BetrVG betreibt, der Ausschluß einer Betriebsvereinbarung von Bedeutung, solange ihre Regelungsinhalte durch Regelungsabreden oder Einzelverträgen im Betrieb Geltung erlangen können (S. 143 - 145).

Kapitel 6

I. Voraussetzungen der Sperrwirkung des § 77 Abs. 3 BetrVG

25. Für das Eingreifen der Sperrwirkung muß es sich um einen Tarifvertrag handeln, der sowohl räumlich und betrieblich als auch fachlich und persönlich im Betrieb gilt (S. 149). Sie erfaßt außer dem konkreten, tariflich geregelten Gegenstand auch diejenigen Gegenstände, die sich in seinem engen thematischen Umkreis befinden (S. 150). Die im Schrifttum h. M., daß es für die Auslösung der Sperrwirkung auf die Tarifgebundenheit einer Vertragspartei nicht ankomme, ist grundsätzlich richtig; gleichwohl muß sie dadurch korrigiert werden, daß der einschlägige Tarifvertrag ein strenges Repräsentativitätserfordernis erfüllen muß (S. 153).

26. Tarifüblichkeit i. S. v. § 77 Abs. 3 BetrVG liegt dann vor, wenn eine Angelegenheit in der Vergangenheit bereits einmal durch Tarifvertrag geregelt war und anzunehmen ist, daß sie künftig wiederum tarifvertraglich geregelt wird. Bei der Ermittlung des Eintritts oder der Beendigung der Tarifüblichkeit muß auf die Zukunftserwartung und auf den nach außen erkennbaren subjektiven Willen der Tarifvertragsparteien abgestellt werden (S. 156 - 157).

II. Voraussetzungen der Sperrwirkung des § 87 Abs. 1 Halbs. 1 BetrVG

27. Für das Bestehen eines Tarifvertrags im Betrieb i. S. v. § 87 Abs. 1 Halbs. 1 BetrVG reicht die Tarifbindung des Arbeitgebers aus. Dadurch wird für die formellen Arbeitsbedingungen des § 87 Abs. 1 BetrVG eine verbindliche kollektive Ordnung im Betrieb geschaffen. Die Lücke in diesem Schutz entsteht im Bereich der Inhaltsnormen für die nichttarifgebundenen Arbeitnehmer und ist durch Gewerkschaftsbeitritt zu schließen (S. 161 - 162).

28. Sinn und Zweck der Schutzvorschrift des § 87 Abs. 1 BetrVG gebieten, daß nur unabdingbare tarifliche Normen die Sperrwirkung des Eingangssatzes dieser Vorschrift auslösen (S. 162).

Solche tarifliche Normen müssen weiterhin den durch die Mitbestimmung angestrebten Schutz bereits substantiell verwirklicht haben, um in der Lage zu sein, sie zu verdrängen (S. 164 - 165). Eine letzte Folge dieser Betrachtungsweise ist, daß tarifliche Verfahrensvorschriften, die die Mitbestimmungsrechte des Betriebsrats abschwächen, nichtig sind (S. 167).

III. Freiwillige betriebliche Abmachungen und Sperrwirkung

29. Die Problematik der Zulässigkeit freiwilliger betrieblicher Abmachungen bei bestehender tariflicher Regelung ist ein wichtiger Prüfstein bei der Entwicklung einer prämissengerechten Systematik der Abgrenzung zwischen tariflichen und innerbetrieblichen Befugnissen. Zwingende Folge der Auslegung des § 87 Abs. 1 Halbs. 1 BetrVG ist, daß eine bestehende tarifliche Regelung nur die Erzwingbarkeit des dortigen Mitbestimmungsrechts, nicht aber die Mitbestimmungsmöglichkeit beseitigen kann. Dennoch wird dieses an sich richtige Ergebnis letztlich an seiner Unvereinbarkeit mit einer Grundprämisse der Systematik der Sperrwirkung scheitern: der Beseitigung des Günstigkeitsprinzips im Verhältnis des Tarifvertrags zu rangniederen kollektiven Rechtsquellen in diesem Bereich (S. 171 - 173).

IV. Inhalt und Rechtsfolgen der Sperrwirkung

30. Für die Verdrängung einer betrieblichen durch eine tarifliche Regelung ist die Wesens- bzw. Zweckgleichheit beider Sachverhalte erforderlich. Ist dieses Merkmal nicht gegeben, dann bleibt die betriebliche Regelung von der Sperrwirkung unberührt (S. 176 - 177).

31. Das Umdeutungsverbot einer wegen Verstosses gegen § 77 Abs. 3 BetrVG nichtigen Betriebsvereinbarung zu einer betrieblichen Einheitsregelung kann einzelvertraglich leicht umgangen werden und ist aus diesem Grund abzulehnen (S. 177).

V. Tarifliche Öffnungsklausel

32. Die tarifliche Öffnungsklausel bindet die Betriebspartner nur hinsichtlich des regelbaren Gegenstandes, den die Tarifvertragsparteien durch sie vorher bestimmen; inhaltlich sind der zu treffenden betrieblichen Regelung keine tariflichen Grenzen gesetzt. Der Begriff „ergänzende Betriebsvereinbarungen“ bedeutet demnach Ergänzung eines bestimmten Tariffreiraums, keine Tarifinhaltsergänzung (S. 179).

VI. Schlußbetrachtungen

33. Das duale System von überbetrieblicher und betrieblicher Interessenvertretung hat sich insgesamt bewährt (S. 180). Das im Betriebsverfassungsgesetz durch § 77 Abs. 3 BetrVG und § 87 Abs. 1 Halbs. 1 BetrVG getroffene Rangverhältnis zwischen Tarifvertrag und Betriebsvereinbarung muß funktional ausgelegt werden, damit jedes Regelungsinstrument in seinem spezifischen Aufgabenbereich effizient zum Tragen kommen kann.

Grundgedanke einer gesetzeskonformen Auslegung des Spannungsverhältnisses zwischen Tarif- und Betriebsautonomie ist der Schutz der Vorrangigkeit der Tarifautonomie bei gleichzeitiger adäquater Funktionssicherung der Betriebsautonomie (S. 181 - 182).

Literaturverzeichnis

Adomeit, Klaus: Rechtsquellenfragen im Arbeitsrecht, München 1969.

— Die Regelungsabrede als die neben der Betriebsvereinbarung zulässige Ausübungsform der Mitbestimmung in sozialen Angelegenheiten, Düsseldorf 1961.

— Gesellschaftsrechtliche Elemente im Arbeitsverhältnis. Schriftenreihe der Juristischen Gesellschaft zu Berlin, Band 100.

— Thesen zur betrieblichen Mitbestimmung nach dem neuen Betriebsverfassungsgesetz, BB 1972, S. 58.

— Das Arbeitsrecht und unsere wirtschaftliche Zukunft, München 1985.

— Rechtstheorie für Studenten, 2. Aufl., Heidelberg / Hamburg 1981.

— Buchbesprechung, JZ 1986, S. 1104.

v. Arnim, Hans-Herbert: Gemeinwohl und Gruppeninteressen, Frankfurt a. M. 1977.

Badura, Peter: Paritätische Mitbestimmung und Verfassung, München 1985.

Badura, Peter / *Rittner,* Fritz / *Rüthers,* Bernd: Mitbestimmungsgesetz 1976 und Grundgesetz. Gemeinschaftsgutachten, München 1977.

Barwasser, Franz: Zur Zulässigkeit von Betriebsvereinbarungen über materielle Arbeitsbedingungen in nichttarifgebundenen Betrieben, insbesondere in Mischbetrieben, DB 1975, S. 2275.

Belling, Detlev: Das Günstigkeitsprinzip im Arbeitsrecht, Berlin 1984.

Bender, Reinhard: Arbeitszeitflexibilisierung durch Tarifvertrag und Betriebsvereinbarung auf der Grundlage eines entschärften Tarifvorranges, BB 1987, S. 1117.

Beuthien, Volker: Das Arbeitsverhältnis im Wandel, in: *ders.* (Hrsg.), Arbeitnehmer oder Arbeitsteilhaber. Zur Zukunft des Arbeitsrechts in der Wirtschaftsordnung, Stuttgart 1987.

— Unternehmerische Mitbestimmung kraft Tarif- oder Betriebsautonomie?, ZfA 1983, S. 141.

— Tariföffnungsklauseln zwecks Arbeitsplatzsicherung, BB 1983, S. 1992.

Bichler, Hubert: Zur Zulässigkeit von Betriebsvereinbarungen über Arbeitsbedingungen für AT-Angestellte, DB 1979, S. 1939.

Bieback, K.-J. / *Mayer,* U.: Mitbestimmung des Betriebsrats während des Arbeitskampfes, in: Arbeitskampfrecht. Kritik und Perspektiven zur neuen Rechtsprechung, Köln 1983, S. 202.

Biedenkopf, Kurt H.: Grenzen der Tarifautonomie, Karlsruhe 1964.

— Sinn und Grenzen der Vereinbarungsbefugnis der Tarifvertragsparteien, Verhandlungen des 46. Deutschen Juristentages, Band I, Teil 1, München / Berlin 1966, S. 97.

Birk, Rolf: Die arbeitsrechtliche Leitungsmacht, Köln / Berlin / Bonn / München 1973.

— Anmerkung zu BAG, EzA Nr. 2 zu § 87 BetrVG 72, Initiativrecht.

Bötticher, Eduard: Einseitige Leistungsbestimmung im Arbeitsverhältnis, AuR 1967, S. 321.

Boewer, Dietrich: Das Initiativrecht des Betriebsrats in sozialen Angelegenheiten, DB 1973, S. 522.

— Zur Unterscheidung von formellen und materiellen Arbeitsbedingungen, DB 1970, S. 2319.

Bogs, Walter: Autonomie und verbandliche Selbstverwaltung im modernen Arbeits- und Sozialrecht, RdA 1956, S. 1.

Brecher, Fritz: Grundrechte im Betrieb, Festschrift für H.-C. Nipperdey, Band II, München / Berlin 1965, S. 29.

Brötzmann, Ulrich: Neues Tarifrecht durch flexible Arbeitszeitregelungen, NZA 1986, S. 593.

Buchner, Herbert: Arbeitszeitregelungen im Spannungsfeld zwischen Tarifvertrag und Betriebsvereinbarung, NZA 1986, S. 377.

Bunge, Thomas: Tarifinhalt und Arbeitskampf — Zum Problem „freiwilliger", nicht kampfweise erzwingbarer Tarifnormen, „Hanstein" 1980.

Burghardt, Heinz: Die Handlungsmöglichkeiten des Betriebsrats, Köln 1979.

Canaris, Klaus-Wilhelm: Funktionelle und inhaltliche Grenzen kollektiver Gestaltungsmacht bei der Betriebsvereinbarung, AuR 1966, S. 129.

Coester, Michael: Vorrangprinzip des Tarifvertrages, Heidelberg 1974.

Conze, Peter: Zur Zulässigkeit von Betriebsvereinbarungen für AT-Angestellte über materielle Arbeitsbedingungen, DB 1978, S. 490.

Däubler, Wolfgang: Das Arbeitsrecht. Ein Leitfaden für Arbeitnehmer, Hamburg 1985 (Band I), 1986 (Band II).

— Gewerkschaftsrechte im Betrieb, 5. Aufl., Neuwied 1987.

— Das Grundrecht auf Mitbestimmung, Frankfurt a. M. 1973.

Däubler, Wolfgang / *Hege,* Hans: Koalitionsfreiheit, Baden-Baden 1976.

— Tarifvertragsrecht, 2. Aufl., Baden-Baden, 1981.

Dietz, Rolf: Betriebsverfassungsrecht, 4. Aufl., München / Berlin 1967.

— Die Betriebsvereinbarung im heutigen Arbeitsrecht, RdA 1949, S. 161.

— Das Monopol der Sozialpartner und die Betriebsvereinbarung, RdA 1955, S. 241.

— Verhältnis von Tarifvertrag und Betriebsvereinbarung nach § 56 BetrVG, BB 1954, S. 349.

Dietz, Rolf / *Richardi,* Reinhard: Betriebsverfassungsgesetz, 6. Aufl., München 1981/1982.

Eickelberg, Martin: Probleme der Betriebsvereinbarung über Arbeitsentgelt und sonstige Arbeitsbedingungen nach dem BetrVG 1972. Eine rechtsvergleichende Untersuchung mit dem BetrVG 1952, Diss. Bochum 1973.

Fabricius, Fritz: Anmerkung zu BAG AP Nr. 28 zu § 59 BetrVG 52.

— Arbeitsverhältnis, Tarifautonomie, Betriebsverfassung und Mitbestimmung im Spannungsfeld von Recht und Politik — Gedanken zur Fortentwicklung des Arbeitsverhältnisses —, Festschrift für Erich Fechner, Tübingen 1973, S. 171.

Fabricius, Fritz / *Kraft,* Alfons / *Thiele,* Wolfgang / *Wiese,* Günther: Betriebsverfassungsgesetz. Gemeinschaftskommentar (GK-BetrVG), 3. Bearbeitung, Neuwied / Berlin, Stand Oktober-November 1982.

Fabricius, Fritz / *Naendrup,* Peter-Hubert / *Schwerdtner,* Peter: Arbeitsrecht und juristische Methodenlehre, Neuwied und Darmstadt 1980.

Farthmann, Friedhelm: Die Mitbestimmung des Betriebsrats bei der Regelung der Arbeitszeit, RdA 1974, S. 65.

Fitting, Karl / *Auffarth,* Fritz / *Kaiser,* Heinrich / *Heither,* Friedrich: Betriebsverfassungsgesetz, 15. Aufl., München 1987.

Flatow, Georg: Betriebsvereinbarung und Arbeitsordnung, Mannheim / Berlin / Leipzig 1921.

— Gewerkschaften und Betriebsräte, in: Kaskel, Walter (Hrsg.), Koalitionen und Koalitionkampfmittel, 1925.

Floretta, Hans: Probleme des österreichischen Betriebsverfassungsrechts, Festschrift für H.-C. Nipperdey, München / Berlin 1965, Band II, S. 173.

v. Friesen, Juliane Freifrau: Mitbestimmung bei der Einführung und Ausgestaltung eines Prämiensystems im zentralen Schreibdienst, DB 1983, S. 1871.

— Die Rechtsstellung des Betriebsrats gegenüber nichtleitenden AT-Angestellten, DB 1980, Beilage 1.

Galperin, Hans: Die autonome Rechtssetzung im Arbeitsrecht, Festschrift für Erich Molitor, München 1962, S. 143.

— Die Organstellung des Betriebsrates, RdA 1959, S. 321.

— Betriebsverfassungsgesetz und betriebliche Partnerschaft, RdA 1962, S. 366.

Galperin, Hans / *Löwisch,* Manfred: Betriebsverfassungsgesetz, 6. Aufl., Heidelberg 1982.

Galperin, Hans / *Siebert,* Wolfgang: Betriebsverfassungsgesetz, 4. Aufl., Heidelberg 1963.

Gast, Wolfgang: Anmerkung zu BAG vom 24.2.1987, BB 1987, S. 1249.

— Arbeitsvertrag und Direktion. Zweiseitige Leistungsbestimmung im Arbeitsverhältnis, Berlin 1978.

— Tarifautonomie und die Normsetzung durch Betriebsvereinbarung, Heidelberg 1981.

Gester, Heinz / *Kittner,* Michael: Personalratsamt und Koalitionsfreiheit. Zugleich ein Beitrag zur Interpretation von Art. 9 Abs. 3 GG, RdA 1971, S. 161.

v. Gierke, Otto: Deutsches Privatrecht, Band I, Allgemeiner Teil und Personenrecht, Leipzig 1895.

— Die Zukunft des Tarifvertragsrechts, ArchSozWiss, Band 42, S. 821.

Gnade, Albert / *Kehrmann,* Karl / *Schneider,* Wolfgang / *Blanke,* Hermann: Betriebsverfassungsrecht, 2. Aufl., Köln 1983.

Grosshauser, Manfred: Die Unzulässigkeit von Betriebsvereinbarungen nach § 59 BetrVG, Diss. Köln 1970.

Habermas, Jürgen: Strukturwandel der Öffentlichkeit, 3. Aufl., Neuwied und Berlin 1968.

Hablitzel, Hans: Zur Zulässigkeit von Betriebsvereinbarungen bei bestehender Tarifüblichkeit, DB 1971, S. 2158.

Hanau, Peter: Aktuelle Probleme über das Arbeitsentgelt gem. § 87 Abs. 1 Nr. 10 BetrVG, BB 1977, S. 350.

— Allgemeine Grundsätze der betrieblichen Mitbestimmung, RdA 1973, S. 281.

— Anmerkung AR-Blattei D, Arbeitskampf I, Entscheidung 18.

— Buchbesprechung, JZ 1969, S. 642.

— Praktische Fragen der Mitbestimmung in sozialen Angelegenheiten, BB 1972, S. 499.

— Verkürzung und Differenzierung der Arbeitszeit als Prüfsteine des kollektiven Arbeitsrechts, NZA 1985, S. 73.

Hanau, Peter / *Adomeit,* Klaus: Arbeitsrecht, 9. Aufl., Frankfurt a. M. 1988.

Haug, Ulrich: Tarifvorrang und innerbetriebliche Regelungsmechanismen, BB 1986, S. 1921.

Heinze, Meinhard: Betriebsvereinbarung versus Tarifvertrag?, NZA 1989, S. 41.

Herschel, Wilhelm: Abschied von den formellen und materiellen Arbeitsbedingungen, AuR 1968, S. 129.

— Nochmals: Formelle und materielle Arbeitsbedingungen, AuR 1969, S. 65.

— Betriebsvereinbarung oder Betriebssatzung, RdA 1948, S. 47.

— Zur Rechtsnatur der Allgemeinverbindlicherklärung von Tarifverträgen, Festschrift für Walter Bogs, Berlin 1959, S. 125.

— Sinn und Grenzen der Vereinbarungsbefugnis der Tarifvertragsparteien. Verhandlungen des 46. Deutschen Jurstentages, Essen 1966, Band II, Teil D.

— Vom Arbeitsschutz zum Arbeitsrecht, Festschrift zum hundertjährigen Bestehen des Deutschen Juristentages, Karlsruhe 1860 - 1960, Band I, S. 305.

Herzog, Roman: Subsidiaritätsprinzip und Staatsverfassung, Staat, Band II, 1963, S. 399.

Hess, Harald / *Schlochauer,* Ursula / *Glaubitz,* Werner: Betriebsverfassungsgesetz, 3. Aufl., Neuwied 1986.

Hesse, Konrad: Grundzüge des Verfassungsrechts der Bundesrepublik Deutschland, 15. Aufl., Heidelberg 1985.

Heyer, Jürgen: Betriebliche Normsetzung und Tarifautonomie — Zu den tariflichen Regelungssperren im Betriebsverfassungsgesetz, Diss. Berlin 1983.

Hoffmann, Reinhard: Zum Betriebsräteproblem heute, 1976. Einleitung zum Buch von *K. Brigl-Matthiaß,* Die Betriebsräte in der Weimarer Republik, 1926.

— Mitbestimmung am Arbeitsplatz, betriebliche Friedenspflicht, gewerkschaftliche Vertrauensleute, in: Huss, Her. / Schmidt, Eb. (Hrsg.), Kooperation und Mitbestimmung. Überlegungen zur innerbetrieblichen Mitbestimmung, Frankfurt a. M. 1972, S. 148.

v. Hoyningen-Huene, Gerrick: Betriebsverfassungsrecht, München 1983.

— Die Billigkeit im Arbeitsrecht, München 1978.

— Kompetenzüberschreitende Tarifverträge zur Regelung unterschiedlicher Wochenarbeitszeiten, NZA 1985, S. 169.

v. Hoyiningen-Huene, G. / *Meier-Krenz,* U.: Mitbestimmung trotz Tarifvertrages? Tarifvorbehalt und Tarifvorrang in § 77 III BetrVG, NZA 1987, S. 793.

Hromadka, Wolfgang: Betriebsvereinbarung über mitbestimmungspflichtige soziale Angelegenheiten bei Tarifüblichkeit: Zwei-Schranken-Theorie ade?, DB 1987, S. 1991.

Hueck, Alfred / *Nipperdey,* Hans-Carl: Arbeitsrecht, 7. Aufl., Berlin / Frankfurt a. M. 1963 (Band I), 1967 (Band II/1), 1970 (Band II/2).

Hueck, Götz: Die Betriebsvereinbarung. Wesen-Inhalt-Wirkung, Münster / Köln 1952.

— Die Betriebsvereinbarung nach dem Betriebsverfassungsgesetz des Bundes, RdA 1952, S. 366.

— Anmerkung zu BAG AP Nr. 23 zu § 59 BetrVG 52.

— Zur kollektiven Gestaltung der Einzelarbeitsverhältnisse, Festschrift für Erich Molitor, München / Berlin 1962, S. 203.

Jahnke, Volker: Betriebsrisiko und Mitbestimmung des Betriebsrats, ZfA 1984, S. 69.

— Tarifautonomie und Mitbestimmung, München 1984.

Jakobi, Erwin: Grundlehren des Arbeitsrechts, Leipzig 1927.

Janert, Wolf-Rüdiger: AT-Angestellte und Betriebsrat, DB 1976, S. 243.

Käppler, Renate: Voraussetzungen und Grenzen tarifdispositiven Richterrechts, Berlin 1977.

Kahn-Freund, Otto: Das soziale Ideal des Reichsarbeitsgerichts, Mannheim 1931.

Karakatsanis, Alexander: Die kollektivrechtliche Gestaltung des Arbeitsverhältnisses und ihre Grenzen, Heidelberg 1963.

Kaskel, Walter: Arbeitsrecht, 3. Aufl., Berlin 1928.

Kirchner, Dieter: Die Sperrwirkung von Tarifvertrag und Tarifübung für die Verwirklichung des Mitbestimmungsrechts des Betriebsrats nach § 87 BetrVG, BB 1972, S. 1279.

Kissel, Otto-Rudolf: Das Spannungsfeld zwischen Betriebsvereinbarung und Tarifvertrag, NZA 1986, S. 73.

Kittner, Michael: Anmerkung zu BAG vom 23.9.1975, EzA § 50 BetrVG 1972, Nr. 1.

Klasen, Klaus: Tarifvorrang und Mitbestimmung in sozialen Angelegenheiten, Diss. Münster 1982.

Konzen, Horst: Tarifvertragliche und innerbetriebliche Normsetzung, BB 1977, S. 1307.

Kreutz, Peter: Grenzen der Betriebsautonomie, München 1979.

— Kritische Gedanken zur gerichtlichen Billigkeitskontrolle von Betriebsvereinbarungen, ZfA 1975, S. 65.

Kronstein, Heinrich: Das Recht der internationalen Kartelle, Berlin 1967.

Kübler, Friedrich / *Schmidt*, Walter / *Simitis*, Spiros: Mitbestimmung als gesetzgebungspolitische Aufgabe. Zur Verfassungsmäßigkeit des Mitbestimmungsgesetzes, Baden-Baden 1978.

Küchenhoff, Günther: Das Prinzip der staatlichen Subsidiarität im Arbeitsrecht, RdA 1959, S. 201.

— Subsidiarität und Solidarität im Betriebsverfassungsrecht, DB 1963, S. 765.

Kunze, Thomas: Vereinbarkeit von Mitbestimmung und Tarifautonomie, BB 1971, S. 356.

Larenz, Karl: Allgemeiner Teil des Deutschen Bürgerlichen Rechts, 6. Aufl., München 1983.

— Methodenlehre der Rechtswissenschaft, 4. Aufl., Berlin / Heidelberg / New York 1979.

Lederer, Gerd: Das Initiativrecht des Betriebsrats in Lohnfragen, Frankfurt a. M. / Bern / New York 1985.

Leibholz, Gerhard / *Rinck*, Hans-Julius: Kommentar zum Grundgesetz, 6. Aufl., Köln 1979.

Lieb, Manfred: Arbeitsrecht, 3. Aufl., Karlsruhe 1984.

— Kritische Gedanken zum tarifdispositiven Richterrecht, RdA 1972, S. 129.

— Die Regelungszuständigkeit des Betriebsrats für die Vergütung von AT-Angestellten, ZfA 1978, S. 179.

Löwisch, Manfred: Möglichkeiten und Grenzen der Betriebsvereinbarung, AuR 1978, S. 97.

Matthöfer, Hans: Humanisierung der Arbeit und Produktivität in der Industriegesellschaft, 3. Aufl., Köln 1980.

Maunz, Theodor / *Dürig*, Günther / *Herzog*, Roman / *Scholz*, Rupert: Kommentar zum Grundgesetz, Stand Januar 1987, München.

Mayer-Maly, Theo: Verhandlungen des 46. Deutschen Juristentages, Essen 1966, Teil D, S. 54.

Meik, Frank-Andreas: Der Kernbereich der Tarifautonomie, Berlin 1987.

Meinert, Hermann: Zur Nachwirkung von Tarifverträgen und ihrem Vorrang gegenüber Betriebsvereinbarungen, BB 1976, S. 1615.

Mengel, Horst: Die betriebliche soziale Mitbestimmung und ihre Grenzen, DB 1982, S. 43.

Misera, Karlheinz: Tarifmacht und Individualbereich unter Berücksichtigung der Sparklausel, Berlin 1969.

Molitor, Erich: Wesen des Arbeitsvertrages, Leipzig / Erlangen 1925.

Moll, Wilhelm: Die Mitbestimmung des Betriebsrats beim Entgelt, Berlin 1977.

— Der Tarifvorrang im Betriebsverfassungsgesetz, Berlin 1980.

Motzer, Stefan: Die positive Vertragsverletzung des Arbeitnehmers, Diss. Tübingen 1982.

Müller, Gerhard: Einflüsse des kollektiven Arbeitsrechts auf das Arbeitsverhältnis, DB 1967, S. 903.

— Zur Stellung der Verbände im neuen Betriebsverfassungsgesetz, ZfA 1972, S. 213.

Müller, Welf: Die Grenzen der normativen Gestaltungswirkung der Betriebsvereinbarung, Diss. München 1966.

v. Münch, Ingo: Kommentar zum Grundgesetz, 2. Aufl., München 1981.

Mummenhof, Winfried: Die Sperrwirkung des Tarifvertrages nach den §§ 56 und 58 BetrVG, Diss. Köln 1968.

Neumann-Duesberg, Horst: Betriebsverfassungsrecht, Berlin / München 1960.

Nikisch, Arthur: Arbeitsrecht, Tübingen, Band I 3. Aufl. 1961, Band II 2. Aufl. 1959, Band III 2. Aufl. 1966.

— Bemerkungen zur Mitbestimmung des Betriebsrats in sozialen Angelegenheiten, Festschrift für H.-C. Nipperdey, Band II, München / Berlin 1965, S. 453.

— Die Mitwirkung und Mitbestimmung des Betriebsrats in sozialen Angelegenheiten nach dem Betriebsverfassungsgesetz, BB 1953, S. 175.

Nipperdey, Hans-Carl: Die betrieblichen Arbeitsbedingungen des § 56 BetrVG, RdA 1968, S. 450.

Oertmann, Paul: Die rechtliche Natur der Arbeitsordnung, Berlin 1905.

Quasten, Walter: Zulässigkeit und Unzulässigkeit von Betriebsvereinbarungen, Diss. Köln 1971.

Radke, Olaf: Verhandlungen des 46. Deutschen Juristentages, Essen 1966, Teil D, S. 52.

Ramm, Thilo: Die Rechtsprechung des Bundesarbeitsgerichts, JZ 1966, S. 214.

Reuter, Dieter: Anmerkung zu BAG vom 14.11.1974, SAE 1976, S. 14.

Reuter, Dieter / *Streckel,* Siegmar: Grundfragen der betriebsverfassungsrechtlichen Mitbestimmung, Frankfurt a. M. 1973.

Richardi, Reinhard: Anmerkung zu BAG vom 30.1.1970, AP Nr. 142 zu § 242 BGB Ruhegehalt.

— Betriebsverfassung und Privatautonomie, Berlin / New York 1973.

— Kollektivgewalt und Individualwille bei der Gestaltung des Arbeitsverhältnisses, München 1968.

— Der Mitbestimmungsgedanke in der Arbeitsrechtsordnung, ArbRdGgw 13 (1975), S. 19.

— Die Mitbestimmung des Betriebsrats bei der Regelung des Arbeitsentgelts, ZfA 1976, S. 1.

— Recht der Betriebs- und Unternehmensmitbestimmung, 2. Aufl.,Band I Grundriß, Heidelberg / Karlsruhe 1979.

— Die tarif- und betriebsverfassungsrechtliche Bedeutung der tarifvertraglichen Arbeitszeitregelung in der Metallindustrie, NZA 1984, S. 387.

Rüthers, Bernd: Arbeitsrecht und politisches System. BRD:DDR, Frankfurt a. M. 1972.

Säcker, Franz-Jürgen: Anmerkung zu BAG vom 30.1.1970, SAE 1970, S. 273.

— Die Institutions- und Betätigungsgarantie der Koalitionen im Rahmen der Grundrechtsordnung, ArbRdGgw 12 (1974), S. 17.

— Die Regelung sozialer Angelegenheiten im Spannungsfeld zwischen tariflicher und betriebsvereinbarungsrechtlicher Normsetzungsbefugnis, ZfA 1972-Sonderheft, S. 41.

— Grundprobleme der kollektiven Koalitionsfreiheit, Düsseldorf 1969.

— Gruppenautonomie und Übermachtkontrolle im Arbeitsrecht, Berlin 1971.

— Informationsrechte der Betriebs- und Aufsichtsratsmitglieder und Geheimsphäre des Unternehmens, Heidelberg 1979.

— Tarifvorrang und Mitbestimmung des Betriebsrats beim Arbeitsentgelt, BB 1979, S. 1201.

— Zur Interpretation der Öffnungsklausel des § 59 BetrVG, RdA 1967, S. 370.

Scheid, Wolfgang-Dietrich: Der Vorrang tarifüblicher Regelungen nach § 59 BetrVG, Diss. München 1971.

Schelp, Günter: Tarifvertrag und Betriebsvereinbarung im Rahmen von § 59 BetrVG, DB 1962, S. 1242.

Schmidt-Rimpler, Walter: Grundfragen einer Erneuerung des Vertragsrechts, AcP Band 147 (1941), S. 130.

Schneider, Hans: Autonome Satzung und Rechtsverordnung, Festschrift für Phillip Möhring, München / Berlin 1965, S. 521.

Schnorr, Gerhard: Bundesverfassungsgericht und kollektives Arbeitsrecht, RdA 1955, S. 3.

Schneider, Wolfgang: Die Betriebsratswahl 1981 — Eine Gesamtbewertung, Gewerkschaftliche Monatshefte 1981, S. 645.

Schnorr v. Carolsfeld, Ludwig: Arbeitsrecht, 2. Aufl., Göttingen 1954.

Scholz, Rupert: Das Grundrecht der Koalitionsfreiheit — anhand ausgewählter Entscheidungen zur Rechtsstellung von Gewerkschaften und Arbeitgeberverbänden, Stuttgart / München / Hannover 1972.

— Koalitionsfreiheit als Verfassungsproblem, München 1971.

— Das Grundrecht der freien Entfaltung der Persönlichkeit in der Rechtsprechung des Bundesverfassungsgerichts, AöR 1975, S. 80.

Schwegler, Lorenz: Paritätische Mitbestimmung und Koalitionsfreiheit, AuR 1975, S. 27.

Seiter, Hugo: Streikrecht und Aussperrungsrecht, Tübingen 1975.

Siebert, Wolfgang: Die Mitwirkung und Mitbestimmung der Arbeitnehmer nach dem neuen Betriebsverfassungsgesetz, BB 1952, S. 832.

— Kollektivnorm und Individualrecht im Arbeitsverhältnis, Festschrift für H.-C. Nipperdey 1955, S. 119.

Simitis, Spiros / *Weiss,* Manfred: Zur Mitbestimmung des Betriebsrats bei Kurzarbeit, DB 1973, S. 1240.

Sinzheimer, Hugo: Grundzüge des Arbeitsrechts, 2. Aufl., Jena 1927.

— Rechtsfragen des Arbeitstarifvertrags. Schriften der Gesellschaft für soziale Reform, Heft 44, V. Band Hft. 3, 4, 5, Jena 1913.

Söllner, Alfred: Arbeitsrecht, 7. Aufl. Stuttgart 1981.

— Betrieb und Menschenwürde, RdA 1968, S. 437.

— Buchbesprechung, AcP Band 171 (1971), S. 559.

— Zu Sinn und Grenzen der Vereinbarungsbefugnis der Tarifvertragsparteien, AuR 1966, S. 257.

Stahlhacke, Eugen: Bezugnahme auf Tarifverträge in Betriebsvereinbarungen, DB 1960, S. 579.

Staudinger / Coing: Kommentar zum BGB, 12. Aufl., Berlin 1980.

v. Stebut, Dietrich: Die Zulässigkeit der Einführung von Kurzarbeit, RdA 1974, S. 332.

Stege, Dieter / *Weinspach,* F.-K.: Betriebsverfassungsgesetz, 5. Aufl., Köln 1984.

Thiele, Wolfgang: Zur gerichtlichen Überprüfung von Tarifverträgen und Betriebsvereinbarungen, Festschrift für K. Larenz, München 1973, S. 1043.

Thon, Kurt: Verhandlungen des 46. Deutschen Juristentages, Essen 1966, Teil D, S. 46.

Travlos-Tzanetatos, Dimitrios: Die Regelungsbefugnis der Betriebspartner und ihre Grenzen zum Einzelarbeitsverhältnis, Berlin 1974.

Vielhaber, Otto: Das Mitbestimmungsrecht des Betriebsrats bei der Regelung von Akkord- und Stücklohnsätzen, BB 1953, S. 358.

Vilmar, Fritz / *Sattler,* Karl-Otto: Wirtschaftsdemokratie und Humanisierung der Arbeit, Köln / Frankfurt a. M. 1978.

Vollmer, Lothar: Aufgaben- und Zuständigkeitsverteilung zwischen mitbestimmungsrechtlicher und tarifvertraglicher Interessenvertretung, DB 1979, S. 308.

— Bestandssicherung existenzgefährdeter Unternehmen durch Kürzung von Löhnen und Leistungen, DB 1982, S. 1670.

— Entwicklung partnerschaftlicher Unternehmesverfassungen, Köln / Berlin / Bonn / München 1976.

Weiss, Manfred: Betriebsverfassungsgesetz, 2. Aufl., Baden-Baden 1980.

— Die Rolle des Betriebsrats im Arbeitskampf tariffähiger Parteien, in: Arbeitskampfrecht. Kritik und Perspektiven zur neuen Rechtsprechung, Köln 1983, S. 288.

Wiedemann, Herbert: Das Arbeitsverhältnis als Austausch- und Gemeinschaftsverhältnis, Karlsruhe 1966.

— Anmerkung zu BAG AP Nr. 6 zu § 4 TVG Nachwirkung.

— Aufgaben der Koalitionen in einer sich fortentwickelnden Unternehmensrechtsordnung, in: Beuthien (Hrsg.), Arbeitnehmer oder Arbeitsteilhaber? Zur Zukunft des Arbeitsrechts in der Witschaftsordnung, Stuttgart 1987, S. 151.

Wiedemann, Herbert / *Stumpf,* Hermann: Tarifvertragsgesetz, 5. Aufl., München 1977.

Wiese, Günther: Anmerkung zu BAG AP Nr. 1 zu § 87 BetrVG 1972, Kurzarbeit.

— Die Beschränkung der Sperrwirkung des § 59 BetrVG auf Arbeitsentgelte und sonstige Arbeitsbedingungen, RdA 1968, S. 41.

— Das Initiativrecht nach dem Betriebsverfassungsgesetz, Neuwied / Darmstadt 1977.

— Individualrechte in der Betriebsverfassung, RdA 1973, S. 1.

— Der Persönlichkeitsschutz des Arbeitnehmers gegenüber dem Arbeitgeber, ZfA 1971, S. 273.

— Zum Gesetzes- und Tarifvorbehalt nach § 87 Abs. 1 BetrVG, Festschrift zum 25-jährigen Bestehen des Bundesarbeitsgerichts, München 1979, S. 661.

Witt, Carsten: Die betriebsverfassungsrechtliche Kooperationsmaxime und der Grundsatz von Treu und Glauben, Berlin 1977.

Wittke, Manfred: Die Beteiligungsrechte des Betriebsrats im sozialen Bereich, Berlin 1981.

Wlotzke, Otfried: Das Günstigkeitsprinzip im Verhältnis des Tarifvertrages zum Einzelarbeitsvertrag und zur Betriebsvereinbarung, Heidelberg 1957.

Wolf, Manfred: Rechtsgeschäftliche Entscheidungsfreiheit und vertraglicher Interessenausgleich, Tübingen 1970.

Zachert, Ulrich: Betriebliche Mitbestimmung. Eine problemorientierte Einführung, Köln 1979.

— Tarifvertrag. Eine problemorientierte Einführung, Köln 1979.

Zöllner, Wolfgang: Arbeitsrecht, 3. Aufl., München 1983.

— Arbeitsrecht und menschengerechte Arbeitsgestaltung, RdA 1973, S. 212.

— Die Rechtsnatur der Tarifnormen nach deutschem Recht, Wien 1966.

— Privatautonomie und Arbeitsverhältnis. Bemerkungen zu Parität und Richtigkeitsgewähr im Arbeitsvertrag, AcP Band 176 (1976), S. 221.

— Die Rechtsprechung des Bundesverfassungsgerichts zu Art. 9 Abs. 3 GG, AöR 98 (1973), S. 71.

— Die Sperrwirkung des § 59 BetrVG, Festschrift für H.-C. Nipperdey, Band II, München / Berlin 1965, S. 699.

FSC
www.fsc.org
MIX
Papier | Fördert gute Waldnutzung
FSC® C083411

Kolibri 360 GmbH
Ferdinand-Jühlke-Straße 7
99095 Erfurt, Deutschland
produktsicherheit@kolibri360.de

Druck:
CPI Druckdienstleistungen GmbH
im Auftrag der
Kolibri 360 GmbH
Ferdinand-Jühlke-Str. 7
99095 Erfurt